Über dieses Buch

Die Geschichte der Kreuzzüge ist bisher bei uns vor allem aufgrund westlicher Quellen geschrieben worden. Die vorliegende Sammlung, die der führende Arabist Italiens zusammengestellt hat, will den Leser dazu anhalten, diese Epoche der »bewaffneten Wallfahrten« einmal von der anderen Seite zu sehen, mit den Augen des damaligen Gegners.

17 arabische Autoren kommen in repräsentativen Ausschnitten ihrer Werke zu Wort; damit ist gewiß nicht die muslimische Geschichtsschreibung über die Kreuzzüge erfaßt, jedoch ergibt sich in der Zusammenschau ein überraschend geschlossenes Bild. Die Kreuzzüge haben kaum dazu beigetragen, Christen und Muslime einander näherzubringen; insofern überrascht es nicht, wenn manche der Quellen für das Leben, Brauchtum und Ideen des Gegners kein Interesse verraten. Neben dem politischen und militärischen Geschehen bleibt dieser Aspekt aber keineswegs unberührt, und dem Abendland wird dabei gelegentlich seine damalige Rückständigkeit im Spiegelbild vorgehalten. Die Lektüre kann darum zu einer Korrektur des überkommenen westlichen Geschichtsbewußtseins beitragen.

Die Kreuzzüge aus arabischer Sicht

Aus den arabischen Quellen
ausgewählt und übersetzt von
Francesco Gabrieli

Deutscher
Taschenbuch
Verlag

dtv

Aus der Bibliothek des Morgenlandes
des Artemis Verlages Zürich und München

Aus dem Italienischen von
Barbara von Kaltenborn-Stachau
unter Mitwirkung von
Lutz Richter-Bernburg

1. Auflage August 1975
2. Auflage Februar 1976: 8. bis 13. Tausend
Deutscher Taschenbuch Verlag GmbH & Co. KG,
München

ISBN 3-7608-4503-7
Umschlaggestaltung: Celestino Piatti
Gesamtherstellung: C. H. Beck'sche Buchdruckerei,
Nördlingen
Printed in Germany · ISBN 3-423-04172-2

INHALTSVERZEICHNIS

ERSTER TEIL

VON GOTTFRIED ZU SALADIN

I.

II.

III.

IV.

V.

VI.

VII.

VIII.

IX.

ZWEITER TEIL

SALADIN UND DER DRITTE KREUZZUG

I.

II.

III.

IV.

V.

VI.

VII.

VIII.

DRITTER TEIL

DIE AJJŪBIDEN UND DIE ANGRIFFE AUF ÄGYPTEN

I.

II.

III.

VIERTER TEIL

DIE MAMLŪKEN UND DAS ENDE DER KREUZFAHRERSTAATEN

I.

II.

III.

ANHANG

UMSCHRIFTTABELLE

Arabisch	Umschrift	Aussprache	Bemerkungen
ا			erscheint hier nur als Verlängerung eines a zu ā
ب	b	b	—
ت	t	t	—
ث	ṯ	th	scharfes englisches th, z. B. thing
پ	p	p	—
ج	ğ	dsch	z. B. Dschungel
ح	ḥ	ḥ	gepreßtes ch (existiert in keiner europäischen Sprache)
خ	ḫ	ch	ch, z. B. Lachen
چ	č	tsch	—
د	d	d	—
ذ	ḏ	dh	das weiche englische th, z. B. there
ر	r	r	Zungen-r
ز	z	s	weiches deutsches S, z. B. Sonne
ژ	ž	sch	stimmhaftes (weiches) sch, z. B. Genie
س	s	ß	scharfes S, z. B. Roß
ش	š	sch	—
ص	ṣ	s	emphatisches, am Obergaumen gebildetes scharfes S
ض	ḍ	d	emphatisches, am Obergaumen gebildetes dumpfes D
ط	ṭ	t	emphatisches, am Obergaumen gebildetes dumpfes T
ظ	ẓ	z	emphatisches, am Obergaumen gebildetes dumpfes Z
ع	c	c	explosiver Kehllaut, tonhaftes Gegenstück zu ḥ
غ	gh	gh	schnarrender Kehllaut zwischen g und r
ف	f	f	—
ق	q	q	dumpfes gutturales K
ک	k	k	—
گ	g	g	—
ل	l	l	—
م	m	m	—
ن	n	n	—
ه	h	h	—
و	w, u, ū	w, u, ū	W wie englisches W
ي	j, i, ī	j, i, ī	—
ء	’	’	fester Stimmeinsatz, z. B. mein ’Eid (im Gegensatz zu Meineid)
ة	-, t	-, t	nur in Wortverbindungen lautende Endung
٦	ı		dumpfes i (fast wie deutsches e im Auslaut, etwa in Sonne), nur in türkischen Namen

EINFÜHRUNG

Dieses Buch will dem westlichen Leser helfen, die Zeit der Kreuzzüge «von der anderen Seite» zu sehen, mit Auge und Geist des damaligen Gegners. Ein solcher Versuch ist immer interessant und lehrreich, aber ganz besonders in diesem Fall, dem Zusammenprall von Christentum und Islam im Mittelalter. Beide Kulturen waren nicht grundsätzlich verschieden: sie wurzelten, wie richtig beobachtet worden ist, in einer wesentlich gleichen geistigen Haltung und maßen nach den gleichen seelischen Kategorien; doch unterschiedliche religiöse Erfahrung von gleicherweise universalem Anspruch ließ sie zu Gegnern werden und sich in Krisenzeiten in Fanatismus verhärten. Heute ist dieser Fanatismus, bei uns jedenfalls, geschwunden und hat sich auf andere, im Grunde ebenso religiöse Gegensätze übertragen. Man schwingt in der Apologetik nicht mehr «Dolche» und «Hammer» des Glaubens, und auf christlicher Seite ist es fast zur Mode geworden, dem Islam gegenüber eine verstehende, versöhnliche Haltung einzunehmen, die von der anderen Seite vielleicht nicht in gleicher Weise erwidert wird. Der alte Gegensatz ersteht jedoch in seiner ganzen Schärfe und Erbitterung von neuem, wenn wir die Seiten der mittelalterlichen Chronisten und Polemiker aufschlagen; den alten, in Theologie und Volkstum begründeten Haß haben spätere, sich anschließende Kämpfe noch vertieft und verschärft, und wir sind immer noch versucht, wenn wir dem Auf und Ab der Kreuzzüge folgen, auf der anderen Seite, im Lager des Soliman und Argant, «den Feind» zu sehen. Nur in Tassos Dichtung stirbt Clorinde, versöhnt mit unserem Glauben, auf «unserer» Seite. Um einen besseren geschichtlichen Überblick zu bekommen, der beide Seiten zu umfassen versucht, dürfte es nützlich sein, aus größerer Nähe und echteren Beispielen Mentalität, Ideale, Lebensweise und Kriegführung der Gegner der Kreuzfahrer kennenzulernen, die in den Werken ihrer Historiker und Chronisten deutlich werden und den abendländischen sicher weder an Zahl noch Rang nachstehen. Die Wertetafel sehen wir hier natürlich umgekehrt; statt «Sarazenenhunde» heißt es «Christenschweine», der Sehnsucht nach dem Heiligen Grab steht die nach dem Heiligen Felsen gegenüber, wo der Prophet bei seiner wunderbaren nächtlichen Himmelsreise den Fuß aufsetzte, dem frommen Gottfried entspricht der fromme Saladin. Moralische und religiöse Schlußfolgerungen verbieten sich an dieser Stelle; dem Historiker und dem Liebhaber der Geschichte soll nur ein Eindruck der anderen Seite geboten werden, eine Ergänzung zu dem Bild, das uns gewöhnlich die abendländischen Quellen zeigen.

Der Angriff der Kreuzfahrer traf den Islam in einem kritischen Augenblick seiner Geschichte, als die Welle der arabischen Eroberung und Landnahme schon seit einiger Zeit zum Stillstand gekommen war oder in der Defensive zurückflutete und die Türken sich im Zentrum und am Rande des islamischen Gebietes noch festsetzen und behaupten mußten, bevor sie zur Offensive großen Stiles gegen die christliche Welt übergehen konnten. Frühere wiederholte Gegenangriffe des Christentums hatte der Islam schon in den ständigen Kämpfen gegen die Byzantiner erlebt, die im Laufe des 10. Jahrhunderts besonders heftig waren; doch der massive Stoß des lateinischen Westens, dessen Ziele vorwiegend und offen eingestanden religiöser Art waren, überraschte eine politisch gespaltene muslimische Gesellschaft, die ihn nicht rasch und wirksam parieren konnte. Die schematische Formel Groussets – anfängliche muslimische Anarchie gegen fränkische Monarchie – gibt die Lage in Syrien zwischen dem Ende des 11. und den ersten Jahrzehnten des 12. Jahrhunderts angemessen wieder: das Land aufgespalten zwischen rivalisierenden türkischen Emiraten, die Würdenträgern der Seldschuken (Atabegen) und ihren Aftervasallen gehörten, dazu eine unsichere Herrschaft des fāṭimidischen Ägyptens über Palästina. In Bagdad war der ʿAbbāsidenkalif, unter der Aufsicht des türkischen Sultans, nur mehr ein Schatten dessen, was die höchste Würde des Islams in den Tagen al-Manṣūrs und al-Maʾmūns gewesen war. Die Kleinfürsten Nordsyriens, die Statthalter der Fāṭimiden in Jerusalem und den Küstenstädten leisteten Widerstand nach Vermögen, das heißt wenig; der Kreuzzug breitete sich aus wie ein Ölfleck, und der Gegenstoß, der von Bagdad vergeblich erwartet und gefordert wurde, erwies sich fürs erste als ohnmächtig. Vom dritten und vierten Jahrzehnt des 12. Jahrhunderts an versteifte sich dann der muslimische Widerstand, eine Leistung der Artuqiden von Mārdīn, Tughtegins von Damaskus und vor allem der Atabege von Mossul, Zengīs und Nūr ad-Dīns; nach der Eroberung der vorgeschobenen Grafschaft Edessa drückten sie auf Syrien mit dem Doppelziel, es unter ihrer Herrschaft zu einigen und die Franken zum Meer zurückzudrängen. Das Arabertum als politische Kraft war schon in den Hintergrund getreten, und es waren alles türkische Dynastien, die den Kampf führten, in einer Umgebung, die kulturell arabisch war, aber in sozialer und militärischer Hinsicht schon turkisiert. Saladins Machtantritt unterbrach diesen Prozeß der Turkisierung teilweise und setzte ihn teilweise fort: Kurde von Stamm, Turko-Araber in Sprache und Bildung, durch und durch orthodoxer Muslim in Glauben und Sitte, machte der große Ajjūbide Ägypten zum Mittelpunkt seiner Macht, führte es zur Orthodoxie zurück und gab dem Arabertum neues Prestige. Die beiden Monarchien traten einander gegenüber, und in der Ebene von Ḥaṭṭīn sank die lateinische Krone von Jerusalem in den Staub. Aber der dritte Kreuzzug brachte den muslimischen Angriff zum Stillstand und stützte die wankenden christlichen Staaten an der Küste. Die Ajjūbiden unter al-ʿĀdil und al-Kāmil hielten mit Diplomatie und Waffengewalt diese Gleichgewichtslage ein halbes Jahrhundert lang aufrecht: sie schlugen den fünften Kreuzzug zurück, hielten Friedrich II. hin, aber es gelang ihnen nicht, einen wirksamen Gegenangriff gegen die verbleibenden christlichen Staaten der Küste zu führen. Das war die Leistung der Mamlūkensultane, der türkischen Sklaven aus Südrußland und dem Kaukasus, die sich um die Mitte des 13. Jahrhunderts in Ägypten an die Stelle der letzten schwachen Ajjūbiden setzten. Diese rohen Soldaten, die im Inneren das Militärlehenswesen vollendeten, das schon die Seldschuken eingeführt und die Ajjūbiden beibehalten hatten, verdankte der Islam gleichzeitig die Abwehr des Mongoleneinfalls (Sieg von 'Ain Ǧālūt 1260, der Syrien rettete) und die Auflösung der Kreuzfahrerstaaten. Das Abendland unterstützte seine künstlichen Schöpfungen im Orient nicht länger wirksam: das Papsttum, das den hohen religiösen Impuls der ersten Kreuzzüge zu Zwecken europäischer Herrschaft und Vorherrschaft mißbraucht und das Kreuz zum Feldzeichen gegen Getaufte erniedrigt hatte (Kreuzzug gegen die Albigenser, Kampf gegen die Hohenstaufen), mußte dem Todeskampf Antiochias, Tripolis' und Akkons untätig zusehen, die in der zweiten Hälfte des 13. Jahrhunderts die drei Etappen der endgültigen muslimischen Rückeroberung der Küste bildeten. Der letzte Verteidigungskampf der Templer im Heiligen Land war gleichzeitig unbewußt der Auftakt zu ihrer Tragödie im Abendland.

Diese beiden geschichtsträchtigen Jahrhunderte sind gleichermaßen interessant, wenn man das Los der lateinischen und der griechisch-orientalischen Christenheit betrachtet (letztere passives, unschuldiges Opfer lateinischer Irrtümer und Schuld), wie im Blick auf das Schicksal des Islams in Gebieten, die er seit fünf Jahrhunderten als ihm gehörend ansah. Die beiden Jahrhunderte spiegeln sich deutlich in der muslimischen Geschichtsschreibung der Zeit und der unmittelbar folgenden Jahrhunderte. Wir sagen muslimische Geschichtsschreibung, nicht arabische, denn manche der Autoren sind nichtarabischen Ursprungs, aber man darf sie ihrer Sprache wegen ohne weiteres arabisch nennen (die persische und die gerade erst entstehende türkische Geschichtsschreibung tragen praktisch nichts zur Geschichte der Kreuzzüge bei); in Bekenntnis und Geist, der sie inspiriert, ist sie arabisch-muslimisch, wenn auch einige weniger wichtige Beiträge der arabisch-christlichen Chronisten Ägyptens nicht fehlen. Die Einfälle der *Ifranǧ* (mit dem Namen Franken bezeichneten die Muslime stets die Christen des Abendlandes, im Unterschied zu den byzantinischen *Rūm*), die von ihnen angerichteten Verwüstungen und Blutbäder, die Verluste, die sie dem Islam beibrachten, und sein endlich siegreicher Widerstand wurden von der mittelalterlichen muslimischen Historiographie in Wirklichkeit nie isoliert und monographisch behandelt; obwohl das Phänomen auch von ihrem Standpunkt aus höchst wichtig war, kleidete sie es immer in die ihr gewohnten literarischen Formen des Verstehens und der Darstellung. So verlor es sich entweder in allgemeinen annalistischen Chroniken oder wurde gedrängt in Schriften behandelt, deren roten Faden offensichtlich nicht die Aktionen des Feindes bilden, sondern die einer muslimischen Persönlichkeit oder Dynastie, die sich zum Vorkämpfer des Glaubens macht. Eine einheitliche *Geschichte der Frankenkriege* im Zusammenhang, die allein dies Thema in den Mittelpunkt stellte, sucht man in der muslimischen Historiographie vergebens.

Wir können jedoch eine solche Geschichte der Idee nach verfassen, wenn wir das Material, das in den verschiedenartigen Werken der Geschichtsschreibung über diese Zeit enthalten ist, nebeneinanderstellen und verbinden. Es handelt sich dabei um allgemeine Geschichten der islamischen Welt wie die klassische von Ibn al-Aṯīr und die weniger bekannten von Sibṭ ibn al-Ǧauzī und Ibn al-Furāt, von den späteren Kompilationen zu schweigen, oder um Stadt- und Regionalchroniken wie die von Ibn al-Qalānisī und Kamāl ad-Dīn ibn al-ʿAdīm, die Nordsyrien und Mesopotamien betreffen; um Geschichten einer bestimmten Region und Dynastie wie die Ibn Wāṣils und Maqrīzīs oder um reine Dynastiegeschichten wie die Kompilation des Abū Šāma, schließlich noch um Schriften vorwiegend biographischer Art oder solche, die sich um die Taten eines Helden herumranken, also die Werke der Historiker Saladins: Bahāʾ ad-Dīn ibn Šaddāds, ʿImād ad-Dīn al-Iṣfahānīs und Ibn ʿAbd aẓ-Ẓāhirs, des offiziellen Biographen der ersten Mamlūkensultane. Ein kostbares *unicum*, in literarischer, aber, wie wir sehen werden, auch in historischer Hinsicht, ist die brillante Autobiographie Usāmas. Alle diese Werke sind verschieden voneinander in Form, trocken und nachlässig oder stilistisch ausgefeilt und sogar überladen als Reimprosa *(saǧʿ)*, verschieden in der Art der Geschichtsschreibung, der Intelligenz und Genauigkeit oder harmlosen Oberflächlichkeit und kompilierenden Passivität ihrer Verfasser, aber sie haben, wie zu erwarten, gemeinsam die feindliche und verächtliche Haltung gegenüber dem ungläubigen Fremdling, der gekommen ist, in einem Akt ruchlosen Fanatismus (jeder sieht nur den Fanatismus des anderen) das Land des Islams zu überfallen. Selten sind Diskussionen und Analysen der konkreten «Kriegsziele» des Feindes; sie klingen nur in den Friedensverhandlungen des dritten Kreuzzuges polemisch an. Die Gegenwart bewaffneter Ungläubiger auf dem Gebiet des Islams ist eine Tatsache, der man nichts anderes als Waffen entgegenzusetzen vermag. Der gute Muslim hätte schon theoretisch das Recht und die Pflicht, selbst die Waffen in die Länder der Ungläubigen zu tragen, um sie auszurotten, zum wahren Glauben zu bekehren oder ihm zu unterwerfen. Deshalb kann man mit den Franken, wie mit den Ungläubigen schlechthin, nie über Frieden *(ṣulḥ)* reden, sondern nur über zeitweiligen Waffenstillstand *(hudna)*, wenn Gelegenheit oder Notwendigkeit dazu zwingt. Sehr umstritten allein im muslimischen Lager war denn auch der berühmte Frieden oder Waffenstillstand von 1192 zwischen Richard und Saladin. Soviel zur Theorie. Praktisch konnten die zweihundert Jahre der Kreuzzüge nicht in ständigem Krieg verlaufen; so gibt es nicht nur die Zeiten des Waffenstillstandes, sondern sogar, besonders im 12. Jahrhundert, Fälle «ruchloser Allianz» zwischen Muslimen und Christen gegen die Glaubensbrüder der einen oder anderen, die der Augenblick zu gemeinsamen Feinden machte (Ibn al-Qalānisī berichtet uns ohne Umschweife vom skandalösesten dieser Bündnisse, dem seiner Damaszener mit den Franken gegen den Einfall Zengīs 1140).

Die Werke des Friedens sind aber nicht der bevorzugte Gegenstand der muslimischen Geschichtsschreibung, und vielleicht keiner Geschichtsschreibung: so ist die muslimische Geschichte der Kreuzzüge nichts anderes als ein ständiges Waffenschwingen, eine ständige und oft eintönige Folge von Schlachten, Scharmützeln, Belagerungen und Überfällen. Die Verben *umbringen*, *plündern*, *verwüsten* sind die am häufigsten konjugierten in der Erzählung des beiderseitigen heiligen Krieges. Es wechseln nur die Seiten: zuerst zeigen uns die ältesten Historiker, wie die muslimischen Städte an der syrischen Küste der Belagerung durch die Franken erliegen und Mord, Raub und Brand erleiden, später auf dem anderen Schenkel der Parabel bezeichnen dieselben Szenen mit vertauschten Rollen, und manchmal mit denselben Worten, die Schritte der muslimischen Rückeroberung. «*Qui gladio ferit, gladio perit*», wobei stets die Bewunderung des Mutes und der Opferbereitschaft blieb, die auf beiden Seiten gewiß nicht fehlten. Im Scheitel der Parabel, im dritten Kreuzzug, in dem sich die markantesten Persönlichkeiten beider Seiten gegenüberstanden und die Kriegshandlungen sich am ausgedehntesten und dramatischsten entwickelten (Ḥaṭṭīn, Belagerung von Akkon), weitet sich der Atem der eintönigen Militärchronik, und es gibt Schilderungen des entscheidenden Tages bei Tiberias, der wutentbrannten Treffen unter Akkon, der Märsche und Gegenmärsche Saladins, bei denen zuweilen der Hauch religiösen Epos' zu spüren ist. Die Chronik der langen Verhandlungen über den folgenden Frieden ist ebenso interessant, aber ermüdend in der genauen Aufzählung der verwirrenden und oft sich widersprechenden Einzelheiten. Leider ist der Originaltext nicht wie die Friedens- oder Waffenstillstandsverträge erhalten, die uns für die spätere Zeit die Historiker der Mamlūken überliefern (Verträge Qalā'ūns).

Theoretisch ständiger Krieg, unterbrochen von prekären Waffenstillständen – so ergibt sich der Eindruck aus den offiziellen Beziehungen in den beiden Jahrhunderten, in denen Islam und Christentum im Heiligen Land zusammenlebten. Der Eindruck spiegelt sich auch in ihrer Geschichtsschreibung wider, beschränkt sie und gibt ihr einen eintönigen Horizont. In den muslimischen Chronisten regt sich keinerlei Interesse für den Aufbau der fränkischen Staaten, ihr wirtschaftliches und soziales Leben oder ihre Kultur. Nur hin und wieder werden die Fälle verzeichnet – man weiß nicht, ob eher herablassend oder eher verächtlich –, in denen der Feind von der höheren muslimischen Kultur und ihren Bräuchen gefangengenommen war, wie der Fürst von Šaqīf Arnūn, von dem die Geschichtsschreiber Saladins erzählen, daß er arabisch sprach und sich für arabische Literatur und islamisches Recht interessierte, ohne seine Kenntnisse dazu zu benutzen, den Gegner zu täuschen (und der großmütige Saladin begnügte sich damit, ihn gefangenzusetzen). Irgendwelche Anzeichen für ein Interesse am Leben, Brauchtum und den Ideen des Feindes finden wir nicht bei den ersten Historikern, sondern bei dem vorurteilslosen Usāma, und wir haben uns nicht versagt, hier einige Proben zu geben. Wo die Muslime sonst vom Christentum sprechen, von christlichem Dogma und Kult, geben sie ein verzerrtes Abbild, einer Maskerade gleich (man lese die Seiten ʿImād ad-Dīns über das Ende des christlichen

Jerusalems), und man kann dem nur das Bild entgegenhalten, das unsere mittelalterliche Apologetik von islamischem Dogma und Kult gibt. Alles in allem zahlten sich beide Seiten in diesem Punkt mit gleicher Münze heim, und die Kreuzzüge haben sicher nicht dazu beigetragen, Christen und Muslimen die edleren Seiten ihres jeweiligen Glaubens näherzubringen und sie achten zu lehren. Um jedoch zu der materiellen und geistigen Durchdringung zurückzukehren, die es gewiß gegeben hat: die muslimischen Quellen zeigen, wie wenig der Islam von den Franken wußte und annehmen wollte, viel weniger, als die Franken von den Orientalen übernahmen. Ein Wilhelm von Tyrus, der Arabisch lernt und nach arabischen Quellen seine verlorene Geschichte des Morgenlandes schreibt, ist eine Erscheinung, die im gegnerischen Lager nicht ihresgleichen hat. Aber die arabischen Historiker der Kreuzzüge beschäftigten sich nicht nur mit dem Feind, sondern allererst mit dem Widerstand der Muslime, seinen Akteuren und Protagonisten. Hier finden wir natürlich die interessanteste Ergänzung zur abendländischen Geschichtsschreibung. Die Araber selbst sahen deutlich in ihrer anfänglichen Zersplitterung den Grund für die Erfolge des ersten Kreuzzuges (es gibt eine bittere Stelle bei Kamāl ad-Dīn, wo gesagt wird, daß die rivalisierenden Emire Syriens in ihrem blinden Partikularismus selbst das Eindringen der Franken erleichterten und ausbeuteten). Später sahen sie erleichtert, aber nicht ohne gewisse Gegensätze wegen der verschiedenen Treuebindungen, denen sie sich verpflichtet fühlten, das Aufkommen Tughtegins, Zengīs, Nūr ad-Dīns und Saladins, der großen, einigenden Vorkämpfer des Gegenkreuzzuges. Der standhafte Widerstand von Damaskus bei der Belagerung 1148 war die ehrenvollste Episode des Widerstandes gegen die lateinische Invasion auf der lokalen und städtischen Ebene. Unmittelbar danach, und teilweise schon vorher, verfolgen Zengiden, Ajjūbiden und Mamlūken die Einigung der Verteidigung, was theoretisch Aufgabe des Kalifats in Bagdad gewesen wäre. Das führte aber nur noch ein Schattendasein und ging noch im Laufe der Kreuzzüge unrühmlich unter, ohne anderen Einfluß ausgeübt zu haben als durch fromme Ermahnungen und Predigten und Glückwunschschreiben an die siegreichen Vorkämpfer des orthodoxen Glaubens. Die Geschichte des Gegenkreuzzuges ist die der länger oder kürzer existierenden muslimischen Dynastien wie der eben erwähnten und anderer, kleinerer, die aus Glauben und politischer Überlegung die Last des heiligen Krieges trugen und ihm manchmal in voller Aufopferung das ganze Leben weihten. Man begreift, daß Frömmigkeit, Dankbarkeit und höfische Ergebenheit ihrer Chronisten diesen Herrschern den Lorbeer des Triumphes nicht vorenthielten. Die Gestalt Saladins erhebt sich hoch über alle und erweckt selbst die Bewunderung des Feindes: unbekannter Herkunft, mit einem Werdegang, der zu Anfang nicht frei von Zweideutigem und Gewalt gewesen war, hatte er das Glück, in guten und weniger guten Zeiten die Macht, das Ansehen, wie die Menschlichkeit und Ritterlichkeit der mittelalterlichen Kultur des Morgenlandes zu verkörpern, deren Religion er gleichzeitig in unwandelbarer Rechtgläubigkeit behauptete. Das Porträt, das uns Bahā' ad-Dīn und ʿImād ad-Dīn von ihm überliefern, ist offensichtlich das des muslimischen *optimus princeps;* es ist reich an eher pietistischen als ritterlichen Zügen und vermag uns vielleicht nicht ganz erkennen zu lassen, warum der Mann auf seine Zeitgenossen und die Nachwelt im eigenen und gegnerischen Lager eine solche Faszination ausübte. Aber die Legende, die ihn in Dantes Vorhölle versetzte und ihn in so vielen Versen und Erzählungen des Abendlandes besang, blieb in seinem eigenen Lande stumm und feierte vielmehr die Taten des menschlich viel geringeren Baibars. Von beiden großen Vorkämpfern des islamischen Gegenangriffes haben die arabischen Geschichtsquellen eine lebendige Erinnerung bewahrt, wie auch von Zengī, Nūr ad-Dīn, al-Malik al-Kāmil und den anderen bedeutenderen Gegnern der Kreuzzüge. In der treuen und glücklichen Personenbeschreibung kann man sogar einen der größten Vorzüge dieser Geschichtsschreibung sehen, die mit widerstreitenden Gefühlen auch kurze, aber interessante Charakteristiken aus dem feindlichen Lager liefert. Balduins II. Umsicht, Richard Löwenherz' Tapferkeit, Konrads von Montferrat unbezähmbare Energie, Friedrichs II. diplomatische Fähigkeit und skeptische Ironie werden von den muslimischen Geschichtsschreibern beobachtet und bestätigt; weniger werden wir freilich geneigt sein, andere Urteile zu unterschreiben, zum Beispiel daß der heilige König Ludwig IX. ein «hinterlistiger Bursche» war (aber wie lebendig zeichnet ihn uns Ibn Wāṣil mit seiner umgänglichen Würde in der Gefangenschaft in al-Manṣūra, als er sich mit dem ägyptischen Bevollmächtigten unterhält!); ein hinterlistiger Bursche, der ein Leben strengen Glaubens und des Idealismus eines Don Quijote bei dem stümperhaften Unternehmen gegen Tunis mitten im Sommer beschloß! ...

In ihrem Materialreichtum, der Fülle chronologischer Daten (die sich allerdings manchmal widersprechen und auch nicht immer zu denen der westlichen Quellen passen) und der glücklichen Personenbeschreibung besteht die arabische Geschichtsschreibung der Kreuzzüge leicht den Vergleich mit der zeitgenössischen christlichen. Anderseits werden wir weder Unvoreingenommenheit und Gelassenheit gegenüber dem Feind noch Originalität und Tiefe des Blickes erwarten; es bleibt bei dem, was der ganzen mittelalterlichen Geschichtsschreibung der Muslime gemein ist: sie schwankt zwischen Pragmatismus und einer mechanischen und fideistischen Theologie. Eine einzige Persönlichkeit eines wahren Historikers hebt sich vielleicht aus all den mehr oder weniger sorgfältigen Chronisten heraus: Ibn al-Aṯīr. Er ist anderseits in der letzten Zeit im Lager der Orientalisten als Historiker der Kreuzzüge nicht allzu gut angesehen, da er seine Quellen frei und tendenziös benutzt: was seine dokumentarische

Zuverlässigkeit mindert, bestätigt die Originalität seines historischen Urteils unter all den passiven Kompilatoren. Auf arabischer Seite fehlt, kurz gesagt, für diese Zeit ein Mann vom Range Wilhelms von Tyrus; aber von dieser Ausnahmeerscheinung abgesehen, kann das mittlere Niveau der arabischen Geschichtsschreiber der Kreuzzüge höher genannt werden als das der christlichen Chronisten; dazu kommt in den meisten Fällen größere Berufserfahrung, etwas, was man als schärferes Bewußtsein der Aufgabe bezeichnen könnte. Wie wir schon sagten, ist die arabische Geschichtsschreibung der Kreuzzüge ja gewöhnlich nur ein Ausschnitt aus einer weiteren geschichtlichen Erfahrung und Darstellung.

Der Versuch, die Geschichte der Kreuzzüge «von der anderen Seite» zu sehen, ist im Westen nicht neu. Schon vor mehr als hundert Jahren veröffentlichte der gelehrte Reinaud, Lehrer Michele Amaris, als Abschluß der *Bibliothèque des Croisades* von Michaud einen Band *Chroniques Arabes* (Paris 1829): in fortlaufendem Text stellte er Übersetzungen und Paraphrasen verschiedener arabischer Historiker der Zeit zusammen, deren Manuskripte damals noch fast alle unediert in der «Bibliothèque du Roi» lagen. Aber diese Pionierarbeit, die noch heute den Historikern ohne Kenntnis des Arabischen nützliche Dienste leistet, wollte eher eine einzige Erzählung von den Kreuzzügen aus orientalischen Quellen sein als sie in ihrer verschiedenen Art zeigen. Das nahm sich in der zweiten Hälfte des 19. Jahrhunderts die Abteilung «Historiens Orientaux» des großen *Recueil des Historiens des Croisades* vor, der von der Académie des Inscriptions et Belles Lettres herausgegeben wurde; die orientalische Abteilung wurde hauptsächlich von Barbier de Meynard besorgt und umfaßt in den fünf veröffentlichten Bänden (Paris 1872–1906) Textauszüge mit Übersetzung aus verschiedenen Historikern wie Ibn al-Aṯīr, Bahā' ad-Dīn, Abū Šāma, Abu 'l-

Fidā' usw. Das imponierende Werk, das aber wegen seines Folioformates für eine fortlaufende Lektüre unpraktisch und wenig geeignet ist, ist auch wegen der nicht immer glücklichen und treuen Textauswahl und wegen Interpretationsfehler kritisiert worden; es bleibt jedenfalls ein Hilfsmittel, das Orientalisten und Mediävisten gleichermaßen zu Rate ziehen und studieren müssen.

Unsere Auswahl, die im Vergleich zu den eben erwähnten sehr bescheiden ist, bedient sich natürlich beider, nutzt aber vor allem den direkten Zugang zu den einzelnen Texten, die zu gutem Teile jetzt ediert und im übrigen in der Photokopiensammlung historischer Manuskripte bei der «Fondazione Caetani per gli studi musulmani» in Rom einzusehen sind. Wir geben Ausschnitte aus siebzehn Autoren, die sicher nicht die muslimische Geschichtsschreibung über die Kreuzzüge erschöpfen, aber alle wichtigeren Quellen umfassen und ein einigermaßen vollständiges Bild der verschiedenen historiographischen und literarischen Formen und Richtungen zu geben versuchen, wie wir sie oben kurz umrissen haben. Die Übersetzung ist frei – und muß so sein –, denn bei wörtlicher Wiedergabe wäre eine fortlaufende Lektüre unerträglich. Die genauen Textverweise erlauben jedoch dem Arabisten eine Überprüfung, aus der sich, wie wir hoffen, neben unserer Schuld gegenüber etwaigen früheren Übersetzern und neben möglichen Irrtümern, vor denen wir uns nicht sicher fühlen, auch die beste Interpretation einzelner Abschnitte ergeben wird; sie ist bisweilen auf Emendationen des Textes gegründet, die der Spezialist leicht nachvollziehen kann. Die Kriterien der Auswahl liegen offensichtlich einmal in der historischen Bedeutung des Stoffes, auf der anderen Seite in der Suche nach den menschlich und literarisch lebendigsten und charakteristischsten Stücken in der allgemeinen Eintönigkeit der Quellen, nach der plastischen und anschaulichen Einzelheit, die geschichtlich wenig zählen mag, sich aber leicht und lebhaft der Erinnerung einprägt und für die viele der morgenländischen

Geschichtsschreiber und, ich gestehe, auch ihr heutiger Herausgeber nur zu empfänglich sind. Der zweite Abschnitt dieser Textauswahl, der Saladin und dem dritten Kreuzzug gewidmet ist, beansprucht aus den beiden mehr oder weniger richtigen genannten Gründen den Hauptanteil im Rahmen des Ganzen. Aber ich hoffe, daß sich aus ihm ein hinreichend deutlicher Gesamteindruck ergibt und in den Einzelheiten, die uns die Muslime aus der Zeit überliefert haben, die Tendenzen der einzelnen Autoren, wo sie vorhanden sind, und die Merkmale ihres Stiles sichtbar werden.

Nachdem er viele Monate in Gesellschaft dieser muslimischen Geschichtsschreiber der Kreuzzüge verbracht und die Stimmen harter, fanatischer Feindseligkeit gegen den Glauben unserer Väter vernommen hat, aber auch die Stimmen religiösen Eifers und der Liebe zu *ihrer* althergebrachten Tradition, zu ihren Erinnerungen, der Bewunderung für ihre Helden und Märtyrer, die sich ihrer Verteidigung weihten, sei dem, der diese Seiten zusammengestellt hat, ein Geständnis erlaubt. Ein Geständnis der Verehrung und der *Sympathie* im echten Wortsinn für eine Kultur, die er so lange vielleicht mit zu wenig innerem Verständnis und zu geringer Anteilnahme studiert hat, die ihm aber, abgesehen von Unzulänglichkeiten und Mängeln, die hier nebensächlich sind, vielleicht nie zuvor so weit ihre Kraft enthüllt hat, zu Geduld, Selbstaufgabe und Opfer anzuspornen, ihre wunderbare Elastizität und Lebenskraft im Unglück, ihren granitenen Glauben an eine absolute höchste Ordnung. Alle diese Eigenschaften bezeichnen wir gewöhnlich, wenn es sich um die «andere Seite» handelt, als Fehler und Mängel. Einmal wenigstens seien sie, ohne Selbstverleugnung, aber auch ohne feige Skrupel, bei ihrem richtigen Namen genannt.

Rom, September 1957 F. G.

HINWEISE ZUR BIBLIOGRAPHIE

Neuere allgemeinere Darstellungen der Geschichte der Kreuzzüge, die von Nichtorientalisten unter Benutzung Reinauds und des *Recueil* (vgl. oben) geschrieben wurden, sind R. Grousset, *Histoire des Croisades et du royaume franc de Jérusalem*, Paris 1934 bis 1936; S. Runciman, *A History of the Crusades*, Cambridge 1951–1954, beide in drei Bänden mit umfangreicher Bibliographie (einen Abriß für ein weiteres Publikum hat ebenfalls R. Grousset gegeben: *L'épopée des Croisades*, Paris 1939); und R. Waas, *Geschichte der Kreuzzüge*, Freiburg 1956, 2 Bde. Bisher sind zwei Bände einer großen *History of the Crusades* erschienen, die als Gemeinschaftswerk verschiedener Mitarbeiter von La Monte und Setton herausgegeben wird: *The First Hundred Years* und *The Later Crusades, 1189–1311*, Philadelphia 1955 und 1962. Eine zusammenfassende Untersuchung der muslimischen Geschichtsschreibung und ihrer verschiedenen Formen ist F. Rosenthal, *A History of Muslim Historiography*, Leiden 1952; eine gründliche und kritische Behandlung der arabischen Kreuzzugshistoriker findet sich in Cl. Cahen, *La Syrie du Nord à l'époque des Croisades et la principauté franque d'Antioche*, Paris 1940, S. 33–93 (Les sources arabes), das Cahen in seinem Artikel über die Kreuzzüge in *Encyclopédie de l'Islam*, II, 2. Aufl. (1961), S. 64–67, auf den letzten Stand gebracht hat. Außerdem vergleiche man das Kapitel *Historiography of the Crusades* in *Historians of the Middle East*, Oxford 1962, S. 98–107. Eine Bibliographie über einzelne Verfasser und Themen wäre zu speziell, um hier nützlich zu sein; wir erwähnen daher nur die drei wichtigen Studien von H. A. R. Gibb, *Notes on the Arabic Materials for the History of the Early Crusades*, in «Bulletin of the

School of Oriental Studies», VII (1935), S. 739–754, *The Arabic Sources for the Life of Saladin*, in «Speculum» XXV (1950), S. 58–72, und *The Achievement of Saladin*, in «Bulletin of the John Rylands Library», XXXV (1952), S. 44–60 (zu Saladin vgl. auch den Abriß in *Storia e civiltà musulmana*, Neapel 1947, und als Einzelveröffentlichung Florenz 1948). Dazu kommen J. Kraemer, *Der Sturz des Königreichs Jerusalem (583/1187) in der Darstellung des ʿImād ad-Dīn al-Kātib al-Iṣfahānī*, Wiesbaden 1952; B. Lewis, *The Sources for the History of the Syrian Assassins*, in «Speculum», XXVII (1952), S. 475–489; F. Gabrieli, *Gli Ospitalieri di San Giovanni negli storici musulmani delle Crociate*, in «Annuario della R. Scuola Archeologica di Atene», VIII–IX (1929), S. 345–356.

In der Artemis-Ausgabe sind einige Irrtümer der italienischen Originalausgabe korrigiert worden. Die Bibliographie wurde auf den neuesten Stand gebracht. F. G.

DIE AUTOREN UND WERKE

IBN AL-QALĀNISĪ[1]

Abū Ja'lā ibn Asad at-Tamīmī, genannt Ibn al-Qalānisī (Damaskus, etwa 465/1073–555/1160). Mit seiner als *Ḏail Ta'rīḫ Dimašq* («Fortsetzung der ‹Geschichte Damaskus'›», mit Bezug auf eine Chronik gleichen Namens von Hilāl aṣ-Ṣābī) bekannten Chronik ist er der erste arabische Historiker, der die Kreuzzüge behandelt. Das Werk, das uns ohne den Anfang in einem einzigen Manuskript überliefert ist, reicht in dem erhaltenen Teil von 363/974 bis 555/1160, dem Todesjahr des Verfassers, und verzeichnet außer Ereignissen der Geschichte Mesopotamiens vor allem die Entwicklung in Syrien und Damaskus, wo Ibn al-Qalānisī Ämter in der Stadtverwaltung bekleidete. Gestützt auf Erfahrungen erster Hand werden hier also der erste und zweite Kreuzzug fast bis zum Vorabend von Nūr ad-Dīns Einzug in Damaskus behandelt. Der Bericht ist umständlich und genau, mit einer gewissen Voreingenommenheit zugunsten der damaszenischen Emire aus Tughtegins Dynastie; sein Stil ist trocken und sachlich, abgesehen von einigen Kapiteln in rhetorisch gezierter Prosa. Ibn al-Qalānisīs Chronik ist eine erstrangige Quelle für die Zeit der ersten Kreuzzüge, da sie im allgemeinen objektiv ist, gleichzeitig mit den erzählten Ereignissen, Dokumente einschließt.

Text: ed. Amedroz, Leiden 1908
Übersetzungen auf S. 64–76, 80/81, 85–92, 98–104, 106–111

[1] Diese Anmerkungen sind bis auf die erste so angeordnet, wie die Autoren im Buch vorkommen; das entspricht ihrer zeitlichen Reihenfolge nur ungefähr.

IBN AL-AṮĪR

ʿIzz ad-Dīn ibn al-Aṯīr (Ǧazīrat Ibn ʿUmar 555/1160, gest. Mossul 630/1233) ist der berühmteste von drei Brüdern einer mesopotamischen Familie, die sich alle um die arabisch-muslimische Kultur verdient gemacht haben. Sein Hauptwerk ist der *Kāmil at-tawārīḫ* («Vollständige Geschichte» oder «Summe der Geschichten»), eine breit angelegte Geschichte der ganzen islamischen Welt, von hebräischer und arabischer Legende und Geschichte der Zeit vor Mohammeds Predigt bis zum Jahre 628/1231. Während sie für die älteste Zeit (bis zum Anfang des 10. Jahrhunderts n. Chr.) im wesentlichen auf das große historische Werk aṭ-Ṭabarīs zurückgeht, ist diese Geschichte für die letzten drei Jahrhunderte und vor allem für die Zeit des Verfassers eine äußerst wichtige Quelle: sie ist breit und ausgewogen angelegt, umfaßt eine Fülle von Material und zeigt, *last not least*, die Handschrift eines temperamentvollen Historikers; nicht ohne Grund wird Ibn al-Aṯīr der einzige wirkliche arabische Historiker seiner Zeit genannt. Die ausgeprägte Individualität erklärt auch die Fehler des Autors, seine zeitweilige Voreingenommenheit für die Zengidendynastie Mesopotamiens (Zengī, Nūr ad-Dīn und Nachfolger), Ungenauigkeit in der Chronologie und seinen nicht immer zurückhaltenden Umgang mit seinen Quellen. Doch trotz dieser Vorbehalte bleibt die Geschlossenheit des Werkes bewundernswert, das die gesamte islamische Welt von Transoxanien bis zum äußersten Maghrib und Spanien umfaßt, die ursächlichen Zusammenhänge der Ereignisse verfolgt und sie ungeachtet des annalistischen Schemas in klarer und wirkungsvoller Darstellung zu ordnen versteht. Soweit es um die Geschichte der Kreuzzüge geht, war Ibn al-Aṯīr ein wenn auch nicht immer wohlwollender Augenzeuge der Taten Saladins und benutzte als Quellen Ibn al-Qalānisī, Bahāʾ ad-Dīn ibn Šaddād und ʿImād ad-Dīn al-Iṣfahānī (s. unten). Auch sein klarer, einfacher Stil, der frei von Archaismen und Schnörkeln ist und nur auf das Wesentliche dringt, hat zu seinem Ruf als *des* Historikers des späteren islamischen Mittelalters beigetragen.

Text: ed. Tornberg, Bde. X, XI, XII, Leiden 1853–1864
Übersetzungen auf S. 41–63, 82–85, 92–97, 111–114, 159–171, 187–194, 224–242, 249–252, 262–265, 297/98, 313–323

KAMĀL AD-DĪN IBN AL-ʿADĪM

Kamāl ad-Dīn ibn al-ʿAdīm (Aleppo 588/1192 – Kairo 660/1262) schrieb die Geschichte seiner Geburtsstadt, vor allem mit einem riesigen biographischen Werk *(Bughjat aṭ-ṭalab*, «Das ersehnte Ziel des Strebens»), das nur teilweise erhalten ist und noch unediert, und mit einer Stadtgeschichte, die das dort gesammelte Material benutzt *(Zubdat al-ḥalab min ta'rīḫ Ḥalab*, «Der Rahm der Milch von der Geschichte Aleppos»); sie reicht bis 641/1243 und leistet für das Aleppo des 12. und 13. Jahrhunderts dasselbe wie die Chronik Ibn al-Qalānisīs für Damaskus im 12. Jahrhundert. Für die Geschichte der Kreuzzüge hat sie vor allem Bedeutung als arabisches Zeugnis von den Ereignissen in Nordsyrien.

Text: ed. Sāmī ad-Dahhān, II, Damaskus 1954
Übersetzung auf S. 77–79

USĀMA

Usāma ibn Munqiḏ, Emir von Šaizar (Šaizar 488/1095 – Damaskus 584/1188), gehört zu den interessantesten Gestalten des syrischen Arabertumes zur Zeit der Kreuzzüge. Ein Mann der Tat und der Feder, Ritter und Jäger, Literat und Höfling, politischer Intrigant ohne Skrupel, verbrachte er sein langes Leben in Beziehungen mit den Franken, den Emiren Syriens und den Fāṭimidenkalifen Ägyptens und starb endlich vergessen zur Zeit Saladins größter Triumphe. Seinen Ruhm verdankt er seiner Autobiographie *(Kitāb al-iʿtibār,* «Buch der Belehrung durch Beispiele»), die uns unvollständig in einer Handschrift des Escorial erhalten ist; er gibt darin ein ehrliches, etwas wortreiches Selbstbildnis und einen Schatz anekdotischer Mitteilungen über seine muslimischen und fränkischen Zeitgenossen. Von seiner übrigen reichen literarischen Produktion sind nur Teile erhalten, darunter ein *Kitāb al-ʿaṣā* («Buch des Stockes»), eine Sammlung von Anekdoten, Versen und Sprichwörtern über Stöcke in arabischer Manier; unser letzter Auszug ist diesem Werk entnommen.

Text: ed. Derenbourg, Paris 1886 (für den letzten Abschnitt vgl. H. Derenbourg, *Ousama ibn Mounkidh. Un émir syrien au premier siècle des Croisades,* I, Paris 1893, pp. 528/29)
Übersetzung auf S. 115–126

BAHĀʾ AD-DĪN IBN ŠADDĀD

Bahāʾ ad-Dīn ibn Šaddād (Mossul 539/1145 – Aleppo 632/1234) trat 1188 in Saladins Dienste; er ernannte ihn zum Qāḍī des Heeres und behielt ihn als treuen Hausgenossen bis zu seinem Tode. Unter Saladins ersten Nachfolgern war er Großqāḍī von Aleppo. Seine Biographie des Sultans *(an-Nawādir as-sulṭānijja wa-l-maḥāsin al-jūsufijja,* «Die sultanischen Anekdoten und die josefischen Tugenden» – Jūsuf war Saladins eigentlicher Name) ist eine erstrangige historische und biographische Quelle: sie ist diktiert von aufrichtiger Ergebenheit und Bewunderung ohne höfische Unterwürfigkeit, beruht zum größten Teil auf unmittelbarer Erfahrung und ist in schlichtem Stil ohne literarische

Gespreiztheit abgefaßt. Bahā' ad-Dīn gibt uns auf muslimischer Seite das vollständigste Bild des Helden und eine lebendige Chronik des dritten Kreuzzuges.

Text: in *Recueil des Historiens des Croisades, Historiens Orientaux*, III, Paris 1884
Übersetzungen auf S. 129–158, 242–249, 252–256, 261/62, 266 bis 268, 269–289, 303–309

ʿIMĀD AD-DĪN AL-IṢFAHĀNĪ

ʿImād ad-Dīn al-Kātib al-Iṣfahānī (Iṣfahān 519/1125 – Damaskus 597/1201) war Sekretär Nūr ad-Dīns und später Saladins, dessen Kanzlei er unter al-Qāḍī al-Fāḍil leitete. Literat und Rhetor bis ins Mark, schrieb er außer einer wertvollen Anthologie der arabischen Dichter des 12. Jahrhunderts verschiedene historische Werke, die von Anfang bis Ende im künstlichsten rhetorisch ausgezierten Stil verfaßt sind, den das Arabische nur kennt: in rhythmisierter Reimprosa mit einer ununterbrochenen Folge von Alliterationen, Metaphern und Wortspielen. Die schwierige und ermüdende Form veranlaßte schon früh Kompilatoren wie Abū Šāma (vgl. unten), den Saft der Tatsachen aus der gezierten Schale des Originales zu pressen; trotzdem ist man darauf angewiesen, da nicht alle historisch wichtigen Elemente in diesen Zusammenfassungen verwendet wurden. Erhalten und vollständig herausgegeben ist seine Geschichte der Eroberung Jerusalems, die bis zu Saladins Tod weitergeführt ist (*al-Fatḥ al-qussī fi 'l-fatḥ al-qudsī*, was man wiedergeben kann als «Die Beredsamkeit eines Cicero über die Eroberung der Heiligen Stadt»: die Wortspiele fangen, wie man sieht, schon beim Titel an); teilweise erhalten, aber noch unediert, ist *al-Barq aš-šāmī* («Der Blitz Syriens»), das die Erzählung von Saladins Leben und Taten von 1175 an aufnimmt. In beiden Werken sieht die moderne Forschung unter der unerträglichen Form eine Hauptquelle für die Biographie des großen Ajjūbiden und die Ereignisse in Syrien und Mesopotamien, in denen er die führende Rolle spielte, und ʿImād ad-Dīn wird als gut unterrichteter, genauer und zuverlässiger Berichterstatter geschätzt. Bleibt nur die Tatsache, wie aus den angeführten Beispielen zu ersehen, daß die konkreten Daten in einem Meer fürchterlichen Geschwätzes untergehen.

Text: ed. Landberg, Leiden 1888
Übersetzungen auf S. 171–186, 194–223, 256–260, 290–297

ABŪ ŠĀMA

Šihāb ad-Dīn abū Šāma abu ʾl-Qāsim (Damaskus 599/1203 – 665/1267), Philologe und Professor, war ein Schreibtischgelehrter, der in seinem *Kitāb ar-rauḍatain* («Buch der beiden Gärten», über die Dynastien Nūr ad-Dīns und Saladins) wertvolles historisches Material gesammelt hat, das uns zum großen Teil aus den Originalen bekannt ist: so gibt er mit Quellenangabe Auszüge aus Ibn al-Qalānisī, ʿImād ad-Dīn (in nüchternerer und eher erträglicher Form), Bahāʾ ad-Dīn, Ibn al-Aṯīr usw. Wichtiger sind für uns die Zitate aus dem verlorenen Werk des schiitischen Historikers von Aleppo, Ibn Abi ʾṭ-Ṭāʾī, der unter anderem eine Saladinbiographie geschrieben hat. Die «Zwei Gärten» enthalten außerdem zahlreiche Dokumente aus der Kanzlei des Sultans, die hauptsächlich vom Leiter seines Sekretariats, al-Qāḍī al-Fāḍil, stammen; von ihm existieren auch besondere Briefsammlungen.

Text: ed. Kairo 1287/1870
Übersetzung auf S. 268/69

Manāqib Rašīd ad-Dīn

Mit diesem Titel bezeichnen wir eine einzigartige Schrift, die der häretischen Sekte der Ismāʿīliten Syriens (der Assassinen) entstammt. Die «Tugenden unseres Herrn Rašīd ad-Dīn», wie die Übersetzung des vollständigen Titels lautet, sind eine Sammlung von Erinnerungen und Anekdoten über den Großmeister Rašīd ad-Dīn Sinān, Zeitgenossen Saladins und Oberhaupt der Sekte in Syrien, als ihre Macht am meisten gefürchtet wurde. Die Erinnerungen, die weit eher erbaulich und wunderhaft als historisch verwertbar sind, sammelte 1324 ein unbekannter Anhänger der Sekte, Šaiḫ Abū Firās aus Mainaqa, als die Macht der Ismāʿīliten schon fast erloschen war. Im übersetzten Teil scheint unter legendenhaften Zügen die Erinnerung an die Ermordung Konrads von Montferrat anzuklingen.

Text: in *Journal Asiatique, 7ᵉ série*, IX (1877), S. 324–489 (S. Guyard, *Un grand Maître des Assassins au temps de Saladin)*
Übersetzung auf S. 299–302

IBN WĀṢIL

Ǧamāl ad-Dīn ibn Wāṣil (Hama 604/1207–697/1298) bekleidete verschiedene Ämter unter den letzten Ajjūbiden und den ersten Mamlūken, ging 1261 als Baibars' Botschafter zu Manfred und starb als Großqāḍī seiner Geburtsstadt. Sein Hauptwerk, *Mufarriǧ al-kurūb fī aḫbār Banī Ajjūb* («Der Zerstreuer der Ängste hinsichtlich der Geschichte der Ajjūbiden»), stellt die Geschichte von Saladins Dynastie in den Mittelpunkt, behandelt aber vorher auch die Zengiden und hinterher die Mamlūken bis 680/1282. Es ist also eine der besten Quellen für die Geschichte der Kreuzzüge im 13. Jahrhundert (fünfter Kreuzzug, Reise Friedrichs II., Kreuzzug Ludwigs des Heiligen); aus ihm haben die späteren Kompilatoren geschöpft. Ohne rechten Grund ist das Werk lange unediert geblieben, erst kürzlich hat die Veröffentlichung begonnen[1].

Text: MS Paris Ar. 1702 (Photokopie Caetani)
Übersetzungen auf S. 323–332, 335–339, 343–360

SIBṬ IBN AL-ĞAUZĪ

Der Enkel *(sibṭ)* eines älteren Chronisten Ibn al-Ğauzī war ein geachteter Prediger und lebte als enger Vertrauter ajjūbidischer Fürsten lange in Damaskus (Bagdad 582/1186 – Dasmaskus 654/1256). Seine riesige weitschweifige Universalgeschichte *(Mirʾāt az-zamān,* «Spiegel der Zeit») ist uns in zwei Fassungen erhalten; sie ist vor allem wichtig für die Ereignisse in Syrien zur Zeit des Autors: ihr verdanken wir zum Beispiel die äußerst interessanten Einzelheiten des Besuches Friedrichs in Jerusalem sowie, für das vorhergehende Jahrhundert, einige lebendige Details von der Belagerung Dasmaskus' während des zweiten Kreuzzuges.

Text: ed. Jewett, Chicago 1907 (*nur* A. H. 495–654). Zum Text über die Belagerung Damaskus' vgl. die Fußnote in Ibn al-Qalānisī, ed. Amedroz
Übersetzungen auf S. 104/05, 332–334

Taʾrīḫ Manṣūrī

Die Chronik eines gewissen Abu 'l-Faḍāʾil aus Hama, eines unbekannten Beamten und Höflings der Ajjūbidenfürsten Syriens; sie reicht bis zum Jahre 631/1233 und ist einem Malik al-Manṣūr,

[1] Drei Bände, ed. M. Šajjāl (Kairo 1954–1962), sind bisher erschienen.

Emir von Homs, gewidmet (daher der Titel, der übersetzt «Manṣūrische Geschichte» heißt). Das Werk bringt wichtige Nachrichten über den Aufenthalt Friedrichs II. im Heiligen Lande und den Wortlaut zweier arabischer Briefe von ihm, die er unmittelbar nach seiner Rückkehr nach Italien schrieb; nach Informationen, die Abgesandte und Flüchtlinge der Araber von Sizilien in den Orient brachten, berichtet es über die letzten Schicksale der sizilischen Muslime. Diese wertvollen Auszüge aus der einzigen erhaltenen unedierten Handschrift im Asiatischen Museum in Leningrad wurden von Amari veröffentlicht.

Text: in *Biblioteca Arabo-Sicula*, Seconda Appendice, Leipzig 1887
Übersetzung auf S. 339–342

IBN ʿABD AẒ-ẒĀHIR

Muḥji ʾd-Dīn ibn ʿAbd aẓ-Ẓāhir (Kairo 620/1223 – 692/1292) war Sekretär der Mamlūkensultane Baibars und Qalāʾūn, setzte die offiziellen Schriftstücke ihrer Kanzleien auf und schrieb später, gestützt auf das so gesammelte Material, ihre Biographien. Von der Lebensbeschreibung Baibars' *(Sīrat al-Malik aẓ-Ẓāhir)* sind Teile des Originals und die Zusammenfassung erhalten, die der Enkel des Verfassers, Šāfiʿ al-ʿAsqalānī, besorgte. Ein großer Teil der Biographie Qalāʾūns findet sich in dem anonymen *Tašrīf al-ajjām wa-l-ʿuṣūr bi-sīrat as-Sulṭān al-Malik al-Manṣūr* («Die Beehrung der Tage und Zeiten mit dem Leben des Sultans al-M. al-M.»). Ibn ʿAbd aẓ-Ẓāhir beschrieb auch das Leben von Qalāʾūns Sohn, al-Ašraf, dem Eroberer Akkons. Er ist als unmittelbarer Zeuge der erzählten Ereignisse und Überlieferer wertvoller Dokumente (Briefe, Verträge usw.) recht wichtig, aber als Historiker wegen seiner unterwürfigen Haltung und seines panegyrischen Tons gegenüber seinen Herrschern mit Vorsicht zu benutzen.

Text: Zusammenfassung des Lebens Baibars' von Šāfiʿ, MS Paris Ar. 1707, und *Tašrīf* (Leben Qalāʾūns), MS Paris Ar. 1704 (Photokopien Caetani)[1]
Übersetzungen auf S. 367–373, 375/76, 384–392, 395–403

Tašrīf

(Vgl. Ibn ʿAbd aẓ-Ẓāhir)

MAQRĪZĪ

Taqī ad-Dīn al-Maqrīzī (Kairo 766/1364 – 845/1442), hochgebildeter Antiquar und Sammler wertvollen Materials zur historischen Topographie Ägyptens, ist für unsere Periode wegen eines seiner geschichtlichen Werke interessant, das fast ausschließlich eine Kompilation ist (aus Ibn Wāṣil, Sibṭ Ibn al-Ǧauzī, Ibn ʿAbd aẓ-Ẓāhir und anderen weniger bekannten Quellen), aber beim gegenwärtigen Stand unseres Wissens unentbehrlich: das *Kitāb as-sulūk fī maʿrifat taʾrīḫ al-mulūk* («Buch des Fortschreitens zur Kenntnis der Geschichte der Könige»). Es umfaßt die Geschichte der Ajjūbiden und Mamlūken von 577/1181 bis 840/1463 und ist folglich wichtig für die beiden Unternehmungen der Kreuzfahrer in Ägypten und die letzten Eroberungen der Mamlūken in Syrien.

Text: ed. M. Ziyade, I, Kairo 1934
Übersetzungen auf S. 360–364, 405/06

1 Von seiner Biographie Baibars' ist ein Teil ediert in Syeda Fatima Sadeque, *Baybars I of Egypt*, Dacca 1956; *Tašrīf*, edd. Murād Kāmil et Muḥammad ʿAlī an-Naǧǧār, Kairo 1961.

IBN AL-FURĀT

Nāṣir ad-Dīn ibn al-Furāt (Kairo 735/1334 – 807/1405) ist wie Maqrīzī und fast alle seine Zeitgenossen ein großer Kompilator, dessen Wert von dem der Quellen abhängt, die er ausgeschrieben hat. Sein großes *Taʾrīḫ ad-duwal wa-l-mulūk* («Geschichte der Dynastien und Könige») ist teilweise erhalten, aber zum großen Teil noch unediert; es reicht bis zum Ende des 14. Jahrhunderts und enthält interessante Nachrichten über die Zeit der ersten Mamlūken. Schon lange ist der Wert der Zitate erkannt, die Ibn al-Furāt wie Abu Šāma für die Zeit Saladins aus dem verlorenen Werk des Ibn Abi 'ṭ-Ṭāʾī anführt.

Text: MS Wien Ar. 814 A. F., voll. VI, VII (Photokopie Caetani)
Übersetzungen auf S. 373–375, 377–380, 393–395

AL-ʿAINĪ

Badr ad-Dīn al-ʿAinī (ʿAintāb 762/1360 – Kairo 855/1451), Beamter und Höfling der Mamlūken, Philologe und Gelehrter in den Traditionen vom Propheten, verfaßte auch eine allgemeine Geschichte (*ʿIqd al-ǧumān fī taʾrīḫ ahl az-zamān*, «Das Perlhalsband über die Geschichte der Zeitgenossen»); sie wird gewöhnlich wegen ihrer Quellen benutzt, die noch nicht gefunden oder nicht direkt zugänglich sind.

Text: in *Recueil des Historiens des Croisades, Historiens Orientaux*, II, Paris 1887
Übersetzung auf S. 380–383

ABU 'L-FIDĀʾ

Abu 'l-Fidāʾ ʿImād ad-Dīn Ismāʿīl ibn ʿAlī al-Ajjūbī, der *Abulfeda* der Arabisten des 18. und 19. Jahrhunderts (Damaskus 672/

1273 – Hama 732/1331), ist die sympathische Gestalt eines literarisch tätigen Emirs, die ein wenig an Usāma erinnert. Er gehörte zum Hause der Ajjūbiden und lebte zu einer Zeit, als sie bereits alle Macht verloren hatten und in Ägypten und Syrien von den Mamlūken verdrängt waren, aber es gelang ihm, sich unter ihrer Oberhoheit im Besitz der ererbten Herrschaft Hama bestätigen zu lassen, wo er mit dem Titel al-Malik al-Mu'ajjad bis zu seinem Tode herrschte. Seine beiden Hauptwerke als Schriftsteller, die Geschichte (*Muḫtaṣar ta'rīḫ al-bašar*, «Kurze Geschichte des Menschengeschlechtes») und die Erdkunde (*Taqwīm al-buldān*, «Vermessung der Länder»), hatten das Glück, zu den ersten Werken der arabischen Literatur zu gehören, die in Europa seit den Anfängen der neueren Arabistik bekannt und teilweise veröffentlicht waren. Daher erklärt sich auch die anfängliche Überbewertung dieser beiden Kompilationen, die mit der Entdeckung älterer Originalquellen fast ganz entbehrlich geworden sind. Der Teil seiner Geschichte, der die Lebenszeit des Autors behandelt, bleibt von Interesse, da er von Jugend auf an den Zügen der Mamlūken gegen Tripolis und Akkon teilnahm und so Augenzeuge des tragischen Nachspieles der Kreuzzüge wurde.

Text: in *Recueil des Historiens des Croisades, Historiens Orientaux*, I, Paris 1872
Übersetzungen auf S. 404/05, 407–410

ABU 'L-MAḤĀSIN IBN TAGHRIBIRDĪ

Abu 'l-Maḥāsin ibn Taghribirdī (Kairo 813/1411 – 874/1469) gehört ebenso zur Gruppe der Polyhistoren und Gebildeten der Mamlūkenzeit. Seine große Geschichte Ägyptens *(an-Nuǧūm az-zāhira fī mulūk Miṣr wa-l-Qāhira*, «Die funkelnden Sterne, über die Könige Ägyptens und Kairos») stellt die umfangreichste allgemeine Chronik seines Landes dar, von der arabischen Eroberung bis 857/1453; aber auch sie ist ein Werk reiner Kompilation. Neben dem Bericht Abu 'l-Fidā's über Belagerung und Eroberung Akkons unter al-Ašraf ist seiner (sicher auf einer zeitgenössischen Quelle beruhend) der interessanteste muslimische Text, der uns zu diesem Ereignis bekannt ist. Im veröffentlichten Teil von Ibn ʿAbd aẓ-Ẓāhirs Biographie dieses Sultans wird es nicht behandelt.

Text: MS Paris Ar. 1873 (Photokopie Caetani)[1]
Übersetzung auf S. 410–414

[1] Die entsprechende Zeit ist in den beiden westlichen Editionen der *Nuǧūm* (Juynboll/Matthes und Popper) nicht enthalten. Die Kairiner Ausgabe war mir nicht zugänglich.

DIE KREUZZÜGE
AUS ARABISCHER SICHT

ERSTER TEIL

VON GOTTFRIED ZU SALADIN

I.

Unsere wichtigsten Quellen für den ersten Kreuzzug sind Ibn al-Qalānisī und Ibn al-Aṯīr. Während sich aber der damaszenische Chronist darauf beschränkt, die Ereignisse in ihrer zeitlichen Abfolge zu verzeichnen, bezieht Ibn al-Aṯīr das Phänomen der Kreuzzüge auf die gesamte Bewegung christlicher Gegenangriffe gegen den Islam (Fortschritte der *Reconquista* in Spanien und normannische Eroberung Siziliens). Die Eroberung Antiochias und Jerusalems durch die Kreuzfahrer, ihre Konsolidierung im Heiligen Land und die ersten zögernden Gegenangriffe des Islams haben im Bericht des mesopotamischen Historikers ihre vollständigste und wirkungsvollste, wenn auch nicht zeitlich nächste Darstellung gefunden.

DIE FRANKEN NEHMEN ANTIOCHIA

(Ibn al-Aṯīr X 185–188)

Im Jahre 478 (1085/86 A.D.) nahmen die Franken Toledo und andere Plätze in al-Andalus ein, wie schon berichtet wurde: das war das erste Mal, daß die Macht ihres Reiches deutlich wurde, daß sie islamisches Gebiet angriffen und einen Teil davon an sich rissen. Dann griffen sie im Jahre 484 (1091) Sizilien [1] an und besetzten es, wie ich ebenfalls schon berichtet habe, und richteten ihr Augenmerk auf die afrikanische Küste, wo sie einige Erwerbungen machten, die ihnen wieder abgenommen wurden; später machten sie andere, wie man sehen wird. Als nun das Jahr 490 (1097) gekommen war, zogen sie gegen Syrien. Der Grund war der: ihr König Balduin [2], ein Verwandter des Franken Roger, der sich Siziliens bemächtigt hatte, sammelte eine große Menge Franken und sandte eine Botschaft zu Roger: «Ich habe eine große Menge gesammelt und komme jetzt zu dir, um von deinem Gebiet aus die Küste Afrikas zu erobern und damit dein

Nachbar zu werden.» Roger versammelte daraufhin seine Gefährten und beriet diesen Vorschlag mit ihnen. «Beim Evangelium», sagten sie, «das ist gut für uns und für sie; so wird das Land für das Christentum gewonnen.» Roger hob dazu ein Bein, ließ einen lauten Wind fahren und sagte: «Bei meinem Glauben, dies ist mehr wert als eure Überlegung[3].» «Warum denn?» «Wenn sie zu mir kommen, brauchen sie umfangreiche Ausrüstung, Schiffe, die sie nach Afrika bringen, und zusätzliche Truppen von mir. Wenn sie das Land dann erobern, gehört es ihnen, ihren Nachschub jedoch müssen sie aus Sizilien beziehen, so daß ich das Geld verliere, das die Ernte mir hier jährlich einbringt. Haben sie dagegen keinen Erfolg, kehren sie in mein Land zurück und machen mir Ungelegenheiten. Tamīm[4] wird dann sagen: ‹Du hast mich verraten und den Vertrag mit mir gebrochen›, und die Verbindungen und Fahrten zwischen uns brechen ab. Afrika aber bleibt immer in unserer Reichweite, und wenn wir mächtig genug sind, nehmen wir es.» Er ließ Balduins Boten kommen und sagte zu ihm: «Wenn ihr zum heiligen Krieg gegen die Muslime entschlossen seid, ist es das beste, Jerusalem zu erobern: ihr befreit es aus ihren Händen und habt den Ruhm davon. Was Afrika betrifft, so gibt es zwischen mir und den Leuten dort Verträge und Eide.» Darauf rüsteten sich jene und zogen gegen Syrien. Eine andere Ansicht darüber ist: als die Fāṭimiden Ägyptens sahen, wie die Macht des Seldschukenreiches wuchs und es sich Syriens bis nach Gaza bemächtigte – ohne daß noch eine Provinz zwischen ihnen und Ägypten verblieben wäre – und wie Atsız[5] sogar in Ägypten einfiel und es bedrängte, sandten sie aus Furcht zu den Franken und forderten sie auf, gegen Syrien zu ziehen, um sich in seinen Besitz zu setzen und so einen Puffer zwischen ihnen und den Muslimen[6] zu bilden. Aber Gott weiß es am besten.

Als sich die Franken nun entschlossen hatten, gegen Syrien zu ziehen, marschierten sie nach Konstantinopel, um die Meerenge zu überqueren und auf dem Landwege, was am einfachsten war, die Länder der Muslime zu erreichen. Als sie aber in Konstantinopel angekommen waren, verweigerte ihnen der Kaiser des Ostens den Durchzug durch sein Gebiet und sagte: «Ich erlaube euch nicht, in das Land des Islams weiterzuziehen, wenn ihr mir nicht schwört, mir Antiochia zu überlassen.» Seine eigentliche Absicht dabei war, sie zum Angriff auf das Land des Islams zu bewegen, weil er überzeugt war, die Türken, deren entschlossene Stärke und Herrschaft über das Land (Kleinasien) er kennengelernt hatte, würden keinen von ihnen übriglassen. Die Franken nahmen seine Bedingungen an, überquerten im Jahre 490 (1097) den Bosporus bei Konstantinopel und kamen in das Land des Qılığ Arslan ibn Sulaimān ibn Qutalmış, das heißt nach Iconium und anderen Plätzen. Als sie so weit vorgedrungen waren, stießen sie auf Qılığ Arslan und seine Truppen; er wollte sie aufhalten, aber sie schlugen ihn im Monat Rağab 490 (Juli 1097)[7] in einer Schlacht, zogen durch sein Land nach Kilikien[8], durchquerten es, wandten sich gegen Antiochia und schlossen es ein.

Als der Herr der Stadt, Jaghı Sıjan, von ihrem Anmarsch hörte, begann er die dort ansässigen Christen zu fürchten. Deswegen schickte er nur den muslimischen Teil der Bevölkerung aus, Gräben auszuwerfen, danach am nächsten Tag die Christen, ohne einen einzigen Muslim, um den Graben anzulegen. Sie arbeiteten daran bis zum Nachmittag, und als sie zurück in die Stadt wollten, verbot er ihnen den Zugang und sagte: «Antiochia gehört euch, aber ihr müßt es mir überlassen, bis ich sehe, was sich zwischen uns und den Franken ergibt.» Sie sagten: «Wer schützt unsere Frauen und Kinder?», und er antwortete: «Ich will es für euch tun.» Sie fanden sich damit ab und blieben im Lager der Franken, die die Stadt neun Monate lang belagerten.

Jaghı Sıjan zeigte unvergleichlichen Mut und Urteilssinn, Entschlossenheit und Umsicht. Der größte Teil der Franken ging zugrunde – hätten sie sich in der Zahl behauptet, in der sie ausgezogen waren, hätten sie das ganze Land des Islams besetzt. Jaghı Sıjan schützte die Familien der Christen Antiochias, die er ausgesperrt hatte, und ließ nicht zu, daß ihnen auch nur ein Haar gekrümmt wurde. Nachdem die Franken schon lange vor Antiochia gelegen hatten, nahmen sie Verbindung zu einem der Männer auf, die für die Verteidigung der Türme verantwortlich waren, einem Panzerschmied namens Rūzbeh[9], und bestachen ihn mit einem großen Betrag an Geld und Land. Er hatte einen Turm zu verteidigen, der nahe am Fluß stand und unten einen Auslaß zum Tal hatte. Als die Sache zwischen ihnen und dem verfluchten Panzerschmied abgemacht war, gingen sie zu dem Auslaß, öffneten ihn und drangen ein; viele kletterten auch an Seilen in die Höhe. Nachdem sich mehr als fünfhundert von ihnen gesammelt hatten, bliesen sie die Trompeten, bei Morgendämmerung, als die Verteidiger von langer Schlaflosigkeit und dauerndem Wachehalten ermüdet waren. Jaghı Sıjan erwachte davon und fragte, was los sei; man antwortete ihm, der Trompetenschall komme von der Zitadelle, ohne Zweifel sei sie schon eingenommen; tatsächlich kam er nicht von der Zitadelle, sondern von jenem Turm. Schrecken ergriff Jaghı Sıjan, er ließ ein Stadttor öffnen und floh wie von Sinnen mit dreißig Pagen. Als sein Stellvertreter für die Verteidigung der Stadt dazukam und nach ihm fragte, bekam er zur Antwort, er sei geflohen. Da wandte auch er sich zur Flucht, durch ein anderes Tor, was den Franken zustatten kam: hätte er nur eine Stunde standgehalten, wären sie verloren gewesen. So aber drangen sie durch das Tor in die Stadt ein, verwüsteten sie und erschlugen die in ihr lebenden Muslime. Das geschah im Monat Ǧumādā I (491/April-Mai 1098)[10]. Was Jaghı Sıjan angeht: bei Tagesanbruch gewann er seine Selbstbeherrschung zurück, nachdem er vorher kopflos gewesen war, und wurde gewahr, daß er schon mehrere *farsaḫ*[11] zurückgelegt hatte. Er fragte seine Begleiter: «Wo bin ich?», und sie antworteten: «Vier *farsaḫ* von Antiochia entfernt.» Da bereute er, daß er sich in Sicherheit gebracht und nicht gekämpft hatte, um den Feind aus dem Lande zu treiben oder zu sterben; er begann zu seufzen und zu klagen, daß er seine Frauen und Kinder und die Muslime verlassen hatte, und durch den heftigen Schmerz fiel er ohnmächtig vom Pferd. Seine Begleiter wollten ihn wieder in den Sattel setzen, aber er konnte sich nicht mehr aufrecht halten, denn er war dem Tode nahe; deswegen ließen sie ihn und zogen davon. Ein armenischer Holzfäller fand ihn, als er in den letzten Zügen lag, tötete ihn, hieb ihm den Kopf ab und brachte ihn den Franken in Antiochia. Dieselben Franken hatten an die Herren von Aleppo und Damaskus geschrieben und ihnen mitgeteilt: «Wir wenden uns allein gegen die Gebiete, die den Byzantinern gehört haben, gegen keine anderen» – aus List und Täuschung, damit sie dem Herrn von Antiochia nicht zu Hilfe kämen.

ZUG DER MUSLIME GEGEN DIE FRANKEN, UND WAS FOLGTE

(Ibn al-Aṯīr X 188–190)

Als Qawām ad-Daula Kerbogha [12] von den Franken hörte und daß sie Antiochia eingenommen hatten, sammelte er Truppen und zog nach Syrien; sein Lager schlug er bei Marǧ Dābiq auf. Mit ihm vereinigten sich die Streitkräfte Syriens, Türken und Araber, ausgenommen die von Aleppo. So stießen zu ihm Duqāq ibn Tutuš [13], Atabeg Tughtegin, Ǧanāḥ ad-Daula, Herr von Homs, Arslan Taš, Herr von Sinǧār, Sulaimān ibn Artuq und andere, weniger mächtige Emire. Als die Franken das hörten, traf es sie wie ein schwerer Schlag, und sie gerieten in Furcht wegen ihrer geringen Zahl und mangelnden Versorgung. Die Muslime rückten vor und trafen bei Antiochia auf die Franken; Kerbogha jedoch betrug sich schlecht gegen die Muslime, die bei ihm waren, verletzte sie und behandelte sie hochmütig, da er meinte, in der gegenwärtigen Lage müßten sie zu ihm stehen. Das erregte ihren Ärger, und sie faßten insgeheim den Plan, ihn während der Schlacht zu verraten und im entscheidenden Augenblick im Stich zu lassen. Die Franken blieben nach der Einnahme zwölf Tage in Antiochia, ohne etwas zu essen zu haben: die Reichen ernährten sich von ihren Pferden, die Armen von Aas und Baumblättern. In Anbetracht dieser Lage schickten sie Boten zu Kerbogha und baten ihn, unbehelligt aus der Stadt ziehen zu dürfen, aber er gewährte ihnen nicht, worum sie baten, und sagte: «Kampflos verlaßt ihr sie nicht.» Unter ihnen befanden sich die Fürsten Balduin, Saint-Gilles, Gottfried, der Graf, (zukünftiger) Herr von Edessa[14], und Bohemund, Herr von Antiochia, ihr Anführer. Auch ein sehr angesehener Mönch war unter ihnen, ein gerissener Bursche, der ihnen erklärte, eine Lanze des Messias sei im Qusjān in Antiochia – einem großen Gebäude[15] – vergraben: «Wenn ihr sie findet, siegt ihr; wenn nicht, ist der Untergang sicher.» Er hatte vorher dort an einer Stelle eine Lanze vergraben und alle Spuren beseitigt; nun gebot er ihnen, drei Tage zu fasten und Buße zu tun, und ließ sie am vierten Tage alle zu dem Platz kommen, auch die Soldaten und Werkleute unter ihnen; sie begannen zu graben und fanden sie, wie er vorausgesagt hatte[16]. Da rief er ihnen zu: «Freut euch über den sicheren Sieg!» Als sie am fünften Tag in Gruppen zu etwa fünf bis sechs aus dem Tor herauskamen, sagten die Muslime zu Kerbogha: «Du solltest dich am Tor aufstellen und jeden töten, der herauskommt; jetzt, wo sie sich aufgespalten haben, ist es leicht, mit ihnen fertig zu werden.» Er entgegnete: «Nein, wartet, bis alle herausgekommen sind: dann töten wir sie», und er erlaubte ihnen nicht, sie durch einen sofortigen Angriff zu überraschen. Als einige Muslime dabeiwaren, eine Gruppe der Herauskommenden zu töten, schritt er selbst ein, hielt sie zurück und verbot es ihnen. Als dann alle Franken herausgekommen waren und keiner von ihnen mehr in Antiochia war, eröffneten sie eine große Schlacht. Die Muslime wandten sich sofort zur Flucht, wegen der geringschätzigen und hochmütigen Art, mit der Kerbogha sie behandelt hatte, und weil er sie gehindert hatte, die Franken umzubringen. Ihre Niederlage war vollkommen, ohne daß auch nur einer von ihnen einen Schwertstreich oder Lanzenstich geführt oder einen Pfeil abgeschossen hätte. Als letzte flohen Suqmān ibn Artuq und Ǧanāḥ ad-Daula, die beide im Hinterhalt gelegen hatten, und Kerbogha machte sich mit ihnen davon. Als die Franken das sahen, glaubten sie an eine Kriegslist – denn es hatte ja kein Kampf stattgefunden, aus dem zu fliehen gewesen wäre – und wagten nicht, die Verfolgung aufzunehmen. Nur ein Trupp Glaubenskämpfer leistete Widerstand und kämpfte um Gotteslohn und aus Verlangen nach dem Tod als Blutzeuge. Die Franken töteten sie zu Tausenden und erbeuteten, was an Lebensmitteln, Geld, Reittieren und Waffen im Lager war. So gingen sie gestärkt und neu gerüstet aus dem Treffen hervor.

DIE FRANKEN NEHMEN MAʿARRAT AN-NUʿMĀN

(Ibn al-Aṯīr X 190)

Nachdem sich die Franken auf diese Weise der Muslime entledigt hatten, zogen sie gegen Maʿarrat an-Nuʿmān und belagerten es, aber seine Einwohner lieferten ihnen heftige Kämpfe. Da die Franken sie so standhaft und kühn sich verteidigen sahen und fest entschlossen zum Kampf, bauten sie einen hölzernen Turm, der die Höhe der Mauer erreichte, und kämpften von seiner Plattform aus weiter, ohne daß es den Muslimen geschadet hätte. Eine Nacht jedoch wurden einige Muslime von Furcht ergriffen und glaubten, entmutigt und niedergeschlagen, wie sie waren, sie könnten sich besser verteidigen, wenn sie sich in einigen größeren Gebäuden verschanzten. Also stiegen sie von der Mauer und entblößten den Teil, den sie verteidigt hatten; ein anderer Trupp sah es und folgte ihrem Beispiel: auch sein Mauerabschnitt wurde entblößt; als so ein Trupp nach dem anderen hinabgestiegen war, lag die Mauer zuletzt schutzlos da. Die Franken erklommen sie mit ihren Leitern, und als sie oben erschienen, verloren die Muslime jede Besinnung und flohen in ihre Häuser. Drei Tage lang wüteten die Franken mit dem Schwert unter ihnen, töteten mehr als hunderttausend Menschen und machten unzählige Gefangene. Nach Einnahme der Stadt blieben sie vierzig Tage dort. Dann zogen sie nach ʿArqa und belagerten es vier Monate; aber obwohl sie mehrere Breschen in seine Mauern schlugen, hatten sie keinen Erfolg. Munqiḏ, Herr von Šaizar, nahm Verhandlungen mit ihnen auf und kam zu einem Abkommen mit ihnen über die Stadt. Darauf zogen sie weiter, um Homs zu belagern: sein Herr Ǧanāḥ ad-Daula schloß ebenfalls ein Abkommen mit ihnen. Über an-Nawāqīr wandten sie sich gegen Akkon, blieben dort aber erfolglos.

DIE FRANKEN NEHMEN JERUSALEM

(Ibn al-Aṯīr X 193–195)

Jerusalem gehörte Tāǧ ad-Daula Tutuš[17], aber er hatte es Emir Suqmān ibn Artuq, dem Turkmenen, zu Lehen gegeben. Da die Franken die Türken vor Antiochia besiegt und ein Blutbad unter ihnen angerichtet hatten, waren diese sehr geschwächt und zerstreuten sich. Als die Ägypter daraufhin die Schwäche der Türken bemerkt hatten, zogen sie unter dem Befehl al-Afḍal ibn Badr al-Ǧamālīs[18] gegen Jerusalem und belagerten es. In ihm befanden sich Emir Suqmān und Ilghāzī, die Söhne Artuqs, ihr Vetter Sevinǧ und ihr Neffe Jāqūtī. Über vierzig Belagerungsmaschinen richteten die Ägypter gegen Jerusalem und beschädigten die Mauern an verschiedenen Stellen; die Einwohner setzten sich jedoch zur Wehr, und Kampf und Belagerung dauerten mehr als vierzig Tage. Die Ägypter besetzten die Stadt nach ihrer Übergabe im Šaʿbān 489 (August 1096)[19]. Al-Afḍal behandelte Suqmān, Ilghāzī und ihre Gefährten großmütig, machte ihnen reiche Geschenke und ließ sie ziehen; sie wandten sich nach Damaskus, überschritten dann den Euphrat, und Suqmān ließ sich in Edessa nieder, während Ilghāzī weiter in den ʿIrāq zog. Die Ägypter setzten als Statthalter von Jerusalem einen gewissen Iftiḫār ad-Daula ein, der noch zu der Zeit dort war, von der wir gerade reden.

Die Franken wandten sich also gegen Jerusalem, nachdem sie Akkon erfolglos belagert hatten, und hielten es nach ihrer Ankunft mehr als vierzig Tage lang eingeschlossen. Sie errichteten zwei Türme, einen davon auf der Seite Zions, aber die Muslime verbrannten ihn und töteten alle, die in ihm waren. Kaum hatten sie ihn verbrannt, als ein Bote mit einem Hilferuf kam: die Stadt sei von der anderen Seite her genommen. Die Franken nahmen sie tatsächlich von der Nordseite, morgens am Freitag, dem 22. Šaʿbān (492/15. Juli 1099). Die Einwohner wurden ans Schwert geliefert, und die Franken blieben eine Woche in der Stadt, während deren sie die Einwohner mordeten. Eine Gruppe von diesen suchte Schutz in Davids Bethaus[20], verschanzte sich dort und leistete einige Tage Widerstand. Nachdem die Franken ihnen das Leben zugesichert hatten, ergaben sie sich; die Franken hielten den Vertrag, und sie zogen des Nachts in Richtung Askalon und setzten sich dort fest. Im Masǧid al-Aqṣā dagegen töteten die Franken mehr als siebzigtausend (!?) Muslime, unter ihnen viele Imāme, Religionsgelehrte, Fromme und Asketen, die ihr Land verlassen hatten, um in frommer Zurückgezogenheit an diesem heiligen Ort zu leben. Aus dem Felsendom[21] raubten die Franken mehr als vierzig Silberleuchter, von denen jeder über dreitausendsechshundert Drachmen wog, einen großen Silberleuchter im Gewicht von vierzig syrischen Pfund, außerdem von den kleineren Leuchtern einhundertundfünfzig silberne und mehr als zwanzig goldene, und andere unermeßliche Beute.

Die Flüchtlinge erreichten Bagdad im Ramaḍān, unter ihnen Qāḍī Abū Saʿd al-Harawī. In der Kanzlei des Kalifen gaben sie einen Bericht, der die Augen mit Tränen füllte und die Herzen betrübte. Am Freitag kamen sie in die Hauptmoschee und flehten um Hilfe; sie waren in Tränen und rührten zu Tränen bei der Erzählung, was die Muslime in dieser erhabenen heiligen Stadt erlitten hatten: die Männer getötet, Frauen und Kinder gefangen, alle Habe geplündert. Wegen des schweren Unglückes, das sie erduldet hatten, brachen sie sogar das Fasten.

[...] Die verschiedenen muslimischen Fürsten lagen untereinander in Streit, wie wir noch berichten: so konnten die Franken das Land besetzen. Darüber verfaßte Abu 'l-Muẓaffar al-Abīwardī[22] unter anderem folgende Verse:

Wir haben Blut in die strömenden Tränen gemischt, und nicht ist in uns Raum für Mitleid (?) geblieben.
Aber die schlechteste Waffe des Mannes ist, Tränen zu vergießen, wenn das Feuer des Krieges aus den schneidenden Schwertern geschlagen wird.
Söhne des Islams! Vor euch liegen Kämpfe, die die Köpfe vor die Füße rollen lassen.
Wagt ihr zu schlummern im Schatten sicheren Glückes, leichten Lebens, wie die Blüte des Baumgartens?
Aber wie kann das Auge unter den Lidern schlafen bei einem Unglückslärm, der jeden Schlafenden weckt?
Da euren Brüdern in Syrien Rast nur auf dem Rücken der Rosse ist oder im Bauche des Geiers?
Die Rhomäer stoßen sie in Schande, doch ihr zieht die Schleppe sorglosen Lebens wie im Frieden?
Wieviel Blut ist schon vergossen, wie viele liebreizende Mädchen verbergen voll Scham ihr schönes Antlitz in den Händen!
Wo sich die Schneiden der weißschimmernden Schwerter röten, und die Spitzen der braunen Lanzen bluten!

Und sich kreuzen schneller Stich und Hieb, den Kindern bleicht das Schläfenhaar!
Dies sind Schlachten – wer, sein Leben zu retten, ihrem Getümmel fernbleibt, knirscht später voll Reue mit den Zähnen.
Sie haben scharfe Schwerter in den Händen der Heiden entblößt: sie werden wieder verschwinden in die Scheiden ihrer Hälse und Schädel.
Ihretwegen ist es, als rufe hocherhobener Stimme, der im Grabe zu Medina ruht: O Abkommen Hāšims![23]
Ich sehe meine Gemeinde gegen den Feind die Lanzen nicht eilig richten und die Stützen des Glaubens zerbrechlich.
Aus Furcht vor dem Tode weichen sie aus dem Feuer der Schlacht und achten der Schande nicht als unausweichlicher Strafe.
Nehmen also die Vorkämpfer der Araber die Beleidigung hin? Schließen die Augen vor der Schmach die Helden der Perser?

GEFANGENNAHME BOHEMUNDS VON ANTIOCHIA

(Ibn al-Aṯīr X 203/04)

Im Ḏu 'l-Qaʿda dieses Jahres (493/September 1100) traf Gümüštegin ibn ad-Dānišmand Tailu, Herr über Malatya, Sivas und andere Orte, bei Malatya auf Bohemund den Franken, einen der Anführer der Franken. Der (vorige) Herr Malatyas hatte mit Bohemund Verhandlungen aufgenommen und ihn um Hilfe gebeten; er erschien mit fünftausend Mann, aber Ibn ad-Dānišmand trat ihnen entgegen, und Bohemund wurde geschlagen und gefangengenommen. Darauf kamen vom Meer sieben Grafen der Franken, um Bohemund zu befreien; sie rückten gegen eine Festung mit Namen Angūrijja, nahmen sie ein und töteten die in ihr wohnenden Muslime. Danach zogen sie gegen eine andere Festung, in der sich Ismāʿīl ibn ad-Dānišmand aufhielt, und belagerten sie. Ibn ad-Dānišmand sammelte nun viel Volk und trat den Franken entgegen, nachdem er ihnen einen Hinterhalt gelegt hatte. Er eröffnete die Schlacht gegen sie, und die Leute aus dem Hinterhalt griffen an: so retteten sich von all den dreihunderttausend (!) Franken nur dreitausend, die nachts verwundet entkamen. Ibn ad-Dānišmand zog gegen Malatya, nahm es ein und setzte seinen Herrscher gefangen. Anschließend rückte das Heer der Franken von Antiochia gegen ihn; er nahm die Schlacht an und besiegte sie. Alle diese Ereignisse geschahen im Verlaufe weniger Monate.

TOD GOTTFRIEDS, WEITERE EROBERUNGEN DER FRANKEN

(Ibn al-Aṯīr X 222)

In diesem Jahr (493/1100) zog Gottfried, König der Franken in Syrien und Herr von Jerusalem, gegen die Stadt Akkon an der Küste Syriens und belagerte sie. Ihn traf jedoch ein Pfeil und tötete ihn[24]. Vorher hatte er die Stadt Jaffa befestigt und sie einem Grafen der Franken mit Namen Tankred übergeben. Als Gottfried nun gefallen war, zog sein Bruder Balduin mit fünfhundert Reitern und Fußsoldaten nach Jerusalem. Als König Duqāq, Herr von Damaskus, davon erfuhr, rückte er mit seinem Heer gegen ihn, gemeinsam mit dem Emir (von Homs) Ǧanāḥ ad-Daula und seinen Truppen, nahm den Kampf gegen ihn auf und errang den Sieg über die Franken.

Im gleichen Jahr nahmen die Franken die Stadt Sarūǧ in Obermesopotamien ein. Vorher hatten sie sich schon in den Besitz der Stadt Edessa gesetzt, in Übereinkunft mit ihren Einwohnern, da sie zum größten Teil Armenier waren und nur wenige Muslime dort lebten. In diesem Augenblick sammelte Suqmān in Sarūǧ eine starke Truppe Turkmenen und rückte gegen die Franken, aber diese stellten ihn und schlugen ihn im Rabīʿ I (Januar–Februar 1100). Da die Niederlage der Muslime vollkommen war, wandten sich die Franken gegen Sarūǧ, belagerten und nahmen es, töteten einen großen Teil der Einwohner, nahmen ihre Frauen gefangen und plünderten ihre Habe; nur wem die Flucht gelang, kam mit dem Leben davon.

Ebenfalls in diesem Jahr nahmen die Franken – im Sturm – die Stadt Haifa, die nahe bei Akkon an der Küste liegt, und – durch Vertrag – Arsūf; von dort vertrieben sie die Bevölkerung. Im Rağab nahmen sie die Stadt Caesarea mit dem Schwert, töteten ihre Einwohner und plünderten sie.

DER FRANKE SAINT-GILLES BELAGERT TRIPOLIS

(Ibn al-Aṯīr X 236/37)

Der Franke Saint-Gilles[25] – Gott verfluche ihn – war mit Qılığ Arslan ibn Sulaimān ibn Qutalmıš, Herrn von Iconium, zusammengestoßen; Saint-Gilles hatte hunderttausend Mann[26], Qılığ Arslan nur eine kleine Zahl. Sie lieferten sich eine Schlacht, und die Franken wurden geschlagen: viele von ihnen getötet, viele gefangengenommen, und Qılığ Arslan kehrte heim mit Beute und einem unerwarteten Sieg. Saint-Gilles entkam geschlagen mit dreihundert Mann und gelangte nach Syrien. Faḫr al-Mulk ibn ʿAmmār, Herr von Tripolis, sandte daraufhin zu Emir Jaḫuz, Statthalter Ğanāḥ ad-Daulas in Homs, und zum König (von Damaskus) Duqāq ibn Tutuš und ließ ihnen ausrichten: «Die Gelegenheit ist da, schnell etwas gegen Saint-Gilles zu unternehmen, da er nur schwache Truppen hat.» Emir Jaḫuz rückte selbst aus, und Duqāq sandte zweitausend Mann; zu ihnen stießen noch Verstärkungen von Tripolis. Sie sammelten sich vor den Toren von Tripolis und lieferten Saint-Gilles dort eine Schlacht. Saint-Gilles warf hundert Mann von seinem Aufgebot gegen die Tripolitaner, hundert gegen die Truppen aus Damaskus und fünfzig gegen die aus Homs, während er selbst mit fünfzig im hinteren Feld blieb. Die Truppen von Homs verloren beim bloßen Anblick der Feinde den Mut und wandten sich zur

Flucht; ihnen folgten die von Damaskus. Nur die Tripolitaner nahmen den Kampf gegen die hundert auf, die sie angriffen. Als Saint-Gilles das sah, warf er auch die anderen zweihundert in das Treffen, schlug die Tripolitaner aufs Haupt und tötete siebentausend Mann von ihnen. Anschließend schlug Saint-Gilles sein Lager vor Tripolis auf und schloß es ein; Einheimische aus den Bergen und vom Lande, überwiegend Christen, stießen zu ihm und halfen ihm bei der Belagerung. Die Einwohner verteidigten sich standhaft, so daß dreihundert Franken fielen. Daraufhin schloß er gegen Geld und Pferde einen Waffenstillstand mit ihnen, zog ab in Richtung auf die Stadt Tortosa in der Provinz Tripolis, belagerte und eroberte sie und tötete, wer in ihr Muslim war. Weiter zog er gegen die Feste aṭ-Ṭūbān in der Nähe von Rafanijja, deren Befehlshaber ein gewisser Ibn al-ʿArīḍ war. Er griff sie an, aber die Verteidiger der Feste gewannen die Oberhand, und Ibn al-ʿArīḍ nahm einen seiner vornehmsten Ritter gefangen. Saint-Gilles bot zehntausend *dīnār*[27] und tausend Gefangene als Lösegeld für ihn, aber Ibn al-ʿArīḍ ging nicht darauf ein.

BEFREIUNG BOHEMUNDS. NIEDERLAGE KÖNIG BALDUINS BEI AR-RAMLA

(Ibn al-Aṯīr X 237/38)

In diesem Jahr (495/1102) ließ Ibn ad-Dānišmand den Franken Bohemund, Herrn von Antiochia, frei, dessen Gefangennahme oben mitgeteilt worden ist; er nahm von ihm hunderttausend *dīnār* und legte ihm als Bedingung auf, Jaghı Sıjans, des vormaligen Herrn von Antiochia, Tochter freizulassen, die sich in seiner Gefangenschaft befand. Als Bohemund aus dem Gefängnis entlassen war, kehrte er nach Antiochia zurück: das gab der Bevölkerung neuen Mut. Er ruhte nicht lange, bis er Boten aussandte zu den Bewohnern der Marken Syriens, Qinnasrīns und der angrenzenden Gebiete, um Tribut zu fordern. So traf die Muslime, was die Spuren der großen Tat Ibn ad-Dānišmands verwischte.

Im gleichen Jahr zog Saint-Gilles gegen Ḥiṣn al-Akrād[28] und belagerte es. Ǧanāḥ ad-Daula sammelte sein Aufgebot, um gegen ihn vorzugehen und ihm in den Rücken zu fallen, aber er wurde in der großen Moschee (in Homs) von einem Bāṭiniten[29] ermordet. Man sagt, sein Verwandter, König Riḍwān, habe den Mörder gedungen. Schon am Morgen nach seiner Ermordung erschien Saint-Gilles vor Homs, schlug sein Lager auf, schloß es ein und bemächtigte sich seines Gebietes.

Im Ǧumādā II (April 1102) bezog der Graf Stellung vor Akkon, schloß es ein und war nahe daran, es zu erobern, denn er griff es mit Katapulten und Türmen an und ließ von der Seeseite her sechzehn Galeeren auffahren. Die Muslime des ganzen Küstenstreifens sammelten sich, machten einen Anschlag auf die Katapulte und Türme, verbrannten sie und verbrannten die Schiffe ebenfalls. Das war ein wunderbarer Sieg, durch den Gott die Ungläubigen demütigte.

Im gleichen Jahr zog der fränkische Graf, der Herr von Edessa, gegen Beirut an der syrischen Küste, umschloß es mit einem festen Belagerungsring und verharrte lange Zeit in dieser Stellung; als er keinen Erfolg sah, zog er ab.

Schließlich rückten im Raǧab (Mai 1102) die Truppen Ägyptens auf Askalon, um die letzten syrischen Gebiete, die noch in ägyptischem Besitz waren, gegen die Franken zu verteidigen. Als Balduin, Herr von Jerusalem, darüber hörte, zog er ihnen mit siebenhundert Reitern entgegen und griff sie an. Aber Gott schenkte den Muslimen den Sieg; die Franken wurden geschlagen, und viele von ihnen getötet. Balduin floh und verbarg sich in einem Röhricht: es wurde angezündet, und das Feuer ergriff sogar ihn selbst, aber er konnte sich nach ar-Ramla retten. Die Muslime verfolgten ihn und lauerten ihm auf, doch er entkam verkleidet nach Jaffa; viele seiner Gefährten wurden getötet oder gefangengenommen.

DIE FRANKEN NEHMEN ǦUBAIL UND AKKON

(Ibn al-Aṯīr X 255)

In diesem Jahr landeten in der Stadt Laodicea Schiffe aus dem Lande der Franken mit Kaufleuten, Soldaten, Pilgern usw. Der Franke Saint-Gilles bediente sich ihrer Hilfe bei der Belagerung Tripolis': sie schlossen es mit ihm von der Land- und Seeseite ein, zernierten es und berannten es mehrere Tage. Aber da sie keinen Erfolg ihrer Anstrengungen sahen, zogen sie ab und wandten sich gegen die Stadt Ǧubail; sie belagerten sie und trugen heftige Angriffe gegen sie vor. Als die Einwohner sahen, daß sie sich nicht länger gegen die Franken verteidigen könnten, ergaben sie sich und lieferten ihnen die Stadt aus; aber die Franken hielten sich nicht an den bei der Übergabe geschlossenen Vertrag, sondern bemächtigten sich ihrer Habe und erpreßten mit Folterungen und verschiedenen Quälereien Geld von ihnen. Als sie mit Ǧubail fertig waren, zogen sie gegen die Stadt Akkon, denn König Balduin, Herr von Jerusalem, hatte sie zu Hilfe bei ihrer Belagerung gerufen. Sie schlugen ihr Lager vor der Stadt auf und schlossen sie auf Land- und Seeseite ein. Ihr Statthalter war ein gewisser Bannā, bekannt als Zahr ad-Daula al-Ǧujūšī, so genannt nach (dem Wesir der Fāṭimiden) Malik al-Ǧujūš al-Afḍal. Er leistete heftigen Widerstand und hielt mehrere Angriffe aus, aber gab schließlich die Verteidigung des Platzes auf und machte sich davon. Die Franken nahmen ihn im Sturm mit dem Schwert und vergingen sich schändlich an den Einwohnern. Der Statthalter begab sich nach Damaskus und blieb dort einige Zeit; darauf kehrte er nach Ägypten zurück und trug al-Afḍal seine Entschuldigung vor; er nahm sie an.

II.

Die folgenden Seiten, ebenfalls aus Ibn al-Aṯīr, sind eine wichtige Quelle für die siegreiche muslimische Reaktion auf den fränkischen Stoß gegen Ḥarrān, einen mesopotamischen Vorposten auf dem Wege nach Bagdad, und mehr noch für die folgende Entwicklung fränkisch-muslimischer Bündnisse, die gegeneinander gerichtet waren: der Partikularismus der Muslime, der die Eroberungen der Kreuzfahrer begünstigt hatte, ergriff auch die Sieger; Balduin von Edessa und Tankred von Antiochia zögerten nicht, in einander entgegengesetzte Allianzen rivalisierender muslimischer Emire einzutreten.

ZUG SUQMĀNS UND ČÖKERMIŠS GEGEN DIE FRANKEN

(Ibn al-Aṯīr X 256/57)

Zur Zeit, als die Franken – Gott stürze sie ins Unglück – sich in den von ihnen eroberten Gebieten des Islams festsetzten, waren die Heere und Fürsten des Islams damit beschäftigt, gegeneinander zu kämpfen: so waren die Muslime uneins in Meinung und Bestrebung und ihre Mittel zersplittert. Ḥarrān gehörte einem Mamlūken Malikšāhs mit Namen Qarağa, der im Jahr zuvor einen gewissen Muḥammad al-Iṣfahānī als Statthalter eingesetzt hatte und fortgezogen war. Al-Iṣfahānī empörte sich gegen Qarağa und wurde darin von der Bevölkerung der Stadt unterstützt, wegen der Ungerechtigkeit Qarağas, während sich al-Iṣfahānī als tatkräftiger und kluger Mann erwies. In Ḥarrān war keiner der Gefährten Qarağas zurückgeblieben außer einem türkischen Pagen, der als Čaulı bekannt war; al-Iṣfahānī machte ihn zum Befehlshaber des Heeres und zog ihn in seine Nähe. Eines Tages saß er mit ihm zusammen beim Zechen, und Čaulı ermordete ihn im Einverständnis mit einem seiner Diener, als er betrunken war. So standen die Dinge, als die Franken (von Edessa) gegen Ḥarrān zogen und es belagerten.

Muʿīn ad-Daula Suqmān und Šams ad-Daula Čökermiš[30] lagen in Fehde, denn Suqmān wollte sich für die Ermordung seines Brudersohnes rächen – warum Čökermiš ihn hatte umbringen lassen, berichte ich später, so Gott will –, und beide bereiteten sich auf ein Treffen miteinander vor. Als sie nun von dem Vorstoß der Franken hörten, tauschten sie Botschaften aus, in denen sie sich gegenseitig aufforderten, ihre Truppen zu vereinigen, um die Lage in Ḥarrān zu retten, und einander versicherten, sich Gott zu weihen und seinen Lohn zu suchen. Sie gingen auf ihre wechselseitigen Angebote ein, rückten aus und trafen sich am Ḫābūrfluß; dort schlossen sie ein Bündnis und zogen gemeinsam den Franken entgegen, Suqmān mit siebentausend turkmenischen Reitern und Čökermiš mit dreitausend türkischen, arabischen und kurdischen Reitern. Beim Fluß Balīḫ stießen sie auf die Franken, und es kam zur Schlacht (Mai 1104). Nach Eröffnung des Kampfes taten die Muslime so, als ob sie flüchteten, und wurden von den Franken auf eine Entfernung von etwa zwei *farsaḫ* verfolgt; dann machten sie Front gegen sie und hieben sie nach Belieben nieder. Die Hände der Turkmenen füllten sich mit Beute, und sie erlangten riesige Schätze, denn das von den Franken bebaute Land war nicht weit. Bohemund, Herr von Antiochia, und Tankred, Herr des Küstenlandes, hatten sich von der Masse der Franken getrennt und hinter einem Hügel Stellung bezogen, um die Muslime im Rücken anzugreifen, wenn der Kampf am heftigsten entbrannt wäre. Als sie aber hervorkamen, sahen sie die Franken fliehen und ihr Land verwüstet. Deshalb warteten sie bis zur Nacht und flohen dann, während die Muslime sie verfolgten und viele ihrer Gefährten töteten oder gefangennahmen; Bohemund und Tankred gelang es, zusammen mit sechs Rittern zu entkommen. Graf Balduin, Herr von Edessa, war mit einer Gruppe der fränkischen Grafen geflohen; als sie den Balīḫfluß durchwaten wollten, blieben ihre Pferde im Schlamm stecken: Turkmenen aus Suqmāns Aufgebot kamen dazu und nahmen sie gefangen. Sie brachten Balduin zu den Zelten ihres Gebieters, während er mit seinen Leuten Bohemund verfolgte. Die Soldaten Čökermišs merkten, daß die Suqmāns sich der Habe der Franken bemächtigt hatten, während sie selbst ohne jede Beute zurückgekommen waren, und sagten zu Čökermiš: «Wie stehen wir vor den Leuten und den Turkmenen da, wenn sie alle Beute davontragen und wir leer ausgehen?» Sie überredeten ihn, den Grafen aus dem Lager Suqmāns zu entführen und in die eigene Hand zu bringen; auf seinen Befehl wurde es sofort ausgeführt. Als Suqmān zurückkehrte, wurde er sehr ärgerlich darüber; seine Männer saßen schon auf für ein Handgemenge, aber er hielt sie mit den Worten zurück: «Die Freude der Muslime über diese Unternehmung käme nicht für ihren Kummer über unsere Zwietracht auf, und ich möchte nicht dadurch, daß ich meinem Zorn freien Lauf lasse, den Feinden Genugtuung auf Kosten der Muslime verschaffen.» Sofort ritt er fort, sammelte die Waffen und Standarten der Franken, ließ seine Leute ihre Kleider anlegen und ihre Pferde besteigen und wandte sich gegen die Burgen von Šaiḥān, wo die Franken lagen. Als sie herauskamen in der Meinung, es handle sich um ihre siegreichen Gefährten, hieb er sie nieder und nahm ihnen die Feste; ähnlich verfuhr er mit mehreren Burgen. Was Cökermiš betrifft, so zog er auf Ḥarrān, besetzte es und ließ dort einen seiner Getreuen als Statthalter; er selbst rückte gegen Edessa und belagerte es fünfzehn Tage. Darauf kehrte er mit dem Grafen, den er von den Zelten Suqmāns entführt hatte, nach Mossul zurück. Das Lösegeld setzte er auf fünfunddreißig(tausend) *dīnār* und hundertundsechzig muslimische Gefangene fest. Die Gefallenen der Franken zählten ungefähr zwölftausend.

BALDUIN VON EDESSA UND TANKRED VON ANTIOCHIA

(Ibn al-Aṯīr X 321–326)

Als Čaulı[31] in Mākisīn angelangt war, ließ er den fränkischen Grafen frei, der in Mossul gefangengehalten worden war und den er mit sich geführt hatte: sein Name war Balduin, und er war Herr von Edessa, Sarūǧ und anderen Orten; bis jetzt (501/1108) hatte er in Gefangenschaft gesessen und hohe Beträge geboten, ohne seine Freilassung zu erreichen; nun entließ ihn Čaulı und schenkte ihm Ehrengewänder, nachdem er fast fünf Jahre[32] im Gefängnis gesessen hatte; er erlegte ihm auf, sich durch ein Lösegeld freizukaufen, die muslimischen Gefangenen zu entlassen, die in seinem Gewahrsam waren, und ihm zu Hilfe zu kommen, wann immer er ihn darum bäte, in Person, mit seinem Aufgebot und seinen Mitteln. Als sie sich darauf geeinigt hatten, schickte Čaulı den Grafen nach Burg Ǧaʿbar und unterstellte ihn so lange ihrem Befehlshaber Sālim ibn Mālik, bis der Sohn seiner Tante, Joscellin, ankam, ein tapferer Ritter der Franken und Herr von Tell Bāšir; er war zusammen mit dem Grafen in jener Schlacht gefangengenommen worden, hatte sich aber für zwanzigtausend *dīnār* loskaufen können. Als er in Burg Ǧaʿbar eingetroffen war, blieb er dort als Geisel für den Grafen; der wurde freigelassen und begab sich nach Antiochia. Čaulı nahm Joscellin aus Burg Ǧaʿbar, ließ ihn frei und setzte für ihn den Bruder seiner Frau und den Bruder der Frau des Grafen fest; er schickte ihn zum Grafen, um ihn zu erinnern und zu mahnen, die Gefangenen freizulassen, das Lösegeld zu zahlen und alle anderen Verpflichtungen zu erfüllen. Als Joscellin nach Manbiǧ kam, überfiel er es und plünderte es. Einige Gefolgsleute Čaulıs, die mit ihm zogen, machten ihm deshalb Vorwürfe und beschuldigten ihn des Verrates, aber er antwortete nur: «Diese Stadt geht euch nichts an.»

Als der Graf freigelassen und nach Antiochia gekommen war,

gab ihm Tankred, der Herr der Stadt, dreißigtausend *dīnār*, Pferde, Waffen und Kleider usw. Tankred hatte Edessa den Gefährten des Grafen weggenommen, als er in Gefangenschaft war; er forderte ihn nun auf, es ihm zurückzugeben, aber er tat es nicht. Daraufhin ging er nach Tell Bāšir, und als Joscellin nach seiner Freilassung durch Čaulı dorthin kam, wurde er wieder frohen Mutes. Tankred, Herr von Antiochia, zog mit seinen Truppen gegen sie, um sie anzugreifen, bevor sie wieder stark wären, ein Heer gesammelt hätten und Čaulı ihnen zu Hilfe geeilt wäre. Sie pflegten gegeneinander zu kämpfen, aber nach dem Kampf kamen sie zusammen, tafelten und plauderten miteinander[33].

Der Graf ließ hundertundsechzig muslimische Gefangene frei, die alle aus dem Ackerbaugebiet um Aleppo stammten, gab ihnen Kleider und ließ sie ziehen. Tankred kehrte nach Antiochia zurück, ohne daß die Frage Edessas entschieden war. Der Graf und Joscellin machten Streifzüge gegen die Burgen Tankreds, Herrn von Antiochia, und wandten sich an Kawāsil, einen Armenier mit einem zahlreichen Aufgebot, unter anderem aus zum Christentum abgefallenen Muslimen, der Herr über Ruʿbān, Kaisūm und andere Burgen nördlich Aleppos war. Er half dem Grafen mit tausend Reitern – abgefallenen Muslimen – und zweitausend Mann Fußvolk. Tankred rückte gegen sie, und im Streit um Edessa vermittelte zwischen ihnen ihr Patriarch, dem sie alle gehorchen, wie die Muslime dem Kalifen. Eine Anzahl Metropoliten und Priester bezeugte, daß Bohemund, Tankreds Onkel, zu ihm gesagt habe, als er sich einschiffen und in sein Land zurückkehren wollte, er solle Edessa dem Grafen zurückgeben, sobald er aus der Gefangenschaft entlassen sei. So gab Tankred es ihm am 9. Ṣafar (501/29. September 1108) zurück. Der Graf überschritt den Euphrat, um Čaulıs Leuten das Geld und die Gefangenen zu übergeben; unterwegs ließ er eine große Zahl Gefangener aus Ḥarrān und anderen Orten frei. In Sarūǧ setzten Čaulıs Leute die Moscheen der dreihundert armen Muslime, die dort lebten, wieder instand. Oberhaupt von Sarūǧ war ein abgefallener Muslim; Čaulıs Leute hörten ihn abfällig über den Islam reden und verprügelten ihn, was zu einer Schlägerei zwischen ihnen und den Franken führte. Die Sache wurde dem Grafen gemeldet, und er entschied: «Der Mann nützt weder uns noch den Muslimen!» und ließ ihn umbringen ...

... Im Ṣafar dieses Jahres (502/September 1109) kam es zur Schlacht zwischen Čaulı Saqau und dem Franken Tankred, Herrn von Antiochia – aus folgendem Grund: König Riḍwān (von Aleppo) schrieb an Tankred, Herrn von Antiochia, und unterrichtete ihn über den Verrat, die Hinterlist und Treulosigkeit Čaulıs, warnte ihn vor ihm und teilte ihm mit, er wolle Aleppo angreifen: wenn er sich dessen einmal bemächtigt habe, könnten sich die Franken nicht länger neben ihm in Syrien halten; er bat ihn um Hilfe und Zusammenarbeit bei seiner Abwehr. Tankred kam seinem Hilfeersuchen nach und verließ Antiochia, während Riḍwān ihm sechshundert Reiter schickte. Als Čaulı davon hörte, sandte er zum Grafen, Herrn von Edessa, mit der Bitte um Hilfe und erließ ihm den noch ausstehenden Betrag des Lösegeldes. Der brach zu Čaulı auf und traf ihn, als er bei Manbiǧ stand. Da erreichte Čaulı die Nachricht, das Heer des Sultans[34] habe Mossul eingenommen und sich alle seine Schätze und Reichtümer angeeignet. Das war ein schwerer Schlag für ihn, und viele seiner Gefährten verließen ihn, unter anderen Atabeg Zengī ibn Aqsunqur und Bektaš an-Nihāwandī; Čaulı blieb mit tausend Reitern und einer Schar Freiwilliger zurück, die sich ihm anschlossen, und schlug sein Lager bei Tell Bāšir auf. Tankred näherte sich mit tausendfünfhundert fränkischen und sechshundert Reitern von König Riḍwān, außer dem Fußvolk. Čaulı stellte auf seinen rechten Flügel unter anderen Emir Aqsıjan und Emir Altuntaš al-Abarrī, auf den linken Emir Badrān ibn Ṣadaqa, Iṣpahbāḏ Ṣabau und Sunqur Dirāz, und in die Mitte die beiden Franken, Graf Balduin und Joscellin. Die Schlacht begann: die von Antiochia griffen den Grafen, Herrn von Edessa, an, und nach heftigem Kampf konnte Tankred das Zentrum von seinem Platz drängen. Aber Čaulıs linker Flügel griff das Fußvolk des Herrn von Antiochia an und tötete viele von ihnen: seine Niederlage schien unausweichlich, als sich die Leute Čaulıs plötzlich an die Pferde des Grafen, Joscellins und anderer Franken heranmachten, sie bestiegen und flohen. Čaulı folgte ihnen, um sie zurückzuholen, aber sie kehrten nicht um, da sie jeden Gehorsam ihm gegenüber verloren hatten, seit ihm Mossul genommen war. Als er merkte, daß sie nicht mit ihm kehrtmachen wollten, geriet er in Unruhe und Furcht, allein auszuhalten, und floh mit dem Rest seines Aufgebotes. Iṣpahbāḏ Ṣabau ging nach Syrien, Badrān ibn Ṣadaqa zur Burg Ǧaʿbar, Ibn Čökermiš wandte sich nach Ǧazīrat, Ibn ʿUmar und Čaulı selbst nach ar-Rahba. Eine große Zahl Muslime war gefallen, der Herr Antiochias plünderte ihre Habe und ihr Gepäck, und die Franken wüteten böse unter ihnen. Der Graf und Joscellin flohen nach Tell Bāšir, und viele Muslime suchten Schutz bei ihnen: sie behandelten sie gut, pflegten die Verwundeten, kleideten die Nackten und ließen alle in ihre Heimat ziehen.

III.

Die folgenden Abschnitte aus Ibn al-Qalānisī geben einen lebendigen, genauen Bericht aus erster Hand über den Fall der syrischen Küstenstädte (Tripolis, Beirut, Sidon und die zunächst noch erfolglose Belagerung von Tyrus) und über den Eindruck, den die Ausbreitung der fränkischen Invasion in der geistigen Hauptstadt des Islams, Bagdad, verursachte. Die muslimische öffentliche Meinung forderte, alarmiert von Flüchtlingen aus Syrien, eine militärische Aktion, wie sie den zentralen Autoritäten (Kalif und Seldschukensultan) anstehe; diese, wie gewöhnlich, «versprechen, Sorge zu tragen».

DER FALL VON TRIPOLIS

(Ibn al-Qalānisī 163/64)

Im Šaʿbān dieses Jahres (502/März 1109) kam Bertrand[35], der Sohn des Saint-Gilles, der Tripolis belagert hatte, übers Meer aus dem Lande der Franken mit sechzig Schiffen voller Franken und Genuesen und schlug vor der Stadt sein Lager auf. Zwischen ihm und dem Grafen von Cerdagne, einem Schwestersohn des Saint-Gilles, entwickelte sich Streit, und es kamen Tankred, Herr von Antiochia, um dem von Cerdagne zu helfen, und König Balduin von Jerusalem mit seinem Heer; er stiftete Frieden zwischen beiden. Der von Cerdagne kehrte nach ʿArqa zurück; dort fand er in einem Saatfeld einen Franken und wollte ihn niederschlagen, aber der schlug zurück und tötete ihn. Als Bertrand, der Sohn des Saint-Gilles, von diesem Vorfall hörte, schickte er Leute, die ʿArqa von den Gefährten des Toten übernahmen. Die Franken griffen darauf Tripolis mit aller ihrer Kraft an, berannten es, schlossen seine Bewohner ab vom 1. Šaʿbān bis 11. Ḏu 'l-Ḥiǧǧa dieses Jahres (6. März bis 12. Juli 1109) und lehnten ihre Belagerungstürme gegen die Mauern. Als die Einwohner diesen Aufwand an Kräften erblickten, gerieten sie in Bestürzung und waren sich ihres Unterganges sicher; sie verloren den Mut, verzweifelt über das Ausbleiben der ägyptischen Flotte, die ihnen Nachschub und Verstärkung bringen sollte. Es mangelte an der Ausrüstung der Flotte, und widrige Winde hielten sie auf, so daß sich mit Gottes Willen das verhängte Schicksal erfüllte. Die Franken verstärkten ihre Kampfanstrengungen, stürmten Tripolis von den Belagerungstürmen aus und nahmen es mit dem Schwert am Montag, dem 11. D̲u 'l-Ḥiǧǧa dieses Jahres (12. Juli 1109). Sie plünderten es, nahmen die Männer gefangen und schleppten Frauen und Kinder in die Sklaverei. Unermeßliche und unschätzbare Beute fiel in ihre Hände, Gewänder und Kleinodien, Bände der dortigen Bibliothek[36], Wertsachen und Zimelien, die den Vornehmen der Stadt gehört hatten. Der Statthalter und alle seine Soldaten behielten ihr Leben, da sie vor der Eroberung um Schonung gebeten hatten; nachdem die Stadt gefallen war, konnten sie abziehen und erreichten Damaskus einige Tage nach der Eroberung. Die Bevölkerung jedoch wurde gefoltert und ihr Besitz in Beschlag genommen; ihre Schätze wurden in den Verstecken, in denen sie verborgen waren, aufgespürt, und die Menschen hatten schwere Prüfungen und grausame Qualen zu erleiden. Franken und Genuesen einigten sich dahin, daß ihnen ein Drittel des Landes und der Beute gehören solle, während die übrigen zwei Drittel Bertrand, dem Sohne Saint-Gilles', zufallen sollten. Für König Balduin legten sie von dem Haufen so viel zur Seite, wie ihnen als notwendig erschien.

Tankred, der mit seiner Hilfe für den von Cerdagne nicht erreicht hatte, was er wollte, war inzwischen abgezogen, hatte Bānijās belagert und aufgrund eines Vertrages mit den Einwohnern im Šawwāl dieses Jahres (März 1109) kampflos genommen. Danach hatte er sich gegen die Hafenstadt Ǧubail[37] gewandt, wo sich Faḫr al-Mulk ibn ʿAmmār (Emir von Tripolis) aufhielt und die Vorräte sehr knapp waren; Tankred schloß ihn und seine Leute ein bis Freitag, den 29. Ḏu 'l-Ḥiǧǧa (23. Juli 1109). Dann nahm er Verhandlungen auf und versprach ihnen freien Abzug bei Übergabe; sie nahmen an, und er bekam die Stadt zu dieser Bedingung. Faḫr al-Mulk konnte unbehelligt abziehen, nachdem ihm gute Behandlung und Entschädigung zugesichert waren.

Kurze Zeit später landete die ägyptische Flotte – nie zuvor hatten die Ägypter eine Flotte gesandt, die vergleichbar an Mannschaft, Zahl der Schiffe, Menge der Ausrüstung und Verpflegung gewesen wäre –, um Tripolis zu verteidigen und auszustatten mit reichlich Lebensmitteln, Besatzung und Geld für ein Jahr; außerdem sollten die Küstengebiete, die Ägypten gehörten, und ihre Bevölkerung gesichert und unterstützt werden. Die Flotte erreichte Tyrus eine Woche nach Tripolis' Fall – das Schicksal, das Gott seinen Einwohnern bestimmt hatte, hatte sich schon erfüllt. So hielt sich die Flotte noch einige Zeit an der Küste auf und verteilte in den verschiedenen Gegenden ihre Lebensmittel; auf diese Weise unterstützte sie die Einwohner von Tyrus, Sidon und Beirut, die sich alle über ihre schlechte Lage beklagten und über ihre Schwäche gegenüber den Angriffen der Franken. Doch die Flotte konnte nicht länger bleiben, und als der Wind wieder günstig stand, setzten die Schiffe Segel und fuhren zurück nach Ägypten.

DER FALL VON BEIRUT

(Ibn al-Qalānisī 167/68)

In diesem Jahre (503 / 1109/10) zog Tankred mit seiner verderbenbringenden Schar von Antiochia in die syrischen Grenzgebiete. Zunächst bemächtigte er sich Tarsus' und des umliegenden Gebietes, verjagte den dortigen byzantinischen Statthalter und kehrte nach Antiochia zurück. Dann zog er gegen Šaizar und legte ihm einen Tribut von zehntausend *dīnār* auf, nachdem er seine Provinz verwüstet hatte. Darauf berannte er Ḥiṣn al-Akrād, das von seiner Besatzung übergeben wurde, und wandte sich anschließend nach ʿArqa. König Balduin und der Sohn Saint-Gilles' belagerten in der Zwischenzeit Beirut von Land- und Seeseite, und während sich Tankred nach Antiochia zurückbegab, kam Joscellin, Herr von Tell Bāšir, nach Beirut, um den fränkischen Angreifern Hilfe zu leisten und darauf ihre Unterstützung gegen das Heer Emir Maudūds zu erlangen, das Edessa bedrohte. Die Franken bauten einen Belagerungsturm, den sie gegen die Stadtmauer von Beirut richten wollten; als sie ihn jedoch fertiggestellt hatten und vorwärtsschoben, wurde er mit Hilfe von Katapulten zerstört. So begannen sie mit dem Bau eines weiteren Turmes, und Saint-Gilles' Sohn errichtete einen dritten.

Zur selben Zeit kamen neunzehn Kriegsschiffe der ägyptischen Flotte an, gewannen die Oberhand über die fränkischen und enterten einige von ihnen; als sie mit Nachschub in den Hafen von Beirut eingelaufen waren, faßten die Veteidiger wieder Mut. König Balduin schickte darauf Boten nach Suwaidijja[38], um die dort liegenden Genuesen mit ihren Schiffen zu Hilfe zu rufen, und wirklich kamen vierzig Schiffe voller Soldaten von dort nach Beirut. Daraufhin griffen am Freitag, dem 21. Šawwāl (13. Mai 1109), alle Franken gemeinsam zu Wasser und zu Lande Beirut an und konnten nach hartem Kampf zwei Belagerungstürme gegen die Mauern richten. Der Befehlshaber der ägyptischen Flotte und eine große Zahl Muslime fielen, und weder zuvor noch später hatten die Franken jemals eine schwerere Schlacht zu bestehen. Schließlich verloren die Einwohner der Stadt den Mut und waren sich ihres Unterganges sicher; am Abend desselben Tages stürmten die Franken und nahmen die Stadt im Kampf. Der Statthalter, der mit einigen seiner Leute geflohen war, wurde vor die Franken gebracht und mit seinen Begleitern getötet; das Geld, das er bei sich gehabt hatte, fiel ihnen als Beute zu. Die Stadt wurde geplündert, ihre Einwohner gerieten in Gefangenschaft und Sklaverei, ihre Reichtümer und all ihr Gut wurde in Beschlag genommen. Kurz danach kamen aus Ägypten dreihundert Reiter, um Beirut zu verteidigen; als sie den Jordan erreicht hatten, sahen sie sich einer kleinen Schar Franken gegenüber und flohen vor ihnen ins Gebirge, wo ein Teil von ihnen umkam. Nachdem die Angelegenheit von Beirut beendigt war, zog König Balduin mit den Franken ab und belagerte Sidon. Er forderte seine Einwohner zur Übergabe auf, aber sie baten ihn um Aufschub für eine bestimmte Frist, und er stimmte zu, nachdem er ihren Tribut von zweitausend *dīnār* auf sechstausend *dīnār* erhöht hatte.

DER FALL VON SIDON

(Ibn al-Qalānisī 171)

In diesem Jahre (503/1109/10) kam Kunde, ein Frankenkönig[39] sei mit mehr als sechzig Schiffen übers Meer gekommen, die voller Pilger und Soldaten für den Krieg gegen das Land des Islams seien. Er wandte sich nach Jerusalem, König Balduin zog ihm entgegen, und sie einigten sich auf einen gemeinsamen Feldzug gegen das islamische Land. Sie marschierten von Jerusalem ab, bezogen am 3. Rabīʿ II 504 (19. Oktober 1110) Lager vor der Hafenstadt Sidon und zernierten sie auf Land- und Seeseite. Die ägyptische Flotte lag noch vor Tyrus, konnte jedoch Sidon nicht zu Hilfe kommen. Die Belagerer bauten einen Turm und rückten mit ihm zum Angriff vor; er war mit Weinstockruten, Matten und frischen Rinderhäuten überzogen, um gegen Steine und griechisches Feuer geschützt zu sein. Als der Turm auf diese Weise vollendet war, zogen sie ihn während mehrerer Tage auf

Rädern, die sie unter ihm angebracht hatten, vorwärts. Als der Tag der Schlacht gekommen war und der Turm nahe an der Mauer stand, unternahmen sie von ihm aus einen Angriff; sie hatten ihn mit Kriegsmaschinen ausgerüstet und für Wasser und Essig zum Feuerlöschen gesorgt.

Bei diesem Anblick verloren die Einwohner Sidons den Mut und fürchteten das gleiche Schicksal, wie es Beirut widerfahren war. Der Qāḍī der Stadt und eine Gruppe von Ältesten kamen daher heraus, gingen zu den Franken und baten Balduin um Schonung; er gewährte sie ihnen und den Verteidigern für sie selbst und ihre Habe und erlaubte denen, die es wollten, die Stadt zu verlassen und nach Damaskus zu gehen. Nachdem sie diese Bedingungen der Übergabe beschworen und sich von ihm hatten zusichern lassen, zogen der Statthalter, der Aufseher der Finanzen, alle Soldaten und Wachmannschaften und eine große Zahl Bürger aus der Stadt und begaben sich nach Damaskus; das ereignete sich am 20. Ǧumādā (I) 504 (4. Dezember 1110), nach siebenundvierzig Tagen Belagerung. Balduin regelte die Angelegenheiten der Stadt, ließ eine Besatzung zurück und zog wieder nach Jerusalem. Nach kurzer Zeit aber kehrte er nach Sidon zurück und erlegte den dort verbliebenen Muslimen einen Tribut von mehr als zwanzigtausend *dīnār* auf. So stürzte er sie in Armut und nahm ihnen das Letzte; von denen, über die er wußte, daß sie etwas behalten hatten, erpreßte er auch den Rest.

RÜCKWIRKUNGEN DER SYRISCHEN EREIGNISSE AUF BAGDAD

(Ibn al-Qalānisī 173)

In diesem Jahre, im Ǧumādā I (Oktober/November), begab sich Sultan Ghijāṯ ad-Dunjā wa-d-Dīn Muhammad ibn Malikšāh von Hamadān nach Bagdad. Aus Syrien erreichten ihn Botschaften und Abgesandte, die von der dort herrschenden Lage berichteten, von den Unternehmungen der Franken im Anschluß an ihren Rückzug vom Euphrat, weiter über die Ereignisse von Sidon, Aṯārib und der Provinz Aleppo. Am ersten Freitag des Šaʿbān begab sich ein Hāšimidenšarīf[40] aus Aleppo mit einer Gruppe Sufis, Kaufleute und Rechtsgelehrter zur Sultansmoschee in Bagdad und flehte um Hilfe; sie zwangen den Prediger, von der Kanzel herabzusteigen, und zertrümmerten sie, und sie schrien und weinten über das Unglück, das mit den Franken über den Islam gekommen war, über den Tod der Männer und über die Frauen und Kinder, die in Gefangenschaft geschleppt waren. Auf diese Weise hinderten sie das Volk, das Gemeindegebet zu verrichten. Da ließ ihnen der Sultan, um sie zu beruhigen, durch Bedienstete und Vorsteher versprechen, er werde Truppen schicken und den Islam gegen die Franken und Ungläubigen verteidigen. Am folgenden Freitag kehrten sie zurück und traten in der Kalifenmoschee auf, brachen wieder in lautes Weinen und Klagen aus, flehten um Hilfe und schluchzten. Kurz darauf kam aus Iṣfahān die Prinzessin nach Bagdad zurück, die Schwester des Sultans und Gemahlin des Kalifen; sie war umgeben von unbeschreiblicher und unermeßlicher Pracht an Juwelen, Reichtümern und Geräten, Schabracken und Pferden, Möbeln und Galagewändern, mit Sklaven, Pagen, Mägden und Dienern; jene Bitten um Hilfe wurden zur gleichen Zeit vorgebracht und trübten die reine unbeschwerte Freude über ihre Ankunft. Kalif al-Mustaẓhir bi-llāh, der Fürst der Gläubigen, bedauerte den Zwischenfall und wollte die Anstifter verfolgen und hart bestrafen lassen; der Sultan aber wandte sich dagegen, entschuldigte die Leute für ihr Verhalten und befahl den Emiren und Obersten, sich in ihre Bezirke zu begeben und sich zu rüsten, in den Heiligen Krieg gegen die Ungläubigen, die Feinde Gottes, zu ziehen[41].

Im Ǧumādā II desselben Jahres (Dezember 1110 bis Januar 1111) traf in Bagdad ein Abgesandter des Kaisers der Rhomäer[42] mit

Geschenken, Kleinodien und Briefen ein, in denen er aufforderte, gegen die Franken vorzugehen, sie anzugreifen und vereint aus diesem Land zu jagen; sie sollten alle Lässigkeit in dieser Sache aufgeben, vielmehr rasch alle Kräfte sammeln, um sie zu schlagen, bevor der Schaden allzu große Ausmaße angenommen habe und nicht wieder gutzumachen sei. Der rhomäische Herrscher teilte mit, er habe seinerseits die Franken am Vordringen in islamisches Gebiet gehindert und gegen sie gekämpft; folgten sich aber ihre Heere weiterhin auf dem Fuße und die in die Länder des Islams gesandten Verstärkungen, sei er gezwungen, sich auf ihre Seite zu stellen, ihnen den Durchzug zu erlauben und in ihren Absichten und Zielen behilflich zu sein. Er ermahnte also jedermann eindringlich, sich im Kampf gegen sie zu verbünden und sie gemeinsam wieder aus diesen Ländern zu vertreiben.

DIE BELAGERUNG VON TYRUS

(Ibn al-Qalānisī 178–181)

In diesem Jahre (505/1111/12) sammelte König Balduin so viele Franken, wie er konnte, und zog gegen die Hafenstadt Tyrus. Da beeilten sich ihr Statthalter ʿIzz al-Mulk und die Bevölkerung, mit dem Atabeg von Damaskus, Ẓahīr ad-Dīn (Tughtegin), Verbindung aufzunehmen: sie baten ihn um Unterstützung und boten dafür die Auslieferung der Stadt an. Er sollte schnell eine große Abteilung Türken senden, die sofort eintreffen müßten, um sie noch unterstützen und verstärken zu können. Sollte sich die Hilfe verzögern, sähen sie sich gezwungen, ihre Stadt den Franken auszuliefern, da sie von al-Afdal[43], Herrn Ägyptens, keinen Beistand mehr erwarteten. Der Atabeg schickte rasch ein großes Aufgebot Türken in voller Ausrüstung, das aus mehr als zweihundert Reitern und guten Bogenschützen bestand, und alle erreichten Tyrus. Zu den Leuten von Tyrus stießen außerdem viele freiwillige Fußsoldaten aus der Gegend von Tyrus und vom

Berge ʿĀmila, desgleichen aus Damaskus, während der Atabeg weitere Verstärkungen schickte. Als Balduin erfuhr, daß Tyrus vom Atabeg unterstützt wurde, nahm er mit allen seinen Kräften schnellstens die Belagerung auf, am 25. Ǧumādā I 505 (29. November 1111): er befahl, die Bäume und Palmen zu fällen, ließ unter den Mauern dauerhafte Unterkünfte errichten und unternahm mehrere Angriffe, ohne irgend etwas zu erreichen. Man erzählte sich, die Verteidiger von Tyrus hätten während der Kämpfe um ihre Stadt an einem einzigen Tage mehr als zwanzigtausend Pfeile abgeschossen.

Ẓahīr ad-Dīn, der wußte, daß die Franken Syrien angegriffen hatten, kam aus Damaskus, schlug sein Lager bei Bānijās auf und ließ von hier seine Streifscharen zu Pferde und zu Fuß Überfälle auf die Provinzen der Franken unternehmen, mit der Erlaubnis, zu rauben und zu töten, zu plündern, zu verwüsten und zu brennen, denn er wollte ihnen Unannehmlichkeiten bereiten und sie zum Abzug von Tyrus veranlassen, während die zweite Verstärkung nach Tyrus komme; aber der gelang nicht der Eintritt in die Stadt. Ẓahīr ad-Dīn blies zum Angriff auf al-Ḥabīs, eine gut befestigte Burg in der Ebene; nach hartem Kampf eroberte er sie im Sturm und tötete ihre Verteidiger. Inzwischen begannen die Franken, zwei hölzerne Türme zu bauen, mit deren Hilfe sie die Mauern von Tyrus stürmen wollten. Verschiedene Male kam Ẓahīr ad-Dīn wieder in die Nähe von Tyrus, um die Franken abzulenken und so den Einwohnern die Möglichkeit zu einem Ausfall zu geben, bei dem sie die Türme hätten anzünden können. Die Franken durchschauten jedoch seine Absicht und verschanzten sich auf alle Seiten, indem sie bewaffnete Posten zum Schutze des Schanzwerks und der Türme aufstellten. Sie kümmerten sich auch nicht um seine Truppenbewegungen, die Einfälle und Verwüstungen, die er in ihrem Gebiet anrichtete. Der Winter kam heran, schadete den Franken aber nicht, da sie sich auf hartem Sandboden befanden, während die Türken sehr unter der Stellung zu leiden hatten, die sie hielten; sie hörten dennoch nicht auf, Überfälle zu unternehmen, um den Franken Lebensmittelnachschub und Truppenverstärkungen abzuschneiden und jeden Geleitzug abzufangen. Sie zerstörten die Brücke, über die man nach Sidon gelangte, um auch diese Verbindung zu unterbrechen. Die Franken sorgten nun dafür, daß sie aus allen Richtungen Nachschub auf dem Seewege erhielten. Als Ẓahīr ad-Dīn davon merkte, zog er mit einem Teil des Heeres in die Gegend von Sidon und durchstreifte das außerhalb seiner Mauern gelegene Gebiet; dabei tötete er viele Matrosen und verbrannte etwa zwanzig Schiffe am Strand. Dabei vergaß er nicht, den Leuten in Tyrus Briefe zu senden, um sie zu ermutigen und zu ermahnen, in ihrem Widerstand und Kampf gegen die Franken tapfer auszuharren.

Der Bau der beiden Türme und der Rammböcke, die in ihnen angebracht wurden, nahm etwa fünfundsiebzig Tage in Anspruch. Am 10. Šaʿbān (11. Februar) begann man, sie in Bewegung zu setzen und an die Mauern der Stadt heranzuschieben, und die Schlacht um sie fing an. Der kleinere Turm hatte eine Höhe von mehr als vierzig Ellen, der größere von mehr als fünfzig. Am 1. Ramaḍān (2. März) kamen die Verteidiger von Tyrus mit griechischem Feuer, Brennholz, Teer und Brandwerkzeugen aus ihren Bastionen hervor, vermochten aber ihre beiden Ziele in keiner Weise zu beschädigen. Dann warfen sie das Feuer jedoch in die Nähe des kleineren Turmes, wo die Franken es nicht abwehren konnten, und da ein Wind blies, der die Flammen gegen den Turm lodern ließ, verbrannte er nach heftigem Kampf und Gegenwehr seiner Besatzung. Viele Panzer, Schilde und anderes Gerät wurde aus ihm erbeutet, und das Feuer kam auch dem größeren Turm bedrohlich nahe. Die Muslime merkten, daß die Franken vom Kampf um die Stadt abgelassen hatten, da sie sich um den Brand des Turmes kümmern mußten, und hörten ihrerseits auf, von den Stadttürmen zu kämpfen: da griffen die Franken sie wieder an, schlugen sie von dem Turm zurück, löschten das Feuer, das ihn ergriffen hatte, und stellten zur Bewachung des Turmes und der Katapulte auf allen Seiten ausgewählte Schutztruppen auf.

Bis zum Ende des Ramaḍān griffen die Franken Tyrus unablässig an. Sie näherten den Turm einem Mauerabschnitt und füllten die drei davorliegenden Gräben auf. Da verschalten die Stadtbewohner die Mauer vor dem Turm der Franken mit Holz und legten Feuer daran: das Holz brannte nieder, und der Mantel der Mauer stürzte vor dem Turm zusammen, so daß er nicht mehr an die Mauer gebracht und nicht mehr von ihm aus angegriffen werden konnte. Der Abschnitt, den sie bestürmt hatten, war dadurch niedriger geworden, aber die Stadttürme beherrschten ihn, und der bewegliche Turm konnte an der Stelle nicht weiter vorgerückt werden. Die Franken entfernten den Schutt und zogen den Turm zu einer anderen Bastion, lehnten ihn an die Mauer und begannen, mit den am Turm angebrachten Widdern gegen sie zu stoßen. Die Mauer bebte, Steine fielen herab, und die Einwohner standen kurz vor dem Untergang. Da kam ein schlauer tripolitanischer Seeoffizier, erfahren in seinem Beruf, klug und kenntnisreich in Kriegsdingen, auf den Einfall, Eisenhaken herzustellen, die den Rammbock, wenn er gegen die Mauer stoße, von vorn und den Seiten mittels Seilen fassen sollten, an denen Soldaten zögen, so daß der Holzturm sich unter dem starken Zug neige; bald zerstörten die Franken den Widder aus Furcht um den Turm, bald neigte sich der Widder und zerbrach, und bald wurde er von zwei aneinander befestigten Felsbrocken zerschmettert, die von der Mauer aus geschleudert wurden. Die Franken bauten verschiedene Rammböcke, die einer nach dem anderen auf diese Weise zerstört wurden; jeder war sechzig Ellen lang, mit Seilen am Holzturm befestigt und hatte einen Eisenkopf, der mehr als zwanzig Pfund wog. Nachdem die Widder mehrere Male erneuert waren und der Turm wieder an der

Mauer stand, versuchte es der Seeoffizier, von dem wir gesprochen haben, mit einem mächtigen langen Balken aus rohem Holz, den er auf dem Stadtturm gegenüber dem Turm der Franken anbrachte. An der Spitze dieses Balkens war ein vierzig Ellen langes Holz befestigt, so daß sich ein Kreuz ergab[44], und ließ sich nach Wunsch durch Flaschenzug und Winden bewegen, ähnlich den Mastbaumbalken der Schiffe. An einem Ende des drehbaren Balkens war ein Eisenpfeil, am anderen ein Seil, das über Rollen lief, wie der Bedienende wollte; daran konnte man Behälter mit Schmutz und Unrat in die Höhe ziehen und über dem Turm der Franken ausleeren, so daß sie gehindert wurden, die Rammböcke im Turm zu betätigen. Sie wurden dadurch belästigt und von ihrer Aufgabe abgehalten. Der Seeoffizier nahm Traubenkiepen und Körbe, füllte sie mit Öl, Pech, Spänen, Harz und Rohrrinde und steckte alles in Brand; daraufhievte er sie in der Art, wie wir beschrieben haben, empor und brachte sie auf gleiche Höhe mit dem Belagerungsturm. Das Feuer ergiff die Turmspitze, und während sie in aller Hast versuchten, den Brand mit Wasser und Essig zu löschen, beeilte er sich, den nächsten Korb hochzuhieven, und schleuderte siedendes Öl in kleineren Behältern hinüber, so daß das Feuer sich verstärkte. Es wurde größer, breitete sich aus und erfaßte die beiden Soldaten, die auf der Turmspitze Dienst taten: es tötete einen, während der andere noch fliehen konnte. Von der Spitze arbeitete sich das Feuer zum nächsten Stockwerk durch, ergriff dann das mittlere, vernichtete das Holz und überwand die Soldaten in den verschiedenen Stockwerken. Da sie den Turm nicht mehr löschen konnten, ergriffen alle, die noch darinnen waren oder in seiner Nähe standen, die Flucht; die Einwohner von Tyrus machten einen Ausfall, raubten alles, was der Turm enthielt, und machten unermeßliche Beute an Waffen, Gerät und Ausrüstung.

Die Franken gaben daraufhin die Belagerung der Stadt auf und rüsteten zum Abzug. Sie verbrannten die Hütten, die sie im

Lager als Unterkünfte benutzt hatten, und viele der am Strande liegenden Schiffe, deren Masten, Steuerruder und Gerät sie für den Bau der Belagerungstürme verwendet hatten. Insgesamt waren es etwa zweihundert Schiffe, größere und kleinere, darunter ungefähr dreißig Kriegsschiffe. Einige beluden sie mit ihrem leichteren Gepäck und verließen Tyrus am 10. Šawwāl dieses Jahres (10. April 1112), nachdem sie Tyrus viereinhalb Monate belagert hatten; sie nahmen Richtung auf Akkon und verteilten sich wieder in ihre verschiedenen Länder. Die Einwohner von Tyrus verließen die Stadt, um die Früchte des Sieges zu ernten. Die türkischen Hilfstruppen, die etwa zwanzig Mann Verlust hatten, kehrten nach Damaskus zurück und empfingen hier ihren Sold, und was ihnen sonst monatlich zustand[45]. Niemals in älterer oder neuerer Zeit wurde ein fränkischer Turm so bis auf den Grund zerstört wie dieser; das konnte vor allem deswegen geschehen, weil beide Türme die gleiche Höhe hatten[46]; andernfalls wäre der niedrigere vernichtet worden. Die Einwohner von Tyrus hatten vierhundert Mann verloren, die Franken nach zuverlässiger Quelle etwa zweitausend. Obwohl die Einwohner von Tyrus nun ihr Versprechen, Atabeg Ẓahīr ad-Dīn die Stadt zu übergeben, nicht hielten, bestand er nicht auf seiner Forderung, sondern sagte: «Was ich getan habe, geschah aus Liebe zu Gott und den Muslimen und nicht aus Verlangen nach Geld und Macht.» Für diese edle Haltung lobten und priesen sie ihn, und er versprach ihnen, er käme ihnen schnellstens zu Hilfe, wenn sie noch einmal derartig bedrängt würden. Nachdem der Atabeg so lange gegen die Franken gekämpft hatte, bis Gott die Einwohner von Tyrus aus der Not befreite, kehrte er nach Damaskus zurück. Sie begannen, die von den Franken zerstörte Stadtmauer wieder aufzubauen, die zugeschütteten Gräben in ihren alten Zustand zu versetzen und die Stadt neu zu befestigen, während sich das Fußvolk, das sich dort gesammelt hatte, allmählich zerstreute[47].

IV.

Der erste schwere Schlag gegen die Franken kam nicht aus Bagdad, sondern erfolgte durch die gemeinsame Aktion des Artuqidenemirs von Māridīn, Ilghāzī, und des Atabegs von Damaskus, Tughtegin. Im Jahre 1119 stieß Ilghāzī bei Balāṭ (oder Sarmadā, westlich von Aleppo) überraschend auf den Normannenfürsten Roger von Antiochia und konnte ihn in einer blutigen Schlacht besiegen und töten. Zu dieser Episode geben wir an erster Stelle die Erzählung Kamāl ad-Dīns, des Chronisten aus Aleppo, das zeitlich nächste und wohl treueste Echo der Schlacht, danach den Bericht Ibn al-Qalānisīs, der auch darauf hinweist, daß die Muslime die Gelegenheit versäumten, Antiochia zurückzuerobern, das zu diesem kritischen Zeitpunkt ungeschützt dalag.

NIEDERLAGE UND TOD ROGERS VON ANTIOCHIA BEI BALĀṬ

(Kamāl ad-Dīn II 187–190)

Ilghāzī begab sich zusammen mit dem Atabeg (Tughtegin) nach Māridīn, und von hier schickten sie Botschaften zu den muslimischen Truppen und den Turkmenen nah und fern, um ein großes Heer aufzustellen. Im Jahre 513 (1119) zog Ilghāzī mit mehr als vierzigtausend Mann aus und überschritt den Euphrat an der Furt von Badājā und danach den Sanğa; seine Truppen zerstreuten sich über das Land von Tell Bāšir, Tell Ḫālid und Umgebung und mordeten und plünderten, soviel sie nur konnten. Da kamen Boten aus Aleppo, die Ilghāzī aufforderten, herzukommen, denn die Plünderzüge der Franken von al-Aṯārib nach Aleppo dauerten an, und die Einwohner hier seien verzweifelt. Also setzte sich Ilghāzī Ende Ṣafar 513 (Juni 1119) in Marsch nach Marğ Dābiq, Maslamijja und Qinnasrīn; seine Streifscharen fielen in fränkisches Gebiet ein und in die Gegend von ar-Rūǧ, töteten, machten Gefangene und nahmen die Feste Qasṭūn im Bezirk von ar-Rūǧ. Sire Roger (Sirǧāl), Herr von Antiochia, sammelte die Franken und Armenier und zog geradewegs zur eisernen Brücke (über den Orontes) aus der Stadt; nachdem sie von dort aufgebrochen waren, schlugen sie Freitag, den 9. Rabīʿ I (20. Juni 1119), ihr Lager bei Balāṭ auf, zwischen zwei Bergen nahe dem Paß von Sarmadā nördlich Aleppos. Die Emire verdroß die lange Verzögerung, während Ilghāzī die Ankunft Atabeg Tughtegins abwartete, um mit ihm den Plan des Vorgehens zu vereinbaren; sie versammelten sich daher und überredeten Ilghāzī, dem Feind sofort entgegenzutreten. Ilghāzī ließ die Emire und Anführer ihre Eide erneuern, tapfer kämpfen zu wollen, standzuhalten, ohne zu weichen, und das Leben für den heiligen Krieg zu wagen; sie schworen es gern. Freitag, den 16. Rabīʿ I (27. Juni), verließen die in Kolonnen gestaffelten Muslime ihr Zeltlager in Qinnasrīn und verbrachten die Nacht in der Nähe der Franken, die begonnen hatten, eine Festung zu bauen, die Tell ʿAfrīn beherrschen sollte; sie glaubten nämlich, die Muslime belagerten Aṯārib oder Zardanā. Da sahen sie in der ersten Morgendämmerung die Banner der Muslime näherrücken und sie von allen Seiten umgeben. Qāḍī Abu ʾl-Faḍl ibn al-Ḫaššāb ritt auf seiner Stute mit einer Lanze in der Hand nach vorn und ermunterte seine Leute zum Kampf. Bei seinem Anblick rief einer der Soldaten: «Sind wir etwa aus unserem Land hierher gezogen, um diesem Turbanträger zu folgen[48]?» Der Qāḍī jedoch ritt vor den Reihen hin und her, weckte durch eine beredte Ansprache den Kampfeseifer der Soldaten und hob ihre Moral gewaltig, so sehr, daß die Männer zu Tränen bewegt wurden und ihn bewunderten. Darauf schloß Tughan Arslan ibn Dimlāǧ[49] den Feind ein, fiel über seine Zelte her und säte Tod und Vernichtung. Gott gab den Sieg den Muslimen: diejenigen Franken, die zu den Zelten flohen, wurden getötet, die Türken griffen wie ein Mann von allen Seiten an und schlugen sich tapfer; die Pfeile flogen dicht wie Heuschrecken. Die Franken flohen unter dem Pfeilregen, der sich über die Reiterei und den größten Teil des Heeres ergoß. Nachdem die Reiterei überwältigt und das Fußvolk mit allen Knechten und Dienern geschlagen war, wurden alle gefangengenommen. Sire Roger wurde getötet, während von den Muslimen (nur) zwanzig Mann fielen, darunter Sulaimān ibn Mubārak ibn Šibl; von den Franken dagegen retteten sich nur zwanzig. Einige ihrer Anführer flohen, aber fast fünfzehntausend fielen in der Schlacht; sie fand Sonnabend (28. Juni) um die Mittagsstunde statt. Der Siegesbote erreichte Aleppo, als die Muslime gerade alle in Reihen das Mittagsgebet in der Großen Moschee verrichteten. Bald vernahm man ein großes Geschrei von Westen, vom Heer jedoch erreichte keiner die Stadt vor der Stunde des Nachmittagsgebetes.

Die Bauern verbrannten die Leichname der Franken, und in den verkohlten Resten eines einzigen Ritters fanden sich vierzig eiserne Pfeilspitzen. Ilghāzī belegte das Zelt Rogers, und die Muslime trugen herbei, was sie erbeutet hatten; er nahm ihnen aber nur einige Waffen ab, um sie den Herrschern des Islams zu schenken; alles Übrige ließ er ihnen. Als ihm die Gefangenen vorgeführt wurden, war unter ihnen einer von großem Wuchs, berühmt für seine Stärke, der von einem kleinen, schmächtigen, schlecht bewaffneten Muslim überwältigt worden war. Als der vor Ilghāzī erschien, sagten die Turkmenen zu ihm: «Schämst du dich nicht, daß dieser Zwerg dich gefangen hat, wo du doch solch eine Rüstung hast?» Er antwortete: «Bei Gott, nicht der da hat mich gefangen, noch ist er mein Bezwinger. Ein Großer hat mich gefangen, größer und stärker als ich selbst, und hat mich dem hier übergeben; er trug ein grünes Gewand und ritt ein grünes Pferd[50].»

(Ibn al-Qalānisī 200/01)

Als Atabeg Ẓahīr ad-Dīn (Tughtegin) Aleppo erreichte, nachdem die zur Vorbereitung bestimmte Frist vergangen war, um mit Naǧm ad-Dīn (Ilghāzī) in der geplanten Unternehmung zusammenzuarbeiten, sah er, daß die Turkmenen schon von allen Seiten in großer Zahl zu ihm geströmt waren, Löwen gleich, die Beute suchen, oder Falken, die über ihrem Opfer kreisen, das sie gleich in Stücke reißen. Es kam die Nachricht, Roger, Herr von Antiochia, sei mit großen Scharen Franken und armenischem Fußvolk, die er von überallher gesammelt hatte, aus der Stadt gezogen; es seien mehr als zwanzigtausend Reiter und Fußsoldaten, abgesehen vom Troß, in voller Ausrüstung und Bewaffnung; sie hätten bei dem Ort, der als Sarmadā oder Dāniṯ al-Baqal bekannt ist, zwischen Antiochia und Aleppo ihr Lager aufgeschlagen. Als die Muslime das vernommen hatten, flogen sie ihnen entgegen mit Falkenflügeln, um ihr Nest zu schützen. In weniger als einem Augenblick, nachdem beide Heere in Berührung gekommen waren, griffen die Muslime sie an und bedrängten sie von allen Seiten mit Schwerthieben und Pfeilschüssen. Gott – Er sei gelobt – gab dem Islam den Sieg über das freche Gesindel: noch war nicht eine Stunde des Sonnabends, (1)7. Rabīʿ I 513 (28. Juni 1119), vergangen, als schon die Franken, Reiter und Fußvolk, am Boden lagen, mit Pferden und Waffen, ohne daß auch nur einer entkommen wäre, der darüber hätte berichten können; sogar ihren Anführer Roger fand man unter den Toten. Einige Männer, die das Treffen miterlebten, erzählten, sie seien auf dem Schlachtfeld herumgegangen, um das glänzende Wunder zu beschauen, das Gott vollbrachte, und sie hätten gesehen, daß einige tote Pferde wie Igel ausgesehen hätten, so viele Pfeile hätten in ihnen gesteckt. Es war ein herrlicher Sieg, wie ihn der Islam in früheren Zeiten nicht ähnlich erlebt hatte. Antiochia lag ungedeckt, entblößt von seinen Verteidigern, verlassen von seinen Helden, leichte Beute für den ersten Angreifer, eine Gelegenheit für jeden, der wollte. Aber man dachte nicht daran, es zu besetzen, denn Atabeg Ẓāhīr ad-Dīn hatte nicht an der Schlacht teilgenommen, da sich die Turkmenen ohne Vorbereitung in sie gestürzt hatten, nach Willen und Ratschluß Gottes; im übrigen waren die Leute damit beschäftigt, sich die Beute zu sichern, die so reich die Hände füllte, den Mut stärkte und die Herzen erfreute. So «blieben die Wohnungen verlassen und leer[51]» – Lob sei Gott, dem Herrn der Weltbewohner!

TOD UND CHARAKTERISTIK BALDUINS II.

(Ibn al-Qalānisī 233)

In diesem Jahr (526/1131/32) traf von den Franken die Nachricht ein, Balduin, «der kleine Anführer» (ar-Ru'ajjis), König der Franken und Herr von Jerusalem, sei Donnerstag, den 25. Ramaḍān dieses Jahres (8. August 1132)[52], in Akkon gestorben. Er war ein betagter Mann, reich an Erfahrung, der jede Härte und Prüfung des Lebens durchgestanden hatte. Mehrere Male war er den Muslimen in die Hände gefallen, im Frieden und im Kriege, hatte sich aber immer durch seine berühmten Listen und erprobten Täuschungsmanöver retten können. Bei seinem Tod ließ er keinen unter den Franken zurück, der als Berater oder Herrscher getaugt hätte; als König folgte ihm der neue Graf, Graf (Fulko) von Anjou, der aus ihren Ländern übers Meer gekommen war, ein Mann, dem rechte Entscheidung und glückliche Hand in der Regierung nicht gegeben waren. So brachte der Verlust Balduins Verwirrung und Zwietracht unter die Franken.

V.

Mit dem Auftreten des türkischen Atabegs von Mossul und Aleppo, Zengī (regierte 1129–1146), begann die wirkliche und eigentliche Gegenoffensive der Muslime. Die kriegerischen Taten des Vaters Nūr ad-Dīns fanden eine enthusiastische Würdigung bei Ibn al-Aṯīr, dem treuen Amtsträger und Geschichtsschreiber der kurzlebigen Zengidendynastie Mesopotamiens und Syriens. Nach seiner religiösen Geschichtsschau ließ göttliche Vorsehung Zengī die Erbschaft Tughtegins von Damaskus antreten, des ersten würdigen Gegners der Kreuzfahrer, der 1128 starb. Aber der Ehrgeiz des Herrn Mossuls zielte auch bei seinem Kampf gegen die Kreuzfahrer auf Damaskus, wo unter der tatsächlichen Regierung des Muʿīn ad-Daula nur die unfähigen Erben Tughtegins herrschten. Die zögerten auch nicht, sich zur Abwehr der Bedrohung durch Zengī 1140 mit den Franken zu verbünden. Auf den folgenden Seiten feiert Ibn al-Aṯīr die Gestalt seines Helden, während Ibn al-Qalānisī den entgegengesetzten Standpunkt vertritt: den des damaszenischen Gemeindepatriotismus und der Loyalität gegenüber der örtlichen Dynastie Tughtegins.

ZENGĪ, MANN DER VORSEHUNG FÜR DEN ISLAM IN SYRIEN

(Ibn al-Aṯīr X 458)

Hätte Gott den Muslimen nicht die Gnade geschenkt, daß der Atabeg (Zengī) Syrien eroberte, hätten die Franken es (völlig) in ihren Besitz bekommen. Sie hatten schon diese und jene syrische Stadt belagert, aber sobald Ẓahīr ad-Dīn Tughtegin davon erfahren hatte, hatte er seine Truppen gesammelt, war gegen ihre Plätze gerückt, hatte sie belagert und Streifzüge in ihre Gebiete gemacht und so die Franken zum Abzug gezwungen, damit sie ihn von ihren Plätzen fernhalten konnten. Nun hatte Gott bestimmt, daß er in diesem Jahr starb (522/1128), so daß Syrien ihnen in allen Richtungen offengestanden hätte, ohne einen Mann, der seinen Einwohnern zu Hilfe gekommen wäre. Aber Gott gewährte den Muslimen in seiner Güte, ʿImād ad-Dīn (Zengī) an die Herrschaft kommen zu lassen: er vollbrachte gegen die Franken, was wir berichten, so Gott will.

ZENGĪ EROBERT DIE FESTE BARʿĪN. NIEDERLAGE DER FRANKEN

(Ibn al-Aṯīr XI 33/34)

Im Šawwāl dieses Jahres (531/Juli 1137) verließ Atabeg Zengī Homs und belagerte die Feste Baʿrīn [53] in der Nähe der Stadt Hama; sie gehörte den Franken und war eine äußerst starke und wohlbefestigte Burg. Als er sie eingeschlossen hatte, begann er sie anzugreifen und zu berennen. Die Franken sammelten darauf ihre Reiter und Fußsoldaten und zogen mit ihrem ganzen Aufgebot, ihren Königen, Grafen und Baronen gegen Atabeg Zengī, um ihn zum Abzug von Baʿrīn zu zwingen. Aber er zog nicht ab, sondern erwartete ihr Kommen in Ruhe, dann machte er Front gegen sie und lieferte ihnen den bittersten je erlebten Kampf. Nach hartem Widerstand auf beiden Seiten endete das Treffen mit der Niederlage der Franken, und die Waffen der Muslime bedrängten sie von allen Seiten. Ihre Könige [54] verschanzten sich in der Feste Baʿrīn, weil sie am nächsten war, und wurden dort von den Muslimen belagert. Der Atabeg riegelte sie völlig ab, sogar von Nachrichten, so daß die in der Burg über nichts aus ihren Ländern mehr erfuhren: so streng war seine Überwachung der Straßen und so groß die Furcht seiner Soldaten vor ihm.

Priester und Mönche zogen da in die Länder der Rhomäer und Franken und in benachbarte christliche Länder, um zum Kampf gegen die Muslime aufzurufen; sie erklärten, wenn Zengī die

Feste Baʿrīn nehme mitsamt den Franken in ihr, werde er sich in kürzester Zeit ihr ganzes Land aneignen, da keiner dasei, es zu verteidigen; die Muslime hätten nur eine Absicht: Jerusalem anzugreifen. Da sammelten sich die Christen und versuchten zusammen mit dem Kaiser der Rhomäer[55], mit allen Mitteln nach Syrien zu gelangen – über das Weitere berichten wir noch. Zengī anderseits ließ nicht nach im Kampf gegen die Franken; sie hielten standhaft aus, obwohl sie Mangel an Lebensmitteln und Ausrüstung litten, denn sie waren unvorbereitet gewesen und hatten nicht angenommen, jemand könne etwas gegen sie unternehmen, sondern erwartet, sich den Rest Syriens anzueignen. Da nun ihre Versorgung knapp wurde, aßen sie ihre Reittiere auf und willigten in die Übergabe ein, damit er sie unbehelligt abziehen und in ihre Länder zurückkehren lasse. Er ging nicht darauf ein, aber als er hörte, der rhomäische Kaiser nähere sich Syrien und vereinige sich mit den übriggebliebenen Franken, gewährte er denen in der Burg den Abzug und erlegte ihnen die Übergabe der Burg und Zahlung von fünfzigtausend *dīnār* auf. Sie gingen darauf ein, kamen heraus und übergaben sie ihm. Als sie abgezogen waren, erfuhren sie von dem Heer, das sich ihretwegen gesammelt hatte, und bereuten, sich ergeben zu haben – als es nichts mehr nützte: sie hatten es getan, da auch nicht eine Nachricht zu ihnen gedrungen war.

Während der Zeit ihrer Belagerung hatte Zengī den Franken noch al-Maʿarra und Kafarṭāb abgenommen. Die Einwohner dieser Gebiete und aller anderen Provinzen zwischen diesen Orten, Aleppo und Hama, auch in Baʿrīn, befanden sich in großer Not, denn zwischen ihnen herrschte ständige Fehde, und Plünderei und Totschlag hörten nicht auf. Als die Herrschaft auf Zengī überging, lebten die Leute wieder in Sicherheit, das Land blühte auf und brachte gewaltige Einnahmen: es war ein offenkundiger Sieg, und wer es gesehen hat, weiß, daß richtig ist, was ich sage.

Zu den schönsten Taten gehört, wie Zengī die Einwohner al-Maʿarras behandelte: als die Franken es eingenommen hatten, hatten sie ihnen ihren Landbesitz geraubt. Jetzt, als Zengī es zurückerobert hatte, kamen die, die von der Bevölkerung übriggeblieben waren, und mit ihnen die Nachkommen der Toten, und forderten ihren Besitz zurück. Er fragte sie nach ihren Eigentumsurkunden, aber sie erwiderten: «Die Franken haben uns alles geraubt, auch die Urkunden über die Besitztümer.» Da befahl er: «Seht in den Katasterregistern in Aleppo nach: jeder, der mit Steuer für Landbesitz belastet ist, bekomme ihn zurück.» So geschah es, und er setzte die Bevölkerung wieder in ihren Besitz ein: eine der schönsten und gerechtesten Taten!

BÜNDNIS ZWISCHEN DEN FRANKEN UND DAMASKUS GEGEN ZENGĪ

(Ibn al-Qalānisī 270–273)

In diesem Jahr (534/1139/40) traf die Nachricht ein, daß Atabeg ʿImād ad-Dīn (Zengī) fertig sei mit der Neubefestigung Baalbeks und seiner Burg und der Wiederherstellung der verfallenen Teile und begonnen habe, sich auf den Zug zur Belagerung Damaskus' vorzubereiten. Kurz darauf hörte man auch, er sei mit seinen Truppen von dort aufgebrochen und habe im Rabīʿ I (November 1139) in al-Biqāʿ[56] sein Lager aufgeschlagen. Von dort schickte er einen Boten an Emir Ǧamāl ad-Dīn Muḥammad ibn Tāǧ al-Mulūk Böri ibn Atabeg[57] und bat ihn, er solle ihm die Stadt gegen ein anderes Gebiet überlassen, das er vorschlagen und aussuchen möge. Der ging aber auf diesen Vorschlag nicht ein. So zog Zengī von al-Biqāʿ los und schlug sein Lager am Mittwoch, dem 13. Rabīʿ II (6. Dezember), in Dārajjā auf, unmittelbar vor Damaskus. Bei seiner Ankunft dort fand ein Scharmützel der Vorposten statt, bei dem einige in seine Hand fielen und die übrigen in die Stadt flohen. Freitag, den 28. des Monats, griff er mit ganzer Macht die Stadt auf der Seite von al-Muṣallā [58] an; dabei blieb er Sieger über eine große Gruppe Bürger- und Bauernwehren und richtete ein Blutbad unter ihnen an. Die einen wurden getötet oder gefangen, andere konnten unversehrt oder verletzt die Stadt erreichen. An diesem Tage wäre die Stadt verloren gewesen, wenn Gott sich nicht gnädig gezeigt hätte. Zengī kehrte mit den Gefangenen in sein Lager zurück und unternahm einige Tage lang keine weiteren Angriffe. Er schickte jedoch fortgesetzt Boten und bemühte sich im Guten um die Übergabe der Stadt, im Tausch für Baalbek, Homs, und was der Emir außerdem vorschlage. Ǧamāl ad-Dīn Muḥammad ibn Tāǧ al-Mulūk hätte es vorgezogen, diese Bedingungen anzunehmen, da sie eine friedliche Lösung ohne Blutvergießen ermöglichten und Gedeihen der Stadt und Ruhe der Masse bedeuteten; andere aber, mit denen er darüber beriet, lehnten ab. Zengī unternahm einige Tage lang Vorstöße und Angriffe mit seinen Leuten, ohne sich voll einzusetzen und die Belagerung zu verschärfen, denn er wollte Blutvergießen vermeiden wie jemand, der sich aus friedlichen Absichten mäßigt und zögert, zu kämpfen und zu plündern. Im Ǧumādā I wurden an Ǧamāl ad-Dīn Muḥammad ibn Tāǧ al-Mulūk die ersten Zeichen einer Krankheit sichtbar, die ihn bald ganz ergriff und bald besser, bald schlechter wurde, mit Höhen und Tiefen kam und ging, bis sie sich zur Hoffnungslosigkeit verschlimmerte. Es gab weder Arznei noch Zauberkunst, die geholfen hätten, und so dauerte die Krankheit, bis sein Geschick sich erfüllte und er Freitag, den 8. Šaʿbān (29. März 1140), zur Nachtzeit in die Barmherzigkeit seines Herrn einging. Es war die gleiche Stunde, in der sein Bruder und Vorgänger Šihāb ad-Dīn Maḥmūd ibn Tāǧ al-Mulūk ermordet wurde – Gott erbarme sich beider! Das Volk wunderte sich über diese Übereinstimmung von Zeit und Stunde und lobte Gott und pries ihn. Die Leiche des Emirs wurde hergerichtet und im Mausoleum seiner Großmutter bei al-Farādīs [59] beigesetzt. Nach seinem Tode einigten sich die Befehlshaber des Heeres und die Räte der Stadt darauf, die durch ihn leer gewordene Stelle mit seinem Sohn, Emir ʿAḍab ad-Daula abū Saʿīd Abaq ibn Ǧamāl ad-Dīn Muḥammad, zu besetzen. Sie leisteten ihm daher den feierlichen Eid von Treue und Gehorsam, ergebenen Dienstes und Rates. So ordnete sich alles, die Herrschaft lag in guten Händen, jede Zwietracht schwand, auf Unruhe folgte Stille, und die Gemüter beruhigten sich nach der Aufregung. Als Atabeg ʿImād ad-Dīn (Zengī) von diesen Ereignissen vernommen hatte, wandte er sich mit seinen Truppen zum Angriff auf die Stadt in der Hoffnung, nach dem Tode ihres Herrschers würden sich zwischen den Heerführern Streitigkeiten ergeben, dank deren er das eine oder andere seiner Ziele erreichen könnte. Aber die Dinge liefen anders und gegenteilig, wie er sich vorgestellt hatte: Die regulären Truppen und die Damaszener Bürgerwehr fand er kampfbereit und entschlossen zu Widerstand und Schlacht; daher zog er sich entmutigt und zornig in sein Lager zurück. Mit den Franken wurde danach ein Abkommen geschlossen zur gegenseitigen Unterstützung und Hilfe, um Zengī gemeinsam abzuwehren und an seinem Vorhaben zu hindern. Der Vertrag wurde mit feierlichen Eiden besiegelt und mit Zusicherungen, die eingegangenen Verpflichtungen zu erfüllen. Dafür forderten die Franken als Unterstützung und Hilfeleistung für die Unternehmungen, die sie vorhatten, einen bestimmten Betrag und Geiseln zur Versicherung. Ihrer Bitte wurde entsprochen: man gab ihnen Geld und stellte als Geiseln Verwandte der Heerführer. Darauf begannen sie das Hilfsunternehmen vorzubereiten, tauschten untereinander Botschaften aus, forderten sich gegenseitig auf, von den anderen Festen und Städten zusammenzukommen, um den Atabeg zu vertreiben und ihn an der Erfüllung seiner Absichten auf Damaskus zu hindern, ehe er so mächtig und stark geworden sei, die Truppen der Franken zu überwältigen, und gegen ihre Gebiete ziehen könne. Nachdem sich Zengī über die Lage und die Entscheidung klargeworden war, daß die Franken ihn zusammen mit den Damaszenern angreifen wollten, verließ er Sonntag, den 5. Ramaḍān, sein Lager bei Dārajjā und zog in Richtung auf den Ḥaurān, um den Franken entgegenzutreten, wenn sie sich ihm näherten, oder sie zu verfolgen, falls sie sich entfernten. Kurze Zeit blieb er bei diesem Vorgehen, darauf wandte er sich gegen die Ghūṭa[60] von Damaskus und schlug sein Lager bei ʿAḏrā' auf, am Mittwoch, dem 24. Šawwāl (12. Juni). Er ließ einige Dörfer im Marǧ und in der Ghūṭa anzünden, bis Ḥarastā at-Tīn, und am folgenden Sonnabend zog er gegen Norden, nachdem er sichere Nachricht erhalten hatte, daß die Franken in großer Zahl bei al-Madān lagerten. In den Abmachungen mit den Franken war auch die Bedingung eingeräumt worden, daß das Gebiet von Bānijās Ibrāhīm ibn Torghut abgenommen und ihnen überlassen werden sollte. Es geschah nun, daß Ibrāhīm ibn Torghut, Statthalter von Bānijās, mit seinen Leuten zu Plünderzügen bei Tyrus auszog und dabei auf Raimund von Antiochia[61] stieß, während der den Franken zu Hilfe zog, um die Damaszener zu unterstützen. In dem folgenden Kampf unterlag Ibrāhīm und wurde mit einer kleinen Zahl seiner Leute getötet. Die Überlebenden kehrten nach Bānijās zurück und verschanzten sich dort, indem sie Leute vom Wādi 't-Taim und, so viele sonst sie konnten, zur Verteidigung der Burg sammelten. Da zog Emir Muʿīn ad-Dīn[62] mit dem Heer von Damaskus gegen sie, schloß sie ein und begann, sie mit Katapulten zu beschießen und sie mit verschiedenen Mitteln der Kriegskunst abzuriegeln; er hatte ein größeres Aufgebot Franken bei sich und blieb den ganzen Šawwāl dabei. Es traf die Nachricht ein, Atabeg ʿImād ad-Dīn, der sich bei Baalbek lagere, habe Boten geschickt, daß die Turkmenen im Šawwāl aus ihren Ländern herbeikämen, um gegen Bānijās zu ziehen und die Belagerer zu vertreiben. So blieben die Dinge bis zum Ende des Ḏu 'l-Ḥiǧǧa dieses Jahres ...

... Bānijās blieb auf diese Weise belagert und bedrängt, bis die Vorräte verbraucht waren und die Lebensmittel für die Verteidiger knapp wurden. Es ergab sich daher Muʿīn ad-Dīn, wobei sein Statthalter mit (anderen) Gütern und Lehen entschädigt wurde; Muʿīn ad-Dīn hielt die eingegangene Verpflichtung und übergab Bānijās den Franken. Darauf kehrte er Ende Šawwāl siegreich und voller Erfolg nach Damaskus zurück.

Am Sonnabendmorgen, dem 7. D̲u 'l-Qaʿda (22. Juni), erschien Atabeg ʿImād ad-Dīn mit einer kleinen Abteilung seiner Truppen vor Damaskus; nachdem er al-Muṣallā erreicht hatte, näherte er sich der Stadtmauer, ohne daß irgend jemand es bemerkt hätte, da alle noch im Schlaf lagen. Erst mit dem zunehmenden Tageslicht verbreitete sich die Nachricht über sein Kommen, es entstand viel Lärm und Geschrei, und alle eilten in Waffen auf die Mauern. Dann öffneten sie das Tor, und Reiter und (städtisches) Fußvolk kamen heraus; der Atabeg hatte viele seiner Leute auf Raubzüge in den Ḥaurān, die Ghūṭa, den Marǧ und andere Gegenden geschickt und war mit seiner Garde zurückgeblieben, um den Damaszener Bürgerwehren entgegenzutreten und sie zu hindern, seine Reiterei bei ihren Plünderzügen zu verfolgen. Zwischen ihm und den Damaszenern entbrannte nun der Kampf, und auf beiden Seiten war eine große Zahl Krieger beteiligt; aber er zog sich wieder zurück, da er seine Streifscharen decken mußte. Sie hatten sich durch den Überraschungsangriff einer ungeheuren Menge weidender Pferde, Schafe, Lämmer, Rinder und Gerätes bemächtigt. An diesem Tage lagerte Zengī bei Marǧ Rāhiṭ, bis sich seine Leute mit aller Beute gesammelt hatten, und zog ab mit seinem unermeßlich reichen Beuteschatz auf der Straße nach Norden.

VI.

Nachdem Zengī vor Damaskus enttäuscht worden war, konnte er zum Ausgleich Edessa erobern (1144) und die Grafschaft vernichten, die so als erster der vier christlichen Staaten verschwand, die durch den ersten Kreuzzug entstanden waren. Wir legen die entsprechenden Seiten aus Ibn al-Qalānisī vor und danach die aus Ibn al-Aṯīr, der auch hier seinen Blick weitet – sei es nur in anekdotischer Form – und von der lokalen Episode zum ganzen Schauspiel des Zusammenstoßes zwischen Abendland und Islam übergeht. Kaum zwei Jahre nach diesem Triumph wurde sein Held ermordet, während er gegen andere Muslime kämpfte; er hinterließ sein politisch-militärisches Programm seinem Sohn Nūr ad-Dīn, Sultan von Aleppo. Die Lobeserhebungen Ibn al-Aṯīrs auf Zengī enthüllen, jenseits allen Gefühlsausdruckes, historisch gültige Züge dieser eindrucksvollen Persönlichkeit.

ZENGĪ EROBERT EDESSA

(Ibn al-Qalānisī 279/80)

In diesem Jahr (539/1144) traf aus dem Norden die Nachricht ein, Atabeg ʿImād ad-Dīn habe Edessa im Sturm genommen, trotz seiner starken und sicheren Befestigungen, die es auch gegen mächtige Belagerer verteidigen konnten. Emir ʿImād ad-Dīn, der Atabeg, hatte sich immer sehnlichst den Besitz dieser Stadt gewünscht und nach einer Gelegenheit Ausschau gehalten, diesen Wunsch zu verwirklichen. Stets hatte dieser Gedanke seinen Geist bewegt, seinen Sinn und sein Herz beherrscht, bis er erfuhr, daß Joscellin (II.), Herr von Edessa, mit fast allen seinen Leuten und der Blüte seiner Helden aus der Stadt gezogen war, um einer Angelegenheit nachzugehen, die ihn weit weg führte – so, wie es das von Gott bestimmte Geschick wollte. Nachdem Zengī sich dieser Nachricht vergewissert hatte, beeilte er sich, mit einem ansehnlichen Truppenaufgebot gegen die Stadt zu ziehen, um sie zu belagern und die Verteidiger einzuschließen. Den Turkmenen schrieb er, sie sollten das Gebot des Heiligen Krieges halten und ihm beim Angriff auf Edessa Hilfe leisten; es folgten viele seinem Aufruf, so daß er die Stadt von allen Seiten umzingeln und ihr jeden Nachschub und jede Versorgung abschneiden konnte. Fast könnte man sagen, daß sogar die Vögel sich der Stadt nicht zu nähern wagten, so gut trafen die Pfeile der Belagerer und so wachsam waren die Abriegelnden. Die gegen die Mauern gerichteten Katapulte beschossen diese ständig, und der Kampf gegen die Verteidiger war verlustreich und ununterbrochen. Sonderabteilungen von Sappeuren aus Ḫurāsān und Aleppo begannen an mehreren gut geeigneten Orten zu graben und arbeiteten sich in der Tiefe des Erdreiches so weit vor, daß sie (mit ihren Stollen) unter die Fundamente der Türme gelangten; dabei stützten sie sich mit Holzbalken und besonderen dazu geeigneten Vorrichtungen ab. Es blieb nur noch, Feuer zu legen: sie baten Zengī um Erlaubnis, und er gab sie, nachdem er in die Stollen gestiegen war, sie besichtigt und ihr großartiges Werk bewundert hatte. Sie steckten die Stützen der Stollen in Brand, er breitete sich aus, verzehrte das Holz, die Mauer stürzte ein, und die Muslime eroberten die Stadt im Sturm, nachdem beim Einsturz zahlreiche Menschen auf beiden Seiten umgekommen waren; viele Franken und Armenier wurden getötet, verletzt oder zur Flucht gezwungen. Die Stadt wurde erstürmt am Sonnabend, dem 26. Ǧumādā II (23. Dezember 1144), in der Morgenfrühe. Es begannen Plünderung und Gemetzel, Gefangennahme und Raub, und die Hände (der Sieger) füllten sich mit Geld und Gut, Reittieren, Beute und Gefangenen in solchen Mengen, daß sie frohen Sinnes wurden und die Herzen jubelten. Nachdem Atabeg ʿImād ad-Dīn befohlen hatte, dem Rauben und Morden ein Ende zu setzen, begann er, die eingestürzten Mauern zu erneuern und die beschädigten wieder instand zu setzen. Er ernannte einen ihm geeignet erscheinenden Mann, die Stadt zu verwalten und zu verteidigen und sich um ihr Wohlergehen zu kümmern; die Gemüter der Einwohner beruhigte er, indem er ihnen gute Herrschaft und allgemeine Gerechtigkeit versprach. Darauf verließ er Edessa und zog nach Sarūǧ, von wo die Franken geflohen waren, und machte sich zu seinem Herrn. Bei seinem anschließenden Zug durch diese Provinz ergaben sich ihm ohne Verzug alle Orte und Burgen.

(Ibn al-Aṯīr XI 64–66)

In diesem Jahr eroberte Atabeg ʿImād ad-Dīn Zengī ibn Aqsunqur am 6. Ǧumādā II[63] die Stadt Edessa von den Franken und eroberte noch andere ihrer Festen in der Ǧazīra[4]. Ihr Unheil hatte alle Gegenden der Ǧazīra ergriffen, und ihre Beutezüge hatten nah und fern erreicht: Āmid und Nuṣaibīn, Raʾs al-ʿAin und ar-Raqqa. Ihre Herrschaft in diesem Gebiet erstreckte sich von nahe Māridīn bis an den Euphrat und umfaßte Edessa, Sarūǧ, al-Bīra, Sinn Ibn ʿUṭair, Ǧamlīn, al-Muʾazzar, al-Qurādī und andere Orte. Diese Bezirke und andere westlich des Euphrats gehörten Joscellin, dem Manne, dessen Urteil die Franken folgten und der sie im Kriege führte, da er tapfer und gerissen war. Der Atabeg wußte, wenn er sich (sofort) anschicke, Edessa zu belagern, sammelten sich die Franken dort zu seiner Verteidigung, so daß er es wegen seiner starken Befestigungen nur schwer einnehmen könnte. Daher hielt er sich in Dijār Bakr auf, um den Franken zu verstehen zu geben, er sei zu beschäftigt, um gegen ihr Land ziehen zu können. Als sie nun glaubten, er könne den Kampf gegen die Artuqiden und die anderen Fürsten Dijār Bakrs nicht aufgeben, fühlten sie sich sicher; Joscellin verließ Edessa und überschritt den Euphrat in westlicher Richtung. Sobald der Atabeg durch seine Späher davon unterrichtet war, gab er seinem Heer für den folgenden Tag den Marschbefehl; niemand solle dem Zug gegen Edessa fernbleiben. Er versammelte die Emire bei sich, befahl: «Tragt das Essen auf!» und erklärte: «Niemand speist mit mir an dieser meiner Tafel, der nicht morgen mit mir die Lanze gegen das Tor Edessas schwingt.» Keiner wagte vorzutreten, außer einem einzigen Emir und einem unbekannten Burschen, denn sie kannten seine Kühnheit und Tapferkeit und wußten, daß niemand es ihm in der Schlacht gleichzutun vermochte. Der Emir fragte den Burschen: «Was hast du hier zu suchen?», aber der Atabeg widersprach: «Laß ihn, denn, bei Gott, ich sehe in ihm ein Gesicht, das in der Schlacht nicht hinter mir zurückbleibt.» So brach er mit seinen Truppen auf und gelangte nach Edessa. Er war der erste, der die Franken angriff, und mit ihm der Bursche. Ein fränkischer Ritter ging den Atabeg von der Seite an, aber jener Emir trat ihm entgegen, durchbohrte und tötete ihn[65], und Zengī war gerettet. Er schloß die Stadt ein und kämpfte achtundzwanzig Tage um sie; dabei machte er mehrere Sturmangriffe, schickte die Sappeure vor, die Stadtmauern zu untergraben, und trieb den Kampf zum Äußersten aus Furcht, die Franken könnten sich sammeln, gegen ihn marschieren und den Platz entsetzen. Der Mauerabschnitt, den die Sappeure unterminiert hatten, stürzte zusammen: er nahm die Stadt im Sturm, belagerte die Zitadelle und eroberte auch sie. Einwohner und Habe wurden erbeutet, sie nahmen die Jugend und töteten die Männer. Aber als der Atabeg die Stadt sah, gefiel sie ihm, und er erkannte, daß es schlechte Politik sei, einen Ort wie diesen in Ruinen zu legen. Deswegen wurde auf seinen Befehl unter den Truppen ausgerufen, alle gefangengenommenen Männer, Frauen und Kinder seien zu ihren Häusern zurückzuführen und das erbeutete Gut zurückzugeben. Sie brachten alle bis auf den letzten Mann zurück, keiner fehlte, außer ganz wenigen, deren Erbeuter das Lager schon verlassen hatten. So kehrte die Stadt in ihren vormaligen Zustand zurück, und Zengī legte eine Besatzung zur Verteidigung her. Danach wurden ihm die Stadt Sarūǧ übergeben und die anderen Plätze, die östlich des Euphrats in der Hand der Franken waren, außer al-Bīra, denn es liegt stark befestigt und unzugänglich hoch am Ufer des Euphrats[66]; er zog hin und belagerte es, aber da man es reichlich mit Lebensmitteln und Mannschaft versehen hatte, rückte er nach einiger Zeit wieder ab, wie wir, so Gott will, noch berichten.

Man erzählt, ein gelehrter, in Genealogie und Chroniken bewanderter Mann habe folgendes berichtet: Der Herr der Insel Sizilien hatte ein Flottenunternehmen gegen Tripolis im Maghrib und sein Hinterland gesandt, und dabei wurde geraubt und gemordet. Es gab nun in Sizilien einen muslimischen Gelehrten, einen rechtschaffenen Mann, den der Herr Siziliens ehrenvoll und mit Achtung behandelte, an dessen Rat er sich hielt und den er seinen Priestern und Mönchen so weit vorzog, daß seine Untertanen sagten, er sei Muslim. Eines Tages saß der König auf einem Balkon, der auf das Meer hinausging, als gerade ein kleines Schiff anlegte; seine Mannschaft teilte ihm mit, sein Heer sei in das Gebiet des Islams eingedrungen, habe geplündert und gemordet und den Sieg errungen. Der Muslim war ihm zur Seite und träumte vor sich hin; da sagte der König zu ihm: «Du, hörst du nicht, was sie sagen?» «Nein.» «Sie berichten das und das. Wo war Mohammed für das Land und seine Bewohner?» Er antwortete: «Er war nicht bei ihnen, aber er sah die Einnahme Edessas: die Muslime haben es gerade erobert.» Die Franken, die dabei waren, lachten, aber der König sagte: «Lacht nicht, denn, bei Gott, er sagt immer die Wahrheit.» Wirklich traf einige Tage später die Nachricht von den Franken Syriens ein, Edessa sei gefallen[67]. Einige fromme, wackere Männer erzählten mir noch, ein rechtschaffener Mann habe den gestorbenen Zengī im Traum gesehen und ihn gefragt: «Was hat Gott mit dir getan?» Er habe geantwortet: «Er hat mir verziehen, weil ich Edessa erobert habe.»

TOD UND LOBESERHEBUNG ZENGĪS

(Ibn al-Aṯīr XI 72–74)

In diesem Jahr (541) wurde am 5. Rabīʿ II (14. September 1146) Atabeg ʿImād ad-Dīn Zengī ibn Aqsunqur, Blutzeuge für den Glauben[68], Herr über Mossul und Syrien, getötet, während er die Feste Ǧaʿbar belagerte, wie wir berichtet haben. Eine Gruppe seiner Pagen mordete ihn meuchlings während der Nacht und floh auf die Feste Ǧaʿbar; ihre Bewohner schrien die Nachricht seines Todes zum Lager der Angreifer hinüber und zeigten offen ihre Freude. Seine Gefährten eilten daraufhin zu ihm und fanden noch einen Funken Leben in ihm. Mein Vater gab an mich weiter, was ihm einer von Zengīs Vertrauten erzählt hatte: Ich ging sofort zu ihm, wie er noch lebte; als er mich erblickte, dachte er, ich wolle ihn töten, und winkte mir mit dem Zeigefinger: er bat um Gnade. Ehrfürchtig fiel ich nieder und sagte: «Mein Gebieter, wer hat das getan?» Er konnte aber nicht mehr sprechen und gab den Geist auf – Gott sei ihm gnädig!

Zengī war ein gutaussehender Mann mit brauner Gesichtsfarbe und schönen Augen; sein Haar zeigte das erste Grau des Alters. Er war wenig älter als sechzig Jahre, denn als sein Vater getötet wurde[69], war er noch ein Kind, wie wir berichtet haben. Nach seinem Tode wurde er in ar-Raqqa beigesetzt. Er war sehr gefürchtet bei seinem Heer und seinen Untertanen und regierte so streng, daß kein Starker einem Schwachen etwas zuleide zu tun vermochte; bevor er die Herrschaft antrat, lag das Land verwüstet wegen Ungerechtigkeit, dauernden Wechsels der Herrscher und der Nähe der Franken: er ließ es wieder aufblühen und sich dicht bevölkern. Mein Vater erzählte mir: «Ich sah Mossul größtenteils in Ruinen liegen, so daß jemand, der nahe beim Viertel der Zimbelmacher stand, die alte Hauptmoschee, den großen Platz und den Sultanspalast sehen konnte, weil nicht ein Gebäude dazwischen stand. Man konnte nicht ohne Geleitschutz zur alten Hauptmoschee gehen, so weit war sie vom Wohnviertel entfernt; heute liegt sie mittendrin, und in dem ganzen erwähnten Gelände gibt es keine unbebaute Fläche.» Er berichtete mir auch: Zengī kam eines Winters in die Ǧazīra, und Emir ʿIzz ad-Dīn ad-Dubaisī, einer seiner größten Emire, zu dessen Lehen die Stadt Daqūqā gehörte, quartierte sich nach Ankunft im Hause eines Juden ein. Der suchte Hilfe beim Atabeg und trug ihm seine Sache vor: er sah ad-Dubaisī nur an, und er zog sich zurück. Er ging darauf selbst in die Stadt, aber sein Gepäck und seine Zelte ließ er hinausschaffen. «Ich habe mit eigenen Augen gesehen», sagte mein Vater, «wie seine Pagen die Zelte im Schmutz aufschlugen, nachdem sie zum Schutz vor dem Lehm den Boden mit Stroh ausgelegt hatten; er ging hinaus und nahm dort Quartier.» So weit ging seine gestrenge Regierung [70]. Mossul war eines der Gebiete des Islams mit dem geringsten Ernteertrag, aber zu seiner Zeit und später entwickelte es sich zu einer der Gegenden mit der größten Ernte an Obst, aromatischen Pflanzen und anderem. Außerdem war Zengī sehr um die Ehre der Frauen besorgt, besonders der Soldatenfrauen; er pflegte zu sagen, bewache man die Frauen der Soldaten nicht gut, gingen sie fehl, weil ihre Ehemänner so lange auf Feldzügen abwesend seien. Er war der mutigste unter Gottes Geschöpfen. Für die Zeit, bevor er zur Herrschaft kam, mag folgendes Beispiel genügen: Mit Emir Maudūd, Herrn Mossuls, erschien er vor der Stadt Tiberias, die den Franken gehörte, und eine Lanze, die er schleuderte, flog nicht nur bis zum Stadttor, sondern hinterließ sogar einen Einschlag; ähnlich griff er die Ḥumaididenfeste ʿAqar an, die auf einem hohen Berg liegt: seine Lanze erreichte ihre Mauern – nicht zu erwähnen andere mutige Taten. Was dann die Zeit seiner Herrschaft angeht, so hatten die Feinde sein Land von allen Seiten eingekreist, griffen es an und wollten es nehmen; er gab sich nicht zufrieden, es zu verteidigen, sondern es verging auch kein Jahr, ohne daß er ein Stück ihres Landes erobert hätte.

Kalif al-Mustaršid bi-llāh war sein Nachbar auf der Seite gegen Takrīt: er griff Mossul an und belagerte es; auf der angrenzenden Seite gegen Šahrazūr war es Sultan Masʿūd, dann Ibn Suqmān, Herr von Ḫilāṭ, Dāwūd ibn Suqmān, Herr von Ḥiṣn Kaifā, dann der Herr von Āmid und Māridīn, die Franken von den Grenzen Māridīns bis Damaskus, und schließlich die Herren von Damaskus. Diese Herrschaften ragten von allen Seiten in seine hinein, er griff bald diesen, bald jenen an, nahm dem einen etwas weg und schloß mit dem anderen ein Abkommen, bis er sich von jedem seiner Nachbarn ein Stück Land angeeignet hatte. Wir haben darüber schon in dem Buch berichtet, das seine und die Herrschaft seiner Söhne behandelt [71]; dort schlage man nach.

VII.

Das herausragende Ereignis des fruchtlosen zweiten Kreuzzuges, zu dem unter dem Eindruck von Edessas Fall aufgerufen wurde, ist die kurze vergebliche Belagerung von Damaskus (1148). Die Berichte des Augenzeugen Ibn al-Qalānisī und Ibn al-Aṯīrs bestätigen und ergänzen einander; dazu kommen einige lebendige Details, die dem späteren Sibṭ Ibn al-Ǧauzī entnommen sind. Der heldenhafte Tod des alten *faqīh* al-Findalāwī für Glauben und Vaterland kann als Symbol des muslimischen Widerstandes in seiner edelsten und strengsten Erscheinung gelten.

ZWEITER KREUZZUG. BELAGERUNG VON DAMASKUS

(Ibn al-Qalānisī 297–300)

Zu Beginn des Jahres 543 (1148) traf von allen Seiten die Kunde ein, daß sich fränkische Schiffe auf die Küste zu bewegten, in den Häfen von Akkon und Tyrus anlegten und ihre Besatzungen sich mit den dort wohnenden Franken zusammentäten. Sie sollten nach allen Verlusten durch Krieg, Hunger und Krankheit noch etwa hunderttausend Menschen zählen. Nachdem sie die ihnen vorgeschriebene Wallfahrt nach Jerusalem vollendet hatten, kehrten einige in ihre Länder übers Meer zurück; andere blieben da, zusammen mit dem König von Deutschland[72], dem größten ihrer Könige, und anderen, geringeren, unschlüssig darüber, welches der islamischen Gebiete Syriens sie angreifen sollten. Schließlich entschieden sie sich dafür, die Stadt Damaskus zu belagern, von der sie sich in ihrer Bosheit einredeten, sie erobern zu können, und wo sie eine Ortschaft und einen Bezirk nach dem anderen einnahmen. Da wiederholt Nachrichten über diese Geschehnisse eintrafen, begann Emir Muʿīn ad-Dīn Unur, der in der Stadt regierte, sie zu befestigen und zur Verteidigung vorzubereiten. Er verstärkte die am meisten gefährdeten Stellen, teilte Leute für die Wehrgänge und Schießscharten ein, unterband den Nachschub für das feindliche Lager, ließ die Brunnen überdecken und Quellen zuschütten. Die Franken rückten währenddessen voll ausgerüstet auf Damaskus, in der großen Zahl von etwa fünfzigtausend Fußsoldaten und Reitern, mit vielen Kamelen und Rindern. Als sie in die Nähe der Stadt gekommen waren, wandten sie sich in die unter dem Namen «Heerlager» *(Manāzil al-ʿAsākir)* bekannte Gegend, fanden dort aber die Wasserzufuhr mangelnd und unterbunden. Deshalb zogen sie nach al-Mizza und schlugen dort ihr Lager auf, denn es gab Wasser in der Nähe; mit ihrem Fußvolk und ihrer Reiterei nahmen sie die Belagerung auf. Die Muslime traten ihnen Sonnabend, den 6. Rabīʿ I 543 (24. Juli 1148), entgegen, und die Schlacht entbrannte zwischen ihnen. Den Damaszenern hatte sich eine große Zahl Soldaten angeschlossen, kampferprobte Türken, Bürgerwehren, Freiwillige und Glaubensstreiter. Nach hartem Kampf wurden jedoch die Muslime von den Franken besiegt, denn sie waren ihnen an Zahl und Waffen überlegen. Sie bemächtigten sich der Wasserzufuhr, verteilten sie über die Gärten und lagerten sich dort: damit hatten sie dicht vor der Stadt Stellungen besetzt, die in alter und neuer Zeit nie ein Heer innegehabt hatte. An diesem Tage fiel als Blutzeuge für den Glauben der mālikitische Rechtsgelehrte Imām Jūsuf al-Findalāwī – Gott erbarme sich seiner – in der Vorstadt ar-Rabwa nahe dem Wasser: er machte gegen sie Front und wollte nicht weichen, gemäß den Geboten des erhabenen Gottes in Seinem edlen Buch[73]. Dasselbe Ende fand der Asket ʿAbd ar-Raḥmān al-Ḥalḥūlī.

Die Franken machten sich daran, die Bäume zu fällen, um sie als Schanzwerk zu benutzen, und die Brücken zu zerstören; mit dieser Beschäftigung verbrachten sie die Nacht. Die Bevölkerung war durch das Schauspiel, das sie erlebt hatte, in Angst und Schrecken gestürzt. In der Frühe des folgenden Sonntages jedoch unternahmen sie einen Ausfall, es kam zum Kampf, und die Muslime überwältigten die Franken, töteten und verletzten viele. Emir Muʿīn ad-Dīn tat geradezu Wunderdinge in diesem Gefecht: er bewies Mut, Ausdauer und Tapferkeit ohnegleichen, unermüdlich im Zurückschlagen und Angreifen der Franken. Lange tobte die Schlacht: die Reiterei der Ungläubigen zögerte mit ihrem berühmten Angriff und wartete bis zum Sonnenuntergang auf eine günstige Gelegenheit. Schließlich brach die Nacht herein, und alle kehrten in ihre Stellungen zurück, da sie Ruhe brauchten. Die regulären Truppen verbrachten die Nacht im Angesicht der Feinde, und die Bevölkerung blieb auf den Mauern, um Wache zu halten und sicherzugehen, denn so sahen sie ihre Feinde aus der Nähe.

Inzwischen waren Botschaften an die Provinzstatthalter ergangen, in denen sie um Hilfe gebeten wurden. Ununterbrochen trafen turkmenische Reiterei und Fußvolk aus den Provinzen ein, und am Morgen wandten sich die Muslime wieder gegen die Franken, ermutigt und ohne länger Furcht zu haben. Sie standen ohne Wanken und überschütteten sie mit Pfeilen von Bogen und Armbrüsten, die ohne Unterlaß auf ihr Lager niederfielen, auf Fußsoldaten und Reiter, Pferde und Kamele.

An diesem Tag kamen zu Fuß aus al-Biqāʿ und anderen Gegenden zahlreiche Bogenschützen, die die Zahl der Verteidiger anwachsen ließen und ihre Ausrüstung verdoppelten. Beide Seiten hielten sich den Tag getrennt in ihren Lagern auf. Am folgenden Tag, Dienstag, griffen sie die Franken an wie Falken, die auf Berghühner herabstoßen, und wie Sperber sich auf ein Wachtelnest stürzen. Sie kreisten das Lager ein, indem sie sich mit gefällten Obstbäumen aus den Gärten verschanzt hatten, und zerstörten das Pfahlwerk mit Pfeilschüssen und Steinen, die sie schleuderten. Die Franken wagten sich aus Furcht und Mutlosigkeit nicht hervor; da keiner von ihnen erschien, nahm man schon an, sie planten eine List oder ein Täuschungsmanöver. Es kamen nur vereinzelte Reiter oder Fußsoldaten heraus, nahmen kleinere Gefechte und Scharmützel auf, wagten aber nur dann einen Angriff, wenn sie viel Platz zum Angreifen oder einen Ausweg zur Flucht sahen. Jeder von ihnen, der sich zu nähern wagte, wurde von einem Geschoß oder Lanzenstoß getroffen. Viele Fußsoldaten der Truppen aus Damaskus und Umgebung begannen ihnen an den Wegen aufzulauern, und wenn jene sich sicher glaubten, töteten die Damaszener alle, die sie nur greifen konnten, und schleppten ihre Köpfe davon, um den Preis dafür zu bekommen. So sammelte sich eine große Zahl ihrer Köpfe.

Da sie ständig Nachrichten über das Eintreffen islamischer Heere bekamen, die sie bekämpfen und ausrotten wollten, glaubten sie sich dem endgültigen Untergang nahe. Sie hielten daher untereinander Rat und sahen keinen anderen Ausweg aus der Falle, in die sie geraten waren, und aus dem Abgrund, in den sie sich gestürzt hatten, als abzuziehen: am folgenden Mittwoch wandten sie sich im Morgengrauen gebrochen und mutlos zur Flucht. Als die Muslime das gemerkt und die Spuren ihres Rückzuges gefunden hatten, zogen auch sie am Morgen desselben Tages aus, folgten ihnen und beschossen sie mit Pfeilen; so töteten sie während des Abzuges der Franken viele Männer, Pferde und Tragtiere ihrer Nachhut. Zwischen den Resten ihrer Hütten und Wege fand man unzählige Leichen Gefallener[74], auch viele ihrer herrlichen Pferde, deren Kadaver so stanken, daß fast die Vögel aus der Luft herabfielen. In derselben Nacht hatten sie ar-Rabwa und al-Qubba al-Mamdūda in Brand gesetzt.

Jedermann freute sich über die von Gott geschenkte Gnade und dankte Ihm, dem Erhabenen, immer wieder, daß er ihre Gebete erhört hatte, die sie in den Tagen dieser Drangsal zu Ihm gesandt hatten. Gott sei dafür Lob und Dank!

(Ibn al-Aṯīr XI 85/86)

In diesem Jahr (543/1148) brach der König von Deutschland mit viel Volk und gewaltigem Aufgebot an Franken aus seinem Land auf, um gegen die Länder des Islams zu ziehen; wegen seines großen Heeres und der Menge seines Geldes und Gerätes zweifelte er nicht, sie in leichtestem Kampf zu erobern. Als er nach Syrien kam, begaben sich die dortigen Franken zu ihm, huldigten ihm und stellten sich unter seinen Befehl. Er befahl ihnen, mit ihm nach Damaskus zu ziehen, um es zu belagern und zu nehmen – wie er sich dachte. Sie zogen also mit ihm, belagerten die Stadt und riegelten sie ab.

Herr von Damaskus war Muǧīr ad-Dīn Abaq ibn Muḥammad ibn Böri ibn Tughtegin, aber er hatte keinerlei wirkliche Macht; die Herrschaft in der Stadt lag allein bei Muʿīn ad-Dīn Unur, einem Mamlūken seines Urgroßvaters Tughtegin; er hatte auch Muǧīr ad-Dīn auf den Thron gesetzt. Muʿīn ad-Dīn war ein verständiger, gerechter, guter Mann und führte ein rechtschaffenes Leben; er hob die Truppen aus und verteidigte die Stadt. Nachdem die Franken sie eine Zeitlang belagert hatten, rückten sie am 6. Rabīʿ I (24. Juli) mit Reitern und Fußvolk zum Sturmangriff vor. Die Bewohner und das Heer verließen die Stadt, nahmen den Kampf gegen sie auf und fochten standhaft. Zu denen, die in die Schlacht zogen, gehörte der Rechtsgelehrte Ḥuǧǧat ad-Dīn Jūsuf ibn Dībās al-Findalāwī al-Maghribī, ein sehr alter Mann und ein gottesfürchtiger Rechtsgelehrter. Als Muʿīn ad-Dīn ihn zu Fuß marschieren sah, trat er auf ihn zu, begrüßte ihn und sagte: «Scheich, du bist wegen deines hohen Alters entschuldigt – *wir* übernehmen die Verteidigung der Muslime!» Er aber lehnte ab und sagte: «Ich habe verkauft, und Er hat von mir gekauft. Bei Gott, weder löse ich den Vertrag, noch bitte ich um Lösung!» Er bezog sich auf das Wort Gottes, des Erhabenen: «Gott hat von den Gläubigen sie selbst und ihre

Habe dafür gekauft, daß ihnen das Paradies gehört[75].» Damit ging er vorwärts und kämpfte gegen die Franken, bis er bei an-Nairab, eine halbe Parasange vor Damaskus, getötet wurde.

Die Franken wurden stärker, die Muslime schwächer: der König von Deutschland rückte vor bis zum Maidān al-Aḫḍar *(Grünen Platz)*, und alle waren sicher, er werde die Stadt nehmen. Muʿīn ad-Dīn hatte in der Zwischenzeit eine Botschaft an Saif ad-Dīn Ghāzī, Sohn Atabeg Zengīs (Herrn von Mossul), geschickt und ihn gebeten, die Muslime zu unterstützen und den Feind von ihnen abzuwehren. Der sammelte seine Truppen und marschierte nach Syrien, außerdem nahm er seinen Bruder Nūr ad-Dīn Maḥmūd[76] aus Aleppo mit. Sie machten halt in Homs, und Saif ad-Dīn schickte zu Muʿīn ad-Dīn und ließ ihm sagen: «Ich bin bereit mit allen Männern meines Landes, die Waffen tragen können. Ich möchte Vertreter in der Stadt Damaskus haben, damit ich kommen und den Franken entgegentreten kann. Wenn ich dann geschlagen werde, können ich und mein Heer in die Stadt kommen und uns dort verteidigen. Wenn wir siegen, ist die Stadt euer: ich mache sie euch nicht streitig.» Den Franken schickte er eine Botschaft mit Drohungen, falls sie nicht von der Stadt abzögen. Die Franken brachen den Kampf ab, bestürzt über die vielen Verwundeten und mit der Aussicht, auch gegen Saif ad-Dīn kämpfen zu müssen. Sie wollten sich daher schonen. Währenddessen sammelten die Einwohner der Stadt neue Kräfte zu ihrer Verteidigung und erholten sich von den andauernden Kämpfen. Muʿīn ad-Dīn schickte zu den Franken, die aus dem Ausland gekommen waren, und ließ ihnen sagen: «Der König des Ostens ist jetzt hier. Wenn ihr abzieht: gut; wenn nicht, übergebe ich ihm die Stadt: dann reut es euch!» Den Franken Syriens ließ er bestellen: «Aus welcher Überlegung helft ihr denen gegen uns, wo ihr wißt, daß sie euch das Küstenland wegnehmen, das in euren Händen ist, wenn sie Damaskus erobern. Was mich angeht: wenn ich merke, daß ich die Stadt nicht verteidigen kann, übergebe ich sie Saif ad-Dīn, und ihr wißt, wenn er Herr von Damaskus wird, könnt ihr euch neben ihm nicht länger in Syrien halten.» Sie willigten ein, sich vom König von Deutschland zu trennen, während er zusagte, ihnen die Feste Bānijās abzutreten. Die von der Küste besprachen sich also mit dem König von Deutschland und machten ihm Furcht vor Saif ad-Dīn, seinem großen Heer und den ständigen Verstärkungen, die er erhielt: «Vielleicht nimmt er Damaskus, ohne daß wir stark genug sind, ihm Widerstand zu leisten.» Sie ließen nicht nach, bis der König von Damaskus abzog; sie erhielten Bānijās, die deutschen Franken kehrten in ihr Land zurück, das seitlich hinter Konstantinopel liegt, und Gott befreite die Gläubigen von diesem Unheil.

Abu 'l-Qāsim ibn ʿAsākir, der Koranfeste, erwähnt in seiner Geschichte von Damaskus, ein Rechtsgelehrter habe ihm erzählt, al-Findalāwī im Traum gesehen und ihn gefragt zu haben: «Wie hat Gott dich behandelt, und wo bist du?» Er habe geantwortet: «Er hat mir vergeben, und ich bin in den Gärten Edens, ruhend ‹auf Polstern, die sich gegenüberstehen› [77].»

(Sibṭ Ibn al-Ǧauzī 300)

... Es war zur Zeit der Früchte; die Franken stiegen ins Tal hinab und aßen reichlich davon, so daß sie Ruhr bekamen. Viele starben daran, die übrigen wurden krank. Als es den Damaszenern schlecht zu gehen begann, gaben sie je nach Möglichkeit Almosen aus ihrem Besitz. Die ganze Bevölkerung, Männer, Frauen und Kinder, versammelte sich in der Großen Moschee: sie stellten ʿUṯmāns Koran [78] aus, streuten sich Asche aufs Haupt, weinten und flehten, und Gott erhörte ihre Gebete. Mit den Franken war ein großer Priester mit langem Bart gekommen, dessen Beispiel sie nacheiferten; am zehnten Tage nach ihrer Ankunft vor Damaskus bestieg er seinen Esel, hängte sich ein Kreuz um den

Hals, nahm zwei weitere Kreuze in die Hände, ein anderes hängte er dem Esel um den Hals, sammelte vor sich die Evangelien, Kreuze und heiligen Schriften, die Reiter und Fußsoldaten, so daß keiner der Franken zurückblieb außer den Zeltwachen. Der Priester sagte: «Der Messias hat mir versprochen, daß ich heute die Stadt erobere.» In diesem Augenblick rissen die Muslime die Tore auf und stellten sich dem Tod entgegen; wie ein Mann griffen sie an im Namen des Islams. Es war ein Schlachttag, wie er nie erlebt war, weder in der Heidenzeit (vor dem Islam) noch unter dem Islam. Einer aus dem damaszenischen Aufgebot erreichte den Priester, der in der ersten Reihe kämpfte, schlug ihm den Kopf ab und tötete auch seinen Esel. Alle anderen stürmten vor, und die Franken ergriffen die Flucht. Die Muslime töteten zehntausend von ihnen, verbrannten Kreuze und Ritter mit griechischem Feuer und verfolgten sie bis zu den Zelten. Die Nacht trennte sie. Am Morgen waren sie verschwunden, ohne eine Spur zu hinterlassen.

VIII.

1154, sechs Jahre nachdem Damaskus den Kreuzfahrern siegreich widerstanden hatte, verwirklichte Nūr ad-Dīn, Zengīs Sohn, den alten Traum seines Vaters und machte sich ohne Schwertstreich zum Herrn der syrischen Metropole. Von hier und vom ererbten Sitz Aleppo aus organisierte er mit frischen Kräften den Kampf gegen die Kreuzfahrer, der sich mit wechselndem Glück zwei Jahrzehnte, bis zu seinem Tode (1174), hinzog. Aber als er starb, war in Ägypten schon seit einiger Zeit der Stern Saladins aufgegangen und erstrahlte jetzt in vollem Licht: Saladin, einst ein unbekannter Offizier unter Nūr ad-Dīn, war bestimmt, ein Jahrhundert Anstrengungen im Kampf des Islams gegen die christlichen Eindringlinge zu krönen. Wie schon von seinem Vater, entwirft Ibn al-Aṯīr auch von Nūr ad-Dīn ein Idealbild, dem wir, im Gegensatz zu Zengī, den Vorzug einer feineren geistlichen Bildung und größeren Menschlichkeit zuerkennen können.

SIEGE NŪR AD-DĪNS UND SEIN TRIUMPH IN DAMASKUS

(Ibn al-Qalānisī 340–342)

Nūr ad-Dīn erreichte die beschützte Stadt[79] Donnerstag, den 27. Rabīʿ I (552/9. Mai 1157), um für die Vorbereitung der Kriegsgeräte zu sorgen und sie den Truppen schicken zu lassen; er wollte sich nur wenige Tage dort aufhalten und sich anschließend sofort dorthin begeben, wo seine Truppen, Turkmenen und Araber, versammelt waren, um den Krieg gegen die gegnerischen Ungläubigen aufzunehmen. Gott vermag leicht, wenn er will, den Ungläubigen eine Niederlage zu bereiten und ihren Untergang zu beschleunigen.

Sogleich nach seiner Ankunft begann er mit der Ausführung dessen, weswegen er gekommen war, und befahl, die Belagerungsmaschinen und Waffen, die sein siegreiches Heer benötigte, vorzubereiten, außerdem, in der beschützten Stadt die Glaubensstreiter und Kämpfer des Heiligen Krieges, das Freiwilligenaufgebot der Jugend aus der Stadt und von auswärts aufzurufen, sich bereit zu machen und zu rüsten für den Kampf gegen die Franken, Anhänger von Vielgötterei und Irrglauben. Darauf setzte er sich sofort, ohne aufschiebende Verzögerung, eilig in Marsch zu seinem siegreichen Heere, am Sonnabend, dem letzten Tage im Rabīʿ I, gefolgt von einer dichtgedrängten Schar Soldaten, Freiwilliger, Rechtsgelehrter, Sufis[80] und frommer Männer. Gott der Erhabene wird seine Beschlüsse und Entscheidungen mit glänzendem Sieg und dem Erfolge krönen, die ungläubigen Aufsässigen gegen ihn zu vernichten, ihnen schnellen Untergang und Verderben zu schaffen, so daß keine Spur von ihnen bleibt; das ist nicht schwer für Gott, den Allmächtigen, Allherrscher.

Am folgenden Sonnabend, dem 7. Rabīʿ II (18. Mai), kurz nachdem der gerechte König Nūr ad-Dīn mit seinem siegreichen Heer Bānijās eingeschlossen und mit Belagerungsmaschinen und Sturmangriffen bedrängt hatte, kam eine Brieftaube[81] (in Damaskus) an von dem siegreichen Heer, das vor Bānijās Lager genommen hatte. Sie brachte die Mitteilung, vom Lager Asad ad-Dīns[82] mit Turkmenen und Arabern bei Hūnīn sei folgende erfreuliche Nachricht eingetroffen: die Franken – Gott schicke sie ins Verderben – hatten eine Abteilung von mehr als hundert Hauptleuten und Rittern – außer dem Gefolge – gebildet, um über die genannten Truppen Asad ad-Dīns herzufallen, denn sie dachten, es handle sich um eine kleine Einheit, und wußten nicht, daß es Tausende von Männern waren. Als sie herangekommen waren, stürzten die Muslime sich von hinten auf sie, wie Löwen auf ihre Beute, hieben sie nieder, machten Gefangene und Beute, und nur wenige entkamen. Tatsächlich trafen am folgenden Montag die Gefangenen in Damaskus ein, dazu die Köpfe der Getöteten und ihre Ausrüstung: erlesene Rosse,

Schilde und Lanzen; sie wurden in der Stadt herumgeführt, und die Herzen erfreuten sich an ihrem Anblick und dankten Gott, daß ihnen bereitwillig eine zweite solche Gnade geschenkt war. Von Gott erhofft man, er möge ihren Untergang und ihr Verderben beschleunigen: das ist nicht schwer für ihn. Nach diesem neuerlichen göttlichen Geschenk kam am folgenden Dienstag aus dem beschützten Lager von Bānijās eine zweite Taube, die die Mitteilung überbrachte, die Stadt Bānijās sei im Sturm genommen, am gleichen Dienstag um die vierte Stunde: nachdem die Stollen fertiggegraben und in Brand gesetzt worden seien, sei der unterminierte Turm eingestürzt, die Mannen seien eingedrungen, hätten das Schwert unter den Verteidigern wüten lassen und erbeutet, was er enthielt; wer verschont geblieben sei, sei auf die Zitadelle geflohen und habe sich dort verschanzt: ihre Einnahme werde, so Gott es erlaube, nicht mehr lange dauern, mit göttlicher Hilfe und Gunst.

Das Geschick fügte es aber, daß sich die Franken von ihren verschiedenen Burgen sammelten, um Honfroi[83], Herrn von Bānijās, und seine fränkischen Gefährten, die in der Feste eingeschlossen waren, zu befreien. Sie waren dem Tode nahe und baten den Herrn Nūr ad-Dīn ständig um freien Abzug: sie boten ihm die Burg mit allem, was sie enthielt, für ihr Leben; Nūr ad-Dīn aber wies alle ihre Bitten zurück. Als jedoch der König der Franken[84] plötzlich aus den Bergen mit allen seinen Streitkräften heranzog, mit Fußvolk und Reiterei, und die Belagerer von Bānijās und die Wachen überraschte, die auf den Straßen den Nachschub abfangen sollten, war es ein Gebot der Klugheit, sich zurückzuziehen und den Franken zu erlauben, die Stellung zu beziehen und zu den Verteidigern zu gelangen. Als sie aber sahen, daß alle Mauern und die Häuser der Einwohner zerstört waren, hielten sie es für unmöglich, den Platz wieder instand zu setzen. Das geschah im letzten Drittel des Rabīʿ II (Anfang Juni 1157).

Mittwoch, den 9. Ǧumādā I (19. Juni), kamen weitere Brieftauben aus dem beschützten Lager Nūr ad-Dīns. Sie brachten die Botschaft, der gerechte König Nūr ad-Dīn habe sich mit seinem siegreichen Heer von Türken und Arabern in Marsch gesetzt, nachdem er erfahren habe, daß das Lager der ungläubigen Franken bei al-Mallāḥa zwischen Tiberias und Bānijās sei. Er sei überraschend bei ihnen erschienen und erst von ihnen bemerkt worden, als seine Standarten schon Schatten auf sie warfen. Sie seien zu den Waffen und Pferden gelaufen, hätten sich in vier Gruppen geteilt und die Muslime angegriffen: da seien König Nūr ad-Dīn und seine Tapferen von den Pferden gesprungen und hätten sie mit Pfeilen und Lanzenstößen zersprengt. Im Nu merkten die Franken, wie ihnen der Boden unter den Füßen schwand und sie geschlagen wurden. Gott der Allmächtige und Siegreiche hat seinen Sieg auf seine frommen Freunde herabgesandt und Unglück auf die ungläubigen Aufsässigen. Wir bemächtigten uns ihrer Reiter, töteten sie oder nahmen sie gefangen; auch die Fußsoldaten fielen in so großer Zahl dem Schwert zum Opfer, daß nur zehn entkamen – soweit ein aufrichtiger Mann, der es wissen mußte, berichtet hat; die zehn blieben vom Tode verschont, zitterten aber vor Angst und Schrecken. Einige behaupteten, ihr König sei unter ihnen gewesen, andere sagten, er sei unter den Gefallenen; Sicheres war darüber nicht zu erfahren, obwohl eifrig nachgeforscht wurde – Gott gebe, daß er besiegt wird. Das islamische Heer hatte nur zwei Mann verloren: einen der oben genannten Tapferen, der vier Vorkämpfer der Ungläubigen getötet hatte, bis seine Stunde nahte, sein Ende bestimmt war und er selbst getötet wurde, und einen zweiten, einen unbekannten Fremden. Beide starben als Blutzeugen für den Glauben und verdienten sich himmlischen Lohn – Gott erbarme sich ihrer! Die Krieger füllten ihre Hände mit unzähligen Pferden, Kriegsgeräten, Tieren und Habe der Franken. Ihre Kirche mit dem berühmten Zierat fiel an König Nūr ad-Dīn. Es war ein großer Sieg, ein glänzender Erfolg, gewährt von Gott dem

Allmächtigen, Spender des Sieges, mit dem er den Islam und seine Gläubigen erhöhte und die Vielgötterei und ihren Anhang erniedrigte. Die Gefangenen und die Köpfe der Getöteten kamen am Sonntag nach dem Siege in Damaskus an. Jedes Kamel trug zwei ihrer Ritter, außerdem eine ihrer Fahnen mit einer bestimmten Anzahl Skalpe in vollem Haarschmuck. Ihre Anführer und Statthalter von Burgen und Provinzen saßen zu Pferde in Panzerhemd und Helm und hielten ein Banner in Händen. Das Fußvolk, Hauptleute und Turkopolen[85], war zu dreien, vieren oder mehr oder weniger an je eine Kette gebunden und ging zu Fuß. Eine unübersehbare Menge Bürger, Alte und Junge, Frauen und Kinder, kam heraus, um diesen strahlenden Sieg anzuschauen, den Gott allen Muslimen geschenkt hatte. Sie huben an, Gott zu loben und zu preisen, daß er seinen Freunden den Sieg gegeben und es ihnen ermöglicht hatte, ihre Feinde zu schlagen. Ständig brachten sie aufrichtige Wünsche für den gerechten König Nūr ad-Dīn aus, ihren Verteidiger und Vorkämpfer, priesen seine edlen Taten und lobten seine trefflichen Eigenschaften. Auch Verse wurden darüber verfaßt, die lauten:

Der Tag der Franken, als er hoch über sie aufzog, war Erniedrigung in Gefangenschaft, Unglück und Elend.

Auf Kamelen wurden sie mit ihren Fahnen in einem Zug geführt, in Demütigung, Kummer und Schmerz.

Nachdem sie hochmütig, geehrt und berühmt gewesen, in Schlachten und Kämpfen.

So, so gehen die Feinde zugrunde, wenn verheerender Angriff sie überfällt.

Unglücklich, geraubt wie Herdenvieh, morgens und abends von Not umschlossen.

Törichte, brachen sie den friedlichen Waffenstillstand, nachdem er treulich besiegelt.

Sie ernteten die Frucht ihrer Treulosigkeit in dem folgenden Verderben und der Feindseligkeit, die sie umhüllte.

Gott will ihren zusammengerotteten Haufen nicht schützen, angegriffen von Schwertern, die noch nie so tief gedrungen!

Dem Undankbaren ist Vergeltung Tod und Gefangenschaft, dem Dankbaren ist Vergeltung die schönste Belohnung!
Lob und ewiger Dank sei dem Herrn der Menschen, wie auch seine Gnade nicht aufhöre!

TOD NŪR AD-DĪNS

(Ibn al-Aṯīr XI 264–267)

In diesem Jahre (569/1174) starb Nūr ad-Dīn Maḥmūd ibn Zengī ibn Aqsunqur, Herr über Syrien, die obermesopotamischen Gebiete und Ägypten, am Mittwoch, dem 11. Šawwāl (15. Mai), an Halsbräune. Er wurde in der Zitadelle von Damaskus beigesetzt und von dort später in die Medrese[86] übergeführt, die er in Damaskus nahe dem Markt der Korbflechter errichtet hatte. Ein erstaunliches Zusammentreffen ist, daß er am 2. Šawwāl an der Seite eines frommen Emirs ritt, der zu ihm sagte: «Preis sei dem, der weiß, ob wir uns noch im nächsten Jahr hier treffen oder nicht!» Nūr ad-Dīn erwiderte: «Das sag nicht, sondern: Preis sei dem, der weiß, ob wir uns nach einem Monat noch hier treffen oder nicht.» Nūr ad-Dīn – Gott erbarme sich seiner – starb nach elf Tagen und der Emir vor Ablauf eines Jahres: beide traf der Tod, wie sie es gesagt hatten. Nūr ad-Dīn hatte gerade begonnen, sich auf einen Zug nach Ägypten vorzubereiten, um es Ṣalāḥ ad-Dīn Jūsuf ibn Ajjūb (Saladin)[87] abzunehmen. Er hatte an ihm eine gewisse Lauheit bemerkt, die Franken auch seinerseits anzugreifen, und wußte, daß das einzige, was Saladin am Kampf hindert, die Furcht vor ihm selbst war und vor einem Zusammentreffen mit ihm, insofern als er es vorzog, die Franken in der Mitte zu haben, um durch sie vor Nūr ad-Dīn geschützt zu sein. Er sandte deshalb nach Mossul, in die Ǧazīra und Dijār Bakr und forderte Truppen für den Kriegszug an; sein Plan war, sie mit seinem Brudersohn Saif ad-Dīn Ghāzī, Herrn von Mossul und Syrien, zurückzulassen und selbst mit seinem Heer nach Ägypten zu ziehen. Aber während er sich darauf vorbereitete, erreichte ihn der Befehl Gottes, dem sich niemand entziehen kann.

Ein Arzt, der im Dienste Nūr ad-Dīns stand und zu den Tüchtigen seines Faches gehörte, erzählte mir: Nūr ad-Dīn ließ mich während der Krankheit, an der er starb, zusammen mit anderen Ärzten rufen. Wir traten bei ihm ein und fanden ihn in einem kleinen Raum in der Zitadelle von Damaskus liegen, wie ihn ein Erstickungsanfall überwältigt hatte und er dem Tode nahe war, so daß seine Stimme kaum noch zu hören war. Er zog sich gewöhnlich zum Beten dorthin zurück, dabei hatte ihn die Krankheit ergriffen, und er war nirgendwo anders hingebracht worden. Als wir eintraten und seinen Zustand bemerkten, sagte ich: «Du hättest nicht warten sollen, uns hinzuzuziehen, bis die Krankheit sich so weit verschlimmert hat. Jetzt mußt du schnell an einen geräumigen hellen Platz geschafft werden: das wirkt bei dieser Krankheit.» Wir nahmen seine Behandlung auf und rieten ihm zu einem Aderlaß, aber er sagte: «Einen Sechzigjährigen läßt man nicht zur Ader» und weigerte sich. Da behandelten wir ihn anders, aber die Mittel halfen nicht, die Krankheit verschlimmerte sich, und er starb – Gott erbarme sich seiner und habe Wohlgefallen an ihm!

Nūr ad-Dīn war braunhäutig, hochgewachsen, bartlos außer am Kinn, mit breiter Stirn, einem schönen Gesicht und angenehmen Augen. Sein Reich war sehr ausgedehnt, und seine Oberhoheit wurde sogar in den beiden heiligen Städten und im Jemen anerkannt, nachdem Šams ad-Daula ibn Ajjūb dorthin gezogen und ihn sich angeeignet hatte[88]. Er war im Jahre 511 (1117) geboren, und der Ruhm seiner guten Lebensführung und Gerechtigkeit füllte die ganze Erde. Ich habe die Lebensbeschreibungen der alten Könige gelesen, aber nach den rechtgeleiteten Kalifen und ʿUmar ibn ʿAbd al-ʿAzīz[89] unter ihnen keinen gefunden, der ein besseres Leben geführt und eifriger nach Gerechtigkeit gestrebt hätte als er. Wir haben darüber ausführlich in unserem

Buche über die Geschichte ihrer Dynastie[90] geschrieben, deswegen geben wir hier nur eine Probe: vielleicht liest sie der eine oder andere Mächtige und eifert ihm nach!

Zu seinen Tugenden gehörten strenge Frömmigkeit und sein Wissen in Glaubensdingen: er aß nicht, kleidete sich nicht, noch machte er Ausgaben für sich selbst, es sei denn aus den Einkünften seines Grundbesitzes, den er mit seinem Beuteanteil und dem Gelde gekauft hatte, das für gemeinsamen Bedarf der Muslime bereitgestellt war. Seine Frau hatte sich bei ihm über Mangel beklagt, und er überließ ihr drei Läden in Homs, die ihm gehörten und jährlich etwa zwanzig *dīnār* einbrachten. Als sie das zu wenig fand, sagte er: «Ich habe nicht mehr. In allem, was ich in der Hand habe, bin ich nur Schatzmeister der Muslime. Ich verrate sie darin nicht, noch stürze ich mich deinetwegen ins Höllenfeuer.» Nachts betete er viel und verbrachte die Zeit mit löblichen Andachtsübungen; er war, wie der Vers sagt:

> Tapferkeit mit Demut vor seinem Herrn: welch schöner Anblick ist
> der Krieger im Gebet!

Er wußte Bescheid im islamischen Recht *(fiqh)* nach der Schule Abū Ḥanīfas, doch ohne darin fanatisch zu sein; Überlieferungen vom Propheten *(ḥadīṯ*[91]*)* hatte er gehört und sie selbst, im Streben nach Gotteslohn, weitergegeben. Was seine Gerechtigkeit angeht: in seinem ganzen weiten Herrschaftsbereich ließ er keinen ungesetzlichen Zoll noch Zehnten bestehen, sondern schaffte sie alle ab, in Ägypten, Syrien, Obermesopotamien und Mossul. Das Religionsgesetz achtete er hoch und richtete sich nach seinen Bestimmungen: als ihn ein Mann vor Gericht zog, erschien er dort mit ihm und schickte zum Qāḍī, Kamāl ad-Dīn ibn aš-Šahrazūrī, um ihm sagen zu lassen: «Ich bin gekommen, mich vor Gericht zu verantworten. Verfahre mit mir, wie du mit allen Streitenden verfährst.» Es stellte sich heraus, daß er im Recht war, aber er schenkte die umstrittene Sache seinem Gegner, der ihn vor Gericht gezogen hatte, und sagte: «Ich wollte ihm schon vorher überlassen, was er beansprucht, fürchtete aber, mein Beweggrund dazu sei nur Stolz und hochmütige Ablehnung, vor Gericht zu erscheinen; deswegen bin ich gekommen und schenke ihm jetzt, was er beansprucht.» Er errichtete in seinem Land das «Haus der Gerechtigkeit» und saß dort selbst mit dem Qāḍī zu Gericht, dem Unterdrückten, ob er auch Jude war, Recht zu verschaffen gegen den Unterdrücker, ob es sein eigener Sohn war oder der größte seiner Emire. Sein Kampfesmut war unübertrefflich: zwei Bogen und zwei Köcher nahm er mit in die Schlacht, um mit ihnen zu kämpfen. Quṭb ad-Dīn an-Nasawī, der Rechtsgelehrte, sagte zu ihm: «Im Namen Gottes! Setze nicht dein eigenes Leben und den ganzen Islam aufs Spiel! Wenn du in der Schlacht getroffen wirst, bleibt kein Muslim, der nicht dem Schwert anheimfiele!» Nūr ad-Dīn entgegnete: «Wer ist denn Maḥmūd[92], daß man so mit ihm redet? Auch vor mir ist einer gewesen, der Land und Islam verteidigte: das ist Gott – es gibt keinen Gott außer ihm.»

Was seine Tätigkeit zum öffentlichen Wohle betrifft: er erneuerte die Mauern aller Städte und Festungen Syriens, unter anderen von Damaskus, Homs, Hama, Aleppo, Šaizar, Baalbek und anderen; er baute zahlreiche Medresen für Ḥanafiten und Šāfiʿiten[93], die Nūr-ad-Dīn-Freitagsmoschee in Mossul, Krankenhäuser, Karawanserails an den Straßen, Derwischklöster im ganzen Lande und stattete alle mit reichen Stiftungen aus; ich hörte, daß das Einkommen aus seinen frommen Stiftungen sich jeden Monat auf neuntausend tyrische *dīnār* belief. Die Rechtsgelehrten und Frommen behandelte er ehrenvoll und schätzte sie hoch, erhob sich vor ihnen und ließ sie neben sich sitzen; er war liebenswürdig zu ihnen, ohne ihnen je zu widersprechen, und stand in eigenhändigem Briefwechsel mit ihnen. In all seiner Demut wirkte er ernst und ehrfurchtgebietend. Seiner Tugenden sind so viele und seiner Vorzüge so zahlreiche, daß dies Buch sie nicht fassen kann.

IX.

Die folgenden Seiten, die man als «fränkische Szenen und Sitten, gesehen von einem Muslim» bezeichnen könnte, sind alle bis auf eine der berühmten *Autobiographie* des Usāma ibn Munqiḏ entnommen, des ritterlichen, gebildeten Emirs von Šaizar, dessen Leben fast das ganze erste Jahrhundert der Kreuzzüge umspannte. Seine ungeordneten *Erinnerungen*, reich an pikanten Anekdoten und historischen Bezügen, sind voller Episoden, wie er in Krieg und Frieden mit den Franken zusammentraf; seine Haltung wechselte zwischen Feindseligkeit, Neugier und Sympathie. Die kleinen Szenen, zuweilen köstlich paradox, unterbrechen in willkommenem Gegensatz das auf die Dauer eintönige Waffenklirren, das die Seiten der professionellen Geschichtsschreiber füllt.

FRÄNKISCHE SZENEN UND SITTEN

Fränkisches Rittertum

(Usāma 48)

Bei den Franken – Gott schicke sie ins Verderben – gibt es keine treffliche Eigenschaft der Menschen, die sie schätzen, außer Tapferkeit im Kampf; keiner hat bei ihnen eine bevorzugte Stellung oder hohen Rang, außer den Rittern: sie sind die einzigen, die etwas bei ihnen gelten. Nur sie sind Ratgeber, Richter und Herrscher. Einmal zog ich vor Gericht gegen sie, wegen einiger Weidetiere, die der Herr von Bānijās aus einem Wald geraubt hatte, als zwischen uns und ihnen Frieden herrschte und ich in Damaskus war. Ich sagte zu König Fulko, Sohn Fulkos[94]: «Der da hat uns überfallen und unsere Tiere geraubt; jetzt ist gerade die Zeit, in der sie werfen. Sie haben geworfen, die Jungen sind eingegangen, und er hat uns die Tiere zurückgegeben, nachdem er sie verdorben hat.» Der König sagte zu sechs oder sieben Rittern: «Also, fällt ein Urteil in seinem Fall!» Sie verließen seinen Audienzsaal, zogen sich zurück und berieten, bis sie sich auf einen Spruch geeinigt hatten. Dann kehrten sie in den Saal des Königs zurück und sprachen: «Wir haben entschieden, daß der Herr von Bānijās Buße für ihre verdorbenen Weidetiere zahlen muß.» Der König ordnete die Zahlung der Buße an, jener aber bat und bedrängte mich so lange, bis ich schließlich einwilligte, vierhundert *dīnār* anzunehmen. Wenn die Ritter ein Urteil gefällt haben, kann es weder der König noch ein anderer ihrer Befehlshaber abändern oder aufheben. So viel gilt ein Ritter bei ihnen. Der König sagte zu mir (bei der Gelegenheit): «Gestern fand ich etwas sehr lustig, bei meiner Tüchtigkeit!» «Gott erfreue den König!» erwiderte ich, «was fandest du denn lustig?» «Sie sagten mir, du seiest ein großer Ritter, aber ich konnte nicht glauben, daß du ein Ritter bist.» Ich antwortete: «Herr, ich bin ein Ritter in meiner Art und meinem Volk[95].» Wenn ein Ritter groß und schlank ist, bewundern sie ihn mehr.

Fränkische Seeräuberei

(Usāma 25/26)

... Ich begab mich in die Dienste des gerechten Königs Nūr ad-Dīn – Gott erbarme sich seiner –, und er schrieb an al-Malik aṣ-Ṣāliḥ[96], er solle meine Frauen und meine Söhne ziehen lassen, die unter seinem Schutz in Ägypten zurückgeblieben waren. Der schickte aber den Boten zurück mit der Entschuldigung, er fürchte wegen der Franken um sie, und schrieb mir, ich möge nach Ägypten[97] zurückkehren: «Du weißt um unsere freundschaftlichen Beziehungen; wenn du etwas von denen im Palast fürchtest, kannst du nach Mekka gehen, und ich sende dir die Ernennung zum Statthalter von Aswān und statte dich mit den geeigneten Mitteln zum Kampf gegen die Abessinier aus. Aswān ist eine Grenzmark der Muslime. Dorthin schicke ich dir deine Frauen und Söhne.» Ich besprach mich darüber mit Nūr ad-Dīn und fragte ihn nach seiner Ansicht. Er sagte: «Du willst doch bestimmt nicht zurückkehren, nachdem du einmal Ägypten und seinen Unruhen entkommen bist. Das Leben ist zu kurz dafür! Ich sende an den König der Franken um freies Geleit für deine Familie und schicke jemanden, der sie herbringt.» Tatsächlich – Gott erbarme sich seiner – schickte er an den König um einen Geleitbrief mit seinem Kreuz, der Sicherheit zu Wasser und zu Lande verbürgte. Ich sandte diesen Geleitbrief durch einen meiner jungen Sklaven zusammen mit einem Schreiben Nūr ad-Dīns und einem eigenen an al-Malik aṣ-Ṣāliḥ, und er ließ meine Angehörigen auf einem seiner eigenen Schiffe nach Damiette reisen, versah sie mit allen notwendigen Mitteln und Versorgung und stellte sie unter seinen Schutz.

Von Damiette segelten sie auf einem fränkischen Schiff ab. Als sie aber bei Akkon waren, wo der König [98] sich aufhielt – Gott erbarme sich seiner nicht –, ließ der in einem kleinen Boot Leute ausfahren, die unter den Augen meiner Familie das Schiff mit Beilen zertrümmerten. Der König erschien zu Pferde am Strand und raubte alles, was nur zu haben war. Einer meiner jungen Sklaven schwamm zu ihm mit dem Geleitbrief und sagte: «Mein Herr König, ist das nicht dein Geleitbrief?» «Gewiß!» erwiderte er, «aber das ist der Brauch der Muslime: wenn bei ihnen ein Schiff nahe am Strand Schiffbruch erleidet, plündert es die Bevölkerung der Gegend.» «Und du willst uns gefangensetzen?» «Keineswegs», antwortete er. Darauf brachte er meine Angehörigen in ein Haus, ließ die Frauen durchsuchen und nahm ihnen alles, was sie hatten: im Schiff war Geschmeide, das die Frauen abgelegt hatten, Kleider, Edelsteine, Schwerter, Waffen, Gold und Silber im Werte von etwa dreißigtausend *dīnār*. Er nahm alles und ließ ihnen fünfhundert *dīnār* anweisen mit den Worten: «Seht zu, daß ihr damit euer Land erreicht!» Es waren fünfzig

Personen, Männer und Frauen. Ich befand mich damals mit Nūr ad-Dīn im Lande König Masʿūds[99] in Ruʿbān und Kaisūn. Daß meine und meines Bruders Söhne und unsere Frauen wohlbehalten zurückkehrten, erleichterte mir den Verlust der Habe, außer dem der Bücher: es handelte sich um viertausend herrliche Bände, und ihr Verlust hinterließ mir für das ganze Leben eine Wunde im Herzen.

Fränkische Medizin

(Usāma 97/98)

Der Herr von Munaiṭira[100] schrieb an meinen Onkel und bat ihn, einen Arzt zu senden, der seine kranken Gefährten heilen sollte. Mein Onkel schickte ihm einen christlichen Arzt mit Namen Ṯābit. Nach kaum zehn Tagen kam er wieder zurück, und wir sagten zu ihm: «Du hast die Kranken ja schnell geheilt», worauf er erzählte: «Sie führten mir einen Ritter vor, der einen Abszeß am Bein hatte, und eine Frau, die an Auszehrung litt. Dem Ritter machte ich ein erweichendes Pflaster, und der Abszeß öffnete und besserte sich; der Frau verschrieb ich eine Diät und führte ihrer Säftemischung Feuchtigkeit zu. Da kam ein fränkischer Arzt daher und sagte: ‹Der weiß doch überhaupt nicht, wie sie zu behandeln sind!›, wandte sich an den Ritter und fragte ihn: ‹Was willst du lieber: mit einem Bein leben oder mit beiden Beinen tot sein?› Der antwortete: ‹Lieber mit einem Bein leben!› Da sagte er: ‹Holt mir einen kräftigen Ritter und ein scharfes Beil!› Ritter und Beil kamen, ich stand dabei. Er legte das Bein auf einen Holzblock und sagte zu dem Ritter: ‹Gib dem Bein einen tüchtigen Hieb, der es abtrennt.› Er schlug, unter meinen Augen, einmal zu, und da das Bein nicht abgetrennt war, ein zweites Mal: das Mark des Beines spritzte weg, und der Ritter starb sofort. Hierauf untersuchte er die Frau und sagte: ‹Die da hat einen Dämon im Kopf, der sich in sie verliebt hat. Schert ihr die Haare.› Sie schoren sie, und sie aß wieder von ihren gewohnten Speisen, Knoblauch und Senf, wodurch die Auszehrung sich verschlimmerte. ‹Der Teufel steckt in ihrem Kopf›, urteilte er, nahm ein Rasiermesser und schnitt ihr kreuzförmig über den Kopf, entfernte die Haut in der Mitte, bis der Schädelknochen freilag, und rieb ihn mit Salz ein: die Frau starb augenblicklich. Da fragte ich: ‹Habt ihr mich noch nötig?› Sie verneinten, und ich ging weg, nachdem ich von ihrer Heilkunde gelernt hatte, was ich vorher nicht wußte[101].»

Die Franken und eheliche Eifersucht

(Usāma 100/01)

Bei den Franken findet man keinerlei Ehrgefühl oder Eifersucht. Wenn einer von ihnen mit seiner Frau auf der Straße geht und einen anderen trifft, nimmt der die Frau bei der Hand und zieht sie beiseite, um mit ihr zu sprechen, während ihr Mann dabeisteht und wartet, bis sie ihre Unterhaltung beendet hat. Wenn es ihm zu lange dauert, läßt er sie mit ihrem Gesprächspartner allein und geht. Eine eigene Erfahrung ist folgende: Als ich nach Nābulus kam, wohnte ich im Hause eines gewissen Muʿizz, dessen Haus als Herberge für die Muslime diente. Seine Fenster gingen zur Straße hinaus. Auf der anderen Straßenseite lag das Haus eines Franken, der Wein auf Rechnung der Kaufleute verkaufte: er nahm eine Flasche Wein und pries sie folgendermaßen an: «Kaufmann Soundso hat ein Faß dieses Weines geöffnet. Wer davon kaufen will, komme zu dem und dem Ort, ich gebe ihm den ersten Wein davon, der in dieser Flasche ist.»

Als er eines Tages nach Hause kam, fand er einen Mann mit seiner Frau im Bett. Er fragte ihn: «Wie bist du hierher zu meiner Frau gekommen?» «Ich war müde», antwortete der andere, «und bin hier hereingekommen, um mich auszuruhen.» «Und wie bist du in mein Bett gekommen?» «Ich fand ein Bett bereitet und habe mich darin schlafen gelegt.» «Und diese Frau schläft mit dir?» «Es ist ihr Bett», versetzte der, «konnte ich sie vielleicht hindern, sich in ihr Bett zu legen?» «Das sage ich dir: wenn du das noch einmal machst, regeln wir die Sache vor Gericht!» schloß der erste – das war seine ganze Antwort, der heftigste Ausdruck seiner Eifersucht ...

Ein anderer, ähnlicher Fall wurde mir von einem Bademeister mit Namen Sālim aus Maʿarra erzählt, der in einem Bade meines Vaters angestellt war: «Ich eröffnete in Maʿarra ein Bad, um mir damit meinen Lebensunterhalt zu verdienen. Ein Ritter der Franken – sie mißbilligen es, wenn jemand im Bad einen Schurz um die Hüften trägt – kam herein, streckte die Hand aus, riß mir meinen Schurz von den Hüften und warf ihn fort. So sah er, daß ich mir vor kurzem die Schamgegend rasiert hatte. ‹Sālim!› rief er; ich näherte mich, und er streckte die Hand nach meiner Blöße aus: ‹Sālim!› rief er aus, ‹großartig! Bei meiner Seel', mach das auch bei mir!› und legte sich auf den Rücken. Er hatte an der Stelle Haare so lang wie sein Bart. Ich rasierte ihn also, er berührte die Stelle mit der Hand, fand sie schön glatt und sagte: ‹Sālim, bei meiner Seel', tu das gleiche bei der *Dama!*› *Dama* heißt in ihrer Sprache Herrin, das heißt seine Frau. Er befahl einem seiner Pagen: ‹Sag der *Dama*, sie soll kommen!› Der Page ging, kam mit ihr zurück und brachte sie herein; sie legte sich auf den Rücken, und er sagte: ‹Mach es so, wie du es bei mir gemacht hast.› Ich rasierte das Haar, während ihr Mann dabeiblieb, um mich zu beobachten. Dann bedankte er sich bei mir und entlohnte mich für meinen Dienst.»

Seht, welch Widerspruch! Sie haben weder Eifersucht noch Ehrgefühl, aber gleichzeitig soviel Mut. Der entsteht doch (gewöhnlich) nur aus Ehrgefühl und Verachtung für alles Schlechte!

Orientalisierte Franken

(Usāma 103/04)

Es gibt unter den Franken einige, die sich im Lande angesiedelt und begonnen haben, auf vertrautem Fuße mit den Muslimen zu leben. Sie sind besser als die anderen, die gerade neu aus ihren Heimatländern gekommen sind, aber jene sind eine Ausnahme, und man kann sie nicht als Regel nehmen. Hierzu soviel: Einmal schickte ich einen Gefährten in einem Geschäft nach Antiochia, dessen Oberhaupt Todros ibn aṣ-Ṣafī[102] war, mit dem ich befreundet war und der in Antiochia eine wirksame Herrschaft ausübte. Er sagte eines Tages zu meinem Gefährten: «Ein fränkischer Freund hat mich eingeladen. Komm doch mit, dann siehst du ihre Gebräuche.» «Ich ging mit», erzählte mein Freund, «und wir kamen zum Hause eines der alten Ritter, die mit dem ersten Zug der Franken gekommen waren. Er hatte sich von seinem Amt und Dienst zurückgezogen und lebte von den Einkünften seines Besitzes in Antiochia. Er ließ einen schönen Tisch bringen mit ganz reinlichen und vorzüglichen Speisen. Als er sah, daß ich nicht zulangte, sagte er: ‹Iß getrost, denn ich esse nie von den Speisen der Franken, sondern habe ägyptische Köchinnen und esse nur, was sie zubereiten; Schweinefleisch kommt mir nicht ins Haus![103]› Ich aß also, sah mich aber vor, und wir gingen. Später überquerte ich den Markt, als eine fränkische Frau mich belästigte und in ihrer barbarischen Sprache mir unverständliche Worte hervorstieß. Eine Menge Franken sammelte sich um mich, und ich war schon meines Todes sicher: da erschien der Ritter, erkannte mich, kam herbei und sagte zu der Frau: ‹Was hast du mit diesem Muslim?› ‹Er hat meinen Bruder Urso getötet!› erwiderte sie. Dieser Urso war ein Ritter aus Apamea, der von einem Soldaten aus Hama getötet worden war. Er fuhr sie an: ‹Das hier ist ein Bürger, ein Kaufmann, der nicht in den Krieg zieht und sich nicht aufhält, wo man kämpft.› Dann herrschte er die Menge an, die sich angesammelt hatte. Sie zerstreute sich, und er nahm mich bei der Hand. So hatte die Tatsache, daß ich bei ihm gespeist hatte, zur Folge, daß mir das Leben gerettet wurde.»

Die Templer in Jerusalem

(Usāma 99)

Hier ist ein Beispiel für die Roheit der Franken – Gott strafe sie –: als ich mich in Jerusalem aufhielt, ging ich gewöhnlich in die Moschee al-Aqṣā. An ihrer Seite liegt ein kleiner Betraum, den die Franken in eine Kirche umgewandelt haben. Wenn ich in die Moschee al-Aqṣā kam, wo sich die Templer, meine Freunde, eingerichtet hatten, stellten sie mir immer den kleinen Betraum zur Verfügung, damit ich dort meine Gebete verrichten konnte. Eines Tages trat ich dort ein, sagte *Allāhu akbar* [104] und stand, um mit dem Gebet zu beginnen. Da stürzte ein Franke herbei, ergriff mich, drehte mich mit dem Gesicht nach Osten und sagte: «So betet man!» Sofort schritten einige Templer ein, griffen und entfernten ihn, während ich mein Gebet wieder aufnahm. Er wartete aber einen Augenblick ab, in dem sie nicht achtgaben, stürzte sich wieder auf mich, drehte mich mit dem Gesicht nach Osten und sagte: «So betet man!» Wieder griffen die Templer ein, entfernten ihn und entschuldigten sich mit den Worten bei mir: «Er ist ein Fremder, der erst in diesen Tagen aus dem Frankenland gekommen ist und noch nie jemanden gesehen hat, der sich beim Gebet nicht nach Osten gewandt hätte.» «Ich habe genug gebetet», antwortete ich und ging hinaus, verwundert über diesen Teufel, dessen Gesicht sich verzerrte, der sich erregt und gebebt hatte beim Anblick eines Mannes, der zur Qibla [105] hin betet!

Ein andermal sah ich, wie einer von ihnen an Emir Muʿīn ad-Dīn – Gott erbarme sich seiner – herantrat, während er sich im Felsendom aufhielt, und sagte: «Willst du Gott als Kind sehen?» «Ja», sagte er, der andere ging voran und zeigte ihm endlich ein

Bild Marias mit dem Messias als Kind auf dem Schoß. «Das ist Gott als Kind», sagte er. Hoch erhaben ist Gott über das, was die Ungläubigen behaupten[106]!

Loskauf von Gefangenen

(Usāma 60–62)

Ich hatte wiederholt Gelegenheit, den Frankenkönig aufzusuchen, um einen Frieden zwischen ihm und Ǧamāl ad-Dīn ibn Tāǧ al-Mulūk – Gott erbarme sich seiner – auszuhandeln[107]. Das verdankte ich einer Gunst, die seinerzeit mein Vater König Balduin, dem Vater der Königin, Frau König Fulkos[108], erwiesen hatte. Die Franken führten mir ihre Gefangenen vor, damit ich sie freikaufe, und ich kaufte die frei, deren Befreiung Gott gewährte. Ein Teufel unter ihnen mit Namen Wilhelm Ǧibā zog mit einem seiner Schiffe auf Kaperfahrt aus und brachte ein Schiff mit vierhundert Wallfahrern aus dem Maghrib auf, Männer und Frauen. Einige wurden mit ihren Herren zu mir gebracht, und ich kaufte frei, so viele ich nur konnte. Unter ihnen war ein junger Mann, der grüßte und wortlos sitzenblieb. Ich erkundigte mich nach ihm und erfuhr, daß er ein frommer Mann sei, der einem Gerber gehöre. «Zu welchem Preis verkaufst du mir den da?» fragte ich seinen Herrn. «Bei meinem Glauben!» versetzte der, «ich verkaufe ihn nur zusammen mit diesem Alten hier, so wie ich sie zusammen gekauft habe, für dreiundvierzig *dīnār*.» Beide löste ich aus, kaufte noch eine Anzahl für mich und einige für Emir Muʿīn ad-Dīn[109] – Gott erbarme sich seiner – für hundertzwanzig *dīnār*. Ich zahlte soviel, wie ich bei mir hatte, verbürgte mich für den Rest und ging nach Damaskus. Dort sagte ich zu Emir Muʿīn ad-Dīn: «Ich habe an deiner Statt Gefangene losgekauft, ohne Geld für sie bei mir zu haben. Jetzt, da ich nach Hause zurückgekehrt bin, kannst du den Preis bezahlen, wenn du willst; wenn nicht, bezahle ich ihn.» «Nein!» sagte er, «bei Allah, ich zahle den Preis, der ich mehr als alle anderen nach Gottes Lohn strebe.» Er war wirklich – Gott erbarme sich seiner – immer sofort bereit, Gutes zu tun und sich den himmlischen Lohn zu verdienen. So zahlte er den Preis für sie, und ich kehrte einige Tage später nach Akkon zurück. Hier waren Wilhelm Ǧibā noch achtunddreißig Gefangene geblieben, unter ihnen die Frau eines derjenigen, die Gott durch meine Hand gerettet hatte. Ich kaufte sie von ihm los, ohne den Preis gleich zu zahlen, und ritt zu seinem Haus – Gott verfluche ihn –, wo ich ihm sagte: «Verkauf mir zehn von diesen!» «Meiner Seel», entgegnete er, «ich verkaufe nur alle zusammen.» «Ich habe nicht genug Geld für alle bei mir», erwiderte ich, «ich kaufe jetzt einige und das nächste Mal die übrigen.» «Ich verkaufe sie dir nur alle auf einmal!» beharrte er, und ich ging. Gott bestimmte aber, daß in der folgenden Nacht alle flohen, und die Bewohner der Umgebung von Akkon, alles Muslime, versteckten Gefangene, wann immer einer zu ihnen kam, und ließen sie ins Gebiet des Islams gelangen. Der Verfluchte suchte nach ihnen, fand aber nicht einen einzigen, denn Gott hatte sie glücklich gerettet. Jetzt begann er von mir den Preis für die Frau zu fordern, die ich gekauft hatte, ohne sie zu bezahlen, und die mit den anderen geflohen war. Ich sagte: «Beschaffe sie mir, und du bekommst den Preis.» «Der Betrag für sie steht mir schon seit gestern zu, bevor sie floh», erwiderte er und zwang mich zu zahlen. Das war mir ein leichtes im Angesicht der Freude, daß die Unglücklichen gerettet waren!

Vorschlag, einen Sohn nach Europa zu schicken

(Usāma 97)

Im Lager König Fulkos, Sohn Fulkos, gab es einen angesehenen fränkischen Ritter, der als Pilger aus ihrem Land gekommen war und anschließend dorthin zurückkehrte. Er lernte mich gut kennen und wurde mein enger Freund, nannte mich Bruder, und zwischen uns entwickelte sich herzliche Freundschaft. Als er sich einschiffen wollte, um nach Hause zurückzukehren, sagte er zu mir: «Mein Bruder, ich fahre in mein Land und möchte gern, daß du deinen Sohn (den ich bei mir hatte, einen Jungen von vierzehn Jahren) mit mir schickst, damit er die Ritter kennenlernt, Verstand und Ritterlichkeit erwirbt und als verständiger Mann zurückkehrt.» So kam ich dazu, Worte zu hören, die wahrlich nicht aus dem Munde eines verständigen Mannes kommen konnten! Wenn mein Sohn in Gefangenschaft geraten wäre, hätte das nicht schlimmer für ihn sein können, als ins Land der Franken zu ziehen. Ich antwortete: «Bei deinem Leben, das ist auch mein Wunsch! Mich hindert nur, daß seine Großmutter, meine Mutter, ihn sehr liebt und nicht mit mir gehen ließ, bevor ich ihr geschworen hatte, ihn ihr zurückzubringen.» «Lebt deine Mutter noch?» fragte er. «Ja.» «Dann handle nicht gegen ihren Willen[110].»

Der Falke von Akkon

(Usāma 142/43)

Mit Emir Muʿīn ad-Dīn – Gott erbarme sich seiner – war ich nach Akkon zum König der Franken Fulko, Sohn Fulkos[111], gekommen. Dort sahen wir einen Genuesen, der gerade aus dem Lande der Franken eingetroffen war, mit einem großen Jagdfalken auf einem Luder, wie er für die Kranichjagd gebraucht wird, und mit einer kleinen Hündin. Wenn der Falke auf einen Kranich losgelassen wird, läuft sie hinterher, und sobald er einen gepackt hat, beißt sie sich an dem Kranich fest, so daß er nicht entkommen kann. Der Genuese erzählte uns, bei ihnen jage der Falke Kraniche, wenn er dreizehn Federn am Stoß habe. Wir zählten die Stoßfedern des Falken, und es waren genau so viele! Emir Muʿīn ad-Dīn erbat ihn vom König als Geschenk, der nahm ihn und die Hündin dem Genuesen weg und schenkte sie dem Emir. So kam er mit uns, und ich sah ihn sich unterwegs auf

Gazellen stürzen wie auf Fleisch (sein Futter). Wir brachten ihn nach Damaskus, aber er lebte dort nicht lange, jagte nichts und starb.

Christliche und muslimische Frömmigkeit

(Usāma, *Kitāb al-ʿaṣā*, 528/29)

Ich besuchte Johannes' Grab, des Sohnes Zacharias' – Heil sei über ihnen[112] –, in einem Dorf, das Sebasteia heißt, in der Provinz Nābulus. Nach dem Gebet ging ich hinaus auf einen umschlossenen Hof vor dem Ort des Grabes. Dort war eine geschlossene Tür; ich öffnete sie und trat ein: es war eine Kirche, in der etwa ein Dutzend alter Männer weilten, mit entblößten Häuptern, weiß wie gekrempelte Baumwolle. Sie hatten sich gegen Osten gewandt[113] und trugen auf der Brust (aufgenähte?) Stäbe, an deren Enden Querbalken waren, gebogen wie vorne der Sattel; bei diesen schwören sie und bei ihnen wird Gastfreundschaft gewährt[114]. Ich sah da ein Schauspiel (an Frömmigkeit), das die Herzen erweichen konnte, mir aber gleichzeitig weh tat und mich traurig stimmte, denn bei den Muslimen hatte ich noch nie jemanden solch frommen Eifers gesehen.

Darüber verging einige Zeit. Eines Tages sagte Muʿīn ad-Dīn Unur zu mir, als wir am Haus der Pfauen (Dār aṭ-Ṭawāwīs)[115] vorbeikamen: «Ich will absteigen und die Alten (die Asketen) besuchen.» «Ohne weiteres», entgegnete ich, wir stiegen ab und gingen in ein langes querstehendes Gebäude. Wir traten ein: ich dachte zuerst, es sei niemand dort, bald aber sahen wir etwa hundert Gebetsteppiche und auf jedem einen Sufi. Ihre Haltung drückte heiteren Frieden und fromme Ehrfurcht aus. Das Schauspiel erfreute mich, und ich lobte Gott den Erhabenen, daß ich unter den Muslimen Männer gesehen hatte, die noch mehr frommen Eifer zeigten als jene christlichen Priester. Vorher hatte ich noch nie die Sufis in ihren Klöstern gesehen, kannte auch ihre Lebensweise nicht.

ZWEITER TEIL

SALADIN
UND DER DRITTE KREUZZUG

I.

Die muslimischen Quellen zu Person und Werk Saladins sind an erster Stelle seine Beamten und Vertrauten ʿImād ad-Dīn und Bahāʾ ad-Dīn: erster mit seiner Geschichte der Eroberung Jerusalems (die in Wirklichkeit bis zum Tode des Sultans reicht), in der äußerste Künstlichkeit des Stiles einen Augenzeugenbericht überdeckt, dessen Wert immer klarer erkannt wird. Der zweite ist Verfasser einer Biographie des Helden, die in ungeziertem Stil geschrieben ist und mit sympathischer Wärme und Ergebenheit, die kaum je in geschmacklose Lobhudeleien ausarten. Die dritte, häufig zitierte Quelle zu Saladin, der einschlägige Teil aus Abū Šāmas *Buch der beiden Gärten*, ist tatsächlich eine Kompilation, die Auszüge aus ʿImād ad-Dīn (des blumigen Stiles entkleidet), Bahāʾ ad-Dīn und Ibn al-Aṯīr nebeneinanderstellt und einigen Wert nur dadurch bekommt, daß hier Fragmente aus anderen, verlorenen Quellen (Ibn Abi ʾṭ-Ṭāʾī) erhalten und Akten und Dokumente der Sultanskanzlei aufgenommen sind. Das Werk Ibn al-Aṯīrs behält, obwohl er aus Treue zur legitimen Dynastie Damaskus' ein wenig voreingenommen gegen Saladin ist, immer seinen Wert einer klaren und wohlunterrichteten Darstellung, die unabhängigen Gebrauch der Primärquellen macht.

Das beste Gesamtbild des großen Vorkämpfers des Islams ist das, das Bahāʾ ad-Dīn in seiner Biographie entwirft; wir geben es hier vollständig wieder.

CHARAKTERBILD SALADINS

(Bahāʾ ad-Dīn 7–41)

Unter den echten Überlieferungen (von Worten und Taten des Propheten und seiner Genossen[116]) finden sich folgende seiner Worte: «Der Islam ruht auf fünf Pfeilern: dem Bekenntnis ‹Es gibt keinen Gott außer Gott›, der Einhaltung des Gebetes, der Zahlung des gesetzlichen Zehnten, dem Fasten im Monat Ramaḍān und der Wallfahrt zum heiligen Hause Gottes (in Mekka).» Nun, Saladin war rechten Glaubens, und oft hatte er den Namen Gottes auf den Lippen: er hatte seinen Glauben aus den Beweisen gezogen, die er in der Gemeinschaft der kundigsten Lehrer und größten Rechtsgelehrten gebührend studiert hatte, und die notwendige Kenntnis erworben, so daß er mitreden konnte, wenn in seiner Gegenwart ein Disput geführt wurde, ohne aber dabei die Fachsprache der Gelehrten zu benutzen. Sein Glaube war daher frei von jedem Makel der Ketzerei, und er ließ die Spekulation nie in theologischen Irrtum oder Häresie ausarten. Sein Glaube war rechtmäßig, stimmte mit den gesunden spekulativen Regeln überein und war von den größten Gelehrten anerkannt. Imām Quṭb ad-Dīn an-Nīsābūrī hatte für ihn einen Katechismus mit allen wichtigen dogmatischen Sätzen zusammengestellt, und er hielt ihn so hoch, daß er ihn seinen kleinen Söhnen beibrachte, um ihn von Kindheit an ihrem Sinn einzuprägen. Ich sah selbst, wie er sie darin unterrichtete und sie ihn aus dem Gedächtnis vor ihm wiederholten.

Was das vorgeschriebene Gebet angeht, so oblag er ihm mit großer Beständigkeit in der Form des gemeinschaftlichen Gebetes; eines Tages sagte er sogar, er habe es seit Jahren nicht anders gehalten. Wenn er krank war, ließ er den Imām allein kommen und unterzog sich der Mühe, aufzustehen, um gemeinsam mit ihm das Gebet zu verrichten. Ebenso verrichtete er regelmäßig die üblichen freiwilligen Gebete; wenn er nachts erwachte, führte er eine Gebetsübung von zwei *rakaʿāt*[117] aus, und wenn er nicht erwachte, holte er sie vor dem Morgengebet nach. Niemals ließ er das vorgeschriebene Gebet aus, solange er Herr über sich war: ich sah ihn sogar während der Krankheit, an der er starb, aufrecht beten. Er unterließ es nur in den drei Tagen, in denen er das Bewußtsein verloren hatte. Wenn er unterwegs war, stieg er zur Gebetsstunde vom Pferd und betete.

Was seine gesetzlichen Almosen betrifft – er starb, ohne einen Betrag Geldes bei sich zu haben, der almosenpflichtig gewesen wäre, denn seine freiwilligen Almosen hatten seine ganze Habe aufgezehrt. Bei allem, worüber er verfügt hatte, hinterließ er bei seinem Tode in seinem Schatz an Gold und Silber nicht mehr als siebenundvierzig Nāṣirī-Drachmen[118] und ein einziges tyrisches Goldstück. Er hinterließ auch keinen Grundbesitz, weder Häuser noch Ländereien, weder Gärten noch Dörfer oder Felder, noch irgend etwas sonst.

Was das Fasten im Ramaḍān angeht: es gab einige Ramaḍāne, die er hätte nachholen müssen, da er wiederholt in dieser Zeit krank war. Qāḍī al-Fāḍil[119] führte eine genaue Zählung dieser Tage, die Saladin in seinem Todesjahre in Jerusalem begonnen hatte nachzuholen, indem er länger als den vorgeschriebenen Monat im Fasten aushielt. Er mußte noch die Versäumnis zweier Ramaḍāne nachholen, die ihn Krankheiten und seine Tätigkeit im heiligen Krieg gehindert hatten einzuhalten. Fasten vertrug sich nicht mit seinem Temperament, und Gott gab ihm ein, in diesem Jahr das Fasten nachzuholen, das er bisher versäumt hatte. In der Abwesenheit des Qāḍī führte ich die Liste über seine Fastentage; der Arzt tadelte ihn, aber er wollte nicht hören und sagte: «Wer weiß, was noch geschehen kann ...», als ob ihm eingegeben sei, sein Gewissen von dieser Schuld zu befreien; er fastete so lange, um seine ausstehenden Pflichten zu erfüllen.

Was die Wallfahrt anlangt – er hatte immer Wunsch und Absicht gehabt, sie zu unternehmen, besonders in dem Jahr, in dem er starb. Er hatte seinen Entschluß dazu bekräftigt und schon angeordnet, die Vorbereitungen zu treffen: wir rüsteten zur Reise, und es blieb nur noch aufzubrechen, als Knappheit der Zeit und Mangel an Mitteln, die für seinesgleichen notwendig sind, ihn daran hinderten. So verschob er die Pilgerfahrt auf das folgende Jahr, aber Gott entschied anders. Das weiß jedermann, groß und klein.

Gern hörte er dem Vortrag des edlen Koran zu, ließ daher seinen Imām eine Prüfung ablegen und verlangte, daß er in den

Koranwissenschaften gründlich bewandert sei und die gesamte heilige Schrift auswendig könne. Wenn er nachts in seinem Zimmer war, bat er öfter seine Wache, zwei, drei oder vier Abschnitte des Korans vorzutragen, und hörte zu. In öffentlichen Audienzen forderte er den dazu Bestellten auf, zwanzig oder mehr Verse vorzutragen. Einmal kam er an einem Kind vorbei, das den Koran vor seinem Vater aufsagte, und da ihm sein Vortrag gefiel, überließ er ihm einen Teil der für ihn selbst zubereiteten Speisen und schenkte ihm und seinem Vater den Teil eines Landgutes. Er war bescheidenen und beeindruckbaren Herzens, leicht zu Tränen gerührt und ließ sich meistens zu Tränen bewegen, wenn er einen Koranvortrag hörte. Immer war er bereit, der Weitergabe von Überlieferungen des Propheten zuzuhören, wenn er sie von einem Meister verläßlicher Überlieferung und weiter Gelehrsamkeit vernehmen konnte. Sobald einer dieser Männer an seinen Hof kam, schickte er nach ihm und hörte seinem Unterricht zu, ließ auch seine Söhne und die gerade anwesenden, diensthabenden Mamlūken zuhören und befahl ihnen, sich alle aus Ehrerbietung zum Hören niederzulassen. Wenn ein Meister nicht zu denen gehörte, die an die Tore der Sultane klopfen, vielmehr ihren Audienzen fernbleiben, ging er selbst zu ihm und hörte ihn an: so lauschte er al-Ḥāfiẓ[120] al-Iṣfahānī in Alexandria und gab von ihm viele Überlieferungen weiter. Er liebte sie selbst zu lesen, ließ mich kommen, wenn er allein war, die Bücher der Überlieferungen bringen und las sie selbst; wenn er auf eine Stelle stieß, die ein erbauliches Beispiel enthielt, wurde er gerührt, und die Tränen traten ihm in die Augen.

Die Gebote des Glaubens hielt er in tiefer Verehrung, glaubte an die Auferstehung des Leibes, daß den Guten mit dem Paradies, den Bösen mit der Hölle vergolten werde, nahm mit offenem Herzen alles auf, was das heilige Gesetz lehrt, und verabscheute Philosophen, Häretiker, Materialisten und alle Gegner des Gesetzes. Seinem Sohn al-Malik aẓ-Ẓāhir, Herrn von Aleppo, befahl er, einen Jüngling mit Namen as-Suhrawardī[121] hinzurichten, denn er bezeichnete sich als Feind des Gesetzes und Häretiker. Der Fürst, Saladins Sohn, hatte ihn aufgrund dessen, was er von ihm gehört hatte, gefangensetzen lassen und den Sultan darüber unterrichtet: der befahl, ihn umzubringen. So brachte er ihn um und ließ ihn mehrere Tage am Kreuze hangen.

Er hatte volle Zuversicht und Vertrauen zu Gott, zu ihm nahm er seine Zuflucht. Dazu will ich eine Begebenheit erzählen, die ich selbst miterlebte: die Franken – Gott schicke sie ins Verderben – waren gekommen, um sich in Bait Nūbā zu lagern, einem nur wenige Tagereisen von Jerusalem entfernten Ort. Dort stand der Sultan; er hatte Vorausabteilungen in enger Berührung mit den Feinden aufgestellt und Spione und Kundschafter ausgesandt. So trafen fortgesetzt Nachrichten ein, daß die Franken fest entschlossen seien, heraufzuziehen, um Jerusalem zu belagern und dort eine Schlacht zu schlagen, was die Muslime sehr erschreckte. Saladin rief die Emire zusammen, unterrichtete sie über die gefährliche Lage, in die die Muslime geraten waren, und fragte sie, ob sie es für günstig hielten, in Jerusalem zu bleiben. Sie begannen, schöne Worte zu machen, wobei ihre wirklichen Absichten genau entgegengesetzt waren: alle versicherten, es sei durchaus nicht notwendig, daß er selbst in der Stadt bleibe, denn das heiße, den Islam insgesamt der Gefahr aussetzen. Sie selbst, sagten sie, wollten bleiben, während er mit einem Teil des Heeres abziehen sollte, um die Franken einzukreisen, wie es bei Akkon geschehen sei; seine Aufgabe sollte sein, ihnen die Nachschubwege abzuschneiden und sie zu zernieren, ihre, die Stadt zu verteidigen. Der Rat ging mit dieser Entscheidung auseinander, aber Saladin war fest entschlossen, selbst in der Stadt zu bleiben, denn er wußte genau, wenn er selbst nicht bliebe, bliebe keiner. Nachdem die Emire weggegangen waren, kam ein Abgesandter von ihnen, um Saladin mitzuteilen, daß sie nur blieben, wenn auch sein Bruder al-Malik al-ʿĀdil oder einer seiner Söhne bliebe, als ihr Befehlshaber, dem sie gehorchen wollten. Saladin verstand: sie wollten damit sagen, daß sie nicht blieben, und war besorgt und ratlos. In dieser Nacht – es war die Nacht eines Freitags – war ich vom Einfall der Dunkelheit bis kurz vor das Morgengrauen zur Aufwartung bei ihm; es war im Winter, und kein Dritter war bei uns außer Gott. Wir fingen an, dies und jenes Vorhaben zu erörtern, und prüften, welche Folgen jedes habe, so lange, bis er mir leid tat und ich begann, um seine Gesundheit zu fürchten, denn ich sah ihn von Verzweiflung überwältigt. Ich bat ihn, sich auf seinem Bett auszustrecken, und hoffte, er werde ein wenig schlafen, aber er antwortete: «Vielleicht bist du selbst müde» und erhob sich. Kaum war ich in meine Unterkunft zurückgekehrt und hatte mich ein wenig mit meinen Angelegenheiten beschäftigt, als schon der Morgen anbrach und der Ruf des Muezzins zum Gebet erscholl. Da ich fast immer das Morgengebet mit ihm gemeinsam verrichtete, begab ich mich zu ihm; er war gerade bei der Waschung. «Ich habe kein Auge zugetan», sagte er. «Das weiß ich», erwiderte ich. «Wie kannst du das wissen?» «Ich habe selbst nicht geschlafen, es blieb keine Zeit mehr dazu.» Wir verrichteten das Gebet und begannen wieder die gewohnte Frage zu erörtern. «Mir ist ein Einfall gekommen», sagte ich zu ihm, «von dem ich glaube, daß er nützlich sein kann, so Gott will.» «Der wäre?» «Zu Gott dem Erhabenen zu beten, bei ihm Zuflucht zu suchen und auf ihn zu vertrauen, um diese gefährliche Lage zu meistern.» «Wie sollen wir das anstellen?» «Heute ist Freitag», sagte ich, «Eure Majestät vollziehe die Waschungen beim Gang zum öffentlichen Freitagsgebet und verrichte wie gewohnt das Gebet in der Moschee al-Aqṣā, an der Stelle, von der der Prophet zu seiner Himmelsreise aufstieg. Sie lasse heimlich durch die Hand eines Vertrauensmannes ein Almosen geben und verrichte dann ein Gebet zweier *rakaʿāt* zwischen dem ersten und zweiten Ruf des Muezzins, wobei sie, während sie sich niederwirft, Gott den Erhabenen anrufe – es gibt dazu eine echte Überlieferung vom Propheten – und sage: ‹Mein Gott, alle meine irdischen Mittel, deinem Glauben zum Siege zu verhelfen, sind zunichte geworden. Es bleibt mir nur noch, mich an dich zu wenden, mich auf deinen Beistand zu stützen und auf deine Güte zu vertrauen. Du sei meine Genüge, bester Schutzherr!› Gott ist zu gütig, um dein Gebet zu enttäuschen.» Saladin tat alles, wie ich ihm geraten hatte; wie üblich betete ich an seiner Seite, er verrichtete die beiden *rakaʿāt* zwischen dem ersten und zweiten Ruf, und ich sah ihn niedergeworfen, Tränen rannen über seinen weißen Bart und den Gebetsteppich, ohne daß ich seine Worte vernehmen konnte ... Der Tag war noch nicht zu Ende, da kam eine Botschaft von ʿIzz ad-Dīn Ǧurdīk, dem Befehlshaber der Vorhut, mit der Nachricht, es gingen große Bewegungen im fränkischen Lager vor sich: an dem Tage sei ihr ganzes Heer aufgesessen und habe sich in Richtung auf die Ebene in Marsch gesetzt, dort seien sie bis zum Nachmittag geblieben und dann in ihre Zelte zurückgekehrt. Sonnabend morgen meldete ein zweiter Bote, sie hätten die gleiche Bewegung wiederholt, und im Laufe des Tages berichtete ein Späher, unter ihnen sei Streit ausgebrochen: die Franzosen hielten dafür, auf alle Fälle sei Jerusalem zu belagern, während der König von England und seine Leute nicht die ganze Christenheit aufs Spiel setzen und ihre Soldaten in dem wasserarmen Bergland gefährden wollten, da der Sultan alle Quellen um Jerusalem hatte vergiften lassen. Sie seien daher ausgezogen, um Rat zu halten, denn es war ihr Brauch, Kriegsrat nicht anders als im Sattel ihrer Pferde zu halten. Sie hätten beschlossen, sich dem Rat von zehn Männern zu fügen: sie sollten eine Entscheidung fällen, der sie sich beugen wollten. Montag morgen kam die erfreuliche Nachricht, sie seien aufgebrochen und zögen sich auf ar-Ramla zurück. Soviel sah ich von Saladins Gottvertrauen mit eigenen Augen.

Seine Gerechtigkeit

Abū Bakr der Wahrhaftige[122] – Gott habe Wohlgefallen an ihm – berichtete, der Prophet – Gott segne und schütze ihn – habe gesagt: «Der gerechte Fürst ist der Schatten Gottes auf Erden und seine Barmherzigkeit. Wer sich treu zu ihm verhält, persönlich und in anderen, den stellt Gott unter den Schatten seines Thrones am Tage, an dem es keinen anderen Schatten gibt außer diesem; wer ihn verrät, persönlich und in anderen, den verläßt Gott am Tage der Auferstehung. Dem gerechten Fürsten rechnet er für jeden Tag das Werk sechzig frommer Männer zu, die Gott in Ergebenheit anbeten und für das eigene Seelenheil sorgen.» Saladin war gerecht, gütig, mitleidig und immer bereit, dem Schwachen gegen den Starken beizustehen. Jeden Montag und Donnerstag saß er einer öffentlichen Sitzung vor, um Recht zu sprechen, in Anwesenheit der Rechtsgelehrten, Qāḍīs und Lehrer des Gesetzes; er hörte die Streitenden an, wobei jeder Zutritt zu ihm hatte, hoch und niedrig, hinfällige alte Frauen und gebrechliche Greise. Diesem Amt kam er nicht nur nach, wenn er sich in einer Stadt befand, sondern auch auf Reisen. Er war immer bereit, die Bittgesuche entgegenzunehmen, die ihm gebracht wurden, und allen Mißbrauch, der ihm gemeldet wurde, abzustellen. Täglich ließ er die eingereichten Bittschriften sammeln und öffnete das Tor der Gerechtigkeit; niemals stieß er jemanden zurück, der Unrecht erlitten hatte und Gerechtigkeit forderte. In einer Sitzung, die er nachts oder tags mit seinem Schreiber hielt, ließ er jedem Falle das Urteil zukommen, das Gott ihm diktierte. Niemand rief je seine Hilfe an, ohne daß er innegehalten hätte, zugehört, was er zu sagen hatte, seinen Fall geprüft und die Klage angenommen hätte. Ich habe selbst gesehen, wie ein Damaszener, ein gewisser Ibn Zuhair, gegen seinen Neffen Taqī ad-Dīn bei ihm Klage führte: Saladin ließ ihn holen, damit er sich dem Gericht stelle, und obwohl Taqī ad-Dīn zu den Menschen gehörte, die er am meisten liebte und schätzte, machte er für ihn keine Ausnahme in der Rechtssprechung.

Noch wichtiger als die Begebenheit, um seine Gerechtigkeit zu zeigen, ist eine Sache, die ihn mit einem Kaufmann betraf, einem gewissen ʿUmar al-Ḫilāṭī. Als ich eines Tages in Jerusalem bei Gericht war, trat bei mir ein gutaussehender alter Mann ein, ein Kaufmann, eben mit Namen ʿUmar al-Ḫilāṭī; in der Hand hielt er eine Rechtsurkunde und bat mich, sie zu lesen. Ich fragte ihn nach seinem Gegner, und er sagte: «Mein Gegner ist der Sultan selbst, aber dies ist der Sitz der Gerechtigkeit, und wir haben sagen hören, du kennest keine Parteilichkeit.» «In welcher Angelegenheit ist er dein Gegner?» «Ich hatte einen Sklaven», antwortete er, «Sonqur al-Ḫilāṭī, der mir bis zu seinem Tode gehörte. Er hatte große Beträge in Händen, die auch alle mir gehörten. Er ließ sie bei seinem Tode zurück, und der Sultan hat sie an sich genommen. Daher fordere ich von ihm die Rückerstattung des Geldes.» «O Alter», erwiderte ich, «was hat dich bewogen, so lange zu warten?» Er entgegnete: «Rechte werden nicht hinfällig, auch wenn man zögert, sie geltend zu machen, und diese Rechtsurkunde sagt klar, daß der Sklave bis zu seinem Tode mein Eigentum war.» Ich nahm das Schriftstück, las es und fand, daß es die Beschreibung des Sonqur al-Ḫilāṭī enthielt, daß er ihn von Kaufmann Soundso in Arǧīš gekauft habe, an dem und dem Tage des und des Monats in dem und dem Jahr und daß er in seinem Besitz geblieben sei, bis er in dem und dem Jahr entwichen sei. Aus den Angaben der Urkunde ging nicht hervor, daß er jemals auf irgendeine Weise aus seinem gesetzlichen Eigentum ausgeschieden war. Sie entsprach genau den Vorschriften. Von der Sache verblüfft, sagte ich zu ihm: «Ich darf das Gesuch nur in Anwesenheit des Gegners annehmen; ich unterrichte ihn und teile dir mit, was er dazu zu sagen hat.» Der Mann war es zufrieden und ging. Etwas später an demselben Tage war ich bei Saladin und unterrichtete ihn über die Angelegenheit. Er fand sie sehr merkwürdig und fragte: «Hast du dir das Schriftstück auch gut angesehen?» Ich sagte: «Ich habe es gut angesehen und festgestellt, daß es in Damaskus ordnungsgemäß vorgelegt und registriert ist.» Tatsächlich war hier in Damaskus eine amtliche Beglaubigung hinzugefügt worden, mit dem Zeugnis angesehener Zeugen in Anwesenheit des damaszenischen Qāḍī. «Großer Gott», sagte Saladin, «lassen wir den Mann hierher kommen und erörtern wir die Sache vor Gericht mit ihm, handeln wir in dem Falle so, wie das Gesetz verlangt.» Als ich mich in der Folge mit dem Sultan unter vier Augen befand, sagte ich zu ihm: «Der Kläger kommt dauernd zu mir; man muß wenigstens seine Beschwerde hören.» «Nimm einen meiner Rechtsvertreter, der seine Beschwerde anhöre, anschließend sollen die Zeugen ihre Aussage machen, aber warte mit dem Öffnen des Schriftstückes, bis der Mann selbst erschienen ist.» Das tat ich. Der Mann kam, der Sultan ließ ihn nähertreten und vor ihm Platz nehmen, während ich an seiner Seite stand; Saladin kam von seinem Polstersitz herunter auf gleiche Höhe mit ihm und sagte: «Wenn du eine Beschwerde vorzubringen hast, so sprich!» Der Mann führte seine Klage an in dem vorher erwähnten Sinne, und der Sultan antwortete: «Dieser Sonqur war einer meiner Sklaven und ist es geblieben, bis ich ihn freiließ. Darauf starb er und hat seinen rechtmäßigen Erben hinterlassen, was er hinterlassen hat.» «Ich habe einen Beweis, der bestätigt, was ich behauptet habe», sagte der Mann und forderte, man solle das Schreiben öffnen. Ich öffnete es und fand alles so, wie er gesagt hatte. Als der Sultan das Datum hörte, sagte er: «Ich habe Zeugen, die beeiden können, daß dieser Sonqur zu der Zeit mir gehörte und in meinem Eigentum in Ägypten war, daß ich ihn mit acht weiteren Personen ein Jahr vor dem besagten Datum gekauft habe und er immer in meinem Besitz geblieben ist, bis ich ihn freiließ.» Er ließ einige hervorragende Emire, Helden des heiligen Krieges, kommen, und sie sagten aus wie er und bestätigten das Datum, das er gegeben hatte. Der Mann erstarrte. Da sagte ich: «Mein Gebieter! Dieser Mann hat nur in der Hoffnung auf die Großmut des Sultans getan, was er getan hat. Er ist hierher in die Gegenwart Eurer Majestät gekommen, und es wäre nicht gut, wenn er in seiner Hoffnung getäuscht von hier ginge.» «Das ist etwas anderes», erwiderte der Sultan und befahl, ihm ein Ehrengewand und einen tüchtigen Geldbetrag zu geben, dessen Höhe mir entfallen ist.

Seht in der Sache ein wenig auf seine wunderbare Demut und Fügsamkeit gegenüber dem Gesetz, die Abtötung des Stolzes und Großmut, wo er hätte strafen können und alle Macht dazu hatte!

Beispiele seiner Freigebigkeit

Der Prophet hat gesagt: «Wenn ein Freigebiger stolpert, nimmt Gott ihn an der Hand», und ähnlich sprechen noch andere Überlieferungen über die Freigebigkeit. Saladins Freigebigkeit war zu offenkundig, um hier festgehalten zu werden, und zu berühmt, um ihrer hier Erwähnung zu tun. Ich beschränke mich daher auf eine zusammenfassende Bemerkung. Kurz, er hatte die Besitzungen, die er hatte, und als er starb, fand man in seinem Schatz an Silber nicht mehr als siebenundvierzig Nāsirī-Drachmen und an Gold einen einzigen Tyrer, dessen Gewicht ich nicht weiß. Gewöhnlich verschenkte er ganze Provinzen: nachdem er Āmid [123] erobert hatte, bat der Sohn des Qara Arslan [124] ihn darum, und er gab es ihm. Ich habe selbst gesehen, wie eine ganze Reihe Abordnungen in Jerusalem vor ihm versammelt waren, als er beschlossen hatte, nach Damaskus zu gehen, und nichts mehr im Schatz war, was man ihnen hätte geben können. Ich bestand aber darauf, bis er schließlich ein Dorf verkaufte, das zum allgemeinen Staatsschatz gehörte, und wir den Erlös unter sie verteilten, ohne daß eine einzige Drachme davon übrigblieb. Er schenkte in Zeiten des Mangels und in Zeiten der Fülle, und seine Schatzmeister hielten stets heimlich eine gewisse Rücklage, aus Angst vor plötzlich notwendig werdenden Ausgaben. Sie wußten sehr gut: hätte er von ihrem Vorhandensein gewußt, hätte er sie ausgegeben.

In einem Gespräch habe ich ihn sagen hören: «Es könnte jemanden geben, der des Geldes so achtet, wie man Straßenstaubes achtet», womit er auf sich selbst anzuspielen schien. Er gab mehr, als der Bittsteller selbst erhoffte, doch nie habe ich ihn sagen hören: «Wir haben dem und dem gegeben!» Er spendete reichlich und zeigte dem Beschenkten ein so frohes Gesicht, als ob er ihm ein Nichts gegeben habe. Er schenkte und erwies noch mehr Ehre, als er Geschenke machte. Die Leute wußten über ihn Bescheid, und obwohl sie jeden Augenblick seine Freigebigkeit in Anspruch nahmen, habe ich ihn nie sagen hören: «Ich habe euch schon so oft gegeben! Wieviel soll ich euch denn noch geben?» Der größte Teil der Schreiben, in denen die Bittschriften beantwortet wurden, war unter meiner Leitung aufgesetzt und von meiner Hand geschrieben worden. Ich schämte mich über die maßlosen Forderungen, aber nicht vor ihm, um wieviel ich ihn auch für andere bitten mußte, denn ich kannte seine Freigebigkeit und wußte, daß er nie Anstoß daran genommen hätte. Keiner, der je in seinen Diensten stand, dem er es nicht entbehrlich gemacht hätte, andere zu bitten. Seine Geschenke aufzuzählen und im einzelnen zu nennen – es ist unmöglich, sich um ihre Feststellung zu bemühen. Ich habe nur den Vorsteher seiner Heeresverwaltung sagen hören, während wir über seine Schenkungen sprachen: «Wir haben gezählt, wieviel Pferde er in der Ebene von Akkon verschenkt hat: es sind zehntausend!» Wer unmittelbare Erfahrung mit seinen Geschenken gemacht hat, wird auch eine solche Zahl noch gering finden.

Du, Herr, hast ihm die Freigebigkeit eingegeben, Du, der Freigebigste der Freigebigen. Sei daher freigebig zu ihm mit deiner Barmherzigkeit und Gnade, o Barmherzigster der Barmherzigen!

Folgender Ausspruch des Propheten ist uns überliefert: «Gott liebt den Mut, wäre es auch nur, eine Schlange zu töten.» Er war wirklich einer der mutigsten Männer, starken Sinnes, kühnen Mutes, großer Standhaftigkeit und unerschrocken in jeder Gefahr. Ich sah ihn im Lager einer großen Zahl Franken gegenüber, die ständig frische Truppen als Verstärkung bekamen, aber sein Mut und zäher Widerstand nahmen nur zu. An einem einzigen Abend landeten über siebzig Schiffe der Feinde: ich zählte so viele vom Nachmittagsgebet, dem ʿaṣr[125], bis zum Sonnenuntergang, aber er schien dadurch nur noch mutiger zu werden. Zu Anfang des Winters hatte er den Truppen Urlaub gegeben und war allein mit einer kleinen Abteilung zurückgeblieben, den starken Kräften der Franken entgegenzutreten. Ich fragte nach ihrer Zahl Balian ibn Barzan[126], einen ihrer großen Könige des Küstenlandes, als er am Tage, da man Frieden schloß, beim Sultan war, und der Dolmetscher übersetzte mir seine Antwort: «Ich und der Herr von Sidon (auch einer ihrer Könige und Anführer) kamen von Tyrus zu unserem Heer. Als es in Sichtweite vor uns lag, wetteiferten wir darin, seine Stärke zu schätzen; er schätzte fünfhunderttausend Mann, ich sechshunderttausend.» «Wie viele davon sind umgekommen?» fragte ich. Er antwortete: «In der Schlacht fielen etwa hunderttausend Leute. Wie viele sonst durch Krankheiten und Ertrinken zugrunde gegangen sind, weiß Gott allein.» Von der ganzen Menge kehrte nur ein kleines Häuflein zurück.

Wenn wir mit den Franken in Berührung standen, mußte er durchaus täglich ein- oder zweimal auf Erkundigung rings um sie gehen. Mitten in der Schlacht bewegte er sich in den Reihen mit nur einem Pagen, der ein Roß am Zügel führte, zog durch die Truppen vom rechten zum linken Flügel, ordnete die Einheiten, ließ sie vorrücken oder innehalten an günstigen Stellen.

Von höher gelegenen Orten überwachte er den Feind und verfolgte von nahem seine Bewegungen. Zwischen den Schlachtreihen ließ er sich einige Abschnitte aus den Überlieferungen vorlesen. Das ging auf eine Beobachtung meinerseits zurück, daß man sie zwar an jedem würdigen Ort lese, aber noch nie zwischen zur Schlacht aufgestellten Reihen habe lesen hören: «Und wenn Eure Majestät wünschen, daß man sich das von ihr erzählt, wäre es sehr schön.» Er erlaubte es, ein Abschnitt wurde gebracht, und einer, der sie regelrecht studiert hatte, übernahm das Lesen, während wir alle zu Pferde saßen und zwischen den beiden angetretenen Heeren bald vorgingen, bald verhielten.

Niemals habe ich bemerkt, daß die Feinde ihm zu zahlreich oder zu mächtig gewesen wären. Er wog nur ab und überlegte, stellte sich alle Möglichkeiten vor Augen und ergriff für jede die notwendigen Maßnahmen, ohne daß er in Zorn ausbrach; der Zorn ergriff ihn niemals. Am Tage der großen Schlacht in der Ebene von Akkon wurden die Muslime bis zur Mitte ihrer Stellung geworfen, Trommeln und Fahnen fielen, aber er hielt mit einer Handvoll Männer so lange aus, bis er sich mit allen seinen Leuten auf die Anhöhe zurückziehen konnte. Dann führte er sie in die Schlacht zurück und schmähte sie so sehr, daß sie den Kampf wieder aufnahmen. Schließlich gab Gott an dem Tag den Muslimen den Sieg, mit ungefähr siebentausend Gefallenen unter Reitern und Fußsoldaten. Er hörte nicht auf, die Feinde zu stellen, die in der Übermacht waren, bis er sich klar wurde, daß die Muslime kampfesmüde waren: da entschloß er sich, auf die von den Franken angebotenen Friedensverhandlungen einzugehen. Sie waren noch abgekämpfter als wir und hatten noch größere Verluste erlitten, erwarteten aber im Gegensatz zu uns Verstärkungen. So lag es in unserem Vorteil, Frieden zu schließen, wie sich deutlich zeigte, als das Geschick enthüllte, was es verborgen gehalten hatte[127]. Während der häufigen Krankheiten und unter den furchtbarsten Umständen blieb er stets im

Lager; von beiden Seiten konnte man die Feuer sehen, wir hörten den Ton ihrer Glocken[128], sie unseren Gebetsruf, bis sich alles auf die beste und leichteste Art löste.

Sein Eifer im heiligen Krieg

Gott der Erhabene hat gesagt: «Und die Kämpfer für unsere Sache – wir führen sie auf unseren Wegen; Gott ist mit denen, die edel handeln[129].» Die heiligen Schriften sind voller Stellen, die sich auf den heiligen Krieg beziehen. Saladin war darin äußerst beständig und eifrig, und wenn einer schwüre, Saladin habe, wenn er einmal zum heiligen Krieg ausgezogen war, auch nicht einen *dīnār* oder eine Drachme für andere Zwecke als den Krieg und für Schenkungen ausgegeben, so sagte er die Wahrheit und leistete einen wahrhaftigen Eid. Das Verlangen nach dem heiligen Krieg hielt sein Herz und alle seine Sinne gefangen, so daß er von nichts anderem als davon sprach und sich um nichts anderes als um Rüstung und Soldaten für den heiligen Krieg kümmerte. Er nahm Anteil nur an dem, der davon sprach und zu ihm anspornte. Aus Liebe zum heiligen Kriege auf dem Wege Gottes verließ er seine Familie und seine Söhne, sein Vaterland, sein Haus und sein ganzes Land. Von der ganzen Welt begnügte er sich damit, im Schatten seines Zeltes zu wohnen, das der Wind hin und her zerrte – so sehr, daß es eines Nachts bei einem schweren Sturm in der Ebene von Akkon zusammenstürzte. Wenn er nicht zufällig im Nebenzelt gewesen wäre, wäre er erschlagen worden. Aber all das trug nur dazu bei, seinen Eifer, seine Beharrlichkeit und Leidenschaft zu erhöhen, und wollte jemand seine Gunst gewinnen, so hatte er nichts anderes zu tun, als ihn zum heiligen Kriege anzuspornen und einige Begebenheiten aus ihm zu erzählen. Mehrere Bücher wurden darüber für Saladin verfaßt, und ich gehöre zu denen, die eines für seinen Gebrauch zusammenstellten, mit allen einschlägigen Vorschriften, Koranversen und Überlieferungen, die davon handeln, und einer Erläuterung der dunklen Begriffe. Saladin las das Buch oft, bis es sich sein Sohn al-Malik al-Afḍal nahm[130].

Ich will berichten, was ich unmittelbar von ihm im Zusammenhang mit dem heiligen Kriege gehört habe. Im Ḏu 'l-Qaʿda 584 (Januar 1189) hatte er Kaukab[131] genommen und das Heer beurlaubt, während die ägyptischen Truppen, die sein Bruder al-Malik al-ʿĀdil befehligte, sich auf den Rückmarsch nach Ägypten vorbereiteten. Saladin begleitete seinen Bruder, um Abschied von ihm zu nehmen und am Gebet des Festes[132] in Jerusalem teilzunehmen, und wir zogen mit ihm. Nach dem Gebet in Jerusalem kam ihm in den Sinn, bis Askalon mitzuziehen, sich dort erst zu verabschieden und über den Weg an der Küste zurückzukehren. Dabei wollte er die Gebiete bis Akkon besichtigen und für alles Notwendige sorgen. Man riet ihm, es nicht zu tun, denn nachdem das Heer aufgelöst sei, seien wir nur noch in geringer Zahl beisammen, während die Franken sich alle bei Tyrus zusammengezogen hätten, und es heiße sich schwerer Gefahr aussetzen. Saladin gab aber nicht nach, verabschiedete sich von seinem Bruder und vom Heer bei Askalon, und wir begannen, in seinem Gefolge geradewegs an der Küste nach Akkon zu ziehen. Es herrschte strenger Winter, das Meer war aufgewühlt «mit Wogen wie Berge», wie Gott im Koran sagt[133]. Erst vor kurzem hatte ich das Meer gesehen, und dies machte mir so tiefen Eindruck, daß mir schien, auch wenn mich jemand für eine einzige Meile Meerfahrt zum Herrn der ganzen Welt gemacht hätte, könnte ich nicht annehmen. Die Absicht, sich aufs Meer zu wagen, um Geld zu verdienen, erschien mir töricht und richtig, das Zeugnis eines, der zur See fährt[134], nicht als gültig anzuerkennen. Alle diese Gedanken kamen mir in der großen Furcht, die mir der Anblick des im Sturme aufgewühlten Meeres machte. Während ich ihnen noch nachhing, wandte sich

Saladin an mich und sagte: «Ich will dir etwas sagen.» «Selbstverständlich.» «Wenn Gott mir erlaubt, die ganze Küste zu erobern, habe ich im Sinn, meine Länder zu teilen, meine Verfügungen zu treffen und meinen Letzten Willen niederzuschreiben, mich dann auf dies Meer zu begeben und die Franken bis in ihre fernen Länder zu verfolgen, um keinen auf der Oberfläche der Erde leben zu lassen, der nicht an Gott glaubt, oder zu sterben.» Die Rede machte mir großen Eindruck, gerade weil sie den in mir aufgekommenen Gedanken so entgegengesetzt war. Ich sagte: «Es gibt auf der Welt niemanden, der mutiger wäre als Eure Majestät, und keinen, der fester gewillt wäre, der Religion Gottes zum Siege zu verhelfen.» «Wieso?» «Mutig deshalb, weil dies schreckliche Meer Eurer Majestät nicht die geringste Furcht erregt, und Beistand der Religion Gottes, weil Eure Majestät sich nicht damit begnügt, die Feinde Gottes in einem bestimmten Gebiet der Erde auszurotten, sondern die ganze Erde reinigen will.» Ich bat ihn, erzählen zu dürfen, was mir vorher durch den Sinn gegangen war. Er erlaubte es, ich erzählte und fügte an: «Das ist ein sehr guter Plan! Nur sollte Eure Majestät ihre Truppen übers Meer schicken, aber sie selbst, Bollwerk und Verteidigung des Islams, sollte ihr Leben nicht aufs Spiel setzen.» Er darauf: «Jetzt stelle ich dir eine Frage: Was ist der edelste Tod?» «Der Tod auf dem Wege Gottes», antwortete ich. «Also gut, das Schlimmste, was mir zustoßen kann, ist, den edelsten Tod zu sterben.»

Seht nur diese reine Gesinnung, diese mutige und glühende Seele! Mein Gott, du weißt, daß er alle seine Kraft im Bemühen hingab, deinem Glauben zum Siege zu verhelfen, und in der Hoffnung auf deine Barmherzigkeit den heiligen Krieg kämpfte. Sei barmherzig zu ihm, du Mitleidigster unter den Barmherzigen!

Seine Ausdauer und Anstrengung, sich Gottes Lohn zu verdienen

Gott der Erhabene spricht: «... und darauf kämpften sie für die Sache Gottes und hielten aus – dein Herr vergibt und ist milde[135].» Ich sah ihn in der Ebene von Akkon von einer äußerst schmerzhaften Krankheit ergriffen: von den Hüften bis zu den Knien war er mit Pusteln bedeckt, so daß er sich nicht setzen konnte, sondern auf der Seite liegen blieb, wenn er im Zelt war. Da es ihm unmöglich war, sich aufzusetzen und Speisen auftragen zu lassen, ließ er sie unter den Anwesenden verteilen. Bei alledem blieb er im Zelt des Feldlagers, ganz nahe bei den Feinden, hatte seine Truppen als rechten und linken Flügel und Mitte in Schlachtordnung aufgestellt und war von der ersten Morgendämmerung bis zum Mittagsgebet zu Pferde, dann vom frühen Nachmittag bis Sonnenuntergang, während er die Bataillone besichtigte und dem Schmerz widerstehen mußte, den ihm das Pulsieren des Ausschlages bereitete. Zu mir, der ich mich darüber wunderte, sagte er: «Sobald ich mein Pferd besteige, weichen die Schmerzen, bis ich wieder absitze.» Wahrlich eine Folge göttlicher Vorsehung!

Er erkrankte, als wir in al-Ḫarrūba[136] waren, und hatte schon Tell al-Ḥağal dieses seines Leidens wegen verlassen müssen. Sobald die Franken davon erfahren hatten, zogen sie aus, den Muslimen einige Schläge zu versetzen. Folgendes war die Begebenheit am Fluß: Die Feinde bewegten sich auf dem ersten Tagesmarsch bis zu den Brunnen unterhalb des Tells. Saladin gab Befehl, den Troß in Richtung Nazareth zu schicken, und da ʿImād ad-Dīn, Herr von Sinğar, ebenfalls krank war, erlaubte er ihm, sich mit dem Troß zurückzuziehen, während er selbst in seiner Stellung blieb. Am zweiten Tage rückten die Franken zum Kampf vor, und Saladin, leidend, wie er war, ordnete das Heer zur Schlacht: auf den rechten Flügel stellte er al-Malik al-

ʿĀdil, auf den linken Taqī ad-Dīn und in die Mitte seine Söhne al-Malik aẓ-Ẓāhir und al-Malik al-Afḍal. Er selbst bezog Stellung hinter dem Feind, um ihn anzugreifen. Als er kaum vom Tell herabgekommen war, wurde ihm ein gefangener Franke aus dem feindlichen Heere vorgeführt. Er bot ihm an, zum Islam überzutreten, und befahl auf dessen Weigerung, ihm den Kopf abzuschlagen, was in seiner Gegenwart geschah. Die Franken setzten sich in Marsch, aber jedesmal, wenn sie versuchten, bis zur Quelle des Flusses vorzurücken, führte er eine Bewegung in ihrem Rücken aus, um sie von ihrem Lager abzuschneiden. Saladin ritt ein Stück vor und stieg vom Pferd, um sich auszuruhen; er verschaffte sich Schatten mit einem Tuch auf dem Kopf vor der sengenden Sonne, aber ließ sich kein Zelt aufstellen, damit die Feinde darin nicht ein Zeichen der Schwäche sähen. So hielt er es, bis sie die Quelle des Flusses erreicht hatten, und stellte sich ihnen gegenüber auf einem beherrschenden Hügel auf, bis die Nacht einfiel. Dann befahl er seinem siegreichen Heere, die Nacht mit der Hand an der Waffe zu verbringen. Er selbst zog sich mit uns im Gefolge auf die Spitze des Hügels zurück und ließ dort ein kleines Zelt aufschlagen. Hier verbrachten wir die ganze Nacht, ich und der Arzt, ihn zu pflegen und zu zerstreuen, während er selbst bald schlief, bald wachlag, bis der Morgen anbrach. Da erschollen die Trompeten, Saladin bestieg sein Pferd und verteilte die Truppen so, daß sie die Feinde einkreisen konnten. Sie zogen sich auf ihre westlich am Fluß gelegenen Zelte zurück und wurden den ganzen Tag von den Muslimen hart bedrängt. Es war an diesem Tage, daß er, um sich Gottes Lohn zu verdienen, seine Söhne al-Malik al-Afḍal, al-Malik aẓ-Ẓāhir und al-Malik aẓ-Ẓāfir mit allen anderen vorsandte; er hielt nicht ein, bis er alle, die mit ihm waren, in die Schlacht geschickt hatte. Bei ihm blieben schließlich nur noch ich, der Arzt, der Aufseher des Heeres und die Knappen mit den Bannern und Standarten zurück, sonst niemand. Wer es von weitem sah, konnte aber annehmen, eine tüchtige Truppenabteilung stehe unter den Standarten. Die Feinde setzten ihren Marsch unter schweren Verlusten fort. Sie begruben jeden Gefallenen und schleppten alle Verwundeten mit, damit wir nicht sehen könnten, wie viele getötet oder verwundet waren. Sie marschierten vor unseren Augen unter ständig schwieriger werdenden Umständen und machten dann an der Brücke halt. Als sie sich dort festgesetzt hatten, verzweifelten die Soldaten daran, sie wirksam angreifen zu können, denn die Franken hatten sich so zusammengezogen und verschanzt, daß sie sich gut verteidigen konnten. Saladin blieb an seinem Platz; die Soldaten saßen zu Pferde und warteten im Angesicht des Feindes bis zum Sinken des Tages. Da gab er Befehl, sie sollten die Nacht in der gleichen Weise wie die vorhergehende verbringen. Wir kehrten zu unserem Lager der Nacht davor zurück und verbrachten dort die Nacht wieder so bis zum Morgen. An diesem Tage begannen unsere Leute von neuem die Feinde anzugreifen wie an den vorhergehenden Tagen. Sie setzten sich wieder in Marsch, belästigt von ständigen Scharmützeln, bis sie schließlich in die Nähe ihrer Zelte gelangten, von wo ihnen Verstärkung entgegenkam; sie half ihnen, wieder ihr Lager zu erreichen. Seht, welch äußerste Ausdauer und verdienstliches Sichabmühen dieser Mann aufbrachte! Herr, du hast ihm Ausdauer und Sichabmühen eingegeben und ihm darin beigestanden: nimm ihm nicht seinen Lohn, du Barmherzigster unter den Barmherzigen!

Ich habe gesehen, wie ihm die Nachricht vom Tode eines seiner Söhne, eines Jünglings mit Namen Ismāʿīl, überbracht wurde: er las den Brief und sagte niemandem ein Wort, so daß wir erst durch andere davon erfuhren, noch war ihm etwas anzumerken, außer daß sich seine Augen mit Tränen füllten, während er den Brief las. Als er Ṣafad belagerte, hörte ich ihn eines Nachts sagen: «Heute nacht gehen wir nicht schlafen, bevor nicht fünf Katapulte gebaut sind.» Er ordnete an, daß je eine Schwadron ein Katapult errichten sollte. Wir verbrachten die ganze Nacht bei ihm, ihm aufzuwarten, in der angenehmsten Unterhaltung und Entspannung, während die Meldungen über den Stand des Katapultbaues sich folgten. Am Morgen war die Arbeit endlich beendet, es mußten nur noch die «Schweine» errichtet werden. Es war eine der längsten Nächte, kalt und regnerisch. Ich sah ihn auch, als er die Nachricht vom Tode seines Neffen Taqī ad-Dīn bekam; wir standen gerade den Franken mit einer kleinen Abteilung bei ar-Ramla gegenüber, sie lagen bei Jāzūr in einer Entfernung von einem kurzen Galopp. Er ließ al-Malik al-ʿĀdil, ʿAlam ad-Dīn Sulaimān ibn Ǧāndār, Sābiq ad-Dīn ibn ad-Dāja und ʿIzz ad-Dīn ibn al-Muqaddam kommen und gab Befehl, daß alle anderen sich auf die Entfernung eines Pfeilschusses von seinem Zelt zurückzögen. Er holte den Brief hervor, las ihn und weinte so laut, daß auch die Umstehenden in Tränen ausbrachen, obwohl sie den Grund nicht wußten. Er sagte endlich mit tränenerstickter Stimme: «Taqī ad-Dīn ist gestorben» und begann wieder heftig zu weinen, und alle anderen weinten mit. Ich faßte mich schließlich und sagte: «Gott vergebe uns diesen unseren Zustand! Besinnt euch, wo ihr seid und welch Unternehmen auf euch wartet. Laßt ab und geht an andere Dinge!» Der Sultan antwortete: «Ja, Gott vergebe uns!» wiederholte den Satz mehrmals und fügte hinzu: «Niemand soll davon erfahren!» Er bat um Rosenwasser, mit dem er sich die Augen wusch, ließ Speisen auftragen und andere Leute kommen, und niemand erfuhr von dem Vorfall, bis die Feinde nach Jaffa und wir nach an-Naṭrūn zurückgekehrt waren, wo unser Troß stand.

Seinen kleinen Söhnen war er in inniger Liebe zugetan, dennoch brachte er es über sich, sich von ihnen zu trennen, und fand sich damit ab, fern von ihnen zu sein, zufrieden mit den Widerwärtigkeiten eines elenden Lebens – obwohl er es sehr gut hätte anders haben können –, um sich bei Gott verdient zu machen und sich dem heiligen Krieg gegen die Feinde Gottes zu weihen.

Mein Gott, er gab all das auf in dem Wunsch, daß du zufrieden mit ihm seiest. Sei zufrieden mit ihm und erbarme dich seiner!

Von seiner Menschlichkeit und Langmut

Gott hat gesagt: «... und die unter den Menschen, die vergeben – Gott liebt die, die Gutes tun[137].» Er war nachsichtig, wenn jemand gefehlt hatte, und erzürnte nicht leicht. Ich tat Dienst bei ihm in Marğ ʿUjūn, bevor die Franken Akkon – Gott erleichtere seine Rückeroberung – angriffen. Er hatte die Gewohnheit, zur gegebenen Stunde auszureiten, darauf abzusitzen und die Tafel richten zu lassen, um mit seinen Leuten zu speisen. Anschließend kehrte er zu seinem eigenen Zelt zurück, um zu schlafen. Nach dem Schlaf verrichtete er das Gebet, zog sich dann, mit mir zu seiner Aufwartung, zurück, um etwas aus den Überlieferungen oder dem Recht zu lesen; unter anderem las er mit mir ein Kompendium von Sulaim ar-Rāzī, das die vier Teile des Rechtes umfaßte. Eines Tages stieg er wie üblich vom Pferd, und die Speisen wurden ihm aufgetragen. Dann wollte er sich erheben, aber man sagte ihm, die Stunde des Gebetes sei schon nahe. Er setzte sich wieder und sagte: «Beten wir also, und anschließend gehen wir schlafen» und begann eine müde Unterhaltung. Alle außer denen, die ihm aufzuwarten hatten, hatten sich zurückgezogen; da kam ein alter Mamlūk, den Saladin sehr schätzte, und reichte ihm die Bittschrift eines Kämpfers im heiligen Krieg. «Jetzt bin ich müde», sagte der Sultan, «gib mir das etwas später.» Aber der hörte die Aufforderung nicht und hielt die Bittschrift so nahe an das Antlitz des erhabenen Herrschers, daß er sie lesen konnte. Saladin sah den am Kopf stehenden Namen, erinnerte sich und sagte: «Ein verdienter Mann.» «Also setze Eure Majestät ihr *placet* darunter», versetzte der andere. «Aber wir haben hier jetzt kein Tintenfaß», erwiderte Saladin, denn er saß am Eingang des Zeltes, so daß niemand eintreten konnte, während das Tintenfaß sich hinten im Zelt befand, und das Zelt war sehr groß. Aber sein Gesprächspartner bemerkte: «Da ist ja das Tintenfaß, hinten im Zelt!» Das hieß nichts anderes, als daß er ihn aufforderte, selbst das Tintenfaß zu holen. Der Sultan wandte sich um, sah es und sagte: «Bei Allah, es stimmt!» Er stützte sich auf die linke Hand, streckte die rechte aus, ergriff das Tintenfaß und unterzeichnete. Da bemerkte ich: «Gott sagt von seinem Propheten: ‹Du bist wirklich ein großmütiger Mann[138]›, und mir scheint, Eure Majestät teilt diese Eigenschaft mit ihm.» Saladin antwortete: «Es hat uns nichts gekostet: wir haben seinen Wunsch erfüllt und den Lohn dafür bekommen.» Wäre ähnliches einem einfachen Privatmann vorgekommen, hätte er die Beherrschung verloren. Und wer wäre je fähig gewesen, einem Untergebenen in dieser Weise zu antworten? Das ist unüberbietbare Güte und Langmut: «Gott enthält dem den Lohn nicht vor, der Gutes tut[139].»

Zuweilen wurde das Kissen, auf dem er saß, von den sich um ihn drängenden Bittstellern zertreten, ohne daß er sich im geringsten darum kümmerte. Als ich einmal in seinem Gefolge neben ihm ritt, trat ihm mein Maultier, von Kamelen erschreckt, in den Schenkel und tat ihm weh, aber er lächelte nur. An einem regnerischen und windigen Tage ritt ich mit ihm in Jerusalem ein, es war sehr schlammig, und mein Maultier bespritzte ihn so, daß alles, was er anhatte, verdorben war. Er lächelte aber nur, und als ich wegen des Vorfalles hinter ihm reiten wollte, erlaubte er es nicht.

Manchmal hörte ich von Bittstellern und Klägern die ungebührlichste Sprache, auf die er aber freundlichen Gesichtes und wohlwollend antwortete. Dazu eine Anekdote ohnegleichen: Der Bruder des Königs der Franken hatte sich nach Jaffa gewandt, während unser Heer sich auf an-Naṭrūn zurückgezogen hatte, einen Ort, der von Jaffa zwei Tage bei Eilmarsch und drei normalen Marsches entfernt ist. Saladin hatte Truppen als Vorhut vorausgeschickt und war selbst nach Caesarea gegangen, um dort Verstärkungen der Franken entgegenzutreten, denen er eine Niederlage beizubringen hoffte. Die Franken in Jaffa, wo sich der König von England [140] mit einer Abteilung seiner Leute befand, erfuhren von unserem Vorhaben, und der König schickte den größten Teil seiner Mannschaften auf dem Seewege nach Caesarea, denn er fürchtete, die Verstärkungen könnten Verluste erleiden. Er selbst blieb mit wenigen zurück, denn er wußte, daß Saladin und sein Heer weit waren. Als Saladin Caesarea erreicht hatte, sah er, daß die Verstärkung schon in der Stadt eingetroffen war und sich zur Verteidigung gerüstet hatte. Er sah ein, daß er ihnen keinerlei Schaden werde zufügen können, zog daher denselben Abend noch ab, marschierte die ganze Nacht und erreichte am anderen Morgen Jaffa. Der König von England lagerte mit siebzehn Rittern und etwa dreihundert Fußsoldaten außerhalb der Stadt und wurde frühmorgens von den Unsrigen angegriffen. Der Verfluchte, der kühn, stolz und in Kriegsdingen gewitzt war, sprang aufs Pferd und pflanzte sich vor unseren Leuten auf, ohne in die Stadt zu gehen. Das islamische Heer kreiste ihn von allen Seiten außer der der Stadt ein und stellte sich zum Kampf auf. Der Sultan befahl, anzugreifen und die günstige Gelegenheit zu nutzen, als plötzlich ein kurdischer Emir in offen unehrerbietigen Worten Widerstand leistete und ihm Vorwürfe machte wegen eines gar nicht reichlichen Jahressoldes, den er bekommen hatte. Der Sultan riß voller Verachtung den Zügel des Pferdes herum, denn er merkte, daß sie an diesem Tage kaum etwas zustande bringen würden. Er ließ sie, wandte sich um und ordnete an, daß sein schon aufgeschlagenes Zelt wieder abgebrochen werde. Das Heer zog sich von der Berührung mit den Feinden zurück, und alle waren sicher, daß der Sultan an dem Tage einige Leute töten und kreuzigen lassen werde. Sogar sein Sohn al-Malik aẓ-Ẓāhir erzählte mir, er habe an jenem Tage vor seinem Vater gezittert und nicht gewagt, ihm zu begegnen, obwohl er angegriffen und sich weit nach vorn geworfen habe, bis Saladin ihm Einhalt geboten habe. Der Sultan ritt bis Jāzūr, das einen knappen Tagesmarsch entfernt liegt. Dort saß er ab und ließ sich ein kleines Zelt aufschlagen. Das Heer lagerte sich unter kleinen Schutzdächern, wie in solchen Fällen üblich. Alle Emire bebten vor Angst und waren sicher, er werde sie mit Vorwürfen überschütten und zornig anfahren. Al-Malik aẓ-Ẓāhir erzählte: «Ich wagte nicht, ihm gegenüberzutreten, bis er schließlich nach mir sandte: ich trat bei ihm ein und sah, daß er aus Damaskus einiges Obst bekommen hatte. Er befahl: ‹Schickt nach den Emiren, daß sie kommen und etwas essen!› Meine Furcht schwand, ich ließ die Emire rufen, die voll Angst erschienen, aber sie sahen ihn mit frohem Gesicht und so liebenswürdig, daß sie sich beruhigten und aufatmeten. Dann verließen sie ihn und rüsteten zum Aufbruch, als sei nichts geschehen.» Sieh, welche Menschlichkeit, so schwer in diesen Tagen zu behalten! Nie hat man ähnliches von den Königen der Vergangenheit gehört.

Seine unwandelbare Güte

Der Prophet hat gesagt: «Ich bin gesandt, die edelsten Eigenschaften der Seele vollkommen zu entfalten», und wenn ihm jemand die Hand reichte, ließ er sie nicht, bevor der andere seine losgelassen hatte. Der Sultan war von hohem Adel in seinem Verhalten, hatte ein wohlwollendes Aussehen, war sehr bescheiden und sehr liebenswürdig zu seinen Gästen. Er ließ nicht zu, daß einer von ihnen Abschied nahm, ohne daß er an seiner Tafel gespeist hätte, noch, daß er einen Wunsch geäußert hätte, ohne ihn erfüllt zu bekommen. Jeden, der sich bei ihm einfand, behandelte er ehrenvoll, wenn es auch ein Ungläubiger war: als im Šawwāl 588 (November 1192) Friede geschlossen war und Saladin von Jerusalem nach Damaskus zurückkehrte, erschien unerwartet am Eingang seines Zeltes der Fürst, Herr von Antiochia, um ihn zu besuchen. Er kam überraschend während der Reise zu ihm, um eine Bitte vorzubringen. Der Sultan schenkte ihm al-ʿUmq, ein Gebiet, das er ihm 584 (1188/89), im Jahre der Eroberung der Küste, abgenommen hatte. Etwas Ähnliches habe ich in Nazareth miterlebt, als der Herr von Sidon zu ihm kam: er empfing ihn ehrerbietig und achtungsvoll und teilte sein Mahl mit ihm. Er schlug ihm vor, er solle den Islam annehmen, beschrieb ihm seine Vorzüge und ermahnte ihn, überzutreten. Gleicherweise ehrte er die religiösen Häupter [141], die Gelehrten und die tugendsamen und achtbaren Männer und empfahl uns, keinen bekannten religiösen Führer am Lager vorbeiziehen zu lassen, ohne daß er ihm vorgestellt werde, damit er ihm seine Gunst beweisen könne. Im Jahre 584 kam ein großer Gelehrter und Mystiker aus einer einflußreichen Familie bei uns vorbei; sein Vater war Herr von Tebrīz; er hatte sich aber vom Leben des Vaters abgewandt und der Wissenschaft und religiöser Übung gewidmet. Er hatte die Pilgerfahrt unternommen und dabei auch Jerusalem besucht. Nachdem er dort die frommen Stiftungen des Sultans gesehen hatte, war ihm eingefallen, ihm einen Besuch zu machen. So kam er in unser Lager und trat unangemeldet in mein Zelt. Ich empfing ihn, hieß ihn willkommen und fragte ihn nach dem Grund seines Besuches. Er erklärte mir, er habe zum Sultan kommen wollen, da er seine schönen und lobesamen Werke betrachtet habe. Noch an demselben Abend berichtete ich dem Sultan vom Besuch dieses Mannes, er ließ ihn kommen, hörte einige Überlieferungen von ihm und ermahnte ihn zum Guten. Darauf zogen wir uns zurück, und er verbrachte die Nacht in meinem Zelt. Nach dem Morgengebet wollte er sich von mir verabschieden, aber es erschien mir als unziemlich, wenn er ginge, ohne vom Sultan Urlaub zu nehmen. Er mochte jedoch nichts davon hören und sagte: «Mein Wunsch ist erfüllt, denn ich wollte ihn nur besuchen und sehen.» Ohne weiteres brach er auf. Einige Tage später fragte mich der Sultan nach ihm, und ich erzählte von seinem Verhalten. Saladin zeigte sich unwillig, weil ich ihn nicht von seiner Abreise unterrichtet hatte, und sagte: «Wie, ein solcher Mann klopft an unsere Tür und geht wieder, ohne eine wohlwollende Gabe von uns empfangen zu haben?» Er mißbilligte mein Verhalten so sehr, daß ich mich gezwungen sah, einen Brief an Muḥji 'd-Dīn, Qāḍī von Damaskus, zu schreiben und ihn mit der Suche nach ihm zu beauftragen. Er sollte ihm einen beigelegten Brief zukommen lassen. In ihm teilte ich ihm mit, der Sultan sei betrübt, ihn vor seiner Abreise nicht noch einmal gesehen zu haben, und riet ihm zur Rückkehr, wie es die Freundschaft verlangen könne, die zwischen uns bestehe. Überraschend sah ich ihn eines Tages wieder vor mir, führte ihn zum Sultan, und der nahm ihn freundlich auf und behielt ihn einige Tage bei sich. Anschließend schenkte er ihm ein schönes Ehrengewand, ein geeignetes Reittier und verschiedene Kleider für seine Angehörigen, Jünger und Nachbarn, außerdem einen Betrag Geldes für die Reise. So schied er voll Dankbarkeit von ihm und schickte aufrichtige Gebete zu Gott, daß der Sultan lange lebe.

Einmal wurde ihm ein fränkischer Gefangener vorgeführt, dem er solche Furcht einflößte, daß die Zeichen von Schreck und Aufregung auf seinem Gesicht erschienen. Der Übersetzer fragte ihn: «Wovor fürchtest du dich?» und Gott gab ihm die Antwort ein: «Zuerst fürchtete ich mich, das Gesicht dort zu sehen, aber da ich es jetzt gesehen und vor ihm gestanden habe, bin ich sicher, nur Gutes von ihm zu erfahren.» Saladin bewegten diese Worte, er begnadigte ihn und ließ ihn frei.

Eines Tages, als ich ihm aufwartete, ritt ich mit ihm vor den Franken entlang, als sich eine Wache mit einer ganz in Tränen aufgelösten Frau näherte, die sich dauernd an die Brust schlug. «Die da», sagte die Wache, «ist von den Franken gekommen und hat verlangt, vor den Sultan geführt zu werden: hier haben wir sie gebracht.» Der Sultan befahl dem Übersetzer, sie nach ihrem Begehr zu fragen. Sie erzählte, daß am Tage zuvor plündernde Muslime in ihr Zelt eingedrungen seien und ihre Tochter geraubt hätten: «Die ganze Nacht, von gestern abend bis heute morgen, habe ich damit verbracht, um Hilfe zu flehen, und unsere Hauptleute haben mir gesagt: ‹Der König der Muslime ist mitleidig. Wir lassen dich zu ihm gehen, und du kannst ihn um dein Töchterchen bitten.› So haben sie mich gehen lassen: von dir allein hoffe ich mein Kind zurückzubekommen!» Saladin war zu Mitleid gerührt, und Tränen traten ihm in die Augen. In seiner Großmut ordnete er an, daß jemand sie zum Markt des Lagers führe, um herauszufinden, wer die Kleine gekauft habe, ihm den Preis zu zahlen und sie zurückzubringen. Die Angelegenheit der Frau hatte sich seit dem Morgen herumgesprochen, und es verging kaum eine Stunde, daß der betreffende Reiter mit der Kleinen auf der Schulter zurückkam. Die Mutter warf sich bei ihrem Anblick zu Boden und wälzte ihr Gesicht im Staub, während alle mit ihr zusammen weinten. Sie erhob den Blick gen Himmel, ohne daß wir verstehen konnten, was sie sagte. Das Töchterchen wurde ihr zurückgegeben, und man führte sie in ihr Lager zurück.

Saladin behandelte seine Untergebenen nicht gern grausam, auch dann nicht, wenn sie sich eines wirklich schweren Vergehens schuldig gemacht hatten: zwei Beutel ägyptischen Goldes wurden aus seinem Schatz gestohlen und durch zwei Beutel Kupfer ersetzt, aber er bestrafte seine Schatzmeister nur dadurch, daß er sie von ihrem Amt absetzte.

In der berühmten Schlacht von Ḥaṭṭīn 583 (1187), von der wir an gegebener Stelle noch ausführlich berichten[142], wurden Fürst Renaud, Herr von al-Karak[143], und der König der Franken des Küstenlandes gefangen und ihm danach vorgeführt. Der verfluchte Renaud war ein anmaßender und gewalttätiger Ungläubiger: in einer Zeit des Waffenstillstandes zwischen ihnen und den Muslimen war eine Karawane aus Ägypten bei ihm durchgezogen, und er hatte sie verräterisch angegriffen, sie gefangengenommen, die Männer gequält und gefoltert und sie in unterirdische, enge Kerker geworfen. Als sie ihn an den Waffenstillstand erinnerten, hatte er nur geantwortet: «Sagt eurem Mohammed, er soll euch retten!» Als Saladin von dem Vorfall hörte, schwur er, ihn mit eigener Hand umzubringen, wenn Gott ihn in seine Gewalt gebe. Als Gott ihn an jenem Tage in seine Hand gegeben hatte, bekräftigte Saladin seinen Entschluß, ihn zu töten, um sein Gelübde zu erfüllen. Saladin ließ ihn also mit dem König kommen, und da der König über Durst klagte, ließ er ihm einen Becher Sorbet reichen. Der König trank davon und gab ihn Renaud, aber der Sultan sagte zum Übersetzer: «Sag dem König: du bist es, der ihm zu trinken gegeben hat. Ich für mein Teil gebe ihm weder von meinem Getränk zu trinken noch von meinen Speisen zu essen.» Damit wollte er sagen, daß er jemandem, der von seiner Speise gegessen habe, nichts zuleide tue, wie es die Ehre erfordere. Darauf schlug er Renaud mit eigener Hand den Kopf ab, in Erfüllung seines Gelübdes. Bei der Einnahme von Akkon befreite er alle Gefangenen, mehr als viertausend, aus ihren engen Kerkern und gab jedem eine Unterstützung, damit er in sein Land zu seinen Angehörigen zurückkehren könne. Das habe ich aus dem Munde mehrerer Leute gehört, denn ich selbst war nicht dabei.

Saladin war angenehm im Umgang, von liebenswürdigem Charakter und schnellem Verstand, ein guter Kenner der Ahnenkunde und Schlachten der Araber, ihrer Erzählungen, der Abstammung ihrer Pferde, der Wunder und Merkwürdigkeiten der Erde – so sehr, daß man in seiner Gesellschaft Dinge lernte, die man von niemand anderem hören konnte. Er ließ seine Gefährten unbefangen sein und flößte ihnen Ruhe ein, fragte sie nach ihrer Gesundheit, wie es ihnen gehe, was sie äßen und tränken und nach allen ihren Angelegenheiten. Die Unterhaltung in seinem Kreis war äußerst ehrsam, wobei man von jedem nur Gutes redete; er liebte es nicht, von jemandem anderes als Gutes zu hören, und hatte eine sehr zurückhaltende Zunge, so daß ich ihn nie mit Gefallen schlecht über andere habe reden hören. Auch wenn er schrieb, verletzte er niemals einen Muslim mit einer einzigen Zeile. Mit Bedacht erfüllte er alle seine Aufgaben. Jedesmal, wenn ihm ein Waisenkind vorgeführt wurde, rief er Gottes Barmherzigkeit für seine toten Eltern an, sprach ihm Mut zu und versorgte es mit seinem väterlichen Brot [144]. Wenn in der Familie der Waise ein vertrauenswürdiger älterer Mann war, übergab er sie ihm. Andernfalls sicherte er ihr einen ausreichenden Betrag des väterlichen Einkommens und vertraute sie jemandem an, der für ihre Erziehung sorgte. Immer, wenn er einen Alten sah, erbarmte er sich seiner und beschenkte ihn. Diese edlen Eigenschaften behielt er sein ganzes Leben lang, bis Gott ihn an den Sitz seiner Barmherzigkeit und den Ort seiner Gnade berief.

Das alles sind nur einfache Beispiele der hohen und edlen Eigenschaften seiner Seele, denn ich habe mich eingeschränkt, um nicht zu langweilen und zu ermüden, und nur das verzeichnet, was ich mit eigenen Augen gesehen oder von vertrauenswürdigen Dritten gehört und selbst nachgeprüft habe. Das ist nur ein Teil dessen, was ich selbst in der Zeit meines Dienstes bei ihm erlebt habe, und wenig verglichen mit dem, was andere erlebt haben, die schon früher bei ihm dienten und länger in seiner Umgebung lebten. Soviel mag aber genügen, um dem einsichtigen Leser die Reinheit dieses edlen Charakters zu zeigen.

II.

Das Jahr des Triumphes für die von Saladin geführte muslimische Gegenoffensive war bekanntlich 583/1187. Nach dem entscheidenden Sieg von Ḥaṭṭīn, der die Kräfte der Kreuzfahrer im Heiligen Lande zu vernichten schien, fielen die meisten ihrer Zentren an der Küste und, schlimmster Verlust für die Christenheit, Jerusalem. Durch Kapitulation gewann es der Islam zurück – ein Ereignis, bei dem die Menschlichkeit des Ajjūbidensultans und sein Sinn für Mäßigung in hellem Licht erstrahlten. Bei der Erzählung der Geschehnisse lassen wir uns von ʿImād ad-Dīn und Ibn al-Aṯīr leiten (Bahā' ad-Dīn war erst von 1188 an Augenzeuge); zur Schlacht von Ḥaṭṭīn und zur Übergabe von Jerusalem geben wir die Berichte beider Quellen, da es sinnvoll erscheint, sie in Form und Inhalt zu vergleichen: Klarheit und Nüchternheit Ibn al-Aṯīrs ließen es geraten sein, seinen Bericht den ermüdenden Tiraden ʿImād ad-Dīns voranzustellen, obwohl er der unmittelbarere und verläßlichere Zeuge der erzählten Ereignisse ist.

VORSPIEL ZU ḤAṬṬĪN

(Ibn al-Aṯīr XI 347–351)

Zwietracht der syrischen Franken und Übergang des Grafen von Tripolis zu Saladin

Der Graf, Herr von Tripolis, mit Namen Raimund, Sohn Raimunds von Saint-Gilles [145], hatte die Gräfin, Herrin von Tiberias [146], geheiratet, war nach Tiberias gezogen und hatte dort bei ihr gelebt. Der König der Franken in Syrien starb – er hatte Lepra [147] – und hinterließ das Reich dem Sohn einer Schwester, der noch ein Kind war [148]; den Grafen setzte er als Vormund ein. Er nahm also Regierung und Verwaltung des Reiches wahr, denn die Franken hatten zu dieser Zeit niemanden, der mächtiger, tapferer oder klüger gewesen wäre, und er begann aufgrund seiner Vormundschaft über das Kind das Königtum für sich selbst zu erstreben. Aber es geschah, daß der Knabe starb und das Reich an seine Mutter fiel: so wurden die Vorstellungen des Grafen zunichte. Darauf verliebte sich die Königin[149] in einen der Franken, die aus dem Westen nach Syrien gekommen waren, mit Namen Guy, heiratete ihn, trat die Königswürde an ihn ab und setzte ihm die Krone aufs Haupt: dem Patriarchen, den Priestern und Mönchen, Hospitalitern und Templern und Baronen, die sie versammelt hatte, teilte sie mit, sie habe die Herrschaft an ihn übergeben, und rief sie zu Zeugen an. Sie schwuren ihm Gehorsam und Gefolgschaftstreue. Der Graf war darüber erbittert und sah sich bloßgestellt. Außerdem wurde von ihm Rechenschaft über die Beträge verlangt, die er während seiner Vormundschaft über den Knaben erhoben hatte. Er versicherte, er habe sie nur für ihn ausgegeben, aber sein Groll verstärkte sich nur noch, er empörte sich offen und sagte sich von ihnen los. Darauf sandte er an Saladin, wandte sich an ihn mit der Bitte um Hilfe und ersuchte ihn um Unterstützung, damit er sein Vorhaben gegen die Franken ausführen könne. Saladin und die Muslime freuten sich darüber, er versprach ihm Hilfe und Beistand in allem, was er wolle, und verpflichtete sich, ihn als König aller Franken einzusetzen. Einige Ritter des Grafen, die bei ihm gefangen waren, ließ er frei, was ihm den größten Eindruck machte: er erklärte sich daraufhin offen als Gefolgsmann Saladins, und eine Gruppe Franken folgte ihm darin. So fielen sie in Uneinigkeit und Streit – einer der Hauptgründe, die zur Wiedergewinnung ihres Landes und zur Befreiung Jerusalems von ihnen führten, wie wir, so Gott will, noch berichten. Saladin sandte Streifscharen vom Gebiet Tiberias' aus, die ins Land der Franken einfielen und mit Beute wohlbehalten zurückkehrten. Die Franken wurden dadurch geschwächt und mutlos, während die Muslime neue Stärke und Selbstvertrauen aus ihren Angriffen zogen.

Fürst Renauds Verrat

Fürst Renaud, Herr al-Karaks[150], war einer der mächtigsten und bösartigsten Franken, einer der schlimmsten Feinde der Muslime unter ihnen und gehörte zu denen, die den Muslimen von größtem Schaden waren. Als Saladin das erkannt hatte, hatte er ihn wiederholt belagert und Streifzüge in sein Land unternommen. Renaud war so erniedrigt worden und hatte Saladin demütig um Frieden gebeten; er war darauf eingegangen, sie hatten einen Waffenstillstand geschlossen und beschworen, und die Karawanen verkehrten wieder ungehindert zwischen Syrien und Ägypten und Ägypten und Syrien. In diesem Jahre (582/1186/87) zog nun eine große Karawane bei ihm durch, mit reichen Gütern, vielen Leuten und einer tüchtigen Zahl Soldaten als Geleitschutz. Der Verfluchte überfiel sie treulos, nahm sie bis auf den letzten Mann gefangen, erbeutete ihre Güter, Tiere und Waffen und warf seine Gefangenen in den Kerker. Saladin schickte ihm Briefe, in denen er ihn tadelte, ihm seine treulose Tat heftig vorwarf und ihm drohte, wenn er nicht Gefangene und Güter herausgebe, aber er ging nicht darauf ein und beharrte noch auf seiner Weigerung. Da tat Saladin das Gelübde, ihn zu töten, wenn er ihn zu fassen bekomme; es folgte, was wir noch berichten, so Gott will.

Saladin belagert al-Karak

Im Jahre 583 (1187) schickte Saladin Botschaften in alle Länder, um die Bewohner zum heiligen Krieg zu entbieten: er schrieb nach Mossul, in die Ǧazīra, nach Arbela und in andere Gebiete des Ostens, nach Ägypten und an alle syrischen Städte, rief sie dringend zum heiligen Krieg auf und befahl ihnen, sich soweit möglich auf ihn vorzubereiten. Ende Muḥarram (April 1187) brach er mit seinem Heer und seiner Leibgarde von Damaskus auf und ging nach Ra'➿s al-mā', wo sich ihm die syrischen Truppen anschlossen. Als sie sich vereinigt hatten, unterstellte er sie seinem Sohn al-Malik al-Afḍal ʿAlī und zog selbst mit einer kleinen Abteilung nach Boṣrā, denn er hatte Nachricht bekommen, daß Fürst Renaud, Herr al-Karaks, die Pilger angreifen wolle, um ihnen den Weg abzuschneiden. Wenn er die Pilger abgefangen habe, wolle er sich anscheinend gegen die Straße des ägyptischen Heeres wenden, um es an der Vereinigung mit Saladin zu hindern. Deswegen zog Saladin nach Boṣrā, um Fürst Renaud vom Angriff auf die Pilger abzuhalten und ihm Furcht einzuflößen, damit er in seiner Burg bleibe. Unter den Pilgern waren einige Verwandte Saladins wie Muḥammad ibn Lāǧīn, Saladins Schwestersohn, und andere. Als Renaud gehört hatte, daß sich Saladin nahe bei seiner Stadt aufhalte, verließ er sie tatsächlich nicht und gab sein Vorhaben auf; die Pilger konnten wohlbehalten weiterziehen. Als sie so weit gekommen waren und Saladin über sie beruhigt sein konnte, marschierte er auf al-Karak und schickte von dort Streifscharen in das ganze Gebiet von al-Karak, aš-Šaubak und anderer Orte, um zu plündern, Verwüstungen anzurichten und Brände zu legen; dabei war der Fürst belagert, so daß er sein Land nicht verteidigen konnte, und die anderen Franken blieben zu Hause aus Furcht vor dem Heer, das Saladins Sohn al-Afḍal bei sich hatte. So konnte er ungehindert belagern, plündern, brennen und verwüsten. So weit Saladins Taten.

Einfall in das Gebiet von Akkon

Saladin sandte darauf an seinen Sohn al-Afḍal mit dem Auftrag, eine tüchtige Heeresabteilung in das Gebiet von Akkon zu schicken, um es plündern und verwüsten zu lassen. Al-Afḍal entsandte Muẓaffar ad-Dīn Gökböri ibn Zain ad-Dīn, Herrn Ḥarrāns und Edessas, und gab ihm Qaimaz an-Naǧmī und Jıldırım al-Jāqūtī bei, zwei der größten Emire, und andere. Eines Nachts Ende Ṣafar (Mai 1187) brachen sie auf und griffen morgens Ṣaffūrijja an. Die Franken gingen ihnen mit einem Aufgebot an Templern, Hospitalitern und anderen entgegen, sie trafen aufeinander, und es entwickelte sich eine Schlacht zwischen ihnen, die schwarze Scheitel ergrauen lassen kann. Gott der Erhabene sandte seinen Sieg endlich auf die Muslime herab, und die Franken wurden geschlagen. Eine Gruppe von ihnen wurde getötet und die übrigen gefangengenommen. Unter den Gefallenen war das Oberhaupt der Hospitaliter[151], ein berühmter Ritter unter den Franken, der den Muslimen gewaltigen Schaden zugefügt hatte. Die Muslime plünderten das umliegende Land, machten Beute und Gefangene und kehrten wohlbehalten zurück – nach Tiberias, wo der Graf saß: er hatte nichts gegen das Vorgefallene einzuwenden. Es war ein großer Sieg, denn Templer und Hospitaliter sind das Rückgrat der Franken. Die gute Nachricht wurde überall hingetragen.

Saladin kehrt zu seinem Heer zurück und dringt in das Land der Franken ein

Als die gute Nachricht von der Niederlage der Hospitaliter und Templer, den Verlusten, die ihnen zugefügt, und den Gefangenen, die unter ihnen gemacht waren, Saladin erreicht hatte, kehrte er von al-Karak zu seinem Heer zurück, das sein Sohn al-Malik al-Afḍal befehligte und bei dem sich alle anderen Emire und Truppen eingefunden hatten. Er vereinigte sich mit ihnen und hielt eine Heerschau: seine Zahl betrug zwölftausend Reiter – Lehensträger und regulär Besoldete –, außer den Freiwilligen. Der Sultan stellte das Heer in Schlachtordnung auf, mit Mitte, zwei Flügeln – einem rechten und einem linken –, Vorhut und Nachhut, wies jedem seinen Platz zu und befahl ihm, dort zu bleiben. In dieser Ordnung brach er auf und bezog Lager bei al-Uqḥuwāna nahe Tiberias. Der Graf hatte sich auf die Seite Saladins gestellt, wie wir berichtet haben, und erhielt ständig Briefe von ihm, in denen er ihm Hilfe und Beistand versprach, «aber der Teufel macht ihnen Versprechungen nur, um sie zu täuschen[152]». Als die Franken die islamischen Heere gesehen und ihre feste Entschlossenheit bemerkt hatten, ihr Land anzugreifen, sandten sie den Patriarchen, Priester und Mönche und viele Ritter zum Grafen; sie machten ihm Vorwürfe, daß er sich auf die Seite Saladins gestellt habe, und sagten: «Zweifellos bist du Muslim geworden, sonst hättest du nicht ruhig mitangesehen, wie die Muslime neulich mit den Franken verfahren sind: sie mordeten Templer und Hospitaliter, machten Gefangene unter ihnen und zogen bei dir durch, ohne daß du Anstand genommen oder eingegriffen hättest, es zu verhindern.» Da schlossen sich ihnen die Truppen von Tiberias und Tripolis an, die er bei sich hatte, und der Patriarch drohte, ihn in den Kirchenbann zu tun, die Ehe mit seiner Frau für ungültig zu erklären und anderes mehr. Als der Graf merkte, wie gefährlich die Lage für ihn war, bekam er Angst, entschuldigte sich und bereute. Sie nahmen seine Entschuldigung an, verziehen ihm sein Vergehen und forderten ihn auf, sich mit ihnen gegen die Muslime zu vereinigen und bei der Verteidigung ihres Landes zu helfen. Der Graf stimmte zu, sich mit ihnen zu versöhnen, sich ihnen anzuschließen und sich mit ihnen zu verbinden, und begab sich mit ihnen zum König der Franken. So einigten sie sich nach ihrer Spaltung wieder, aber vor Gott nützte es ihnen nichts. Sie sammelten Fußvolk und Reiterei und zogen von Akkon nach Ṣaffūrijja, einen Fuß vor-, den anderen zurücksetzend, denn ihre Herzen waren voll Angst.

SCHLACHT VON ḤAṬṬĪN

(Ibn al-Aṯīr XI 351–355)

Als die Franken sich gesammelt und nach Ṣaffūrijja in Marsch gesetzt hatten, rief Saladin seine Emire, um Rat mit ihnen zu halten. Die meisten sprachen gegen eine Schlacht und sagten, er solle statt dessen die Franken durch ständige Einfälle und Verwüstungen ihrer Gebiete schwächen. Einer seiner Emire sagte: «Meiner Ansicht nach sollten wir in ihr Land einfallen, plündern, verwüsten, brennen und Gefangene machen. Wenn uns dann ein Frankenheer entgegentritt, können wir die Schlacht annehmen. Die Leute im Osten verwünschen uns ja und sagen, man habe den Kampf gegen die Ungläubigen aufgegeben und begonnen, den Kampf gegen die Muslime zu suchen. Wir sollten daher etwas tun, das uns rechtfertigt und die Zungen unserer Widersacher zum Schweigen bringt.» Aber Saladin sagte: «Meiner Ansicht nach müssen wir mit den gesammelten Kräften der Muslime den gesammelten Kräften der Ungläubigen eine Schlacht liefern, denn die Dinge gehen nicht nach dem Willen des Menschen, und wir wissen nicht, wie lange wir noch zu leben haben. Wir können doch dies große Aufgebot nicht auseinandergehen lassen, ohne ernste Anstrengungen im heiligen Kriege unternommen zu haben.» Er brach daher vier Tage, nachdem er bei al-Uqḥuwāna Lager bezogen hatte, am Donnerstag, dem 23. Rabiʿ II (2. Juli 1187), von dort auf, marschierte, bis er Tiberias im Rücken hatte, und stieg auf den Hügel hinter ihm. Er ging vor bis in die Nähe der Franken, aber konnte keinen von ihnen sichten, da sie ihre Zelte nicht verlassen hatten. Also stieg er wieder hinab und befahl auch dem Heer, herabzukommen. Mit Einbruch der Nacht stellte er gegen die Franken Wachen auf, die sie am Kampf hindern sollten, und rückte mit einer kleinen Abteilung gegen Tiberias, griff es an, schlug eine Bresche in seine Mauer und nahm noch in der Nacht die Stadt im Sturm.

Ihre Einwohner retteten sich in die Zitadelle und verschanzten sich dort – die Herrin der Stadt hielt sich mit ihren Kindern ebenfalls dort auf. Saladin plünderte die Stadt und steckte sie in Brand.

Als die Franken erfuhren, daß Saladin gegen Tiberias gezogen sei, sich der Stadt bemächtigt und erbeutet habe, was in ihr war, und sie mit allem, was nicht zu tragen war, verbrannt habe, versammelten sie sich, um Rat zu halten. Einige schlugen vor, man solle gegen die Muslime vorrücken, sie angreifen und aus Tiberias verjagen, aber der Graf sagte: «Tiberias gehört mir und meiner Frau. Saladin hat mit der Stadt gemacht, was euch bekannt ist, und es ist nichts übriggeblieben als die Zitadelle, in der meine Frau eingeschlossen ist. Ich gäbe mich zufrieden, wenn er auch die Zitadelle nähme, mit meiner Frau und allem, was wir dort haben, und dann abzöge. Wirklich, ich habe vor längerer Zeit und neulich erst die Heere des Islams gesehen, aber nie ein Heer, das sich an Zahl und Stärke mit dem Saladins hätte messen können. Nachdem er Tiberias genommen hat, kann er nicht dort bleiben, und wenn er es verlassen hat und abgezogen ist, gewinnen wir es zurück. Falls er bleiben will, kann er es nur mit allen seinen Truppen, aber sie halten es fern von ihrer Heimat und ihren Angehörigen nicht lange aus. Er wird daher gezwungen sein abzuziehen, und wir können unsere Gefangenen befreien.» Fürst Renaud, Herr von al-Karak, entgegnete ihm: «Du hast dir große Mühe gegeben, uns Furcht vor den Muslimen zu machen. Zweifellos bist du auf ihrer Seite, sonst hättest du nicht so geredet. Was ihre Zahl angeht – für das Höllenfeuer ist viel Holz kein Schaden!» Der Graf antwortete: «Ich gehöre zu euch: wenn ihr vorrückt, rücke ich mit euch vor; wenn ihr zurückgeht, gehe ich mit euch zurück. Ihr werdet sehen, was geschieht.» Endlich wurde der Entschluß gefaßt, vorzurücken und den Muslimen eine Schlacht zu liefern. So verließen sie das Lager, in dem sie bis jetzt gelegen hatten, und zogen den islamischen Truppen entgegen. Als Saladin davon hörte, kehrte er von Tiberias zu seinem Heer zurück, das in der Nähe lag. Er hatte Tiberias nur angegriffen, weil er wollte, daß die Franken ihr Lager räumten und er dann gegen sie kämpfen könne. Die Muslime waren ans Wasser (des Sees) hinabgestiegen; es war Hochsommer und sehr heiß, so daß die Franken Durst litten, aber die Muslime versperrten ihnen den Zugang zum Wasser. Die Franken hatten alles Wasser aus den örtlichen Zisternen verbraucht und wagten aus Furcht vor den Muslimen nicht umzukehren. So verharrten sie, von Durst gepeinigt, bis zum nächsten Tag, einem Sonnabend. Die Muslime dagegen, die sie zuerst gefürchtet hatten, waren jetzt angriffslustig und verbrachten die Nacht, indem sie sich gegenseitig zum Kampf anspornten. Sie hatten den Hauch von Sieg und Triumph verspürt, und je mehr sie vom Zustand der Franken bemerkten, die ganz gegen die Gewohnheit mutlos waren, desto kühner und mutiger wurden sie. Die ganze Nacht hindurch konnte man den Ruf «*Allāhu akbar*» (Gott ist groß) und «Es gibt keinen Gott außer Allah» vernehmen, während der Sultan die Bogenschützen der Vorhut einteilte und die Pfeile ausgab.

Sonnabend, den 25. Rabīʿ II (4. Juli 1187), saßen Saladin und die Muslime auf und gingen gegen die Franken vor. Auch sie saßen auf, und die beiden Heere kamen in Berührung, aber die Franken litten sehr unter dem Durst und waren mutlos. Während die Schlacht tobte, leisteten beide Seiten hartnäckig Widerstand. Die muslimischen Bogenschützen überschütteten die Franken mit einem Pfeilregen, einem Heuschreckenschwarm gleich, und töteten dabei viele Pferde der Franken. Diese hielten sich dicht bei ihrem Fußvolk und drängten im Kampf in Richtung Tiberias, da sie so ans Wasser zu gelangen hofften. Saladin hatte jedoch ihre Absicht durchschaut und hinderte sie dabei, indem er sich mit seinem Heer vor ihnen aufstellte. Er ritt selbst zwischen den muslimischen Schlachtreihen durch, spornte sie an und gab ihnen Befehle, was zu tun und was zu lassen sei. Alle gehorchten seinen Anordnungen und hielten sich an seine Verbote.

Einer seiner jungen Mamlūken bedrängte die Franken in einem stürmischen Angriff und vollbrachte wahre Wunder an Tapferkeit, bis er schließlich der Überzahl erlag. Da stürmten alle Muslime vor, brachten die Reihen der Ungläubigen ins Wanken und fügten ihnen große Verluste zu. Als der Graf ihre verzweifelte Lage bemerkte und einsah, daß sie den Muslimen keinen Widerstand mehr würden leisten können, griff er im Einverständnis mit seinen Leuten die ihm gegenüberstehenden Reihen an. Den Befehl über diese Abteilung des islamischen Heeres führte Taqī ad-Dīn ʿUmar, Saladins Brudersohn: er sah den verzweifelten Angriff der Franken, erkannte, daß Widerstand zu leisten vergeblich sei, und befahl, ihnen eine Gasse zum Abzug zu öffnen.

Einer der Freiwilligen hatte das Gelände dort, das ganz mit trockenem Gras bewachsen war, in Brand gesetzt; es fing Feuer, und der Wind trug Rauch und Flammen zu den Franken hinüber. So hatten sie außer Durst und Sommerglut noch Rauch und Feuer und Schlachtgetümmel zu ertragen. Bei der Flucht des Grafen verloren sie vollends den Mut und waren nahe daran, sich zu ergeben. Als sie aber sahen, daß sie vor dem Tode nur retten konnte, ihm entgegenzugehen, trugen sie mehrere Angriffe gegen die Muslime vor, die diese trotz ihrer großen Zahl fast aus ihren Stellungen geworfen hätten, wenn Gott in seiner Gnade ihnen nicht beigestanden hätte. Beim Zurückfluten der Angriffe fielen jedoch immer neue Feinde, so daß sie sehr geschwächt wurden, während die Muslime sie umgaben wie der Kreis seinen Durchmesser. Wer von den Franken noch übrig war, stieg jetzt auf einen Hügel bei Ḥaṭṭīn; dort wollten sie ihre Zelte aufschlagen und sich verteidigen. Da sie aber von allen Seiten heftig angegriffen wurden, konnten sie ihr Vorhaben nicht ausführen und nur ein einziges Zelt errichten, das des Königs. Die Muslime bemächtigten sich ihres großen Kreuzes, das sie «das wahre Kreuz» nennen und von dem sie behaupten, in ihm sei ein Stück des Holzes, an dem ihrer Meinung nach der Messias gekreuzigt wurde[153]. Der Verlust dieses Kreuzes bedeutete für sie einen der schwersten Schläge. Jetzt waren sie ihres Todes und Unterganges gewiß. Reiter und Fußvolk wurden in großer Zahl getötet und gefangengenommen, und der König blieb mit einhundertundfünfzig der tapfersten und berühmtesten Ritter auf dem Hügel zurück.

Man hat mir erzählt, was al-Malik al-Afḍal, Saladins Sohn, berichtete: «Ich war an der Seite meines Vaters in jener Schlacht, der ersten, die ich miterlebte. Während der König der Franken sich mit seiner kleinen Schar auf den Hügel zurückzog, trugen sie einen furchtbaren Angriff gegen die Muslime ihnen gegenüber vor und warfen sie bis zu meinem Vater zurück. Ich blickte ihn an, und Bestürzung zeigte sich in seinem Gesicht, er hatte sich aschgrau verfärbt, raufte sich den Bart und stürmte vor mit dem Ruf: «Nieder mit der Lüge des Dämons!» Die Muslime wandten sich zum Gegenangriff und jagten die Franken auf den Hügel. Als ich die Franken zurückweichen und die Muslime nachsetzen sah, schrie ich vor Freude: ‹Wir haben gesiegt!› Sie unternahmen aber einen zweiten Angriff wie den ersten und warfen die Muslime wieder bis zu meinem Vater zurück. Er handelte wie beim ersten Mal, und die Muslime trieben sie wieder zum Hügel. Wieder schrie ich: ‹Wir haben gesiegt!›, aber mein Vater wandte sich um und sagte: ‹Schweig! Wir haben sie erst dann besiegt, wenn das Zelt dort gefallen ist.› Während er noch zu mir sprach, fiel das Zelt; der Sultan sprang vom Pferd, warf sich nieder, um Gott zu danken, und weinte vor Freude.» Das Zelt war aus folgendem Grund zusammengestürzt: die Franken hatten bei diesen Angriffen, durch die sie ihrer Bedrängnis zu entkommen hofften, heftigen Durst gelitten; da sie aber keinen Fluchtweg fanden, waren sie vom Pferd gestiegen und hatten sich auf die Erde gesetzt. Die Muslime stürmten hinauf, rissen das Zelt des Königs nieder und nahmen alle bis auf den letzten Mann gefangen; unter ihnen waren der König[154], sein Bruder und Fürst Renaud, Herr von al-Karak, der schlimmste Feind der Muslime unter den Franken. Außerdem nahmen sie den Herrn von Ǧubail gefangen, Honfrois Sohn, das Oberhaupt der Templer, einen der höchsten Würdenträger der Franken[155], und viele Templer und Hospitaliter. Es gab so viele Tote und Gefangene unter ihnen, daß wer die Gefallenen sah, nicht glaubte, sie hätten einen einzigen gefangen, und wer die Gefangenen sah, nicht glaubte, sie hätten einen einzigen getötet. Seit der Zeit ihres ersten Angriffes auf die syrische Küste im Jahre 491 (1098) hatten die Franken keine vergleichbare Niederlage erlebt.

Als alle gefangen waren, setzte sich Saladin in seinem Zelt nieder und ließ den Frankenkönig und den Fürsten, Herrn von al-Karak, vorführen; dem König bot er an, neben ihm zu sitzen. Da der vor Durst bald starb, ließ er ihm eisgekühltes Wasser reichen; er trank und gab den Rest dem Fürsten: er trank auch, aber Saladin sagte: «Dieser Verfluchte hat nicht mit meiner Erlaubnis getrunken, so daß ich ihm das Leben zugesichert hätte!» Darauf redete er den Fürsten an, warf ihm seine Vergehen vor und zählte ihm seine Schandtaten auf; schließlich erhob er sich und schlug ihm mit eigener Hand das Haupt ab. «Zweimal habe ich gelobt», sagte er, «ihn umzubringen, wenn ich ihn in meine Hand bekäme – das erste Mal, als er gegen Mekka und Medina ziehen wollte, das zweite Mal, als er heimtückisch die Karawane überfiel.» Als er ihn umgebracht hatte und er weggeschleppt und hinausgebracht wurde, begann der König vor Angst zu zittern, aber Saladin beruhigte ihn und sprach ihm gut zu. Was den Grafen, Herrn von Tripolis, angeht: als er, wie wir berichtet haben, aus der Schlacht geflohen war, ging er nach Tyrus und begab sich von dort nach Tripolis, blieb aber nur wenige Tage dort und starb aus Zorn und Wut über das Unglück, das die Franken im besonderen und, im großen, den Glauben der Christenheit getroffen hatte.

Als die Niederlage der Franken besiegelt war, blieb Saladin den Rest des Tages dort. Sonntagmorgen kehrte er nach Tiberias zurück und griff es an. Die Herrin der Stadt ließ um Sicherheit für sich und ihre Kinder, ihr Gefolge und ihre Habe bitten, und Saladin gewährte sie ihr. Sie kam mit ihrem ganzen Gefolge heraus, und Saladin hielt Wort, so daß sie unbelästigt abziehen konnte. Auf Befehl des Sultans wurden der König und eine Gruppe der angesehensten Ritter nach Damaskus geschickt, während die gefangenen Templer und Hospitaliter gesammelt wurden, um getötet zu werden. Der Sultan wußte, daß in der Hoffnung auf Lösegeld niemand einen dieser Gefangenen herausgäbe, und bot daher für jeden aus diesen beiden Gruppen fünfzig ägyptische *dīnār*. Sofort wurden ihm zweihundert Gefangene gebracht und auf seinen Befehl enthauptet. Er ließ besonders sie umbringen, weil sie die tüchtigsten Krieger unter den Franken waren; so schaffte er der Bevölkerung Erleichterung von ihnen. Seinem Statthalter in Damaskus schrieb er, er solle alle, die dorthin kämen, umbringen, ob sie ihm oder anderen gehörten; er führte den Befehl aus.

Etwa ein Jahr später kam ich über das Schlachtfeld und sah die Erde übersät mit ihren Gebeinen. Schon von weitem waren sie zu sehen, teils aufgehäuft, teils verstreut, obwohl doch viel in dem hügeligen Gelände von Sturzbächen weggespült und von wilden Tieren verschleppt war.

Sultan Saladin betritt mit seinem Heer das Gebiet der Franken

(ʿImād ad-Dīn 18–29)

Der Sultan begann morgens im Lager die Heerschau; es glich einer schweren Regenwolke, einem aufgewirbelten Staubmeer, einem Ozean, der überquillt mit Schlachtrossen, Schwertern und Panzern. Seine tapferen Kämpfer und Bataillone stellte er auf, das Antlitz der Erde überzog er mit der Wolke seiner Truppen, Staub ließ er aufsteigen von der Erde bis zu den Plejaden, vor dem Staub flogen die Raben bis zur Wega. Die Ebene brach das Siegel der Staubwolke, Brieftauben, Tauben des Todes trugen die traurige Botschaft des drohenden Unheils; die gekrümmten Rippen der Bogen keuchten ob der Leibesfrucht der Pfeile, das Krumme nahm das Gerade auf sich, das Geschoß wurde der Sehne Genoß. Die Bogen hielten die Rache, die sie geschworen, und jede Schar erhob sich, Vergeltung zu üben. Den Tag der Heerschau verbrachte der Sultan, das Heer zu ordnen, es in Abteilungen zu gliedern und es fern und nah zu Schlachtreihen aufzustellen. Jedem Emir bestimmte er eine Aufgabe, jedem Tapferen einen Platz, jedem glücklichen Kämpfer eine Stellung, jedem Schützen aus dem Hinterhalt einen Ort; jedem Recken ein Gegenüber, jeder Kohlenglut, wer sie lösche, jeder Schar, wer sie werfe, jedem Feuerstein, wer aus ihm Funken schlage, jeder Klinge, wer sie schärfe; jeder Lage einen Befehl, jedem Bogen einen Pfeil, jeder Rechten ein Schwert, jedem Schwert eine Scheide, jedem Renner eine Bahn, jedem Kundschafter einen Unterschlupf, jedem Bogenschützen ein Ziel, jedem Anführer wen zu führen, jedem Steigenden von wo zu steigen, jedem Namen eine Sache. Jedem Emir wies er einen Platz an, auf dem rechten Flügel oder dem linken, den er nicht verlassen, von dem seine Schar sich nicht entfernen noch einer sich absetzen dürfe. Von allen Abteilungen ließ er die tapferen Bogenschützen des ersten Gliedes hervortreten und trug jeder Gruppe auf, was sie mit einer anderen in Berührung brächte. Er sagte: «Wenn wir das Land des Feindes betreten, ist dies die Ordnung unseres Heeres, die Verteilung, in der wir vorrücken und zurückweichen, die Stellung unserer Bataillone, der Platz, wo unsere Helden sich erheben, die Wege unserer Zügel, die Bahnen unserer Renner, der Garten unserer Rosen, der Ort unserer Handlung, der Zweck unserer Aufstellung, das Ziel unserer Wünsche, der Schauplatz unserer Bewegungen.» Er stärkte die Hoffnungen durch die Höhe seiner Spenden und entsprach dem Wunsch der Mannen mit der Erfüllung seiner Versprechen und der Vollendung seiner Absichten. Er sammelte die Scharen, verteilte die Waffen, gab Schlachtrosse hin und war freigebig mit Geschenken, widmete sich den Gaben und gab Begehrtes, er streute Schätze aus und leerte Köcher voller Pfeile, verwandte Zurückgelegtes, verbrauchte das Edelste und Beste davon und verteilte Bündel von Pfeilen, so daß die Krieger mehr als einen Köcher voll bekamen. Die Pferde ließ er rennen und erzielte eine reiche Ernte der Truppen; er spornte die tüchtigen Rosse und rief die Zeugen zum Zeugnis; die Tapferkeit der Schwadronen ließ er sich im Wechsel folgen und gewann die Neigung der Schwerter; er schärfte die schneidenden Klingen und tränkte die schreckenden Lanzen; fröhlich und zufrieden kehrte er zu seinen Zelten zurück, gut und dankbar aufgenommen, beschenkt und erfreut, nachdem er geordnet und aufgestellt, Reiterscharen und Schwadronen eingeteilt, befestigt und gut gepflanzt hatte, mit frommen Werken, begründeter Hoffnung, ausströmendem Parfum, leuchtendem Antlitz, duftendem Wohlgeruch, strahlendem Anblick, sicher des Sieges, im Besitze der Sicherheit. *Amen* sagte er zu den Wünschen, die das *Amen* herausforderten, leitete gute Vorzeichen aus den weißen Flecken seiner glückbegünstigten Rosse ab und sprach deutlich aus, wie die Schuld bei dem Glauben zu tilgen sei. Er freute sich der Schönheit der Rosse und der guten Wünsche, und sein Herz ergötzte sich an dem vorgenommenen Zuge; er gürtete sich eng mit Festigkeit und bekräftigte eine bündige Entscheidung; er ließ zur Reise satteln und die arabischen Pferde zum Ritt durch die Wüste zäumen; Freitag, den 17. Rabīʿ II (27. Juni 1187), brach er auf, begleitet vom Erfolg, unterstützt von ständiger Hilfe, mit dem Beistand der Macht, gestützt von günstigem Geschick, gehoben vom Glück, mit Gelingen im Gefolge, in Gesellschaft des Ruhmes, in der Nähe des Sieges, mit dem Dank des Islams und dem Beistand des erhabenen Gottes. Er zog aus in der genannten Verteilung, nach Schwadronen geordnet, nach Reitergeschwadern aufgestellt, in geschlossenen Reihen, in strenger Anordnung, die Pferde an langem Zügel, die tödlichen Pfeile im Köcher, die Schwerter griffbereit, alte Füchse, schneidende Klingen, Renner mit sprühenden Hufen, reißende Löwen; bei Ḫisfīn ließ er die Zelte aufschlagen, dort, wo Gott Untergang und Fall der Feinde bestimmt hatte, Verdunkelung und Verflüchtigung des Unglaubens. Die Nacht verbrachte er zwischen strahlenden Gesichtern und auf dem Wege Gottes[156], wachsenden Augen, Händen, die die mächtigen Schwerter entblößten, Zungen, die Gott für seine Gnade dankten, Herzen, die erblühten in aufrichtiger Ergebenheit, Seelen, die mit der göttlichen Liebe sich unterhielten, und Füßen, die das Geschick stützte und die ihm halfen. Am Morgen rückte er aus, zog zum Jordan hinab in die Gegend von al-Uqḥuwāna, zum Angriff entschlossen und stark in seiner Verteidigung: das weite Meer (seines Heeres) umgab den See Tiberias, die Ebene ward eng von seinen aufgespannten Zelten. In neuen Kleidern zeigte sich das Land, der Himmel öffnete sich, um die Engel aus seinen Toren herabfliegen zu lassen; die Zeltschiffe warfen Anker auf dem Grund, und die Bataillone verbreiteten sich Welle um Welle. Es bildete sich ein Himmel von Staub, an dem die Sterne der Schwerter und Lanzenspitzen aufgingen. Al-Uqḥuwāna verwandelte sich in sprossende Auen, blühende Gärten mit braunen Rossen und Reitern wie wilden Löwen, mit Sichelschwertern wie Bögen von Myrte, mit jemenitischen Klingen wie Bäume im Park, mit gelben Fahnen wehend wie Wimpel von Jasmin und Bannern rot wie Anemonen, mit weiten Kettenhemden schimmernd wie Teiche und glänzenden Schwertern weiß wie Bäche, mit gefiederten Pfeilen blau wie Vögel und gebogen wie Zweige, mit Helmen leuchtend wie offene Kamillenblüten, mit Helmen wie Blasen auf einem Meer von Panzerrüstungen, mit wiehernden Rossen, Adlern gleich, die Auge und Ohr aufs höchste erfreuten.

Inzwischen hatten die Franken ihre Banner bei Ṣaffūrijja aufgepflanzt, die Fahnen entfaltet und auf die Wellen ihrer mageren, keuchenden Pferde die Brücken der Speere geworfen, in der Finsternis des aufwirbelnden Staubes die Fackeln der Schwerter entzündet, die Absichten der Schwerter auf das Treffen der Gegner gerichtet, ihre Kreise um ihre Mitte gezogen, mit ihren Bogenschützen ihre Schwerter schützend. Sie hatten ihre Haufen gesammelt, das Heer aufgestellt, die Herzen gestärkt, Reiter und Fußvolk aufgeboten, Lanzenträger und Bogenschützen, die Wimpel der Lanzen im Wind entfaltet, die Vorkämpfer des Irrtums versammelt, das «wahre Kreuz» aufgerichtet, um das sich die Verehrer des falschen Gottes drängten, die Irrwitzigen der menschlichen und göttlichen Natur. In den Ländern der Hypostatiker [157] hatten sie eine Aushebung veranstaltet und das hohe Kreuz zur Anbetung aufgerichtet: keiner, der auch nur einen Stock besaß, hatte sich dem Aufruf entzogen; in unzähligen Scharen waren sie ausgezogen, zahlreich wie Kieselsteine, über fünfzigtausend oder mehr, in all ihrer Tücke. Sie hatten eine Zusammenkunft in Saʿīd verabredet und waren von fern und nah dorthin geströmt: da blieben sie und wollten sich weder rühren noch abziehen; Sultan Saladin zog jeden Morgen zum Treffen mit ihnen aus, rückte nahe heran, beschoß und belästigte sie und machte Front gegen sie, damit sie ein gleiches täten und versuchten, seine Schwerter von ihren Hälsen und seine Sturzbäche von ihren Kehlen fernzuhalten. Aber sie blieben versteckt, ohne sich zu rühren, saßen da, ohne aufzustehen; hätten sie sich gezeigt, so hätte der Tod sich auf ihrem Lager gezeigt, und sie hätten gesehen, wer sie geschlagen und in den Tod gejagt hätte. Sie waren erschreckt über die Lage, in die sie geraten waren, und mieden feige, wofür sie sich begeistert hatten. Der Sultan wollte jetzt in den Quellen von Tiberias baden, sein Gebiet mit Lanze und Schwert beherrschen, das Land besitzen, sich seiner Herrschaft bemächtigen; er zog die Lanzenschäfte zum Jordan, ließ mit den Hufen der Rosse den Staub vom See her aufwirbeln, womit er leicht und mühelos die schönen Araberinnen erstaunte. Darauf befahl er seinen Truppen, den Emiren und Hauptleuten des Heeres, sich den Franken gegenüber aufzustellen und sie aus Bequemlichkeit in Drangsal zu stürzen. Wären sie zur Schlacht erschienen, hätten sie sich auf sie geworfen, gerechte Vergeltung zu üben; hätten sie sich an einer Stelle gerührt, hätten sie sie angesprungen, wie Löwen Hasen. Hätten sie endlich versucht, Tiberias zu erreichen und zu entsetzen, hätten sie es sofort gemeldet, damit ihnen schnellstens entgegengetreten werde.

Einnahme von Tiberias

Saladin belagerte Tiberias mit seinen Vertrautesten und Treuesten, ließ Fußvolk und Sappeure, Ḫurāsāner und Katapultisten vorrücken, umschloß die Stadtmauer und fing an, die Häuser zu zerstören, lieferte der Stadt eine harte Schlacht und ersparte ihr nicht den Kampf. Das war Donnerstag, und er selbst führte das Heer. Die Sappeure untergruben einen Turm, zerstörten ihn und rissen ihn nieder, bestiegen ihn und nahmen ihn. Die Nacht fiel ein, während die Morgenröte des Sieges anbrach und sich über dem Feind die Nacht des Jammers vertiefte. Die Zitadelle leistete Widerstand, mit der Gräfin, der Herrin von Tiberias, die dort mit ihren Kindern eingeschlossen war. Als der Graf von der Einnahme Tiberias' und seines Gebietes hörte, war er entsetzt, verlor seine Festigkeit und warf sich wieder ganz in die Arme der Franken. «Von heute an», sagte er, «dürfen wir nicht mehr untätig sein, sondern müssen, koste es, was es wolle, den Feind vertreiben. Wenn Tiberias genommen ist, ist das ganze Land genommen, aller neue und ererbte Besitz verloren. Damit kann ich mich nicht abfinden, diesen Schlag kann ich nicht verwinden[158].» Der König, der ein Bündnis mit ihm geschlossen hatte, widersprach ihm nicht, sondern stimmte ihm zu ohne Heuchelei, in aufrichtiger und unverstellter Zuneigung, freundschaftlich und ohne ihn zurückzuweisen. Er gab ihm daher ein festes Versprechen, ohne sich zweimal bitten zu lassen, und setzte sich in Marsch mit seinem Heer, seinem Auge und Ohr, seinen Drachen und Dämonen, seinen Bestien und Wölfen, mit den Gefolgsleuten seines Irrtums und den Anhängern seiner Unrechtstat. Die Erde bebte unter seinem Zug, der Himmel bewölkte sich mit dem Staub, den er aufwirbelte. Es kam die Kunde, die Franken hätten die Pferde bestiegen, sich in Bewegung gesetzt mit den Scharen ihrer Festigkeit, seien zum Angriff gestürmt, aufgestellt in Schlachtordnung, hätten sich ausgebreitet, seien vorgekrochen zur Verteidigung, hätten das Feuer des Krieges entfacht, dem Aufruf zur Rache geantwortet und seien herbeigelaufen, ihre Häuser zu erreichen; das war Freitag, den 24. Rabīʿ II. Kaum hatte der Sultan zuverlässige Nachricht, als er seine Entscheidung gemäß seinem früheren Urteil bekräftigte und sich freute, von ihrem Marsch zu vernehmen. «Unsere Absicht ist verwirklicht», sagte er, «unsere Bitte ist vollständig erhört, wir haben erreicht, was wir wollten. Lob sei Gott, wir haben neues Glück, scharfe Klingen, kühnen Mut, bereiten Sieg. Wenn sie wirklich besiegt, getötet und gefangen werden, gibt es niemanden mehr, der Tiberias und das ganze Küstenland verteidigte und ihre Eroberung verhinderte.»

So bat er Gott, das beste Geschick zu senden, und brach ohne allen Verzug auf. Es kam Freitag, der 24. Rabīʿ II, und die Franken waren auf dem Marsch mit allen ihren Kräften, als ob sie sich im tiefen Gelände oben auf dem Hügel befänden: es fluteten ihre Massen, ihre Löwen schäumten, ihre Geier flogen, ihr Geschrei erhob sich, der Horizont war verschlossen von ihren Wolken, ihre Schädel dürsteten nach denen, die sie schlagen wollten. Sie glichen wandernden Bergen, Meeren, die überflossen von schäumenden Wogen, sich drängenden Scharen, kochenden Zuflüssen, rohen verstümmelten Kriegern. Die Luft stank, das Licht nahm ab, die Wüste dröhnte, die Ebene löste sich auf, das Geschick hing drohend über ihnen, die Plejaden baten um den Besuch des Staubes, die schleppenden Satteldecken der Rosse hatten den Boden zermahlen, die stampfenden Hufe zerwühlten das Erdreich; die Ritter in ihren Rüstungen gingen mit offenem Visier zwischen den Schwertern; die Wölfe der Verteidigung und Standhaften im Kampf waren mit jeder Art Kriegsgerät beladen und machten jede Zahl voll. Vor ihnen verteilte der Sultan seine Bataillone und begrenzte seine Wünsche auf den Kampf gegen sie; er stellte sich mit seinem Heer ihnen gegenüber auf und überwachte ihr Vorrücken zum Angriff; er schnitt ihnen den Zugang zum Wasser ab, verdeckte ihnen die Brunnen und brachte sie so in höchste Not; mit Hieben verhinderte er, daß sie hinunter ans Wasser gelangten, er spaltete sie entzwei, indem er sie davon fernhielt. Das geschah an einem glühenden Tag, sie selbst glühten vor Wut, der Hundsstern brannte in unaufhörlicher Hitze, hatte ihren ganzen Wasservorrat aufgetrunken und konnte (seinem) Durst (immer noch) nicht wehren.

Die Nacht trennte die beiden Heere, und die Reiterei versperrte beide Wege. Der Islam verbrachte die Nacht angesichts des Unglaubens, der Eingottglaube im Kampf gegen den Dreifaltigkeitsglauben, die rechte Leitung überwachte den Irrtum, der Glaube bekriegte die Vielgötterei, während die Kreise der Hölle sich rüsteten und die Stufen des Paradieses sich Glück wünschten, während Mālik (Hüter der Hölle) wartete und Riḍwān (Hüter des Paradieses) sich freute. Als schließlich die Dämmerung anbrach und der Morgen erglänzte, als die Morgenröte Ströme des Tageslichtes vergoß, der Klang der Posaune den Raben des Staubes erschreckte, das Schwert in der Scheide erwachte und die glühenden Lanzen entflammten, die Bogen sich von neuem krümmten und das Feuer hochschlug, als die Klinge aus der Scheide gezogen wurde und es kein Zögern mehr gab – da begannen die Bogenschützen, mit den glühenden Spitzen die dem Höllenfeuer Bestimmten zu verbrennen, die Bogen summten, und die Sehnen sangen, die biegsamen Lanzen der Tapferen tanzten und entschleierten die Bräute der Schlacht; nackt aus der Scheide erschienen die Schwerter in der Menge, die braunen Lanzen weideten sich an ihrem Futter, den Lenden. Endlich hofften die Franken auf Erleichterung, ihre bedrängten Scharen suchten einen Ausweg, aber bei jedem Ausfall wurden sie durchbohrt und gequält von der Glut des Kampfes, ohne zu entkommen. Ausgedurstet griffen sie an, denn sie hatten kein anderes Wasser als das «Wasser» der von ihnen ergriffenen Klingen. Das Feuer der Pfeile verbrannte und verletzte sie, ständig waren sie Ziel der harten Angriffe der Bogen, die sie zu Tode trafen. Ohnmächtig waren sie und vertrieben, hart bedrängt und verjagt, nach jedem Sturm zurückgeworfen und hingemetzelt, nach jeder Bewegung, jedem Angriff gefangen und gefesselt. Nicht eine Ameise konnte von ihnen entkommen, und es gab keinen Angriff, der sie hätte verteidigen können. Sie loderten und schlugen aufeinander, brannten und glühten. Die Pfeile griffen sie an, und die Löwen unter ihnen verwandelten sich in Igel, die Pfeile bedrängten sie und rissen große Lücken unter ihnen. Sie suchten Zuflucht auf dem Hügel von Ḥaṭṭīn, damit er sie vor der Sintflut des Unterganges bewahre, und Ḥaṭṭīn wurde umgeben von den Bannern der Zerstörung. Die Klingen der Schwerter saugten ihnen das Leben aus und verstreuten sie über die Hügel, die Pfeile beschossen sie, wildes Todeslos schindete sie, das Unglück zerrieb sie, die Niederlage zermalmte sie. Sie wurden zum Ziel des Todes, zur Beute des Schicksals. Sobald der Graf sich über die Niederlage klar war, zeigte er offen seinen Schmerz, gab allen Widerstand auf und sann auf einen Weg zur Flucht; das geschah, noch bevor die große Menge in Verwirrung geriet, bevor die Glut zischte, bevor der Kampf entbrannte und das Feuer loderte; so kam er mit seiner Schar heraus auf der Suche nach einem Ausweg, flüchtete über den Weg quer zum Tal, ohne anzuhalten; er war weg wie der Blitz, verlängerte die langen Schritte seiner Torheit, bevor die Lücke sich zu sehr erweiterte; er floh mit einer kleinen Zahl seiner Leute, ohne sich umzudrehen und wieder zum Angriff anzusetzen. Er entfernte sich auf diese Weise aus dem Getümmel, von unüberwindlichem Schrekken gepackt, der ihn zur Flucht trieb. Das Gefecht entbrannte von neuem, Lanzenstöße und Schwerthiebe kreuzten sich, und die Franken wurden eingekreist, wohin sie sich auch wandten, und völlig umzingelt. Sie begannen, ihre Zelte aufzuschlagen, die Schlachtordnung wiederherzustellen, sie richteten ihre Zelte in Ḥaṭṭīn auf, während die Eisenspitzen der tapferen Bogenschützen ihre Schwerter schartig machten: aber sie wurden gehindert, ihre Zelte aufzuschlagen und zu errichten, und abgeschnitten von den Wurzeln und Zweigen des Lebens. Sie hofften auf einen Vorteil, sprangen von den Pferden und kämpften ausdauernd, doch die Schwerter durchbohrten sie wie ein reißender Wildbach, das Heer umgab sie wie das Höllenfeuer die Verdammten. Schließlich machten sie sich daran, die Erde zu satteln, und ihr Gürtel reichte bis zu den Brustspitzen der Ebene[159].

Der Dämon wurde mit seinen Scharen genommen, der König mit seinen Grafen gefangen; der Sultan ließ sich nieder, um die vornehmsten Gefangenen an sich vorbeiziehen zu lassen, die in den Fesseln torkelten wie Betrunkene. Das Oberhaupt der Templer in seinem Unheil wurde vorgeführt mit einer großen Schar von ihnen und den Hospitalitern. Gebracht wurden König Guy und sein Bruder Gottfried[160], dazu Hugo, Herr von Ǧubail, und Honfroi; auch Fürst Renaud von al-Karak, der als erster ins Netz ging. Der Sultan hatte gelobt, sein Blut zu vergießen, und gesagt: «Wenn ich ihn finde, erschlage ich ihn ohne Zögern!» Da er nun vor ihm erschien, ließ er ihn Seite an Seite mit dem König niedersitzen, warf ihm seinen Verrat vor, gemahnte ihn seiner Schuld und sagte: «Wie oft hast du geschworen und deinen Schwur gebrochen, wie viele Verpflichtungen bist du eingegangen, ohne sie zu halten, wie viele Abkommen schließt und brichst du, wie oft stimmst du einer Vereinbarung zu und entziehst dich ihr!» Der Dolmetscher übersetzte seine Antwort: «So ist es eben Brauch unter den Königen, ich bin nur dem allgemein begangenen Pfad gefolgt.» Der König keuchte dabei vor Durst und bebte wie trunken vor Furcht, doch der Sultan wandte freundlich das Wort an ihn, beruhigte den ungestümen Schrecken, der ihn gepackt hatte, dämpfte seine Angst und stärkte sein Herz: eisgekühltes Wasser wurde ihm gereicht, das seinen Brand löschte und seinen quälenden Durst vertrieb. Er gab es an den Fürsten weiter, damit auch er seinen Durst lösche, und der nahm es aus seiner Hand und trank. Doch der Sultan sagte zum König: «Ich habe dir nicht erlaubt, ihm zu trinken zu geben, so habe ich ihm damit auch nicht das Leben zugesichert!» Darauf bestieg er sein Pferd und ließ sie im Feuer ihrer Furcht rösten; er stieg nicht ab, bevor nicht sein Zelt aufgeschlagen war, seine Banner und Fahnen aufgepflanzt und seine Truppen aus dem Kampfgewühl zum Lager zurückgekehrt waren. Dann betrat er sein Zelt, ließ den Fürsten vorführen, stellte sich mit dem Schwert vor ihn, traf ihn an der Schulter, und als er fiel, befahl er, ihm das Haupt abzuschlagen. Er wurde an den Füßen weggeschleift und hinausgebracht; alles geschah in Anwesenheit des Königs, der darüber erschrak und sich ängstigte. Der Sultan bemerkte, daß ihn Furcht ergriffen, Schrecken und Entsetzen gepackt hatten, und er rief ihn zu sich, ließ ihn nahetreten, sprach ihm gut zu und beruhigte ihn, hieß ihn bequem an seiner Seite stehen und beruhigte ihn mit den Worten: «Den hat seine Bosheit zugrunde gerichtet, seine Treulosigkeit vernichtet, wie du siehst. Durch seinen Irrtum und seine Übeltaten ist er zugrunde gegangen, der Feuerstahl seines Lebens ist verlöscht, die Quelle seines Daseins versiegt.»

Diese Niederlage, dieser Sieg vollzog sich Sonnabend, und die Erniedrigung der Leute des Sabbats wurde über die des Sonntags verhängt, die Löwen gewesen und sich jetzt in elendes Herdenvieh verwandelten[161]. Von den Tausenden entkamen nur wenige Einheiten, von all den Feinden rettete sich nur eine geringe Zahl. Die Ebene füllte sich mit Gefangenen und Toten, sie lag bloß, der Staub verflog, um den Sieg zu enthüllen. Die Gefangenen wurden in Fesseln gelegt, ihre Herzen hämmerten, und die Toten wurden über Berge und Täler verstreut, wo sie auf ihren unbeweglichen Seiten lagen. Ḥaṭṭīn schüttelte diese Leichen ab, und der Duft des Sieges wurde gewürzt von ihrem Gestank. Ich ging an ihnen vorbei und fand die Glieder der Gefallenen nackt auf dem Schlachtfeld liegen, in Stücken verstreut über den Kampfplatz, zerfleischt und aus den Gelenken gerissen, die Köpfe gespalten, die Hälse abgehauen, die Lenden zerstükkelt, die Nacken zerschnitten, die Füße in Stücken, die Nasen verstümmelt, Finger und Zehen abgerissen, die Glieder zerhauen, die Teile zerstückelt, die Augen ausgedrückt, die Bäuche aufgeschlitzt, Haare von Blut gefärbt, das Innerste verwundet, die Finger abgeschnitten, die Brustkörbe zerhauen, die Rippen gebrochen, die Gelenke verrenkt, die Brüste zerquetscht, die Kehlen durchbohrt, die Körper mitten durchgehauen, die Arme gebrochen, die Stirnen eingeschlagen, die Lippen zusammengezogen, die Schöpfe rot gefärbt, die Brust voller Blut, die Rippen durchstochen, die Ellenbogen verrenkt, die Knochen gebrochen, die Schleier gerissen, die Blicke ausgelöscht, das Widerwärtige offen daliegend, mit abgeschundener Haut, abgeschlagenen Teilen, aufgelösten Haaren, geschundenen Rücken, zerstörtem Körper, eingeschlagenen Zähnen, das Blut vergossen, der letzte Lebenshauch genommen, die Nacken fallend, mit lockeren Gelenken, verflüssigten Pupillen, hängenden Hälsen, zerdrückter Leber, zerschnittenen Schenkeln, zertrümmerten Köpfen, geschundenen Brüsten, die Geister verendet, sogar die

Schreckbilder vernichtet – wie Steine unter Steinen, ein warnendes Beispiel für den, der Augen hat[162]. Das Schlachtfeld wurde ein blutiges Meer, der Staub färbte sich rot, es flossen Ströme vergossenen Blutes, das Antlitz des reinen Glaubens enthüllte sich frei von jenem dunklen Schmutz. O süße Düfte des Sieges über diese Ruchlosigkeit! O glühende Qualen der Strafe über jene Leichen! O süßer Trost der Herzen durch die Schändlichkeit dieses Wirrwarrs! Wie zufriedenstellend die Gebete bei der frohen Botschaft eines solchen Ereignisses! So groß war die Zahl der Getöteten, daß die Sprachen aller Völker nicht fähig wären, sie zu zählen und zu nennen; was die Gefangenen betrifft – die Zeltschnüre reichten nicht aus, sie zu binden und zu fesseln; ich sah dreißig und vierzig an seinem einzigen Seil, von einem einzigen Ritter geführt, und an einer Stelle hundert und zweihundert, die von einem einzigen Wächter bewacht wurden. Dort waren die Aufrührer gefangen, die Feinde nackt, die Herrscher überwältigt, die Großen erniedrigt, die Grafen waren zu Wild geworden, die Ritter zu Beute, die hochgemuten Herzen gemein, die Gesichter der schallend singenden Templer verfinstert, die Köpfe unter die Fußsohlen getreten, der glückhafte Zustand der Körper zerhauen und verstümmelt. Wie viele Hochfahrende wurden gefangen, wie viele Anführer gefesselt und geschlagen, wie viele Heiden fletschten die Zähne, wie viele Ungläubige waren nachdenklich und Dreifaltigkeitsgläubige entzweigespalten, wie viele, die Gott nachspüren, an den Armen gefesselt, Verletzende verletzt, Verwundende verwundet, Könige versklavt, Entweiher entweiht, Zerstörer verstümmelt, Angreifer angegriffen, große Herren in Ketten gelegt, Gewalttäter in Fesseln, Freie in Knechtschaft und Anhänger der Lüge in der Hand der Anhänger der Wahrheit!

Kaum war der König gefangen, da wurde auch das «wahre Kreuz» erbeutet, und die Götzenanbeter, die es verteidigten, zersprengt. Es war das Kreuz, vor dem sich jeder Christ niederwarf und beugte, wenn es aufgerichtet, aufgestellt und erhoben wurde. Sie glauben tatsächlich, es bestehe aus dem Holz, an dem, wie sie meinen, der gekreuzigt wurde, den sie anbeten; deshalb verehren sie es und werfen sich vor ihm nieder. Sie hatten es mit Gold umhüllt, mit Perlen und Edelsteinen gekrönt, für das Begehen der Passion vorbereitet, für die Feierlichkeit ihres wiederkehrenden Festes. Wenn die Priester es herausbrachten und die Köpfe (der Träger) es trugen, liefen alle herbei und stürzten vor ihm nieder, keiner durfte zurückbleiben, und wer zögerte, ihm zu folgen, konnte nicht mehr frei über sich verfügen. Seine Erbeutung war schlimmer für sie als die Gefangennahme des Königs, es war der schwerste Schlag, den sie in dieser Schlacht erlitten: das Kreuz war die unersetzliche Beute, darüber hinaus hatten sie kein anderes Ziel, seine Verehrung war ihnen eine vorgeschriebene Pflicht, da es ihr Gott war, vor dem sie sich mit der Stirn auf die Erde warfen und dem ihr Mund Lobgesänge sang. Bei seinem Erscheinen vergingen sie, ihre Augen starrten, es zu betrachten, sie verzehrten sich, wenn es gezeigt wurde, kümmerten sich um nichts mehr, wenn sie es gesehen hatten, gerieten außer sich, wenn sie es wiedersahen, boten ihr Leben dafür und suchten bei ihm Hilfe – so sehr, daß sie ihm andere Kreuze nachgeformt hatten, die sie anbeteten, vor denen sie sich in ihren Häusern niederwarfen und die sie zu Zeugen anriefen. Als das große Kreuz erbeutet wurde, war deshalb das Unglück groß, das sie traf, und ihre Lenden wurden müde. Riesig war die besiegte Menge, und edel die Lage des siegreichen Heeres. Es scheint, nachdem sie vom Verlust des Kreuzes erfahren hatten, entrann keiner dem für sie unglückseligen Tage: sie gingen an Tod und

Gefangenschaft zugrunde und wurden mit Macht und Gewalt besiegt. Der Sultan lagerte in der Ebene von Tiberias wie der Löwe in der Wüste, wie der Mond in der Fülle seines Glanzes.

Eroberung der Festung von Tiberias

Er sandte zu seiner Festung, um gegen Zusicherung freien Geleites ihre Übergabe entgegenzunehmen, und setzte den Glauben wieder in sie ein, nachdem der Irrglaube darin gewohnt hatte. Die Frau, Herrin von Tiberias, hatte sie verteidigt und all ihr Hab und Gut dorthin gebracht. Er gab ihr Sicherheit für ihre Begleiter und ihr Gut, sie kam heraus mit ihren Dienerinnen, Mannen und ihrem Gepäck und begab sich mit allen ihren Sachen nach Tripolis, der Stadt des Grafen, ihres Gemahls. So wurde Tiberias bevölkert und gesichert durch das Volk des Glaubens; zu seinem Statthalter wurde Ṣārim ad-Dīn Qaimaz an-Naǧmī ernannt, einer der höchsten Würdenträger. Saladin hielt sich unterdes außerhalb von Tiberias in seinem Lager auf, nachdem er die ganze Menschheit von dem Übel dort befreit hatte, und sein Heer bedeckte die ganze Ebene.

Wie Saladin Templer und Hospitaliter behandelt, ihnen den Kopf abschlagen läßt und alle durch ihre Ausrottung erfreut[163]

Montagmorgen, den 17. Rabīʿ II, zwei Tage nach dem Sieg, ließ der Sultan die gefangenen Templer und Hospitaliter suchen und sagte: «Ich will die Erde von den beiden unreinen Geschlechtern säubern.» Er setzte fünfzig *dīnār* aus für jeden, der einen Gefangenen bringe, und sofort brachte das Heer sie zu Hunderten. Er befahl, sie zu enthaupten, denn er zog es vor, sie zu töten und nicht zu Sklaven zu machen. Eine ganze Schar Gelehrter und Ṣūfīs und eine gewisse Zahl Frommer und Asketen befanden sich bei ihm; jeder bat, ob er nicht einen von ihnen umbringen dürfe, zog das Schwert und krempelte die Ärmel auf. Der Sultan saß mit frohem Gesicht dabei, während die Ungläubigen finster blickten, die Truppen standen geordnet, aufrecht die Emire in doppelter Reihe. Es gab solche, die schnitten und sauber hieben und Dank ernteten; solche, die sich weigerten und fehlten und entschuldigt wurden; solche, die Lachen erregten – andere traten an ihre Stelle. Ich sah solche, die laut lachten und mordeten, die sprachen und handelten: wie viele Versprechungen erfüllten sie, wieviel Lob erwarben sie, ewigen Lohn sicherten sie sich mit dem vergossenen Blut, wie viele fromme Werke vollbrachten sie mit den Hälsen, die sie durchhieben! Wie viele Klingen färbten sie mit Blut für einen erstrebten Sieg, wie viele Lanzen schwangen sie gegen einen von ihnen gefangenen Löwen, wie viele Schwächen heilten sie, indem sie einen Templer schwächten, wieviel Stärke gaben sie den Anführern, die sie stärkten, wie viele Banner entfalteten sie über Niederlagen, die sie wettmachten, wie viele Ungläubige töteten sie, um dem Islam Leben zu geben, wieviel Vielgötterei rissen sie nieder, um den Eingottglauben zu bauen, wie viele Entscheidungen trafen sie, um der Gemeinde der Gläubigen Genugtuung zu geben, wie viele Feinde schlugen sie, um die Freunde zu verteidigen!

Der Sultan schickte den König der Franken, seinen Bruder, Honfroi, den Herrn von Ǧubail, das Oberhaupt der Templer und alle ihre Großen, die gefangen waren, nach Damaskus, damit sie dort gefangengesetzt würden und unbeweglich gemacht nach so viel Rührigkeit. Das Heer zerstreute sich in alle Gegenden mit den Gefangenen in seinen Händen, und die Glut der versammelten Ungläubigen ging aus und verlosch.

RÜCKEROBERUNG JERUSALEMS

(Ibn al-Aṯīr XI 361–366)

Als Saladin die Eroberung Askalons und seiner Umgebung abgeschlossen hatte, schickte er Boten nach Ägypten und ließ die ägyptische Flotte mit einem beträchtlichen Aufgebot an Truppen holen; sie standen unter dem Befehl des Ḥusām ad-Dīn Lu'lu' al-Ḥāǧib, der für seinen Mut, seine Energie und glückliche Tatkraft bekannt war. Die Flotte kreuzte zunächst auf dem Meer, um den Franken die Verbindungswege abzuschneiden. Jedes fränkische Schiff, das in ihre Reichweite kam, wurde geplündert, jede Galeere gekapert. Als die Flotte gelandet war und Saladin von der Seite nichts mehr zu befürchten hatte, zog er von Askalon nach Jerusalem. Hier befanden sich der von den Franken verehrte Patriarch[164], der in noch höherem Ansehen stand als der König, und Balian ibn Barzan[165], dessen Rang etwa dem ihres Königs entsprach, dazu die Ritter, die bei Ḥaṭṭīn übriggeblieben waren und sich hier gesammelt hatten. Außerdem hatte sich die Bevölkerung der ganzen Gegend, aus Askalon und anderen Orten, hierher geflüchtet, so daß in Jerusalem eine Menge Volks zusammengeströmt war; alle wollten lieber den Tod erleiden, als miterleben müssen, daß die Muslime die Stadt eroberten und sie ihnen wegnähmen: die Hingabe ihres Besitzes und ihrer Söhne und die Aufopferung des eigenen Lebens sahen sie als Pflicht an, die sie zur Verteidigung der Stadt zu erfüllen hätten. Sie befestigten darum in diesen Tagen Jerusalem mit allen vorhandenen Mitteln und stiegen alle auf die Mauern, um sie mit aller Kraft zu verteidigen, und zeigten deutlich die Absicht, bis zuletzt für die Stadt zu kämpfen. Um jedem Angreifer den Zugang zur Stadt zu wehren, errichteten sie außerdem Katapulte.

Während Saladin heranrückte, ritt ein Emir mit einem Teil seiner Truppen ohne Vorsichtsmaßnahmen und ohne sich abzusichern voraus; er stieß auf eine Schar Franken, die als Kundschafter Jerusalem verlassen hatten, und sie töteten ihn und eine gewisse Zahl seiner Leute zum großen Schmerz und Leid der Muslime. Mitte Rağab (September 1187) begannen sie, Jerusalem zu belagern. Schon beim Näherrücken hatten sie auf den Mauern eine furchterregende Menge Männer erblickt und aus der Stadt ungeheuren Lärm vernommen, woraus sie auf die Masse der dort versammelten Menschen schließen konnten. Fünf Tage lang ritt Saladin um die Stadt und versuchte, eine zum Angriff geeignete Stelle zu finden; aber sie war hervorragend befestigt, und er entdeckte keine andere Möglichkeit, als sie von Norden, bei Bāb ʿAmūdā, oder bei der Zionskirche anzugreifen. Also rückte er am 20. Rağab dorthin und ließ am selben Abend die Belagerungsmaschinen aufbauen; am nächsten Morgen waren alle aufgestellt, und man fing an, die Mauern zu beschießen; die Franken antworteten mit Maschinen, die oben auf den Mauern errichtet waren. Es entwickelte sich der härteste Kampf, der je erlebt wurde. Beide Seiten sahen ihn als unumstößliche heilige Pflicht an, zu der sie keines Anstoßes einer Obrigkeit bedurften: auch wenn sie aufgehalten wurden, ließen sie sich nicht zurückhalten, wenn zurückgeworfen, nicht verjagen. Täglich zog die fränkische Reiterei aus der Stadt, um zu kämpfen und zur Schlacht herauszufordern. Dabei fielen auf beiden Seiten etliche Krieger; von den Muslimen fiel als Blutzeuge für den Glauben Emir ʿIzz ad-Dīn ʿĪsā ibn Mālik, einer der größten Emire, Sohn des Herrn der Feste Ğaʿbar. Jeden Tag zog er selbst in den Kampf; so fiel er und ging in die Barmherzigkeit Gottes des Erhabenen ein. Allen Muslimen, hoch und niedrig, war er teuer, und sie litten sehr und waren betrübt, als sie ihn fallen sahen. Wie ein Mann griffen sie daraufhin die Franken an, stießen sie aus ihren Stellungen und trieben sie in die Stadt zurück. Sie überrannten sogar den Graben, drückten sich an die Mauer und fingen an, unter der Deckung der Bogenschützen Breschen zu schlagen; die

Katapulte schossen unaufhörlich, um die Franken von der Mauer zu vertreiben und den Muslimen zu ermöglichen, sie zu untergraben. Als das geschehen war, füllten sie das übliche Material ein[166].

Als die Franken den stürmischen Angriff der Muslime sahen, den ununterbrochenen Beschuß durch die Belagerungsmaschinen und das ungehinderte Vorgehen der Sappeure bemerkten, fühlten sie sich dem Untergang nahe. Ihre Anführer beratschlagten, was zu tun sei, und beschlossen, Saladin gegen Übergabe der Stadt um freien Abzug zu bitten. Sie schickten also eine aus ihren Vornehmen und Großen zusammengesetzte Abordnung und baten um freien Abzug. Aber als sie zum Sultan sprachen, weigerte er sich, ihrer Bitte zu entsprechen, und sagte: «Ich verfahre nicht anders mit euch als ihr mit der Bevölkerung Jerusalems, als ihr nach dessen Eroberung 492 (1099) die Einwohner ermordet oder in Sklaverei geführt und ähnliche Grausamkeiten verübt habt!» Die Abgesandten kehrten mit leeren Händen zurück. Darauf ließ Balian ibn Barzan freies Geleit allein für sich selbst erbitten, um zu Saladin zu gehen und die Übergabe auszuhandeln. Er erhielt die Erlaubnis, begab sich zu ihm und bat wieder um allgemeine Schonung für den Preis der Übergabe. Doch er hörte auch auf *seine* Vorstellungen und Bitten um Mitleid nicht. Schließlich verzweifelte Balian an diesen Mitteln und sagte: «Wisse, Sultan, wir sind in so großer Zahl in der Stadt, daß nur Gott sie kennt. Jetzt fürchten sich alle zu kämpfen, denn noch hoffen sie auf ihr Leben, darauf, daß du es ihnen schenkst, wie du es anderen gewährt hast. Sie wehren sich gegen den Tod und wollen leben. Sehen wir aber den Tod unvermeidlich vor uns – bei Gott, wir töten unsere Frauen und Kinder und stecken unsere Habe in Brand! Wir lassen euch keinen einzigen *dīnār* noch eine Drachme in die Hände fallen, keinen Mann und keine Frau in die Knechtschaft schleppen. Dann zerstören wir den Felsendom, die Moschee al-Aqṣā und die anderen heiligen Orte und töten die gefangenen Muslime – es sind fünftausend. Kein Pferd und kein anderes Tier findet ihr lebend bei uns. Endlich ziehen wir alle zum Kampf gegen euch heraus und streiten wie Männer, die um ihr Leben kämpfen; dann wird kein Mann getötet, ohne vorher seinesgleichen umgebracht zu haben. Ehrenvoll sterben wir oder siegen edel!» Saladin hielt darauf Rat mit seinen Gefährten. Sie alle schlugen vor, der Bitte um freien Abzug zu entsprechen und die Franken nicht mit dem Untergang vor Augen zu äußersten Schritten zu treiben, deren Folgen unabsehbar wären: «Sehen wir sie als unsere Gefangenen an, und erlauben wir ihnen, sich zu Bedingungen freizukaufen, die zwischen ihnen und uns auszuhandeln sind.» Da gab der Sultan nach. Er wollte den Franken freien Abzug unter der Bedingung gewähren, daß für jeden Mann, reich oder arm, zehn *dīnār* gezahlt würden, für die Kinder – Jungen und Mädchen – zwei *dīnār* und für die Frauen fünf *dīnār*. Wer binnen vierzig Tagen den entsprechenden Betrag aufgebracht habe, solle frei sein, wer aber in der Zeitspanne das Geld nicht beschafft habe, solle Sklave werden. Balian ibn Barzan bot dreißigtausend *dīnār* als Lösegeld für die Armen, was angenommen wurde. Freitag, den 27. Rağab (2. Oktober 1187), wurde die Stadt übergeben, an einem denkwürdigen Tage: die islamischen Banner wehten wieder auf den Mauern Jerusalems. Saladin bestimmte für jedes Stadttor einen zuverlässigen Emir, der das der Bevölkerung auferlegte Lösegeld einziehen sollte. Sie mißbrauchten aber das Vertrauen, das Saladin mit dieser Aufgabe in sie gesetzt hatte, und teilten das Geld unter sich. So ging es verloren, während es den Schatz des Reiches gefüllt hätte und allen zugute gekommen wäre, hätten sie es ehrlich abgeliefert: in Jerusalem befanden sich genau sechzigtausend Reiter und Fußsoldaten, dazu die Frauen und Kinder in ihrem Gefolge. Diese Zahl braucht nicht zu erstaunen, denn die Stadt ist groß, und es hatte sich eine ganze Volksmenge aus Askalon, ad-Dārūm, ar-

Ramla, Gaza und anderen Orten hier gesammelt – so viele, daß sie Straßen und Kirchen füllten und man kaum treten konnte. Ein Beweis für ihre große Zahl liegt darin, daß der größte Teil den Betrag des ihnen auferlegten Lösegeldes zahlte. Balian ibn Barzan kaufte achtzehntausend Menschen los und zahlte für sie dreißigtausend *dīnār*. Nach alldem blieben noch genau sechzehntausend Menschen – Männer, Frauen und Kinder –, die nicht zu zahlen vermochten und gefangengenommen wurden.

Gewisse Emire behaupteten, einige ihrer Untertanen, die zu ihren Militärlehen gehörten, wohnten in Jerusalem. Sie erhoben die für sie festgesetzte Steuer und ließen sie frei. Andere Emire verkleideten Franken als muslimische Soldaten, brachten sie aus der Stadt und erhoben dafür einen von ihnen bestimmten Betrag. Wieder andere erbaten vom Sultan einige Franken als Geschenk; er überließ sie ihnen, und sie zogen die Steuer für sie ein. In den Schatz des Sultans jedenfalls floß nur ein geringer Betrag.

In Jerusalem befand sich die vormalige Frau eines der Könige von Rūm. Sie war Nonne [167] geworden, hatte sich in Jerusalem niedergelassen und besaß ein ansehnliches Gefolge von Dienern, Sklaven und Sklavinnen, dazu hatte sie viele Reichtümer und kostbare Edelsteine. Sie bat für sich und ihr Gefolge um freies Geleit, und Saladin gewährte es ihr und ließ sie ziehen. Ebenso schenkte er der Königin von Jerusalem [168] die Freiheit; ihr Gemahl, den Saladin gefangengenommen hatte, war durch sie zum König der Franken geworden und übte als ihr Stellvertreter die Herrschaft aus. Der Sultan gab ihre Habe und ihr Gefolge ebenfalls frei. Sie bat ihn, sich zu ihrem Gemahl begeben zu dürfen, der zu der Zeit auf der Feste Nābulus gefangengehalten wurde; er erlaubte es, sie ging zu ihm und blieb bei ihm. Weiter erschien vor Saladin die Frau Fürst Renauds, des Herrn von al-Karak, den Saladin am Tage der Schlacht von Ḥaṭṭīn eigenhändig umgebracht hatte, und bat für einen gefangenen Sohn [169]. Saladin sagte zu ihr: «Wenn du al-Karak auslieferst, lasse ich ihn frei.»

Sie ging nach al-Karak, aber die Franken hörten nicht auf sie und wollten es nicht übergeben. Saladin gab daher ihren Sohn nicht frei, ließ ihr aber Geld und Begleitung.

Der große Patriarch der Franken verließ die Stadt mit den Schätzen der Kirchen: des Felsendoms, al-Aqṣās, der Auferstehungskirche und anderer – Gott allein weiß, wie viele Schätze es waren –, und mit ebensoviel Geld. Saladin machte ihm keine Schwierigkeiten; als ihm geraten wurde, alle diese Schätze zum Wohle der Muslime einzuziehen, antwortete er, er gedenke nicht, sein Wort zu brechen: er nahm ihm nur zehn *dīnār* ab und ließ alle unter gutem Schutz zur Stadt Tyrus ziehen.

Auf der Kuppel des Felsendomes stand im Scheitel ein großes vergoldetes Kreuz; als die Muslime am Freitag in die Stadt einzogen, kletterten einige von ihnen oben auf die Kuppel, um das Kreuz zu entfernen. Als sie hinaufgestiegen waren, erhob sich ein einstimmiger Schrei in der Stadt und außerhalb, unter Muslimen und Franken. Die Muslime riefen *Allāh akbar* vor Freude, die Franken schrien vor Schmerz und Bestürzung. Das Geschrei war so laut und durchdringend, daß es die Erde erzittern ließ.

Nachdem die Stadt eingenommen war und die Ungläubigen sie geräumt hatten, ordnete Saladin an, daß die Gebäude wieder in ihren alten Zustand versetzt würden. Die Templer hatten im Westen von al-Aqṣā ihre Wohngebäude errichtet mit Getreidespeichern, Latrinen und anderen notwendigen Räumlichkeiten; einen Teil von al-Aqṣā hatten sie darin einbezogen. Dieser Ort erhielt sein altes Aussehen zurück. Der Sultan befahl, die Moschee und den Felsendom von jeder Besudelung zu reinigen, und alles geschah. So konnten die Muslime am folgenden Freitag, dem 4. Šaʿbān (9. Oktober), in ihr das Freitagsgebet verrichten – zusammen mit Saladin, der auch im Felsendom betete[170]; als Prediger und Imām wirkte Muḥji ʾd-Dīn ibn az-Zakī, Qāḍī von Damaskus. Danach ernannte Saladin einen ständigen Prediger und Imām für die fünf vorgeschriebenen Gebete und ließ ihm eine Kanzel errichten. Man sagte ihm, Nūr ad-Dīn habe in Aleppo schon eine Kanzel anfertigen lassen und den Handwerkern befohlen, das Äußerste in Schmuck und Vollendung ihrer Arbeit zu leisten. Er habe gesagt: «Wir haben diese Kanzel anfertigen lassen, um sie in Jerusalem aufzustellen.» Die Handwerker hätten mehrere Jahre an ihr gearbeitet, und es gebe im Islam nichts Vergleichbares. Saladin ließ die Kanzel aus Aleppo herbeischaffen und in Jerusalem aufstellen – mehr als zwanzig Jahre nach ihrer Fertigstellung: es war eine der edlen Taten Nūr ad-Dīns, eines seiner guten Vorhaben – Gott erbarme sich seiner[171]! Nach dem Freitagsgebet ordnete Saladin die Wiederherstellung der Moschee al-Aqṣā an; keine Mühe sollte gescheut werden, sie aufs schönste mit Steinplatten und feinen Mosaiken zu schmücken: man schaffte Marmor herbei, der seinesgleichen sucht, goldene Mosaiksteine aus Konstantinopel und anderes notwendige Material, das seit Jahren bereitlag. Sie begannen mit der Wiederherstellung und beseitigten alle Gemälde, die sich in diesen Gebäuden fanden. Die Franken hatten den Felsen mit Marmorplatten bedeckt und vor den Blicken verborgen, aber Saladin ließ ihn wieder freilegen: er war mit Marmor verkleidet worden, da die Priester viel von ihm an die Franken verkauft hatten, die als Pilger übers Meer gekommen waren und Stückchen gegen Gold aufgewogen kauften, denn sie hofften auf ihren heilbringenden Einfluß. Jeder Pilger, der mit einem solchen Stück in sein Land zurückkehrte, ließ dafür eine Kirche errichten und schloß es in ihren Altar ein. Einer ihrer Könige fürchtete deshalb, der ganze Felsen könnte aufgebraucht werden, und ließ eine Verkleidung anbringen, um ihn zu erhalten. Als er nun freigelegt war, ließ Saladin schöne Handschriften des Korans und seiner Abschnitte für den Gottesdienst herbeibringen; außerdem bestellte er Vorleser und setzte ihnen reichliche Gehälter aus. So kehrte der Islam in aller seiner Frische und Schönheit wieder hierher zurück. Diese edle Tat, die Eroberung Jerusalems, vollbrachte nach ʿUmar ibn al-Ḫaṭṭāb[172] nur Saladin – Gott erbarme sich seiner! Das allein ist genug Ruhm und Ehre für ihn!

Die in Jerusalem zurückgebliebenen fränkischen Einwohner begannen, alle ihre Habe, Kostbarkeiten und Güter, die sie nicht mitnehmen konnten, zu sehr niedrigen Preisen zu verkaufen. Die Kaufleute des Heeres und die nichtfränkischen Christen Jerusalems kauften diese Dinge auf; letztere hatten Saladin um die Erlaubnis gebeten, in ihren Häusern wohnenbleiben zu dürfen, wenn sie dafür die Kopfsteuer zahlten. Er erlaubte es ihnen, sie blieben und kauften die Sachen der Franken. Vieles ließen sie noch zurück, was sie nicht verkaufen konnten: Betten, Kisten, Fässer und anderes, außerdem Marmorsäulen und -platten ohnegleichen, Mosaike usw. in großer Zahl. Darauf zogen sie ab.

(ʿImād ad-Dīn 47–69)

Saladin zog von Askalon nach Jerusalem, siegreich in seiner Entscheidung, in Begleitung des Sieges, die Schleppe des Ruhmes ziehend; das ungestüme Füllen seines Begehrens war fügsam geworden, und fruchtbar die Wiese seines Reichtums. Seine Hoffnung nahm beschwingten Lauf, seine Wege dufteten, seine Gaben verströmten sich, er machte angenehm seinen Wohlgeruch, seine Macht lag offen ausgebreitet, sein Ansehen überwältigte. Der Glanz seines Heeres ergoß sich gleichsam durch die Ebene, erfüllte die Wüste und verströmte Wohltaten. Der Staub seiner Scharen hatte seinen Mantel über die Morgenröte gebreitet, und es schien, als habe der Nebelschleier die klare Morgenstunde in die Finsternis der Nacht verwandelt. Die Erde stöhnte zuweilen unter den Schwadronen, und der Himmel freute sich der Staubkörnchen. Er zog vorwärts und erfreute damit die umliegenden Gegenden; alles erzählte sich die Geschichten seiner Eroberungen, von den Spitzen der Lanzen zu den

Gipfeln der Berge, und die Seiten seiner Erfolge waren enthalten in den Diktaten, die die Hoffnungen verbreiteten. Süße, kostbare Frucht und Glanz wuchsen aus den Wurzeln des Sieges und seinem Aufbrechen. Der Islam warb um die Braut Jerusalem, versprach ihr Leben als Morgengabe, brachte ihr Wohltat, um sie vom Unglück zu befreien; er schenkte ihr ein fröhliches Aussehen, um ein vergrämtes Gesicht zu vertreiben; den Schmerzensschrei des Felsens, der um Hilfe gegen seine Feinde rief, ließ er die Antwort auf seine Bitte hören, einen schnellen Widerhall seines Anrufes, um die strahlenden Leuchten an seinem Himmel aufgehen zu lassen, den von ihm verbannten Glauben an seine Heimstätte zurückzubringen, ihn wieder in seine ruhige Bleibe einzusetzen und aus al-Aqsā die zu verstoßen, die Gott mit seinem Fluch verstieß. Sie rückten vor, um die Zügel der Eroberung Jerusalems, die sich aufgebäumt hatte, anzuziehen; um die Klanghölzer der Christen verstummen und den islamischen Gebetsruf wieder erschallen zu lassen, um die Hand des Unglaubens mit den Rechten des Glaubens von ihm zu entfernen, um es von allem Schmutz jener Geschlechter zu säubern, von der Besudelung durch diese Niedrigsten der Menschen, um die Gemüter zum Schweigen zu bringen durch das Verstummenlassen der Glocken. Die Kunde davon flog nach Jerusalem, und die Herzen derer, die in ihm waren, flogen vor Schreck und bebten, schlugen aus Furcht vor dem Heer des Islams und pochten laut. Als die Nachrichten sich verbreiteten, wünschten die Franken, sie wären nie geboren. Von Führern der Franken waren dort Balian ibn Barzan, der große Patriarch und die Oberhäupter der beiden Orden, der Hospitaliter und der Templer. Balian wurde unruhig und von Feuern (der Angst) ergriffen; dem Patriarchen erlosch die Flamme seiner Anmaßung. Die Häuser wurden den Bewohnern eng, als ob jedes eine Falle für die Heiden geworden wäre. In ihrer unglücklichen Lage wollten sie Maßnahmen treffen, und die Überlegungen der Ungläubigen entzweiten sich; die Franken verzweifelten an der Rettung und beschlossen, ihr Leben (für die Verteidigung) hinzugeben.

Die Auferstehungskirche[173]

Die Franken sagten: «Hier sollen unsere Köpfe fallen, unsere Seelen vergehen, hier soll unser Blut fließen, wollen wir unser Leben verlieren; Qualen und Wunden, die uns treffen und Schmerz bereiten, nehmen wir auf uns; wir setzen unser Leben ein, um den Ort zu verteidigen, an dem der Geist wohnt. Dies ist unsere Auferstehungskirche: hier ist unser Platz, und von hier brechen wir aus, hier erhebt sich unser Schrei, büßen wir unsere Schuld, weht unser Banner, ergießt sich unsere Wolke; sie lieben wir, an sie sind wir gebunden, in der Ehre, die wir ihr erweisen, liegt unsere Ehre, ihr Wohl ist unser Wohl, ihre Unversehrtheit unsere Unversehrtheit, ihre Fortdauer unsere Fortdauer. Verließen wir sie, lüden wir unvermeidliche Schande und verdienten Tadel auf uns, denn in ihr ist der Ort der Kreuzigung und unser Ziel, der Altar und der Ort des Opfers, Platz der Versammlung und der Anbetung, des Niederfahrens und Auffahrens, Treppengang und Auslug, Gelage und Schauspiel, der geschmückte und vergoldete Ort, Vorwort und Nachwort, Nahrung und Weide, Werke aus Marmor und Schnitzereien, erlaubte und verbotene Orte, Malereien und Bildwerke, Ansichten und Darstellungen, Löwen und Löwenjunge, Bilder und Gestalten, Säulen und Tafelbilder, Leiber und Seelen. Hier sind die Abbilder der Apostel im Gespräch, der Bischöfe mit ihrer Geschichte, der Mönche in ihren Zellen, der Priester auf ihren Konzilien, der Zauberer mit ihren Seilen[174], der Priester und ihrer Einbildungen; hier sind die Abbilder der Lieben Frau und des Herrn, des Tempels und der Geburt, des Tisches und des Fisches, alles Beschriebenen und Geschnitzten, des Jüngers und des Meisters, der Krippe und des sprechenden Kindes[175]; hier sind die Abbilder von Ochs und Esel, Paradies und Hölle, hier die Klanghölzer, die göttlichen Gesetze.» Hier, so sagen sie, ist der Messias gekreuzigt, das Lamm geopfert, die Gottheit Fleisch geworden, die Menschheit vergöttlicht. Hier vereinigten sich die zwei Naturen, hier wurde das Kreuz errichtet, das Licht stieg herab und leuchtete in der Finsternis. Hier verband sich die Natur mit der Person, das Seiende mischte sich mit dem Nichtseienden, wurde die Taufe des Angebeteten vollzogen, brachte die Jungfrau ihren Sohn zur Welt[176].

So fuhren sie fort, den Gegenstand ihres Gottesdienstes mit Irrtümern zu überschütten, mit falschem Glauben, der abirrt vom wahren Sinn des Glaubens, und sie sagten: «Bei der Verteidigung des Grabes unseres Herrn wollen wir sterben und vergehen aus Furcht, es zu verlieren; für das Grab kämpfen und fechten wir; wie sollten wir nicht fechten, streiten und in den Kampf ziehen, wie dürften wir zulassen, daß sie es nehmen, ihnen erlauben, daß sie auslösen und zurückgewinnen, was wir von ihnen zurückgewonnen haben?» Sie trafen darum gewaltige und stolze Vorbereitungen, die sie nicht beendeten, sondern ins Ungemessene trieben; auf den Mauern errichteten sie die tödlichen Katapulte und verhüllten das Antlitz des Lichtes mit der Dunkelheit ihrer Schildmauern. Ihre Dämonen entbrannten, ihre Wölfe rannten hierhin und dorthin, ihre ruchlosen Gewalthaber begannen zu toben; sie entblößten ihre Schwerter, entrollten ihre Rollen, entflammten ihre brennenden Scheite; sie kochten und wogten, trieben ihre feindseligen Rotten mit Aufrufen an und hetzten sie auf, ihre Giftnattern krochen, ihre Priester stachelten sie auf, ihre Führer trieben sie an und bewegten ihre Herzen. Ihre Kundschafter brachten ihnen Nachricht vom Unheil und berichteten, daß die Heere al-Malik an-Nāṣirs[177] vorrückten mit ihren siegreichen Truppen, ihren entfalteten Bannern, ihren aus der Scheide gezogenen Schwertern fest in den Fäusten, mit den entblößten Klingen, die einzelnen Züge nach

Reihen geordnet, die Rosse herangeführt, an den Feinden Rache zu nehmen, mit Herzen, entflammt vom Feuer des rechten Glaubens, brennenden Entscheidungen, starkhufigen Rennern am Zügel geführt, gezogenen Schwertern, in den betauten Hügeln, mit rasenden Trachten der Scheiden, geschärften Lanzenspitzen, gestreckten Zügeln, ihrer Last jetzt sicher. Die Täler flossen von ihren Hügeln, die Kämpfer wogten unter ihren Standarten, ihre Schwadronen sperrten die Übergänge im Gebirge, ihre Wogen wirbelten den Staub hoch auf, ihre Adler verdunkelten die Sonne, das Eisen ihrer Speere entzündete die Dochte, ihr Wind wehte über die Berge, ihre Lanzen waren wie Seile gespannt, ihr Dickicht sammelte Löwenrudel, fest in unumstürzbarem Entschluß rückte ihre Schar vor. Ein jeder traf ein, getreu dem Vertrag mit seinem Herrn, bereit, dem Bedränger den Untergang zu bereiten, den Kummer seines Herzens zu heilen, reich im Ausfluß seines wasserreichen Flusses, gehüllt in Harnisch, jedes Übel zurückschlagend, stolz in seiner Tüchtigkeit, die Tochter der Schwertscheide zog er aus ihrer Scheide, wusch die Pflanze des Schwertes mit dem Blut des Feindes, hielt in den Händen die weißen Klingen aus Indien, beschloß die Rede des Unglücks durch ihr Blitzen und Donnern, schneidend in seinem Glück, ernst das Schwert führend. Jeder Jüngling erglühte im Feuer des Kampfes, jeder Fromme sorgte für die Religion des Herrn, jedes Heer war wie ein überschäumendes Meer, jeder, der ein geschärftes Schwert zog, verteidigte den rechten Glauben, jeder, der das andere Leben erstrebte, haßte das diesseitige und bat Gott, als Blutzeuge fallen zu dürfen, statt ein langes Leben auf der Erde zu verlangen, bereit, Geld für die Sache Gottes zu geben. Der Sultan ging vor in seinem glückhaften Ansehen, mit seinen tapferen Helden, seinen Brüdern und Söhnen, von ihm abhängigen Königen, mit den jungen Löwen seiner Mamlūken und Pagen, seinen edlen Emiren, seinen mächtigen Freunden, in Schwadronen geordnet nach ihrer Tüchtigkeit, in

Zügen gereiht, wie es der feierliche Ritt verlangte, mit ehernen Lanzenspitzen, die wie Sterne glänzten, mit Scharen vereinigt, mit schneidenden Schwertern, mit gelben Bannern für die Niederlage der Banu 'l-Aṣfar[178]; mit weißen Schwertern und braunen Lanzen, bereit, den blauäugigen Feinden roten Tod zu bringen; mit Zelten und Stämmen, mit Lanzen und Wurfgeschossen, mit Rennern, die den Erdboden zerstampften und zermalmten, mit Pfeilen und biegsamen Speeren, mit Reitern zu Pferde, ein Volk, aus eifernder Liebe zu seinem Glauben bereit, Leben und kostbares Gut hinzugeben. (Als Saladin angekommen war,) fragte er nach der Moschee al-Aqṣā, dem kürzesten Weg zu ihr und ihrer erhabenen Gesellschaft: so gab er den edlen Regungen Ausdruck, die Gott ihm gütig eingegeben hatte.

Beschreibung Jerusalems

Der Sultan sagte: «Wenn Gott uns das Glück zuteil werden läßt, seine Feinde aus Jerusalem zu vertreiben, wie glücklich sind wir! Schuldner welcher Wohltat sind wir, wenn er uns hilft! Einundneunzig Jahre[179] ist es ja in den Händen der Ungläubigen verblieben, ohne daß Gott das gute Werk eines seiner Diener dafür empfangen hätte, während der Eifer der (muslimischen) Herrscher, Jerusalem auszulösen, erlahmte, die Geschlechter sich folgten und die Franken sich dort als Herrscher festsetzten. Gott hat das Verdienst, Jerusalem zurückzuerobern, allein dem Hause der Ajjūbiden vorbehalten, um alle Herzen im Wohlgefallen an seinen Gliedern zu einen; besonders hat er die Zeit des Imām an-Nāṣir li-Dīn Allāh erwählt, um ihr den Vorrang vor anderen Zeiten zu verleihen, damit sich Ägypten und sein Heer vor allen anderen Ländern rühmen könnten. Wie sollte er sich nicht die Eroberung des starken Jerusalem zum Ziel nehmen und der Moschee al-Aqṣā, die auf Frömmigkeit gegründet ist, denn es ist der Sitz der Propheten, das Haus der Heiligen, der Ort der Anbetung der Frommen, den die großen Heiligen der Erde und die Engel des Himmels besuchen? Hier ist der Ort der Sammlung und der Auferstehung (am Jüngsten Tage), treffen Schar um Schar die Gesandtschaften der frommen Freunde Gottes ein; hier steht der Felsen, dessen immer neuer Glanz vor allem Abstumpfen bewahrt wurde, von dem der Weg des Auffahrens (des Propheten zum Himmel) ausging; über seinem Haupt erhebt sich die stolze Kuppel wie eine Krone; hier zuckte der Blitz, von hier nahm Burāq[180] seinen Weg, hier erhellte die Nacht der Himmelsreise mit der Herabkunft der glänzenden Leuchte die Welt. Unter seinen Toren ist das Tor der Barmherzigkeit[181], und wer dort eintritt, erhält das Recht, das Paradies zu betreten und ewig dort zu weilen. Hier stehen der Thron Salomos und das Bethaus Davids, hier ist die Siloahquelle, die den (himmlischen) See al-Kauṯar vertritt für den, der zu ihr hinabsteigt, um zu trinken. Jerusalem ist die erste der beiden *qibla*, das zweite der beiden Häuser Gottes, die dritte der heiligen Städte[182]; es ist einer der drei Orte des Gebetes, über die im Wort des Propheten gesagt wird, daß die Reittiere in ihrer Richtung gesattelt werden und die Menschen ihre Hoffnungen auf sie setzen. Wer weiß, ob Gott nicht durch uns Jerusalem seine schönste Gestalt zurückgibt, so, wie er es geehrt hat, indem er es zusammen mit seiner edelsten Schöpfung am Anfang der Sure[183] erwähnt hat: Er, der Hocherhabene, spricht: ‹Preis sei dem, der seinen Knecht des Nachts von der geweihten Moschee (in Mekka) zur entferntesten Moschee (in Jerusalem) reisen ließ!› Unzählig sind Jerusalems Vorzüge und Tugenden; hier hat die heilige Nachtreise ihren Anfang und ihr Ende genommen, über seinem Boden öffnete sich der Himmel, von hier werden die Geschichten der Propheten überliefert, die Wohltaten der Heiligen, die Gräber der Blutzeugen, die Wunder der Freigebigen, die Zeichen der Gelehrten. Hier ist der Ort der frommen Taten, das Schauspiel der Freuden. Sein langer Felsen ist die erste *qibla*, von ihm erhob sich der Fuß des Propheten, und auf ihn kommt beständig der Segen von oben herab. Bei ihm betete unser Prophet mit den Propheten, pflegte Umgang mit dem getreuen Geist und stieg von ihm aus in den höchsten Himmel. Hier ist das Bethaus Marias, von der Gott sagt: ‹Immer, wenn Zacharias bei ihr eintrat ...[184]›; Anbetung seinem Tag, Heil seiner Nacht! Jerusalem ist die Stadt, die David gründete und die zu bauen er Salomo anriet und die zu ehren Gott den Vers geoffenbart hat: ‹Preis sei ...› Sie ist es, die al-Fārūq[185] eroberte, mit der ein Abschnitt der Offenbarung anfängt. Wie mächtig und groß ist sie, edel und stolz, hehr und glänzend, erhaben und ruhmreich! Glückhaft ihre Segnungen, gesegnet ihre glückhaften Vorzeichen, schön ihre Umstände und süß ihre Schönheiten! Geschmückt ihr Glanz und glänzend ihr Schmuck! Ihre Hoheit und Macht hat Gott in den Worten des Korans offenbar gemacht: ‹... dessen Bezirk wir gesegnet haben ...[186]›. Wieviel Wunderbares hat Gott in ihr seinem Propheten gezeigt! Jetzt hat er uns ihre Tugenden vor Augen gestellt, von denen wir vorher nur gehört haben.»

So beschrieb der Sultan ihre Vorzüge und Schönheiten, und er nahm sich vor und schwur, sie wieder erglänzen zu lassen. Er gelobte, nicht abzureisen, bevor er nicht sein Gelübde erfüllt habe und sein Banner auf ihrer höchsten Höhe wehe, bevor er nicht den Ort betreten habe, an dem sich der Fuß des Propheten abgezeichnet hat, bevor er nicht sein Ohr dem Rufe des Felsens geliehen habe, denn er wünsche sehnlich, mit der guten Botschaft die Gesichter seiner Familie[187] zu erfreuen. So zog er voran, gewiß, daß er einen vollkommenen Sieg erringen und alle Schwierigkeiten überwinden werde, während die Franken ihre Angst zeigten. Sonntag, den 15. Raǧab (20. September), erreichte er Jerusalem von Westen. Das Herz der Ungläubigen pochte, die Anhänger der Vielgötterei standen am Rande der Verzweiflung und waren sehr betrübt, das Geschick vollbrachte seine Wunder. Es waren sechzigtausend Kämpfer der Franken in der Stadt, bewaffnet mit Schwert und Bogen, Helden des Irrtums mit Lanzen, deren biegsame Spitzen zitterten, und alle hatten sich aufgestellt, die Stadt zu verteidigen. Sie forderten zum Kampf heraus und sperrten den Durchgang, feindselig stiegen sie in die Schranken herab, schossen Pfeile und ließen Blut fließen, griffen heftig an und verteidigten sich, loderten und brannten vor Zorn, regten sich auf und entzündeten sich, verjagten und verteidigten sich, fingen Feuer und verletzten, schrien und spornten an, baten mit hängender Zunge um Hilfe, verschanzten sich und liefen durstig umher, drehten und wendeten sich, gingen vor und zurück, wälzten sich und litten, heulten und schrien um die Wette, brannten in der Schmach und schleuderten Tod. Hart kämpften sie und stritten mit letzter Kraft, alles setzten sie ein, wenn sie aufs Kampffeld zogen. Die Trinkschalen der Klingen ließen sie kreisen, um die nach dem Wasser der Seelen dürstenden Spitzen zu tränken, liefen umher mit dem Entsetzen, ließen die Becher des Todes kreisen; sie stürzten sich darauf, die Glieder zu verstümmeln, brannten und glühten, rotteten sich zusammen und hielten hartnäckig aus, schossen Pfeile und baten den Tod, er solle bei ihnen verweilen. Sie sagten: «Jeder von uns kann es mit zwanzig aufnehmen, alle zehn mit hundert. Vor die Auferstehung tritt die Auferstehung(skirche), aus Liebe zu ihrer Unversehrtheit werfen wir unsere Unversehrtheit hin.» Der Kampf dauerte, und Lanzenstich und Schwerthieb kreuzten sich weiter.

Freitag, den 20. Raǧab (25. September), ging der Sultan auf die Nordseite über, schlug dort seine Zelte auf und machte den Franken die Wege eng, aber weit die Wege des Todes. Er ließ die Katapulte errichten, molk aus ihnen die Milch des Unglückes, ließ den Felsen von Steinwürfen aufschreien und sammelte die böse Frankenherde hinter den Mauern. Nicht länger erhoben sie ihre Köpfe über die Stadtmauer, ohne Verderben und den Tag der Vernichtung zu sehen und das Leben dem Untergang preiszugeben. Die Templer dröhnten, die Barone stürzten kopfüber und endeten in der Hölle, die Hospitaliter gingen ins Verderben, die «Brüder» hatten keinen Ausweg vor dem Tod. Keine Wehr stand zwischen den geschleuderten Steinen und ihrem Ziel. Auf beiden Seiten brannte ein jedes Herz im Feuer der Sehnsucht, die Gesichter lagen den Küssen der Spitzen bloß, die Herzen wurden gepeinigt von Kampfesleidenschaft, die Hände schlossen sich um die Griffe der gezogenen Schwerter, die Seelen waren ungeduldig mit ihrem eigenen Eifer, sich voll einzusetzen. Die Grundfesten der Mauern und die Zähne ihrer Zinnen waren angeschlagen und zerbrochen von den Steinen, die von den Händen der Katapulte geschleudert wurden. Wie von Sinnen schienen sie Geschosse um die Wette zu werfen, stolze unangreifbare Krieger, von Seilen gezogene Berge, Männer, denen Menschen halfen, Mütter des Unheils und des Todes, die bald Unglück gebären sollten; zahllos waren ihre Steine, und kein Schutz half gegen sie; ihre Pfeile bebten nur von Gefahr, ihr Durchdringen nährte sich allein von der Galle der Einsichtigen[188]. Wie viele Sterne fielen von ihrem Himmel herab, wie viele Steine sprangen weg von ihrem Platz, wie viele Gluten wurden zersprengt von ihren Funken! Nichts glich dem Unheil, das ihre Hände anrichteten, den Wunderzeichen ihrer Verheerungen, den Ergebnissen ihrer Treffer, dem plötzlichen Wind, der ihnen entfloh, dem Schuß von ihren äußersten Enden! Sie ließen nicht ab, mit ihren Schleudern zu schießen, mit ihren Knüppeln zu hauen, Wasser an ihren Seilen zu ziehen, sich zu brüsten in ihren Halftern, zu kämpfen und niederzuschlagen, zu Boden zu werfen und zu spalten, ihre Eimer zu schütten, sich mit ihrem Unheil nach vorn zu werfen, die Zusammensetzung felsenfester Mannen aufzulösen, mit ihren einzelnen Felsen die Vereinigung der Gebäude zu brechen durch Zersprengen und Zersplittern, die Grundlagen durch Schläge an ihre Gründung zu zerstören, die Knoten zu lösen, indem sie sie in ihre Seile zogen, die Quellen auszuschöpfen, indem sie mit ihren Bechern daraus tranken – bis sie von der

Mauer nur einfache Ziegelreihen gelassen und ihre Verteidiger verjagt hatten. Der Feind wurde besiegt in seinen verstümmelten Schlachtreihen, der Graben überschritten, zum Angriff getrieben. Dem Islam zeigte sich der Sieg, den Ungläubigen der Tod. Die Bresche wurde genommen, das Schwierige wurde leicht, jede Anstrengung aufgebracht, das Ziel erreicht, das Gewollte vollendet, die Anmaßenden wurden verwundet, die Hindernisse beseitigt, das Werk wurde ausgeführt, der Wunsch mehr als erfüllt, die Angelegenheit geregelt. Der Feind fürchtete, zerschlagen zu werden, und nahm Krankheit im Tausch für Gesundheit. Die Stadt wurde islamisch, der Ungläubigengürtel ihres Grabens zerrissen. Heraus kam Ibn Barzan, in einem Vertrag Sicherheit vom Sultan zu bekommen, und bat um Sicherheit für seine Leute. Der Sultan weigerte sich jedoch, hielt seine hohen Forderungen aufrecht und sagte: «Weder Sicherheit noch Gnade für euch! Unsere ganze Leidenschaft ist, euch ewige Erniedrigung zu bereiten, morgen nehmen wir euch im Sturm, morden und machen viele Gefangene unter euch, vergießen das Blut der Männer und schleppen Frauen und Kinder in Knechtschaft!» Von freiem Abzug für sie wollte er durchaus nichts wissen, aber sie verlegten sich auf demütige Bitten, fürchteten sich und weckten Furcht vor den Folgen der Übereilung. Sie sagten: «Müssen wir daran verzweifeln, freien Abzug von euch zu erhalten, müssen wir eure Macht fürchten, uns in eurer Güte getäuscht sehen und sicher sein, daß es keinen Ausweg mehr gibt noch Entkommen, weder Frieden noch Sicherheit, weder Gnade noch großmütiges Wohlwollen, dann suchen wir den Tod und kämpfen wie Männer, die ihr Leben teuer verkaufen. Unser Leben wollen wir dem Tod entgegensetzen, voranschreiten als Männer, die gesenkten Hauptes ins Verderben gehen, uns als Männer hineinwerfen, die sich um des erlittenen Schadens willen in den Angriff stürzen, uns ins Feuer werfen, aber nicht in Untergang und Schande! Keiner von uns wird verletzt, ehe er nicht zehn andere verletzt hat, die Hand des Verderbens schließt sich nicht um uns, ehe wir nicht mit offenen Händen Verderben gesät haben. Die Häuser setzen wir in Brand, den Dom reißen wir nieder, euch lassen wir die Schmach, uns in Knechtschaft zu führen. Den Felsen zerstören wir und lassen euch den Schmerz um seinen Verlust fühlen. Jeder gefangene Muslim bei uns soll sterben, und es sind Tausende, denn wohl ist bekannt, daß ein jeder von uns die Schmach haßt und die Ehre liebt. Unsere Habe vernichten wir, damit ihr sie nicht bekommt, unsere Kinder töten wir eilig und erleben, daß sie nicht zögern. Welcher Vorteil liegt für euch in dieser harten Weigerung, wo ihr nur Verlust von solchem Gewinn habt! Wie viele Enttäuschungen sind aus der Hoffnung auf Erfolg entstanden, während es nur den Frieden gibt, das Böse wiedergutzumachen! Wie viele, die sich drängten, in der Finsternis zu reisen, führte die Dunkelheit der Nacht irre, bevor das Morgenlicht hereinbrach!»

Der Sultan berief daraufhin eine Versammlung ein, um zu beraten, ließ die Führer seiner siegreichen Truppen kommen, ratschlagte mit ihnen über die Sache und erörterte sie mit ihnen im geheimen und offen; er bat sie, ihre innersten Gedanken zu offenbaren, ihre verborgenen Ansichten zu entdecken, er wollte aus ihrem Stahl Feuer schlagen und ihre Vorstellungen kennenlernen; schmeichelnd brachte er sie dazu, sich über die angemessenste Lösung zu äußern, und besprach sich mit ihnen über den vorteilhaftesten Friedensschluß; er sagte: «Die Gelegenheit bietet sich – ergreifen wir sie! Das Los ist uns zuteil geworden – bitten wir Gott, daß es uns bleibt! Entgeht es uns, bekommen wir's nicht zurück, entkommt es uns, gewinnen wir's nicht!» Sie antworteten: «Gott hat dir das glückliche Los vorbehalten, dich auserwählt für diesen Gottesdienst. Dein Urteil ist recht geleitet, deine Entscheidung sucht das irregegangene Herdentier des Sieges, dein Befehl sammelt die verstreuten Wohltaten und die notwendigen Mittel zum Erfolg. Wir alle beschwören dich, die

Beute der Eroberung dieses edlen Ortes zu nehmen!» Nach wiederholten Erörterungen, Besprechungen, Gesandtschaften, Bittgängen und Fürsprachen kam man so schließlich überein und legte zu unserer vollen Zufriedenheit und mit ausreichenden Sicherungen einen Betrag fest, mit dem sie ihre Leute und Habe von uns freikaufen und ihre Männer, Frauen und Kinder retten konnten. Wer binnen vierzig Tagen nicht imstande wäre, seine Schuld zu begleichen oder sich weigerte und sie nicht ablieferte, sollte zum Sklaven gemacht werden und in unseren rechtmäßigen Besitz übergehen. Für jeden Mann waren zehn *dīnār* zu zahlen, für jede Frau fünf und zwei für jedes Kind, Junge oder Mädchen. Ibn Barzan, der Patriarch und die Oberhäupter der Templer und Hospitaliter übernahmen die Sicherheit dafür, und Ibn Barzan spendete dreißigtausend *dīnār* für die Armen; er erfüllte das gegebene Versprechen und kam treulich seiner Verpflichtung nach. Wer zahlte, konnte also sicher sein Haus verlassen, um nie wieder zurückzukommen und dort zu wohnen.

Nachdem diese Steuer festgesetzt war, übergaben sie die Stadt Freitag, den 27. Rağab (2. Oktober); sie lieferten sie aus unter Zwang, wie geraubtes und nicht anvertrautes Gut zurückgegeben wird. Über einhunderttausend Menschen waren in der Stadt, Männer, Frauen und Kinder. Ihnen allen wurden die Tore verschlossen, und Vertreter wurden eingesetzt, um sie vorbeiziehen zu lassen und das, was sie schuldig waren, von ihnen einzufordern. Jedem Tor waren ein Emir und ein hoher Aufseher zugeteilt, der alle, die hinausgingen und hereinkamen, verzeichnen sollte: jeder, der zahlte, sollte hinausgehen dürfen, wer aber seine Schuld nicht beglich, ohne Ausflucht gefangengesetzt werden. Wäre das Geld pflichtgemäß aufgehoben worden, hätte der Reichsschatz davon den größten Anteil bekommen, aber es herrschten vollkommene Nachlässigkeit und allgemeiner Unterschleif; wer ein kleines Geschenk machte, konnte gehen, und dank den Bestechungen wichen die Vertrauensleute vom rechten

Weg ab. Manche ließ man an Seilen die Stadtmauer hinunter, manche wurden im Gepäck versteckt, andere entkamen als Soldaten verkleidet, und andere genossen einflußreiche Fürsprache, die man nicht zurückweist.

In Jerusalem hielt sich eine griechische Prinzessin auf, die sich zu ihrem Trost ganz der Verehrung des Kreuzes gewidmet hatte; sie glühte für das Kreuz als Stärkung in ihrem Unglück und beharrte fest auf ihrem Glauben; hoch stiegen ihre kummervollen Seufzer, und ihre Tränen flossen herab wie die Tropfen einer Wolke. Sie war hohen Ranges, hatte viele Reichtümer, viel Hab und Gut und Gefolgsleute, viel Hausrat und Gesinde. Der Sultan ließ sie mit allen ihren Leuten frei ziehen und erlaubte, daß sie ihren ganzen Reichtum in Taschen und Säcken mitschleppte. Sie zog froh davon, wenn auch ihr Herz von Schmerz verwundet war.

Auch die Frau des gefangenen Königs, Tochter König Amalrichs[189], wohnte nahe bei Jerusalem mit all ihrem Besitz, ihren Knechten und Mägden. Sie zog frei ab mit allen ihren Begleitern und ihrem Gefolge und allen, die behaupteten, daß sie zu ihren Begleitern und ihrem Gefolge gehörten. Desgleichen wurde die Fürstin, Tochter Philipps und Mutter Honfrois[190], von der Zahlung befreit, und all ihr Reichtum und ihre Schätze blieben ihr erhalten. Der Herr von al-Bīra bat um die Freilassung von ungefähr fünfhundert Armeniern, die, wie er sagte, aus seinem Land stammten und um ihres Gottesdienstes willen nach Jerusalem gekommen waren. Muẓaffar ad-Dīn ibn ʿAlī Kūček setzte sich für ungefähr tausend Armenier ein, von denen er behauptete, sie seien aus Edessa, und der Sultan erlaubte ihm, sie freizulassen, wie er es erbeten hatte.

Der Sultan hatte eine Anzahl Kanzleien eingerichtet, jede mit einigen ägyptischen und syrischen Beauftragten. Wer eine Bescheinigung von einer dieser Kanzleien vorweisen konnte, daß er die Zahlung geleistet hatte, konnte mit den Freigelassenen abziehen, wenn er den Vertrauensleuten und ihren Untergebenen an den Toren die Bescheinigung vorwies. Jemand, an dessen Glaubwürdigkeit ich nicht zweifle, hat mir erzählt, er habe sich in einer dieser Kanzleien aufgehalten und dabei beobachtet, wie die Dinge gehandhabt wurden: oft wurden Bescheinigungen ausgestellt für Geld, das in die Taschen der Beamten floß, ohne daß es aufgedeckt worden wäre. So waren sie Teilhaber und nicht Vertrauensleute des Reichsschatzes, den sie um die Reichtümer und Gewinne brachten, die sie aus ihm zogen: ein sehr schädlicher Reichtum! Trotz allem nahm der Schatz etwa einhunderttausend *dīnār* ein, und die restlichen Bewohner blieben in Knechtschaft und Gefangenschaft; man erwartete, daß die festgesetzte Zeit verstreiche und sie den verlangten Betrag nicht zahlen könnten.

Der 17. Rağab, Tag der Eroberung

Es ergab sich, daß die Eroberung Jerusalems auf den Tag fiel, in dessen Nacht die Himmelsreise des Propheten stattgefunden hatte. Vollkommen war überall die Freude über den glänzenden Sieg, alle Zungen strömten über von Gebeten und Anrufungen Gottes. Der Sultan hielt eine Audienz, um die Glückwünsche entgegenzunehmen und die hohen Würdenträger und Emire, die Ṣūfīs und Gelehrten zu empfangen. Er saß in demütiger Haltung und zugleich ehrfurchteinflößender Würde zwischen den Rechtskundigen und Gelehrten, seinen frommen Hofleuten; sein Gesicht leuchtete vor Freude, seiner Hoffnung war der Ruhm des Sieges beschieden, sein Tor weit offen, sein Wohlwollen freigebig, der Zugang zu ihm frei, auf seine Worte wurde gehört, glücklich war seine Tatkraft, sein Teppich wurde geküßt, sein Antlitz strahlte, sein Wohlgeruch duftete, seine Zuneigung erweckte Zuneigung, seine Würde flößte Furcht ein. Sein Land strahlte in Licht, seine Tugenden verströmten Wohlgerüche, seine Hand regte sich, das Wasser der Freigebigkeit zu vergießen, die Münder der Gaben zu öffnen; ihr Äußeres war die *qibla*[191] der Küsse, ihr Inneres die Kaʿba der Hoffnung. Süß war für ihn der Zustand des Sieges, sein Thron stand wie im Hof des Mondes. Dort saßen die Koranleser, lasen und unterwiesen; die Dichter standen, trugen vor und äußerten Bitten. Die Fahnen kamen herbei, entfaltet zu werden, die Federn kratzten, die frohe Kunde zu verbreiten, die Augen weinten vor Freude, die Herzen wurden klein aus Freude über den Sieg, demütig riefen die Zungen Gott an. Die Schreiber verfaßten gezierte und ausgefeilte Botschaften, die Beredten waren bald ausführlich, bald knapp, faßten sich kurz und holten wieder weit aus. Ich konnte meine Feder nichts anderem vergleichen als dem Honigsammler der guten Nachrichten[192], noch meine Worte an einen anderen richten als den Boten der Offenbarung der göttlichen Gnadenerweise, noch meine Feder laufen lassen, es sei denn, damit sie sich der Briefe annehme, die Tugenden begleite, die Wohltaten verbreite, umfassenden Bericht von der Macht gebe; damit sie lang werde in ihren Beweisgründen, wenn auch kurz an Umfang, damit sie angreife mit ihren Worten, wenn auch ihr Angriff begrenzt ist; damit sie den König wohlgenährt erscheinen lasse, ob sie auch mager ist, und die Schwere des Heeres deutlich, ob sie auch leicht ist; damit sie den Blitz des weißen Sternes aus der tiefschwarzen Tinte leuchten lasse und den Glanz des Lichtes auf der Bahn der Finsternis enthülle; damit sie hinaussende Erlasse des Todes und des Beistandes oder Befehle, aufzuhalten und zu entlassen, abzulehnen und zuzustimmen, zu versklaven und freizulassen, zu versprechen und zu halten, reich zu machen und arm, zu zerreißen und auszubessern, zu durchlöchern und zu flicken; sie ist es, die Heere sammelt, Throne erhöht, im Vertrauenden Schrecken und im Erschreckten Vertrauen weckt, den Strauchelnden aufrichtet und den Aufrechten straucheln läßt, dem Angriff auf die Feinde und der Wohltat für die Freunde den

Weg freigibt. So verbreitete ich mit meiner Feder die frohe Kunde in die Weltteile des Menschengeschlechtes, und durch die Wunder, die sie tut, gab ich den Wundern der bedenkenswerten Ereignisse Ausdruck, ich füllte die Burgen[193] mit Sternen und die Truhen mit Perlen. Die frohe Kunde wurde so weit getragen, daß sie den Wohlgeruch Rajjs und die abendlichen Gespräche Samarqands würzte[194]; so sehr entzückte sie und war so süß, daß sie Zucker und Kandis übertraf. Die Länder des Islams wurden bereitet und geschmückt mit der Einnahme Jerusalems; seine Vortrefflichkeit wurde erklärt und erläutert; die Pflicht der Wallfahrt dorthin wurde erfüllt und jedem einzelnen Gläubigen auferlegt.

Die Franken bei ihrem Auszug aus Jerusalem

Die Franken begannen, ihre Habseligkeiten zu verkaufen, ihre Wertgegenstände aus den Verstecken zu holen, sie für nichts auf dem Markte der Verworfenheit zu verkaufen. Das Volk verhandelte mit ihnen und kaufte die Sachen um den billigsten Preis. Für weniger als einen *dīnār* verkauften sie Gegenstände, die mehr als zehn *dīnār* wert waren, und bemühten sich, soviel ihrer zerstreuten Habe zusammenzubringen, wie sie nur konnten. Daher kehrten sie ihre Kirchen aus, nahmen alle Kostbarkeiten aus ihnen weg und schleppten Gefäße und Leuchter aus Gold und Silber mit sich fort, seidene und goldgewirkte Tücher und Vorhänge, schütteten die Köcher der Kirchen[195] aus und holten die Kleinodien aus ihren Truhen. Der große Patriarch sammelte alles, was sich um das Grab fand, Goldplatten und Gold- und Silberarbeiten, und, was in der Auferstehungskirche war aus den beiden Metallen und den beiden Geweben. Ich sagte daher zum Sultan: «Das sind große Reichtümer von augenscheinlichem Wert: sie erreichen zweihunderttausend *dīnār*. Freier Abzug ist erlaubt für ihre Habe, nicht für die der Kirchen und Klöster; laß sie nicht in den Händen dieser Schamlosen!» Er entgegnete aber: «Legen wir die Abmachungen zu ihrem Schaden aus, bezichtigen sie uns in ihrem Unwissen über den wahren Sachverhalt des Wortbruchs. Darum wollen wir sie nach dem Buchstaben des Sicherheitsvertrages behandeln und ihnen nicht erlauben, den Gläubigen Eidbrüchigkeit vorzuwerfen, vielmehr sollen sie von den Wohltaten berichten, mit denen wir sie überhäuft haben.» So ließen die Franken die schweren Gegenstände zurück und nahmen nur die leichten und wertvollen mit; sie ließen die Hand vom Staube ihres Erbes, vom Mist ihres *Misthaufens*[196]. Die meisten begaben sich nach Tyrus und vermehrten dort die Finsternis mit der Finsternis. Etwa fünfzehntausend Menschen blieben zurück, da sie die vorgeschriebene Zahlung nicht erbringen konnten, und wurden, wie vereinbart, zu Sklaven; es waren ungefähr siebentausend Männer, die die ungewohnte Erniedrigung auf sich nehmen mußten und durch die Knechtschaft getrennt und überallhin verstreut wurden; sie verteilten sich über Täler und Höhen bei denen, die sie erworben hatten; Frauen und Kinder zählten achttausend, wir teilten sie unter uns, und das Antlitz des Reiches lächelte über ihr Weinen. Wie viele gut behütete Frauen wurden entehrt, herrschende beherrscht, junge Mädchen geheiratet, Edle verschenkt, wie viele Geizende mußten sich hingeben, wie viele Verborgengehaltene verloren ihre Scham, wie viele Ernste wurden zum Gespött gemacht, Bewahrte hervorgezerrt, Freie in Besitz genommen, Begehrenswerte bis zur Erschöpfung gebraucht, anmutige Mädchen auf die Probe gestellt, Jungfrauen entjungfert, Anmaßende geschändet, Schöne mit roten Lippen ausgesaugt, Braune hingestreckt, Unbezähmbare gezähmt, Zufriedene zum Weinen gebracht! Wie viele Edle nahmen sie zu Beischläferinnen, Glühende gerieten an ihnen in Brand, Ledige befriedigten sich an ihnen, Hungernde sättigten sich, und wie viele Aufgeregte verbrauchten ihre Glut! Wie viele Schöne wurden Besitz eines einzigen Eigentümers, wie viele von hohem Wert wurden zu niedrigen Preisen verkauft, wie viele Nahe entfernt, Hohe erniedrigt, Wilde eingefangen, wie viele an den Thron Gewöhnte unterworfen!

Als Jerusalem vom Dreck der schmutzigen Franken gereinigt war und das Kleid der Erniedrigung ausgezogen hatte, um das Gewand der Ehre wieder anzulegen, weigerten sich die Christen herauszukommen, nachdem sie den vereinbarten Betrag gezahlt hatten, und baten demütig, unbehelligt weiter in Jerusalem wohnen zu dürfen; sie leisteten freiwillig Dienste und dienten mit jeder Leistung, pflichttreu und gern nahmen sie an, was ihnen auferlegt wurde, und zahlten «die Steuer für den ihnen eingeräumten Schutz, in Demut»[197]. Aufgrund dessen, was sie getroffen hatte, stand ihr Mund offen, und ihr Getroffensein wuchs, während sie offenen Mundes dastanden. Sie traten so in den Stand der Kopfsteuerpflichtigen und kamen in den Schutz (der Muslime). Sie wurden zu Dienstleistungen verpflichtet und zu niedrigen Arbeiten verwendet; in dieser Prüfung nahmen sie es als Geschenk.

Gute Werke, die der Sultan in Jerusalem tat, und schlechte, die er tilgte

Nachdem der Sultan Jerusalem ausgeliefert bekommen hatte, befahl er, den *miḥrāb*[198] wieder freizulegen, und erließ eine entschiedene Anordnung darüber. Die Templer hatten eine Wand vor ihm errichtet und ihn zum Kornspeicher gemacht; es wurde sogar behauptet, sie hätten ihn in ihrer bösartigen Feindseligkeit als Abtritt benutzt. Westlich der *qibla* hatten sie ein geräumiges Haus und eine hohe Kirche gebaut. Der Sultan ließ nun die Trennwand entfernen und das Antlitz der Braut des *miḥrāb* entschleiern. Die davorliegenden Bauten ließ er zerstören und die Höfe, die ihn umgaben, reinigen, damit sich das Volk freitags im weiten Hof versammeln könne. Die Kanzel wurde errichtet, der gereinigte *miḥrāb* wieder ans Licht gebracht, und alles, was zwischen den Säulen stand, niedergelegt. Der so entstandene Raum wurde mit tiefen Teppichen anstelle von Strohmatten ausgelegt, Leuchter wurden aufgehängt und die geoffenbarte Schrift gelesen: so bestätigte sich die Wahrheit, und der Irrtum wurde zunichte. Der Koran bestieg den Thron, das Evangelium wurde abgesetzt. Die Gebetsteppiche wurden ausgerichtet, und in Reinheit vollzogen sich die Gottesdienste: man verrichtete die vorgeschriebenen Gebete, hielt ständig Bittgebete, Segenserweise zeigten sich und verscheuchten die Traurigkeit; der Nebel löste sich auf, es wurde wieder die rechte Richtung eingeschlagen, die heiligen Verse wurden gelesen, die Banner aufgezogen, der *aḏān* redete, und der Holzschlegel verstummte[199]; anstelle der Prediger waren die Muezzine zugegen, aller Groll und alles Leid wichen, der Atem wurde frei, und der Sinn erheiterte sich, die guten Sterne zogen herauf, und die schlechten sanken, der dort zum Fremdling gemachte Glaube kehrte an seinen angestammten Sitz zurück, und die Tugend wurde wieder an ihrer Quelle gesucht. Die Koranleser kamen herbei, die Koranabschnitte zum freiwilligen Gebet wurden gelesen, Asketen und Fromme versammelten sich, die großen Heiligen und die Pfeiler[200]. Der Einzige wurde angebetet, und der Anbetende bekannte Seine Einzigkeit; scharenweise strömten die Menschen herbei, beteten und warfen sich nieder, demütigten sich und waren erregt, Würdenträger und Asketen, Rechtsgelehrte und Zeugen, Eiferer und Kämpfer des heiligen Krieges, wer stand und wer saß, wer wachte und wer sich nächtlichem Gebet widmete, Besucher und Abgesandte. Die Kanzel erhob ihre Stimme, der Prediger erklärte seine Wahrheiten, die versammelte Menge wogte, man gedachte der Auferstehung und der letzten Versammlung. Die Überlieferer gaben ihre Diktate, die Prediger trösteten, die Lehrer waren in Erörterungen, die Rechtsgelehrten in Streitgesprächen begriffen, die Erzähler erzählten, die Überlieferer gaben die Überlieferungen vom Propheten weiter. Die geistlichen Führer hielten fromme Übungen, die frommen Asketen dienten als Führer, die Betenden beteten Gott an in Ergebenheit, und die aufrichtig Ergebenen richteten Gebete an ihn. Die Nachlässigen wurden entschlossen, die Kommentatoren verfaßten Auszüge, die Verfasser von Auszügen Kommentare; die Vortrefflichen versammelten sich, die Prediger traten auf. Viele bewarben sich, die Freitagspredigt zu halten, erfolggekrönte, bekannt für ihre Beredsamkeit, gerühmt wegen ihres Ernstes; alle hatten nach dieser Stufe getrachtet und gestufte Reihen von Predigten gehalten, hatten Schriften bewundernswerter Gedanken verfaßt und sie mit glänzenden Ausdrücken geschmückt, ihre Rede der Gelegenheit angemessen ausgearbeitet und Proben neuartiger hervorragender Beredsamkeit vorgetragen. Manche von ihnen boten mir ihre Predigten an[201] und baten mich, ich möge sie bestallen; sie wünschten, ihr Wert werde vorgezogen und das von ihnen verwendete Mittel habe Erfolg, so daß sich ihr Begehren erfülle, bevor sie stürben. Jeder reckte den Hals, diesen Vorzug zu genießen, und schwitzte vor brennendem Eifer, das Ziel zu erreichen: alle bereiteten sich vor und hielten ihre Augen offen, suchten Unterstützung und Empfehlungen, bemühten sich um Gunst und stellten Bitten; manche wagten etwas und demütigten sich, suchten und fanden Fürsprache; jeder hatte seine Würde angezogen und seine Kleidung würdig gemacht, jeder suchte nach einer List und erhob begehrlich den Kopf nach diesem Vorrang. Der Sultan gab aber weder Ernennung noch Erklärung, weder Bestimmung noch Anordnung. Einige unter ihnen sagten: «Könnte ich die Predigt am ersten Freitag halten, hätte ich die größte Gnade erlangt. Hätte ich nur dies Glück, wäre mir gleichgültig, wer nach mir predigte ...» Als Freitag, der 4. Šaʿbān, angebrochen war, begann das Volk vom Sultan zu fordern, er solle einen Prediger ernennen; die große Moschee füllte sich, die Versammlungsplätze quollen über vor Menschen, Augen und Ohren waren geschärft; so bewegt waren die Herzen, daß die Tränen flossen, es erschienen staunenerregende Wunder zum Schmuck der Feier und Schönheitsglanz, die Stimmen verbreiteten sich aus innerster Freude, den Mantel der Fröhlichkeit wieder anzulegen. Alle Orte barsten von den zusammengeströmten Menschen, ihre Augen waren starr, ihre Gedanken geteilt. Das Volk sagte: «Heute ist ein edler Tag, eine umfassende Gnade, ein hoher Feiertag: ein Tag, an dem die Gebete erhört werden, die Segenserweise ausgegossen, die Tränen fließen, die Fehltritte vergeben, an dem die Sorglosen erwachen und die Tatkräftigen sich ermahnen lassen. Glücklich, wer so lange lebte, daß er diesen Tag miterleben darf, an dem der Islam sich wieder erhoben und befiedert hat. Wie herrlich ist die hier anwesende Schar, diese reine Versammlung, diese siegreiche Gemeinde! Wie edel ist der Sieg an-Nāṣirs, das Haus des Imāms, das Bekenntnis zu den ʿAbbāsiden[202], das Reich der Ajjūbiden, die Familie Saladins! Gibt es denn im Lande des Islams eine edlere Versammlung als diese, der Gott die Ehre schenkt, ihm mit seiner Hilfe in dieser Weise zu gehorchen?» Sie sprachen darüber, wer wohl die Predigt halten dürfe, wem das Amt zufalle, überlegten, wem es anzuvertrauen sei, und unterhielten sich offen und in Anspielungen. Die Fahnen wurden hoch aufgezogen, die Kanzel wurde umhüllt und erglänzte, die Stimmen erhoben sich, Menschen sammelten sich zu Gruppen, die Menge drängte sich, die Wellen wogten; die Frommen lärmten wie die Pilger bei ʿArafāt[203]: endlich nahte die Stunde, in der die Sonne zu sinken beginnt, das Gleichgewicht des Mittags wich, der Ruf zum Gebet ertönte, und alle beeilten sich, ihm nachzukommen. Da bestimmte der Sultan den Prediger in seinem Erlaß und gab seine Wahl nach reiflicher Überlegung bekannt: er befahl Qāḍī Muḥji 'd-Dīn abu 'l-Maʿālī Muḥammad ibn Zakī ad-Dīn ʿAlī al-Qurašī, die Stufen zur Kanzel hinaufzusteigen, und ließ, indem er ihn vorzog, die

Stirne der anderen in Schweiß ausbrechen. Ich lieh ihm von mir ein schwarzes Festgewand, ein Ehrengeschenk des Kalifen, damit die Ehre seiner Bestallung und Einladung für ihn vollkommen sei. Er bestieg den hölzernen Unterbau, und das Glück war ihm günstig: die Seiten der Kanzel bebten, er erregte die Begeisterung der ganzen Versammlung. Er hielt die Predigt, und sie lauschten, er sprach, und sie schwiegen, er war beredt und ausdrucksvoll, neuartig und ausgesucht, unübertrefflich und wunderbar, knapp und weitläufig; er ermahnte in seiner zwiefachen Predigt und predigte in seiner zwiefachen Ansprache. Er legte dar die Vortrefflichkeit Jerusalems und seiner Heiligung, der Moschee al-Aqṣā seit ihrer Gründung, ihrer Reinigung nach ihrer Befleckung, daß ihr Holzschlegel zum Schweigen gebracht und ihr Priester vertrieben sei. Er betete für den Kalifen und den Sultan und schloß mit den Worten Gottes: «Gott befiehlt Gerechtigkeit und Gutestun.» Danach stieg er herab und verrichtete das Gebet im *miḥrāb;* er begann mit «im Namen Gottes», dem Anfang der *Mutter des Buches*[204], und führte damit die ganze dort versammelte Gemeinde im Gebet an. So senkte sich vollkommene Barmherzigkeit herab, und die Gnade vollendete sich. Nach dem Gebet zerstreute sich die Menge in offenbarer Herzlichkeit; allgemeiner Konsens wurde festgestellt, und die analoge Beweisführung nahm ihren Gang[205]. Vor der *qibla* war ein Sitz für die Ansprache aufgestellt, damit ihn ein Großer einweihe: Zain ad-Dīn abu 'l-Ḥasan ʿAlī ibn Naǧā nahm ihn ein und ermahnte alle, die sich fürchteten und die hofften, die Glücklichen und Elenden, die zur Verdammnis und zum Heil Bestimmten; er erregte den Einsichtigen Furcht mit angemessenen Beweisgründen und vertrieb die Dunkelheit der Zweifel mit dem Licht seiner frommen Ermahnungen; mit jeder frommen Mahnung brachte er den Schlafenden einen Weckruf, den Ungerechten einen Tadel, den Freunden Gottes ein weiches Wort und den Feinden Gottes ein hartes. Im Wetteifer erhob sich der

Schrei der Weinenden, der Lärm der Klagenden, die Herzen wurden weich und fühlten sich erleichtert, Geschrei stieg auf, und die Tränen flossen herab. Die Sünder bereuten, die Schuldigen kehrten um, die Reuigen schrien, die sich Gott zukehrten, klagten. Strahlende mystische Ekstasen ereigneten sich und süße Offenbarungen, die Gebete stiegen hoch, die Bitten wurden erhört, Gelegenheiten der göttlichen Liebe wurden ergriffen, und viele erlangten ihr von der göttlichen Vorsehung bestimmtes Teil. Der Sultan verrichtete sein Gebet im Felsendom inmitten dichter Scharen Gläubiger, die die ganze Weite des Hofes füllten, und die ganze Gemeinschaft flehte zu Gott, er möge ihm auch weiterhin Sieg schenken. Auf ihn richteten sich die zur *qibla* gewandten Gesichter, zu Gott waren die Hände erhoben, und man hörte die Gebete für ihn. Er setzte jetzt einen Prediger für die Moschee al-Aqṣā ein, der dort ständig predigte und sein Amt für die Dauer ausübte.

Beschreibung des verehrungswürdigen Felsens – Gott erhalte ihn!

Was den Felsen angeht – die Franken hatten über ihm eine Kirche mit einem Altar eingerichtet und keinen Platz für die Hände gelassen, die seine *baraka*[206] fühlen wollten, noch für die Augen, ihn zu sehen. Sie hatten die Kirche geschmückt mit Malereien und Bildwerken, Plätze für die Mönche und für das Pult des Evangeliums in ihr festgelegt, und sie verehrten und verherrlichten sie aufs höchste. An der Stelle des (heiligen) Fußes (des Propheten) hatten sie eine kleine vergoldete Kuppel auf Marmorsäulen aufgestellt und erklärten, es sei die Stelle, an der der Messias seinen Fuß aufgesetzt habe, ein heiliger und preisenswerter Ort; in den Marmor waren Bilder von Herdentieren gehauen: manche erschienen mir wie Schweine[207]. Der Felsen aber, Ziel und Gegenstand des Buches, war unter den darüber errichteten Aufbauten verborgen und ging unter in der ganzen Anlage der reich ausgestatteten Kirche. Der Sultan ließ daher den Schleier von ihm nehmen, den Vorhang aufziehen, die Verhüllung entfernen, den Marmor abtragen, die Steine zerbrechen, die Aufbauten niederlegen und die Decke spalten; er ließ den Felsen für die Besucher wieder ans Licht bringen und ihn den Betrachtern offen zeigen, seine Umkleidung entfernen und ihn als neue Braut erscheinen. Er befahl, seine Perle aus der Muschel zu holen, seinen Vollmond durch die Dunkelheit scheinen zu lassen, sein wahres Gesicht zur Schau zu stellen, seine reine Ehre offenbar zu machen, ihm seinen geschmückten Zustand zurückzugeben, seinen hervorragenden Wert, seinen hohen Rang; er ist es, dessen Schmuck Entblößtsein ist, dessen Entblößtsein Schmuck, dessen Nacktheit Kleidung und dessen Kleidung Nacktheit ist. So wurde er wieder, wie er früher war, legte dem Betrachter Zeugnis ab von seinem edlen Wert, und der Glanz seiner erhabenen Schönheit wurde freigelegt. Vor der Eroberung war nur ein kleines Stück seiner Unterseite zu sehen gewesen, das die Ungläubigen böswillig eingeschnitten hatten: jetzt aber erschien er in schönster Gestalt und entschleierte sich in glückhaftester Entschleierung. Über ihm erstrahlten die Leuchter Licht um Licht, und er wurde mit einem Eisengitter umgeben; bis heute hat die Sorge um ihn täglich zugenommen. Der Sultan setzte im Felsendom einen Imām ein, einen der hervorragendsten Koranleser, mit größter Schönheit geschmückt, mit klarster Stimme, der im Rufe höchster Frömmigkeit stand, den besten Kenner der sieben, ja zehn Lesarten des Korans[208], im schönsten Ruche der Heiligkeit; mit dem ihm zugewiesenen Amt bereicherte er ihn, stellte ihn zufrieden und zeigte ihm seine Gunst; als fromme Stiftung ließ er ihm ein Haus, Land und Garten zuweisen und bedachte ihn mit reichen Wohltaten. In den Felsendom und den *miḥrāb* der Moschee al-Aqṣā ließ der Sultan Korane bringen und Bände mit Abschnitten und besonders verehrten Teilen aus ihm; sie ruhen dort bis heute vor den Besuchern hoch auf ihren Ständern und liegen auf ihren Gestellen. Außerdem bestimmte er für den Felsendom insbesondere und für Jerusalem allgemein Wächter, die alles in gutem Zustand halten sollten. Dabei wurden nur fromme, gottergebene Männer ernannt, die sich dem Dienst Gottes geweiht hatten: o schöne Nächte dort, in denen die Menge zugegen war, das Kerzenwachs erblühte, Demut offenbar wurde und Zerknirschung ergeben, die Tränen der Gottesfürchtigen strömten und die Brust der Frommen brannte: dort waren alle Freunde Gottes, die ihren Herrn verehrten und auf seine wohltätige Gnade hofften, jeder unbekannte arme Teufel in schlechtem Aufzug, der Gott ein Gelübde getan hatte, erfüllte es; dort war jeder, der die Nacht im Gebet verbrachte, die göttliche Wahrheit verherrlichte und bezeugte; dort war jeder, der den Koran ganz vortrug, sprechend und singend, der den Teufel vertrieb und seiner Nichtigkeit überführte; viele waren am Morgen bekannt wegen ihrer frommen Übungen, und viele mit den Andachten und Gebeten vertraut wegen ihres nächtlichen Betens und Wachens. O glückliche Tage des Felsendoms, als die Engel seinen Besuchern entgegenzogen, die Sonne seine Blumen in Licht hüllte, die Herzen ihm ihre Geheimnisse brachten, die Sünder die Bürde ihrer Fehler vor ihm ablegten und ihn der Morgen jedes Tages um das Geschenk bat, sich entschleiern zu dürfen! Siegreich der, der auf sich nahm, ihn zu reinigen, und rein der, der betrieb, ihn wieder ans Licht zu bringen!

Die Franken hatten kleine Stücke aus dem Felsen herausgeschnitten, manche davon nach Konstantinopel und Sizilien gebracht und dort verkauft; mit Gold seien sie aufgewogen, heißt es. So machten sie eine Quelle des Gewinns daraus. Als nun der Felsen wieder zutage lag, kamen die betreffenden Stellen zutage, und es schnitt in die Herzen, als die Stellen der Schnitte sichtbar wurden. Jetzt liegt er vor Augen mit seinen Einschnitten, bewahrt seine Ehre für alle Tage und ist dem Islam sicher an seinem geschützten und umhegten Ort. Das alles wurde nach der

Abreise des Sultans ausgeführt, als alles wieder eine geregelte Lebensweise angenommen hatte. Außerdem befahl Saladin, den *miḥrāb* von al-Aqṣā mit Marmor zu verkleiden, in äußerstem Glanz und Großartigkeit[209]. Die ajjūbidischen Herrscher wetteiferten in guten Werken, die sie dort vollbrachten und die ihnen die Liebe der Herzen und die Dankbarkeit der Zungen sicherten: nicht einer von ihnen, der nicht Gunst und Wohltaten aufgewendet hätte, soweit es nur in seiner Macht stand, der nicht erleuchtet und ins Licht gerückt, geschmückt und verschönt, gepflegt und ausgegeben, bereichert und ausgestattet, vorgesorgt und gebaut, erfüllt und vollendet, vorgezogen und reich beschenkt hätte: so ließ al-Malik al-ʿĀdil Saif ad-Dīn Abū Bakr[210] dort jede nur mögliche neuartige künstlerische Arbeit ausführen, die allen Dank verdiente, spendete jede Art Wohltat, reiche Gunst, helle Gnade, großartige Schenkungen, lobsame Großzügigkeit und großzügiges Lob, Vortrefflichkeit, mit der er sich hervortat, und verdienstliche Pflege, die ihm Erfolg brachte. Al-Malik al-Muẓaffar Taqī ad-Dīn ʿUmar[211] tat dort jede Art guter Werke von allgemeiner und weitester Wohltätigkeit, mit Verboten und Geboten, Bauten und Erneuerungen: zu seinen dankenswerten Taten und seiner berühmten Großzügigkeit gehört, daß er sich eines Tages in Begleitung einer Schar edler Fürsten seines Hauses zum Felsendom begab, mit großen Mengen Rosenwasser und Geld für Almosen und wohltätige Zwecke; er ergriff die Gelegenheit zu folgender neuartiger vortrefflicher Handlung: er begann, mit eigener Hand die Höfe und freien Plätze zu fegen, wusch sie dann mehrmals mit Wasser, bis sie sauber waren, und ließ dem Wasser ein Besprengen mit Rosenwasser folgen, so daß sie danach dufteten. In der gleichen Weise reinigte er die Mauern und wusch die Wände; darauf ließ er Räuchergefäße für Wohlgerüche bringen, man räucherte, und alles duftete und verbreitete Wohlgeruch. Die Gläubigen atmeten die Düfte den Feinden zum Trotz, und er wurde den ganzen

Tag nicht müde, mit seinen Leuten den gesegneten Boden zu reinigen, bis man seiner Reinheit sicher war, sein Gedeihen offenbar, seine Frische gefiel und ihn anzusehen Bewunderung weckte. Das Geld verteilte er an alle, die es verdienten, und war stolz, die Freigebigsten mit seinen Ausgaben übertroffen zu haben. Al-Malik al-Afḍal Nūr ad-Dīn ʿAlī[212] brachte alles helle Licht dorthin, jede volle Großzügigkeit, jede strahlende Freigebigkeit, jede glückbringende Gnade, jede reine Wohltat, stark duftenden Wohlgeruch, einzigartige Schenkung, wohlüberlegte Freigebigkeit, neuartige Großmut und ansehnliche Unterstützung; so vollbrachte er Werke, die seine schöne Spur verewigt haben und die Zungen seinen Ruhm verkünden lassen. Er verteilte dort Wohltaten, legte tiefe Teppiche aus, leitete und schenkte, wiederholte sein erstes Geschenk, erleuchtete und spendete, verstreute Großzügigkeit, brach das Siegel der Gaben, leerte seine Beutel so weit, daß wir glaubten, er sei am Ende und unfähig zu zahlen. Wir sprechen noch davon, wie er die Stadtmauer Jerusalems erneuerte und seinen Graben aushob; aber seine vorausgehenden edlen Taten waren schon so wunderbar und unübertrefflich, daß keiner mehr mit ihm mitzuhalten vermochte und niemand ihm auf der Rennbahn zuvorkam. Was schließlich al-Malik al-ʿAzīz ʿUṯmān[213] angeht, er stärkte durch seine Wohltat den Glauben. Als er nach der Eroberung und dem Sieg, zu dem er beigetragen hatte, nach Ägypten zurückkehrte, ließ er sein gesamtes Waffenarsenal in Jerusalem zurück, denn er hielt es für unnötig, alles wieder zurückzuschaffen, nachdem es dort war. Es handelte sich um Wagenladungen Geldes, Berge Gepäck, reichliche Vorräte, Verteidigungswaffen, weite Kettenhemden, schneidende Schwerter, Helme und Kopfschutz, Lanzen und Speere, Wurfspieße und Wurfgeschosse[214], Schlachtrosse und Spieße, Schleudern und Bogen, jemenitische Lanzen, indische und jazanitische, Lanzen aus Rudaina und mašrafitische Schwerter[215], Baulatten und Pfähle, Schilde und Speere, eiserne

Lanzen und Langspieße, viele flammenwerfende Katapulte und Schleudern, Röhren mit Teer und Steinspalter, Ausrüstung, um Breschen zu hauen, und alles erdenkliche Kriegsgerät. Mit dieser Bewaffnung konnte die Stadt sich schützen und sich gut zur Verteidigung rüsten. Außerdem war eine der Bedingungen, die den Franken auferlegt war, alle ihre Pferde und Geräte zu hinterlassen und abzuziehen, bevor die Zurückbleibenden die ihnen eingeräumte Frist ausgeschöpft hätten, das Lösegeld zu bezahlen: so verfügte die Stadt über reichliche Ausrüstung und war nicht auf weitere Unterstützung angewiesen.

Von Davids Bethaus und anderen edlen Heiligtümern. Unterdrückung der Kirchen und Einrichtung von Medresen

Was Davids Bethaus außerhalb von al-Aqṣā angeht, so liegt es in einer sicheren Feste nahe dem Stadttor an einem hoch erhobenen Ort: das war die Feste, wo der Statthalter seinen Sitz hatte. Der Sultan trug Sorge für seinen Schmuck, ernannte einen Imām sowie Muezzine und Wächter; es ist der Ort, wo die Frommen zusammenkommen, von Morgen bis Abend das Ziel der Besucher. Außerdem befahl er, alle Moscheen instandzusetzen und alle Heiligtümer zu erhalten, damit die erstrebten Ziele glücklich erreicht würden und das Wasser für Wanderer und Pilger klar fließe. Der Ort, an dem sich die Feste erhob, war das Haus Davids und Salomos – auf beiden ruhe der Segen Gottes! –, und die Leute begaben sich dorthin, um es zu besuchen. Al-Malik al-ʿĀdil hatte sein Lager in der Zionskirche aufgeschlagen, und seine Truppen hatten ihre Zelte an ihrem Tor. Die Vertrauten des Sultans, fromme Gelehrte und rechtschaffene Gottesfürchtige, sagten ihm, er solle eine Medrese für die šāfiʿitischen Rechtsgelehrten[216] einrichten und ein Kloster für die gottergebenen Ṣūfīs: als Sitz für die Medrese bestimmte er die Kirche, die Sankt Johannes heißt, beim Tor der Stämme, und als Kloster ließ er das

Haus des Patriarchen bei der Auferstehungskirche einrichten. Beide bedachte er mit frommen Stiftungen und erwies so beiden Gemeinschaften eine gute Tat. Außerdem suchte er Plätze für Medresen der verschiedenen (anderen) Gemeinschaften, die auch an den schon erwiesenen Wohltaten teilhaben sollten; er befahl, die Auferstehungskirche zu schließen und den Christen ihren Besuch zu verbieten, sogar als Zufluchtsort. Vor al-Malik al-ʿĀdil entspann sich ein Streitgespräch über das Schicksal der Kirche, und manche rieten, sie zu zerstören und ihre Spuren zu verwischen, so daß der Weg zu ihrem Besuch verdunkelt sei, die Bilder wegzunehmen, die Irrtümer zu entfernen, die Lichter zu löschen, die Evangelien zu vernichten, die trügerischen Verführungen auszuschließen und die Lehren zu Lügen zu erklären. «Wenn die Gebäude zerstört sind», so sagten sie, «dem Erdboden gleichgemacht, das Grab geöffnet und zerstört, seine Feuer ausgetreten und gelöscht, seine Spuren verwischt und verweht, der Pflug durch die Erde geht und die Kirche nach Länge und Breite zerstört ist, dann erst versiegt der Strom der Besucher und die zur Verdammnis Bestimmten sehnen sich nicht mehr, sie zu besuchen; solange sie jedoch steht, dauert die Wallfahrt ununterbrochen an.» Die meisten aber sagten: «Es taugt zu nichts, sie zu zerstören und niederzureißen. Auch das hielte die Ungläubigen nicht davon ab, sie weiter zu besuchen, und versperrte nicht den Zugang zu ihr, denn der Gegenstand ihrer Verehrung ist der Ort des Kreuzes und des Grabes, nicht das Gebäude, das den Augen erscheint. Die verschiedenen christlichen Völker hörten nicht auf, zu ihm zu wallfahren, auch wenn seine Erde gen Himmel geworfen würde. Als der Fürst der Gläubigen ʿUmar in der Frühzeit des Islams Jerusalem eroberte, hat er den Christen den Besitz des Ortes bestätigt und keineswegs den Befehl gegeben, das Gebäude zu zerstören.»

III.

Die Gestalt Konrads von Montferrat, des Retters von Tyrus und wahren Anregers und Vorkämpfers des dritten Kreuzzuges, hat zusammen mit Richard von England von allen Kreuzfahrern den tiefsten Eindruck auf die muslimischen Chronisten der Zeit gemacht. Ibn al-Aṯīr erzählt hier von Konrads abenteuerlicher Ankunft in Tyrus und wirft Saladin vielleicht zu Recht vor, er habe es nicht mit dem nötigen Einsatz belagert. Der Besitz der Stadt Tyrus bildete in der Tat Voraussetzung und Vorspiel dafür, daß die Christen ihre Angriffe wiederaufnehmen und Akkon belagern konnten.

KONRAD VON MONTFERRAT IN TYRUS; VERGEBLICHE BELAGERUNG DURCH SALADIN

(Ibn al-Aṯīr XI 358/59, 366–368)

Der Graf, Herr von Tripolis, setzte sich nach seiner Flucht von Ḥaṭṭīn in Tyrus fest, das zu den widerstandsfähigsten und bestbefestigten Städten Syriens gehörte. Als er sah, daß der Sultan Tibnīn, Sidon und Beirut eingenommen hatte, fürchtete er, Saladin könnte auch nach Tyrus ziehen, das zu dieser Zeit kaum Verteidiger hatte, und er selbst wäre nicht in der Lage, es zu halten. Daher verließ er die Stadt und begab sich nach Tripolis, so daß Tyrus ohne Verteidiger gegen die Muslime blieb. Hätte Saladin es damals vor Tibnīn und anderen Orten angegriffen, hätte er es mühelos nehmen können. Er hielt jedoch die Eroberung Tyrus', das schon durch seine Lage gut gesichert ist, für schwierig und wollte sich deshalb zunächst der umliegenden Orte versichern, um es leichter nehmen zu können. Gerade das aber war der Grund, daß es nicht erobert wurde: so hatte es Gott bestimmt. Es geschah nun, daß ein Franke von jenseits des Meeres mit Namen «der Marquis» – Gott verfluche ihn! – sich mit großen Reichtümern an Bord eines Schiffes begeben hatte, um auf Wallfahrt zu gehen und Handel zu treiben, ohne von der Niederlage der Franken zu wissen. Bei der Ankunft im Hafen von Akkon wunderte er sich, daß das Schiff nicht, wie es sonst die Art der Franken war, mit Freudenkundgebungen, Glockengeläut und anderem begrüßt wurde; ebenso erstaunte ihn die Weise, wie man sich dort kleidete. Da er nicht wußte, ob vielleicht etwas Neues vorgefallen war, zögerte er mit der Landung. Der Wind hatte sich gelegt. Al-Malik al-Afḍal schickte in einem kleineren Boot einige Leute, die sich erkundigen sollten, wer er sei und was er wolle. Der Marquis fragte den Abgesandten, der offensichtlich keiner von seinen eigenen Leuten war, was geschehen sei, und der berichtete ihm von der Niederlage der Franken, der Einnahme Akkons und der anderen Plätze, ließ ihn aber auch wissen, daß Tyrus, Askalon und einige andere Orte noch den Franken gehörten, und erzählte alles genau der Reihe nach. Da der Marquis wegen der Windstille nicht weitersegeln konnte, schickte er den Boten zurück und ließ ihn um freies Geleit bitten, wenn er an Land gehe, und um Sicherheit für sein Geld und seine Waren. Obwohl ihm diese Bitte gewährt wurde, schickte er den Boten mehrmals mit immer neuen Forderungen zurück, um Zeit zu gewinnen, bis der Wind wieder einsetzte und er davonfahren könnte. Mitten in diesem Hin und Her machte sich wieder Wind auf, der Marquis setzte Segel und fuhr nach Tyrus. Al-Malik al-Afdal ließ ihn vergeblich mit Galeeren verfolgen, und er erreichte Tyrus, wo sich eine große Menge Franken gesammelt hatte, die aus Akkon, Beirut und anderen bereits erwähnten Städten, die Saladin erobert hatte, zusammengeströmt waren, denn er hatte der Bevölkerung jeweils freien Abzug gewährt. So hatte sich viel Volk in Tyrus versammelt, es fehlte nur ein Haupt, das sie einte, und ein Befehlshaber, der sie in der Schlacht anführte. Da sie aber keine Kriegsleute waren, wollten sie schon mit Saladin Verhandlungen wegen der Übergabe der Stadt aufnehmen. In diesem Augenblick erschien der Marquis. Er riet ihnen von ihrem Vorhaben ab, flößte ihnen neuen Mut ein und versprach ihnen, selbst die Verteidigung der Stadt zu übernehmen. Das Geld, das er mitgebracht hatte, verteilte er, stellte aber die Bedingung, daß Tyrus und sein Hinterland ihm allein gehören sollten. Nachdem sie zugestimmt und ihren Eid darauf geleistet hatten, richtete er sich bei ihnen ein und trat die Regierung an. Er war wirklich ein leibhaftiger Teufel: er verstand sich auf Herrschaft und Verteidigung und war außerordentlich kühn. Er begann die Stadt zu befestigen, indem er Gräben und Mauern wieder instandsetzen ließ, und erhöhte damit ihre Sicherheit. Die Einwohner waren bereit, die Stadt zu verteidigen und für sie zu kämpfen.

[...] Nachdem Saladin Jerusalem erobert hatte, hielt er sich bis zum 25. Šaʿbān vor der Stadt auf und ordnete ihre Angelegenheiten: er sorgte dafür, daß wieder Klöster und Medresen in ihr entstanden, und wies den Šāfiʿiten das Haus der Hospitaliter als Medrese an – es ist eine der schönsten, die es gibt. Als er alles geregelt hatte, zog er gegen Tyrus, wo sich viele Franken gesammelt hatten und dessen Herrscher und Regent der Marquis geworden war; er führte ein ausgezeichnetes Regiment und befestigte die Stadt aufs allerbeste. Saladin hielt sich einige Tage in Akkon auf, und als der Marquis von seiner Ankunft dort hörte, beeilte er sich, die Stadtmauer von Tyrus zu verstärken und die Gräben zu vertiefen, indem er einen Graben von Meer zu Meer zog, so daß die Stadt völlig uneinnehmbar wie eine Insel mitten im Wasser lag.

Am 9. Ramaḍān (13. November 1187) erreichte Saladin von Akkon aus Tyrus. An einem Wasserlauf in der Nähe der Stadt mit Sicht auf sie machte er halt und wartete, bis alle seine Truppen eingetroffen waren. Am 22. Ramaḍān rückte er weiter und ließ sein Lager auf einem Hügel nahe der Stadtmauer aufschlagen, um dem Kampf mit den Augen folgen zu können. Er teilte das Heer in verschiedene Gruppen ein und bestimmte jeder eine Angriffszeit, um so die Verteidiger ständig in Atem zu halten. Aber der Platz, von dem sie kämpften, war schmal: wenige Verteidiger reichten aus, ihn zu schützen, vor allem wegen der Gräben, die von Meer zu Meer reichten. Kaum ein Vogel konnte es wagen, sie zu überfliegen. Wie eine ausgestreckte Hand lag die Stadt im Meer und war nur durch einen Arm mit dem Land verbunden; auf seinen beiden Seiten war Wasser; der Kampf konnte nur auf diesem Landarm stattfinden.

Die Muslime bestürmten die Stadt mit Katapulten, Wurfschleudern und Belagerungsmaschinen. Sogar Saladins Familienangehörige nahmen abwechselnd am Kampf teil, wie sein Sohn al-Afḍal, sein zweiter Sohn aẓ-Ẓāhir Ghāzī, sein Bruder al-ʿĀdil ibn Ajjūb, sein Brudersohn Taqī ad-Dīn, desgleichen die übrigen Emire. Die Franken verteilten ihre Galeeren und Brander zu beiden Seiten des Landarmes, auf dem die Muslime die Einwohner angriffen, und beschossen sie von den Flanken mit den Wurfmaschinen. Der Kampf war daher sehr gefährlich für sie, denn vorn mußten sie gegen die aus der Stadt kämpfen und an den Seiten hatten sie die Schiffe. Die Landenge war so schmal, daß die Pfeile der Schiffsmannschaften von einem Ende zum anderen flogen. Viele Muslime wurden getötet oder verletzt, und es gelang ihnen nicht, näher an die Stadt heranzukommen.

Saladin ließ daraufhin die zehn Schiffe aus Ägypten, die im Hafen von Akkon vor Anker lagen, mit voller Besatzung, Kriegern und Ausrüstung herbeikommen. Diese Galeeren hinderten nun die Schiffe der Tyrer, den Hafen zu verlassen und die Muslime anzugreifen. Da endlich konnten sie näher an die Stadt herankommen und sie von Land und Meer her anzugreifen. Sie bedrängten die Franken so sehr, daß der Sieg schon sicher schien. Das Schicksal wollte es aber anders, denn ein unvorhergesehenes Ereignis trat ein: Eines Nachts hielten fünf Galeeren der Muslime unter dem Befehl des erfahrenen und tapferen ʿAbd as-Salām al-Maghribī Wache vor dem Hafen von Tyrus, um jegliche Verbindung abzuschneiden. Nachdem sie die Nacht über gewacht hatten, glaubten die Mannschaften bei Anbruch der Morgendämmerung, daß keine Gefahr mehr bestehe, und legten sich schlafen. Plötzlich wurden sie jedoch von den Galeeren der Franken eingekreist und heftig angegriffen. Sie töteten so viele Muslime, wie sie nur wollten, und nahmen die übrigen mit ihren Schiffen gefangen: sie zwangen sie unter den Augen der vom Land aus zusehenden islamischen Truppen, in den Hafen von Tyrus einzulaufen. Einige Muslime sprangen dabei von Bord, und manche konnten sich schwimmend in Sicherheit bringen, andere ertranken. Der Sultan befahl darauf den übriggebliebenen Schiffen, nach Beirut zu fahren, denn ihre geringe Zahl nützte ihm nichts mehr. Als sie die Anker gelichtet hatten, setzten auch einige fränkische Schiffe Segel und verfolgten sie in Windeseile. Als die Muslime auf den Galeeren das merkten, steuerten sie ihre Schiffe auf die Küste zu, flohen und ließen sie liegen; Saladin nahm sie und ließ sie zerstören. Jetzt setzte er die Belagerung nur von der Landseite fort, obwohl das wegen des engen Raumes wenig Erfolg hatte. Einmal wagten die Franken einen Ausfall und kämpften diesseits der Gräben mit den Muslimen; der Kampf, der am frühen Nachmittag begonnen hatte, dauerte bis zum Abend. Einer ihrer großen, berühmten Ritter, der vom Pferd gefallen war, wurde nach hartem, blutigem Handgemenge gefangengenommen und getötet. So ging es noch einige Tage lang weiter.

Da Saladin erkannte, daß sich die Belagerung Tyrus' noch lange hinziehen werde, rückte er ab.

Er hatte eigentlich immer die Gewohnheit, eine aussichtslos erscheinende Belagerung abzubrechen und weiterzuziehen. In diesem Jahr hatte er sich nie längere Zeit vor einer Stadt aufgehalten: alle Orte hatte er völlig mühelos in wenigen Tagen erobert, wie wir schon gesagt haben. Da er und seine Gefährten erkannten, wie schwierig es mit Tyrus sein werde, wurden sie der Sache überdrüssig und wollten abziehen. In Wirklichkeit trug kein anderer als Saladin selbst die Schuld, daß Tyrus so schwer einzunehmen war: er hatte die Soldaten der Franken hierher geschickt, es durch Menschen und Geld gestärkt: der Bevölkerung von Akkon, Askalon, Jerusalem und anderer Orte hatte er freien Abzug gewährt, wie schon erzählt wurde, und sie nach Tyrus geschickt, wo sich daher die fränkischen Ritter des Küstenlandes mit ihren Mitteln gesammelt hatten, dazu die der Kaufleute und anderer. Alle zusammen verteidigten nun die Stadt, ja sie schrieben an die Franken jenseits des Meeres und baten sie um Unterstützung. Die antworteten und versprachen, Hilfe zu senden; nur sollten sie Tyrus als Stützpunkt halten, damit sie dort Deckung und Zuflucht fänden. Das ermutigte die Franken noch mehr, die Stellung zu halten und den Platz zu verteidigen. Später berichten wir, so Gott will, vom Fortgang des Geschehens, denn jeder soll erkennen, daß ein Herrscher nicht aufhören darf, alle Kräfte einzusetzen, auch wenn das Schicksal sich ihm geneigt zeigt. Mißerfolg bei entschlossener Anstrengung ist dem Erfolg vorzuziehen, der dem Lässigen und Säumigen zufällt, und entschuldigt den Herrscher eher in den Augen des Volkes[217].

Als Saladin abziehen wollte, rief er seine Emire und beratschlagte mit ihnen. Sie waren verschiedener Meinung: einige rieten wegen der schweren Verluste an Toten und Verwundeten, der müden Verdrossenheit der Truppen und der Erschöpfung der Mittel zum Abzug: «Der Winter ist schon angebrochen, und das Ziel ist fern. Laßt uns in dieser Kälte Ruhe nehmen und geben. Im Frühjahr wollen wir uns wieder sammeln und den Kampf gegen Tyrus und andere Plätze wiederaufnehmen.» Das war der Rat der reichen Emire, als ob sie fürchteten, der Sultan werde von ihnen die für das Heer notwendigen Geldmittel borgen, wenn er sich zum Bleiben entscheide. Kasse und Schatz waren bereits leer, denn der Sultan gab jeden Betrag aus, der ihm daraus zufloß. Die anderen Emire fanden es besser, auszuharren und die Stadt abzuriegeln: «Hier ist der Hauptstützpunkt der Franken; haben wir ihnen Tyrus erst einmal abgenommen, ist den Franken jenseits des Meeres jede Hoffnung auf unser Land geraubt. Ohne weiteren Schwertstreich können wir dann das restliche Gebiet zurückbekommen.» Saladin schwankte weiter zwischen beiden Möglichkeiten. Als die Befürworter des Abmarsches ihn jedoch zaudern sahen, erfüllten sie die ihnen gestellten Aufgaben, zu kämpfen und mit den Katapulten zu schießen, nicht mehr und entschuldigten sich damit, daß ihre Leute unwillig seien, daß sie einige von ihnen ausgeschickt hätten, das Notwendige herbeizuschaffen, Futter für die Tiere und Lebensmittel für sie selbst, und mit ähnlichen Vorwänden. Im ganzen lief es darauf hinaus, daß sie blieben, ohne zu kämpfen. Somit war Saladin zum Abzug gezwungen, und er verließ Tyrus am 29. Šawwāl (1. Januar 1188) in Richtung Akkon. Dort gab er dem gesamten Heer Erlaubnis, nach Hause zu gehen und sich den Winter über auszuruhen, um im Frühjahr zurückzukehren. Die Abteilungen aus dem Osten, aus Mossul und anderen Provinzen, aus Syrien und Ägypten gingen heim, nur die Leibwache des Sultans blieb in Akkon. Saladin richtete sich in der Zitadelle ein und ernannte zum Statthalter ʿIzz ad-Dīn Ǧurdīk, einen der großen Mamlūken Nūr ad-Dīns, der Frömmigkeit und Tapferkeit vereinte und ein rechtschaffenes Leben führte.

IV.

Der Verlust Jerusalems und der ausdauernde Widerstand des Marquis von Montferrat führten zum dritten Kreuzzug. Sein wichtigstes Ereignis, die lange Belagerung Akkons (1189–1191), begann jedoch lange vor der Ankunft Philipps II. August und Richards von England. In einer letzten Kraftanstrengung ernteten sie nur die Frucht der harten dreijährigen Belagerung, der die Franken diesen Hafen Palästinas unterworfen hatten; auch er war 1187 in die Hand Saladins gefallen. Bekannt ist die Doppelbelagerung: die Franken hielten die Stadt eingeschlossen und Saladin von außen die Franken. Nachschubschwierigkeiten hinderten den Sultan, den anfangs hergestellten Kontakt mit der belagerten Bevölkerung aufrechtzuerhalten. So mußte er nahezu ohnmächtig dem langen Todeskampf der Stadt zusehen. Die Chronik der Belagerung mit ihren kühnen Durchbruchsversuchen ist reich an ungewöhnlichen, eindrucksvollen Episoden, die wir gleicherweise Bahā' ad-Dīn, ʿImād ad-Dīn und Ibn al-Aṯīr entnehmen.

ZUG DER FRANKEN GEGEN AKKON UND SEINE BELAGERUNG

(Ibn al-Aṯīr XII 20–26)

Wir haben schon berichtet, daß sich in Tyrus sehr viele Franken gesammelt hatten, da Saladin den Einwohnern aller von ihm eroberten Städte und Festungen freien Abzug einräumte und sie mit ihrem Hab und Gut, ihren Frauen und Kindern nach Tyrus gehen ließ. So sammelte sich dort eine riesige Menge, und es flossen unermeßliche Beträge Geldes zusammen, die auch bei den größten Ausgaben mehrere Jahre ausgereicht hätten. Mönche, Priester und viele ihrer Großen und Ritter legten schwarze Kleider an und zeigten offen ihre tiefe Trauer um den Verlust Jerusalems. Unter der Führung des Patriarchen von Jerusalem durchzogen sie die Länder der Franken und riefen ihre Völker zu Hilfe, baten sie um ihren Beistand und stachelten sie auf, Rache für den Fall Jerusalems zu nehmen. Sie malten ein Bild des Messias, wie ihn ein Araber durchbohrt, und auf das Antlitz des Messias – Heil über ihn! – malten sie Blut und sagten zu der Menge: «Das ist der Messias, geschlagen von Mohammed, dem Propheten der Araber, der ihn verwundet und getötet hat!» Das machte den Franken so tiefen Eindruck, daß sie sich alle, einschließlich der Frauen, in großen Haufen sammelten; tatsächlich gab es vor Akkon unter ihnen eine Schar Frauen, die die tapfersten der Feinde zum Zweikampf herausforderten, wie wir noch berichten. Wer nicht selbst in den Kampf ziehen konnte, rüstete einen Vertreter aus oder gab ihnen Geld gemäß ihren Bestimmungen. So strömten Menschen und Geld in riesigen Mengen zusammen.

Ein Muslim, der in Ḥiṣn al-Akrād wohnte, hat mir erzählt, was folgt – er gehörte zu der Burgbesatzung, die sich schon vor langer Zeit den Franken ausgeliefert hatte, aber er bereute, die Franken dadurch in ihrem Angriff auf das Land des Islams unterstützt und an ihrer Seite gekämpft zu haben –: dieser Mann also erzählte mir, er sei mit einer Gruppe Franken von Ḥiṣn al-Akrād mit vier Galeeren in den Ländern der Franken und Griechen jenseits des Meeres gewesen, um Hilfe (für den Kreuzzug) zu holen. «Unsere Reise», berichtete er, «führte uns bis zum großen Rom, von wo wir mit silberbeladenen Galeeren wieder zurückfuhren.» Ein fränkischer Gefangener hat mir erzählt, daß seine Mutter keinen Sohn außer ihm gehabt habe und daß sie nichts auf der Welt besessen hätten als ein Haus; das habe seine Mutter verkauft und ihn von dem Erlös ausgerüstet, um ihn auszusenden, Jerusalem zu befreien; dabei war er in Gefangenschaft geraten. Solcher Art waren die religiösen und persönlichen Gründe, die die Franken bewegten; auf alle Weise kamen sie ins Land, zu Wasser und zu Lande, aus allen Richtungen. Hätte Gott sich den Muslimen nicht gnädig erwiesen und den König von Deutschland bei seinem Zug gegen Syrien sterben lassen, wovon wir noch berichten, hätte man eines Tages gesagt: Syrien und Ägypten *haben* einmal den Muslimen gehört.

So rüsteten sie sich zum Feldzug. Sie sammelten sich in Tyrus, und Schar um Schar strömte mit großen Geldbeträgen dorthin. Auf dem Seewege kamen ständig Verstärkungen an Lebensmitteln, Ausrüstung und Menschen aus ihren Ländern; bald konnte das Gebiet von Tyrus innerhalb und außerhalb der Stadtmauer die Menge nicht mehr fassen. Zuerst wollten sie Sidon angreifen, aber dann trat das von uns berichtete Ereignis ein[218], sie kehrten um und einigten sich darauf, gegen Akkon zu ziehen und es in standhafter Anstrengung zu belagern. In voller Heeresstärke marschierten sie los, hielten sich immer an der Küste und wichen nie von diesem Weg ab, ob er bequem oder schwierig, breit oder eng war. Ihre Flotte, die Waffen und Ausrüstung an Bord hatte, fuhr auf gleicher Höhe mit ihnen, um ihnen Schutz zu bieten: bei unüberwindlichen Schwierigkeiten hätten sie sich einschiffen und umkehren können. Am 8. Rağab (585/22. August 1189) hatten sie Tyrus verlassen, Mitte des Monats erreichten sie Akkon. Während des Marsches waren sie von muslimischen Streifscharen belästigt worden, die sie einige Male überraschend angegriffen und dabei abgesplitterte Abteilungen gefangengenommen hatten.

Als Saladin die Nachricht von ihrem Abmarsch überbracht wurde, brach er auf, um ihnen entgegenzuziehen. Er beriet sich mit seinen Emiren, ob er sich besser an ihre Fersen hefte und während des Marsches angreife oder ob er ihnen auf einer anderen als der von ihnen eingeschlagenen Straße entgegentrete. Die Emire antworteten: «Wir brauchen uns nicht die Mühe zu machen, sie während des Marsches zu verfolgen, denn die Straße ist schlecht und eng und wir bekämen sie nicht leicht zu fassen. Besser ist es, auf der breiten Straße vorzurücken und ihnen bei Akkon in den Rücken zu fallen: dort zersprengen wir sie und hauen sie in Stücke!» Saladin war klar, daß sie sich nicht schon zu Anfang großen Anstrengungen aussetzen wollten, so gab er schließlich nach, obwohl er seinen Vorschlag, die Franken während des Marsches zu verfolgen und anzugreifen, für besser hielt. «Wenn die Franken ihr Ziel erreicht haben», gab er zu bedenken, «können sie sich in dem Gebiet festsetzen, und es wird schwierig, sie dann zu überwältigen und zu vertreiben. Besser wäre es, sie anzugreifen, bevor sie nach Akkon gelangt sind.» Die Emire waren aber dagegen, so folgte er ihnen schließlich, und sie nahmen den Weg über Kafar Kannā; die Franken trafen vor ihnen ein. Saladin hatte vorher eine Gruppe Emire beauftragt, die Franken auf ihrem Weg zu verfolgen und sie mit Handstreichen und Scharmützeln zu belästigen. Die Franken wagten nichts gegen sie zu unternehmen, obwohl es nur wenige waren. Hätten die Truppen sie daher gemäß Saladins Rat verfolgt und angegriffen, bevor sie nach Akkon gelangten, um es zu belagern, hätte Saladin sein Ziel erreicht und sie der Stadt ferngehalten. Aber wenn Gott etwas will, schafft er auch die notwendigen Voraussetzungen.

Bei seiner Ankunft vor Akkon sah Saladin; daß die Franken es vom Meer bis zum Meer auf der anderen Seite eingeschlossen hatten und den Muslimen kein Zugang zur Stadt verblieben war. So bezog er seinerseits Stellung gegen sie und ließ sein Zelt auf Tell Kaisān errichten; sein rechter Flügel reichte bis Tell al-ʿAjāḍijja, sein linker bis zum Fluß. Der Troß stand bei Ṣaffūrijja. Der Sultan sandte Botschaften in die verschiedenen Provinzen und bat, sie sollten Truppen schicken. Es kamen Aufgebote aus Mossul, Dijār Bakr, Singǎr und anderen obermesopotamischen Gebieten, sein Brudersohn Taqī ad-Dīn kam und Muẓaffar ad-Dīn ibn Zain ad-Dīn, Herr von Ḥarrān und Edessa. Die Verstärkungen der Muslime trafen auf dem Landwege, die der Franken auf dem Seewege ein. Zwischen beiden Seiten fanden während der ganzen Zeit, in der sie vor Akkon lagen, viele kleinere und größere Begegnungen statt: die große Schlacht und kleinere Gefechte, abgesehen von den Scharmützeln, die nicht erwähnt zu werden brauchen.

Als der Sultan eingetroffen war, konnte er bis zum Ende des Raǧab weder mit den Franken noch mit den Einwohnern von Akkon in Berührung kommen. Zu Beginn des Šaʿbān (Mitte September) griff er sie endlich an, jedoch ohne den erwünschten Erfolg. Die Soldaten hatten die Nacht in Schlachtordnung verbracht, und am nächsten Morgen griff er sie mit seiner gesamten Heeresstärke an und umzingelte sie von allen Seiten. Die Schlacht, die mit dem ersten Morgengrauen angefangen hatte, zog sich unter erbittertem Ringen auf beiden Seiten bis Mittag hin. Da unternahm Taqī ad-Dīn vom rechten Flügel aus einen furchtbaren Angriff auf die feindlichen Truppen ihm gegenüber und warf sie aus ihren Stellungen. Sie trampelten einer über den anderen, und Bruder achtete nicht mehr auf Bruder. Sie flohen zu ihren nicht weit entfernten Genossen zurück und vereinigten sich mit ihnen, so daß die Hälfte des Feldes vor der Stadt geräumt war. Taqī ad-Dīn besetzte sofort den Platz, den sie entblößt hatten, und sicherte die Verbindung zur Stadt. Jetzt konnten die Muslime wieder kommen und gehen, der Verkehr zwischen ihnen nahm zu, und die Sperre, hinter der die Einwohner festgehalten worden waren, war durchbrochen. Saladin konnte beliebig viele Menschen, Vorräte, Geld und Waffen in die Stadt bringen, und hätten die Muslime den Kampf bis in die Nacht fortgesetzt, wäre ihnen der Sieg sicher gewesen, denn der erste Schlag ist es, der die größte Furcht einjagt. Nach diesem Erfolg dachten sie aber nur daran, sich auszuruhen, so hörten sie auf zu kämpfen und sagten: «Morgen früh greifen wir sie wieder an und vernichten sie vollends.» Unter den Emiren, die Saladin nach Akkon abordnete, war Ḥusām ad-Dīn Abu 'l-Haiǧā' der Dicke, einer der größten Emire seines Heeres, ein Kurde aus Arbela. Eine große Zahl Franken fiel an diesem Tage.

EINE WEITERE SCHLACHT UND DIE SCHLACHT DER ARABER

Am folgenden Tage, dem 6. Šaʿbān (19. September), griffen die Muslime die Franken an in dem festen Entschluß, sie mit aller Gewalt zu vernichten. Beim Vorrücken gegen die Reihen der Franken sahen sie sie jedoch wachsam in Verteidigungsstellung; da bereuten sie ihren mangelnden Einsatz am Vortage. Die Franken hatten inzwischen alle ihre Stellungen gesichert und angefangen, einen Graben auszuheben, der den Zugang zu ihnen unmöglich machte. Die Muslime boten fortgesetzt die Schlacht an, aber die Franken blieben, ohne sich zu rühren, in ihren Schanzen, bis die Muslime wieder abzogen.

Eine Abteilung hatte herausgefunden, daß die Franken auf der entgegengesetzten Seite das Lager zu verlassen pflegten, um Holz zu fällen und andere Arbeiten zu verrichten. Da legten sich die Araber am 16. Šaʿbān (29. September) an den Windungen des Flusses in einen Hinterhalt, und als wie gewöhnlich ein Trupp Franken herauskam, griffen sie sie an und machten alle bis auf den letzten Mann nieder. Sie erbeuteten, was ihnen gehörte, und brachten die Köpfe der Getöteten vor Saladin. Er zeichnete sie aus und schenkte ihnen Ehrengewänder.

DIE GROSSE SCHLACHT VOR AKKON

Nach dem gerade erwähnten Treffen verbrachten die Muslime bis zum 20. Šaʿbān (3. Oktober) ihre Zeit damit, jeden Tag, morgens und abends, zum Kampf gegen die Franken auszurücken; sie ließen sich jedoch nicht blicken, sondern blieben in ihrem Lager. Die Franken versammelten sich, um Rat zu halten, und sagten: «Noch ist das Heer aus Ägypten nicht angekommen, und wir sind bereits in einer solchen Lage mit Saladin. Was soll werden, wenn es da ist? Das beste ist, die Muslime morgen anzugreifen und auf Sieg zu hoffen, bevor Truppen und Verstärkungen sie erreichen.» Ein beträchtlicher Teil von Saladins Heer war zu der Zeit abwesend; ein Teil stand vor Antiochia, um die Überfälle Bohemunds, Herrn von Antiochia, abzuwehren, die dieser auf die Provinz Aleppo unternahm; ein anderer Teil stand vor Tripolis in der Provinz Homs, um dieses Gebiet gleichfalls zu schützen; ein dritter Teil lag vor Tyrus, um das Land zu schützen. Eine Abteilung des ägyptischen Heeres mußte Damiette, Alexandria und andere Plätze sichern, und der Rest war noch nicht eingetroffen, da er durch den langen Feldzug aufgehalten wurde, wie wir schon erwähnt haben. Das alles bewog die Franken, herauszukommen und den Muslimen eine Schlacht zu liefern.

Am folgenden Morgen zogen wie gewöhnlich einige Abteilungen Muslime in Kampfstellung, andere blieben im Lager und andere gingen ihren Beschäftigungen nach: manche besuchten einen Freund, andere besorgten das Notwendige für sich, ihre Gefährten und ihre Reittiere. Da kamen plötzlich die Franken wie ein Schwarm Heuschrecken aus ihrem Lager, ergossen sich über das Angesicht der Erde und bedeckten es weit und breit. Sie griffen den rechten Flügel der Muslime an, den Taqī ad-Dīn ʿUmar, Brudersohn Saladins, befehligte. Als er merkte, daß die Franken gegen ihn vorrückten, ging er in Verteidigungsstellung und wich etwas zurück, nachdem sie näher herangekommen waren. Saladin, der die Mitte führte und das gesehen hatte, schickte Taqī ad-Dīn Verstärkung aus seinen eigenen Reihen, die Truppen aus Dijār Bakr und verschiedene Abteilungen, die am Rand des Zentrums standen. Da die Franken sahen, daß die Mitte geschwächt war und viele von dort auf den rechten Flügel überwechselten, griffen sie wie ein Mann die Mitte an. Die Soldaten flohen vor ihnen, nur wenige hielten stand; von ihnen ließen mehrere ihr Leben für den Glauben, wie Emir Muǧallī ibn Marwān und Zahīr ad-Dīn, Bruder des *faqīh* ʿĪsā, Statthalter von

Jerusalem, der Kühnheit im Kampf mit religiöser Gelehrsamkeit und Glauben verband; weiter fielen der Kämmerer Ḫalīl al-Hakkārī und andere Tapfere, die im Kampfe nicht zurückwichen. Da im Zentrum keiner mehr übrig war, der sich den Franken hätte entgegenstellen können, stürmten sie den Hügel, auf dem Saladins Zelt stand. Sie töteten, die ihnen in den Weg kamen, plünderten und erschlugen mehrere in der Nähe von Saladins Zelt, darunter unseren Šaiḫ Abū ʿAlī ibn Rawāḥa al-Ḥamawī, einen gelehrten Mann und guten Dichter. Nicht von ungefähr ererbte er das Blutzeugnis für den Glauben, denn schon sein Vorfahr ʿAbdallāh ibn Rawāḥa, ein Genosse des Propheten, war in der Schlacht von Muʾta[219] von den Griechen getötet worden; nun wurde er in der Schlacht von Akkon von den Franken umgebracht. Die Franken töteten ihn und andere und kamen auf der anderen Seite des Hügels wieder herunter, wobei sie jeden niederhieben, der ihnen begegnete. Nur Gottes Gnade ist es zu verdanken, daß die Franken Saladins Zelt nicht niederrissen. Hätten sie das getan, wäre allen klar gewesen, wie weit es gekommen war und daß dieser Teil des Heeres sich vor ihnen zur Flucht gewandt hatte: das hätte allgemeine Flucht bedeutet.

Als die Franken sich umsahen und merkten, daß ihnen keine Verstärkung gefolgt war, kehrten sie aus Angst, von ihren Gefährten abgeschnitten zu werden, wieder um. Die Verstärkung war durch den Widerstand des rechten muslimischen Flügels aufgehalten worden. So hatten sie gegen ihn kämpfen müssen, während der linke Flügel der Muslime die Franken angegriffen hatte. Da die Ersatztruppen auf dem rechten Flügel in den Kampf verstrickt wurden und die durchgebrochenen Franken nicht erreichen konnten, hatten sie sich wieder gegen ihre Schanzen zurückgezogen. Während die fränkischen Abteilungen, die bis zu Saladins Zelt vorgedrungen waren, zurückwichen, wurden sie vom linken Flügel angegriffen und gleichzeitig von Pagen aus dem Lager heftig beschossen. Nach dem Zurückweichen der

Mitte war Saladin hinter seine Reihen geritten, um seine Soldaten zurückzurufen und erneuten Angriff zu befehlen. Mit einer ansehnlichen Schar, die sich wieder um ihn gesammelt hatte, griff er darauf die Franken von hinten an, die noch mit dem linken Flügel kämpften. Die Schwerter der Gläubigen trafen sie von allen Seiten, so daß die meisten getötet und der Rest gefangen wurde und keiner entkam. Unter den Gefangenen war auch der Großmeister der Templer, den Saladin schon einmal gefangen, aber wieder freigelassen hatte; jetzt, nachdem er ihm zum zweitenmal in die Hände gefallen war, tötete er ihn[220]. Die Zahl der Gefallenen erreichte zehntausend Mann, abgesehen von denen, die auf der Seeseite umgekommen waren; Saladin ließ sie in den Fluß werfen, aus dem die Franken tranken. Die meisten Gefallenen waren Reiter, da das Fußvolk sie nicht erreicht hatte. Unter den Gefangenen waren auch drei fränkische Frauen, die zu Pferde gekämpft hatten; erst als sie gefangen und entwaffnet waren, erkannte man sie als Frauen. Von den geflohenen Muslimen gingen einige nach Tiberias, andere überschritten den Jordan und kehrten heim, wieder andere begaben sich nach Damaskus. Diese Truppen hätten die Franken ohne Mühe vernichten können, wären sie nicht geflohen. Die zurückgebliebenen Muslime gaben das Äußerste im Kampf; sie alle versuchten, zusammen mit den Franken in ihr Lager einzudringen, in der Hoffnung, daß die Franken den Mut gänzlich verloren hätten. Da hörten sie aber Geschrei, daß ihr Lager geplündert werde; das trug sich zu wie folgt: im Angesicht der Niederlage begannen die Soldaten, ihr Gepäck auf die Reittiere zu laden, als sich plötzlich das Gesindel und die Pagen auf sie stürzten und ihnen die Sachen entrissen. Saladin hätte gern einen harten Angriff gegen die Franken vorgetragen, aber da er seine Leute hin und her laufen und die verlorenen Sachen wieder zusammentragen sah, ließ er den Befehl ausrufen, alles, was geraubt sei, wieder herbeizuschaffen. Da kam so viel zusammen, daß die Erde weit und breit davon bedeckt war, Teppiche, gefüllte Truhen, Kleider, Waffen und anderes mehr, und alles wurde seinen rechtmäßigen Besitzern zurückgegeben. So entging Saladin an diesem Tage das erstrebte Ziel, und die Furcht der Franken legte sich. Aus den Überlebenden bildeten sie wieder neue Abteilungen.

SALADIN ENTFERNT SICH VON DEN FRANKEN, DIE SO DEN RING UM AKKON WIEDER SCHLIESSEN KÖNNEN

Da so viele Franken getötet waren, wurde die Erde von ihrem Gestank verpestet, die Luft wurde ungesund, und die Menschen fingen an, darunter zu leiden. Auch Saladin erkrankte und wurde von einer Kolik gepeinigt, die ihn regelmäßig befiel. Da erschienen die Emire vor ihm und rieten, den Ort zu verlassen und die Franken nicht weiter zu belagern. Sie zeigten ihm den Vorschlag im besten Licht und sagten: «Wir haben die Franken so fest eingeschlossen, daß sie den Platz, den sie jetzt besetzt halten, nicht aufgeben könnten, selbst wenn sie es wollten. Am besten wäre es also, sich von ihnen zu entfernen, denn dann hätten sie die Möglichkeit, abzuziehen und heimzukehren. Wenn sie gehen, sind sie uns und wir sie los. Bleiben sie aber, kehren wir zurück und nehmen den Kampf mit ihnen genauso wieder auf. Außerdem geht es dir gar nicht gut, und du bist sehr krank. Wenn sich nun noch beunruhigende Gerüchte (über deinen Gesundheitszustand) verbreiten, wäre das das Verderben für alle. Deswegen ist es auf jeden Fall das beste, sich von ihnen zu entfernen.» Nachdem auch die Ärzte sich für diesen Vorschlag erklärt hatten, stimmte Saladin schließlich zu – dem, was Gott zu tun beschlossen hatte: «Und wenn Gott einem Volk Böses will, wird nichts es abwenden können, und sie werden keinen Beschützer außer ihm haben[221].» So brachen sie am 4. Ramaḍān (16. Oktober) in

Richtung al-Ḫarrūba auf. Den Muslimen von Akkon hatte Saladin befohlen, die Stadt zu schützen, ihre Tore geschlossen zu halten und stets Wachen aufzustellen, und ihnen erklärt, warum sie abzogen.

Als Saladin mit seinem Heer weg war, fühlten sich die Franken wohl und sicher in der Gegend. Sie riegelten Akkon von neuem ab und schlossen es von Meer zu Meer ein; mit ihren Schiffen zernierten sie es auch von der Seeseite her. Sie begannen einen Graben auszuheben, errichteten aus der ausgeworfenen Erde einen Wall und ergriffen noch andere unvorhergesehene Maßnahmen. Täglich traten ihnen die Spähtrupps der Muslime bei ihren eigenen Stellungen entgegen, aber sie rührten sich nicht und nahmen den Kampf nicht an, sondern waren allein damit beschäftigt, den Graben auszuheben und den Wall zu bauen, um sich gegen Saladin zu schützen, wenn er zurückkäme und sie wieder angriffe. Da zeigte sich, was der Rat derer wert war, die für Abzug gestimmt hatten! Tag für Tag erstatteten die Spähtrupps Saladin Bericht über die von den Franken unternommenen Arbeiten und machten ihm den Ernst der Lage klar, während er noch unter seiner Krankheit litt und nicht imstande war, sich zum Kampf zu rüsten. Einige rieten ihm, das ganze Heer nach Akkon zu schicken, um die Franken am Ausheben des Grabens und Aufschütten des Walles zu hindern und sie anzugreifen; er selbst sollte zurückbleiben. Dazu sagte er jedoch: «Wenn ich nicht dabei bin, richten sie nichts aus. Statt gut, wie erhofft, könnte es doppelt schlecht ausgehen.» So zogen sich die Dinge hin, bis er wieder gesund wurde; die Franken waren ungestört, zu tun, was sie wollten. Sie ordneten ihre Angelegenheiten und stärkten ihre Kräfte mit allen ihnen zu Gebote stehenden Mitteln. Die von Akkon unternahmen täglich Ausfälle, griffen die Franken an und brachten ihnen vor den Mauern der Stadt Verluste bei.

ANKUNFT DES HEERES UND DER FLOTTE AUS ÄGYPTEN

Mitte Šawwāl (Ende November) trafen die von al-Malik al-ʿĀdil Saif ad-Dīn Abū Bakr ibn Ajjūb befehligten Truppen aus Ägypten ein. Bei seiner und seiner Leute Ankunft wurden die Herzen wieder froh, denn sie brachten große Mengen Belagerungsgerät mit, lederne Schilde, Speere aus Holz, Pfeile und Bögen und viel Fußvolk. Auch Saladin sammelte ein großes Aufgebot zu Fuß aus den syrischen Provinzen, denn er hatte beschlossen, mit Reiterei und Fußvolk gegen die Franken vorzugehen. Nach al-ʿĀdil kam die ägyptische Flotte an, die unter dem Befehl Emir Luʾluʾs stand, eines tatkräftigen und kühnen Mannes, der mit Meer und Seekrieg erfahren war und eine glückliche Hand hatte. Er kam überraschend, kaperte ein großes fränkisches Schiff, aus dem er viel Gut und Lebensmittel erbeutete, und schleppte es in den Hafen von Akkon. Die Einwohner der Stadt fühlten sich durch die Ankunft der Flotte beruhigt und erleichtert.

(Bahāʾ ad-Dīn 140–147)

Mittwoch, den 24. Šaʿbān (4. Oktober 1189), begannen die fränkischen Kräfte, Reiter und Fußvolk, groß und klein, eine ganz ungewöhnliche Bewegung und stellten sich außerhalb ihres Lagers in Schlachtordnung auf, als Mitte, rechter und linker Flügel. In der Mitte stand ihr König, und das Evangelium wurde ihm unter einem Seidenbaldachin vorangetragen, den vier Männer stützten. Der rechte Flügel des fränkischen Heeres stand dem Linken des islamischen Heeres genau gegenüber, auch sein linker dem rechten muslimischen. Sie besetzten die Spitzen der Hügel, stützten sich mit dem äußersten rechten Flügel auf das Flußufer und mit dem äußersten linken auf den Strand des Meeres. Im islamischen Heere befahl der Sultan den Herolden, unter den

Truppen auszurufen: «Für den Islam! Vorwärts das Heer der Eingottgläubigen!» Alle stiegen aufs Pferd – sie hatten ihr Leben für das Paradies verkauft – und nahmen vor ihren Zelten Aufstellung; ihr rechter Flügel erstreckte sich gleichermaßen bis zum Meer, der linke bis zum Fluß. Schon in den Zelten hatte der Sultan die Kämpfer eingeteilt in rechten und linken Flügel und Mitte – in Schlachtordnung –, so daß sie beim ersten Schlachtruf nicht neue Plätze einnehmen mußten. Saladin stand in der Mitte, rechts von ihm sein Sohn al-Malik al-Afḍal, sein anderer Sohn al-Malik aẓ-Ẓāfir, Bruder al-Afḍals, die Truppen von Mossul unter dem Befehl des Ẓahīr ad-Dīn ibn al-Bulunkarī, das Aufgebot aus Dijār Bakr unter Quṭb ad-Dīn ibn Nūr ad-Dīn, Herrn von Ḥiṣn Kaifā, dann Ḥusām ad-Dīn ibn Lāǧīn, Herr von Nābulus, darauf der Eunuch Qaimaz an-Naǧmī mit dichten Scharen in Berührung mit dem äußersten rechten Flügel. Auf dieser äußersten Rechten, die bis ans Meer reichte, stand al-Malik al-Muẓaffar Taqī ad-Dīn mit seinen Truppen. Den Anfang des linken Flügels neben der Mitte hielt Saif ad-Dīn ʿAlī al-Maštūb, ein großer Fürst und Kurdengeneral, dann kamen Emir Muǧallī mit den Mihrāniten- und Hakkāritentruppen[222], Muǧāhid ad-Dīn Baranqaš, Befehlshaber der Kräfte aus Sinǧār und einer Mamlūkenabteilung, weiter Muẓaffar ad-Dīn ibn Zain ad-Dīn mit seinen Truppen und auf der äußersten Linken die hohen Asadī-Mamlūken[223] wie Saif ad-Dīn Jazkug und Arslanboqa – und die übrigen Asaditen von sprichwörtlicher Tapferkeit. Die Mitte befehligte *faqīh* ʿĪsā. Der Sultan selbst ritt zwischen den Bataillonen hin und her, feuerte sie zur Schlacht an, forderte sie zum Kampf auf und machte ihnen Mut, die Religion Gottes zum Siege zu führen.

Franken und Muslime rückten vor, bis es hoher Tag geworden war, etwa die vierte Stunde: da stieß der linke fränkische Flügel gegen den rechten muslimischen, und al-Malik al-Muẓaffar warf ihm die Bogenschützen der Vorhut entgegen, deren Angriffe wechselnden Erfolg hatten. Da die Franken kräftig auf al-Malik al-Muẓaffar drückten, der auf dem äußersten rechten Flügel am Meere stand, ging er ein wenig zurück, um sie zu verleiten, sich von ihren Gefährten zu entfernen, und um sie dann vernichten zu können. Als der Sultan das bemerkte, glaubte er, er sei zu schwach, und schickte ihm als Verstärkung zahlreiche Bataillone, die er aus der Mitte abzog. Der linke fränkische Flügel wich darauf zurück und sammelte sich auf einem Hügel, der das Meer übersah, während der Teil, der der Mitte der Muslime gegenüberstand, gesehen hatte, wie diese durch den Abzug der Bataillone geschwächt wurde, und Mut faßte, gegen das rechte Zentrum vorging und, Reiter und Fußvolk, wie ein Mann angriff. Ich habe mit eigenen Augen gesehn, daß die Fußsoldaten in der gleichen Schnelligkeit wie die Reiter vorrückten, die ihnen nicht vorauswaren, sondern bisweilen sogar hinter ihnen zurückblieben. Die Truppen von Dijār Bakr hatten den Ansturm aufzuhalten. Da sie aber keine Erfahrung im Kriege hatten, wandten sie sich zur Flucht und erlitten eine schwere Niederlage, von der fast der ganze rechte Flügel betroffen wurde. Die Franken verfolgten die Fliehenden bis al-ʿAjādijja und kreisten den Hügel ein; einige von ihnen gelangten bis zum Zelt des Sultans und töteten einen seiner Mundschenke, der gerade dort war. An dem Tage fielen als Blutzeugen für den Glauben Ismāʿīl al-Mukabbis und Ibn Rawāha – Gott erbarme sich ihrer! Der linke Flügel der Muslime hielt unerschüttert vom feindlichen Angriff inzwischen stand. Der Sultan ritt von einem Bataillon zum anderen, ermunterte sie mit Versprechungen schöner Belohnung, spornte sie zum Kampf an und erhob den Ruf: «Für den Islam!» Mit nur fünf Leuten zur Seite ritt er zwischen den Schwadronen und Reihen einher, dann zog er sich zum Fuße des Hügels zurück, auf dem die Zelte aufgeschlagen waren. Die flüchtenden Truppen gelangten bis al-Uqḥuwāna, jenseits der Brücke von Tiberias, und einige erreichten sogar das beschützte Damaskus. Die fränkische Reiterei folgte ihnen bis al-ʿAjādijja, und als sie sah, daß sie den Hügel gewonnen hatten, drehte sie um und kehrte zu ihrem Heer zurück; ihnen begegnete eine Schar von Sklaven, Eseltreibern und Pferdeknechten, die auf Maultieren aus dem Troß der Muslime flüchteten, und sie töteten einige von ihnen. Weitere Muslime machten sie auf dem Markt nieder; sie hatten dort auch selbst Verluste, denn viel Volk in Waffen hatte sich dort gesammelt. Diejenigen von ihnen, die bis zu den Zelten des Sultans gedrungen waren, fanden dort nichts außer denen, die wir schon erwähnt haben, drei Männern im ganzen. Als sie merkten, daß der linke Flügel der Muslime seine Stellung behauptete, erkannten sie, daß ihre Niederlage nicht endgültig gewesen war; sie verließen daher den Hügel und suchten sich wieder mit ihrem Heer zu vereinigen.

Der Sultan stand mit einer kleinen Schar unterhalb des Hügels und sammelte seine Leute zum Gegenangriff. Als sie die Franken den Hügel herabkommen sahen, wollten sie sich auf sie stürzen; aber der Sultan befahl ihnen, an ihrem Platz zu bleiben, bis die Franken, die zu ihrem eigenen Heer durchstoßen wollten, ihnen den Rücken zugewandt hätten. Da stieß der Sultan einen Schrei aus, die Muslime verfolgten sie und streckten einige zu Boden. Andere Muslime taten es den ersten nach, die Zahl der Verfolger wuchs zu einer großen Menge, und die Franken erreichten ihre Gefährten mit einer ganzen Meute auf den Fersen. Als diese sie fliehen sahen und die Muslime in großer Zahl in ihrem Rücken, glaubten sie, daß alle fränkischen Angreifer bis auf diese kleine Schar gefallen seien. Daher wandten sie sich alle zur Flucht, und der linke Flügel der Muslime rückte gegen sie vor. Gleichzeitig gewann al-Malik al-Muẓaffar mit seinen Leuten auf dem rechten Flügel die Oberhand, die Muslime standen fest, riefen sich gegenseitig zu und strömten von allen Seiten in den Kampf. Gott strafte den Dämon Lügen und schenkte den Sieg dem wahren Glauben. Die Soldaten hielten nicht ein zu töten, niederzumachen, zu stoßen und zu verwunden, bis die entkommenen Flüchtigen sich mit ihrem Heer vereinigt hatten. Die Muslime griffen auch das Lager an, wurden aber von einigen Abteilungen, die für diesen Fall bereitstanden und jetzt aus dem Lager ausrückten, zurückgeworfen. Unsere Kämpfer waren jetzt müde und erhitzt. Durch ein Meer von Blut und Toten kehrten sie daher nach der Stunde des Mittagsgebetes in ihre Zelte zurück, froh und zufrieden. Auch der Sultan suchte sein Zelt auf. Er versammelte die Emire und berechnete mit ihnen die Zahl ihrer Gefallenen. Die Zahl der unbekannten Mamlūken, die gefallen waren, betrug einhundertundfünfzig, unter den Angesehenen, die gefallen waren, war Ẓahīr ad-Dīn, Bruder des *faqīh* ʿĪsā. Ihn sah ich lächelnd sitzen, und als die anderen ihm ihr Mitgefühl ausdrücken wollten, wies er sie zurück und sagte: «Heute ist ein Tag der Freude, nicht der Trauer!» Er selbst war vom Pferd gestürzt und von denen, die an seiner Seite kämpften, wieder in den Sattel gehoben worden; mehrere seiner vertrauten Freunde waren beim Kampf um ihn gefallen. Außerdem wurde an diesem Tag Emir Muǧallī getötet: das waren die Verluste der Muslime. Die Verluste der Franken – Gott verfluche sie! – schätzte man auf siebentausend Menschen. Ich sah, wie sie ihre Toten zum Fluß trugen, um sie hineinzuwerfen, und es schienen mir etwas weniger als siebentausend zu sein.

Als die Muslime die (anfängliche) Niederlage erlitten hatten und die Sklaven die Zelte leer und ohne jede Bewachung sahen – denn das Heer hatte sich in zwei Teile geteilt, die Flüchtenden und die Kämpfenden, und niemand war in unserem Rücken bei den Zelten geblieben –, glaubten sie, die Muslime seien vollständig besiegt worden, und die Feinde würden alles plündern, was in den Zelten war. Sie legten also selbst Hand an die Zelte und raubten, was sie fanden. Große Mengen Geld, Gut und Waffen unserer Leute gingen so verloren, was schwerer wog als die Niederlage selbst. Als der Sultan zu den Zelten zurückgekehrt war und den zweifachen Schaden sah – die geraubten Güter und die Niederlage, die das Heer getroffen hatte –, schickte er eilends schriftliche Befehle und Boten aus, um die Flüchtenden umkehren und die versprengten Soldaten suchen zu lassen. Die Boten mit diesem Auftrag folgten einander, bis sie den Hügel erreichten, wo sie die Flüchtenden einholten und ihnen zuriefen: «Zum Gegenangriff! Zum Entsatz der Muslime!» So machten sie kehrt, und Saladin befahl, den Sklaven alles abzunehmen und vor seinem Zelt zu sammeln, einschließlich des Sattelzeuges und der Futtersäcke der Pferde. Er setzte sich dort mit uns allen im Kreise nieder und ordnete an, wer etwas als sein eigen erkenne und einen Eid darauf leiste, solle es zurückerhalten. Allen diesen Geschehnissen begegnete er mit festem Herzen und Heiterkeit, offenem Auge und richtigem Plan, den er niemals blind faßte, mit der Absicht, Gottes Lohn zu verdienen, und in der festen Entschlossenheit, dem wahren Glauben zum Siege zu verhelfen. Die Franken ihrerseits zogen sich zu ihren Zelten zurück, nachdem sie ihre tapferen Kämpfer verloren und ihre Helden geschlagen gesehen hatten.

Der Sultan ließ aus Akkon Karren herbeischaffen, auf denen die gefallenen Feinde zum Fluß gebracht und hineingeworfen werden sollten. Einer von denen, die den Karrendienst versahen, sagte mir, auf dem linken Flügel seien mehr als viertausendundeinhundert Soldaten gefallen; die Toten des rechten Flügels und der Mitte habe er nicht zählen können, da jemand anders mit ihnen zu tun gehabt habe. Es blieben aber nach diesem Treffen genug Franken übrig, die sich verteidigen konnten, und sie verschanzten sich in ihrem Lager, ohne sich um die Truppen und Scharen der Muslime zu kümmern. Von den muslimischen Kräften war eine große Zahl bei der Niederlage zersprengt worden, von der nur die zurückkamen, die, wie gut bekannt war, etwas für sich zu fürchten hatten (die Folgen einer Fahnenflucht); alle anderen flohen, wohin der Weg sie eben führte.

Der Sultan sammelte das geraubte Gut und gab es seinen rechtmäßigen Eigentümern zurück: ich war am Tage, an dem die Sachen ihren Besitzern zurückgegeben wurden, selbst dabei und sah einen Gerichtshof, wie ihn die Welt nicht größer gesehen hat; es war Freitag, der 23. Šaʿbān (6. Oktober). Als danach alles wieder ruhig geworden war, ließ der Sultan den Troß zu einem Ort, genannt al-Ḫarrūba, zurückziehen; er befürchtete, der Leichengestank könnte seinen Truppen schaden. Der Ort lag nahe am Schlachtfeld, aber etwas weiter entfernt als der, wo er sich bisher aufgehalten hatte. Er ließ sich sein Zelt in der Nähe des Trosses aufschlagen und befahl den Kundschaftern, den Platz einzunehmen, an dem er selbst vorher gelegen hatte; das war am 29. des Monats. Am Ende des Monats versammelte er die Emire und Ratgeber – auch ich war unter den Anwesenden – und forderte sie auf, seine Rede anzuhören: «Im Namen Gottes!» sagte er, «Lob sei Gott und Segen auf dem Propheten! Wisset, daß dieser Feind Gottes und unser selbst unser Land überfallen und die islamische Erde zertreten hat. Schon zeigen sich uns die Zeichen des Sieges, den wir, so Gott will, über ihn davontragen werden. Da ihm jetzt nur diese schwachen Kräfte geblieben sind, müssen wir versuchen, ihn ganz zu vernichten, wie es uns Gott auferlegt hat. Ihr wißt, daß dies unsere Truppen sind und wir als Verstärkung nur noch al-Malik al-ʿĀdil erwarten, der bald eintrifft. Wenn wir nun die Feinde in Ruhe lassen und ihnen Zeit geben, die Verbindungen über das Meer wieder aufzunehmen, dann werden sie große Unterstützung erhalten. Daher halte ich einen Angriff für unabdingbar notwendig. Hoffentlich sagt mir jetzt jeder von euch seine Meinung dazu.» Das war am 13. Tišrīn (I) (13. Oktober) nach den Monaten des Sonnenjahres. Sie sprachen die verschiedenen Vorschläge durch und erwogen das Für und Wider; schließlich kamen sie zu dem Schluß, das beste sei es, das Heer bis al-Ḫarrūba zurückzuziehen und hier einige Tage ausruhen zu lassen, damit es sich von Waffentragen und Erschöpfung erhole, neue Kräfte sammle und die Pferde ruhen lasse. Seit fünfzig Tagen hatten die Truppen unter Waffen gestanden und im Sattel gesessen, so daß auch die Pferde von der Schlacht müde und erschöpft waren. In einer kurzen Ruhepause hätten sie Atem schöpfen können. «Bald kommt al-Malik al-ʿĀdil und steht uns mit Rat und Tat zur Seite. Wir können die Versprengten zurückbekommen und das Fußvolk sammeln, um es dem des Feindes entgegenzustellen.» Der Sultan war von den Belastungen sehr angegriffen, die er auszuhalten hatte, dem Gewicht der Waffen und ständigem Tragen der Rüstung; daher hielt er es für das beste, ihrem Rat zu folgen. Am 3. Ramaḍān wurde das Heer in die Nähe des Trosses verlegt, und auch der Sultan begab sich in derselben Nacht dorthin, um für seine Gesundung zu sorgen, die Truppen zu sammeln und seinen Bruder al-Malik al-ʿĀdil zu erwarten; er traf am 10. Ramaḍān (22. Oktober)[224] ein.

BRAND DER BELAGERUNGSTÜRME

(Ibn al-Aṯīr XII 28–30)

Während der Belagerung von Akkon hatten die Franken drei sehr hohe Belagerungstürme aus Holz gebaut; jeder maß sechzig Ellen und hatte fünf Stockwerke, die mit Soldaten besetzt waren. Die Franken hatten das Holz für den Bau dieser Türme von jenseits des Meeres holen lassen, da für solch große Türme nur eine seltene Holzart verwendet werden kann. Nachdem sie die Türme mit Häuten, Essig, Erde und Mitteln zum Schutz gegen Feuer überzogen hatten, bereiteten sie die Wege für sie und schoben sie auf drei Seiten an die Stadt heran. Am 22. Rabīʿ I (586/27. April 1190) gingen sie zum Angriff über. Die Türme überragten die Stadtmauer, deren Verteidiger von den Soldaten im Turm beschossen wurden und sich zur Wehr setzten, während die Franken anfingen, den Graben zuzuschütten. Die Stadt war damit in Gefahr, im Sturm genommen zu werden. Da sandten die Einwohner einen Boten zu Saladin; schwimmend gelangte er zu ihm und unterrichtete ihn über die verzweifelte Lage der Stadt: Niederlage und Tod ständen unmittelbar bevor. Der Sultan schwang sich in den Sattel, ritt mit seinen Truppen gegen die Franken und griff sie in hartem, unablässigem Gefecht von allen Seiten an, um sie an der Erstürmung der Stadt zu hindern. Die Franken teilten sich in zwei Abteilungen: eine bekämpfte Saladin, die andere die Einwohner Akkons; der Druck auf diese ließ also nach. Acht Tage dauerte der Kampf ununterbrochen an. Am 28. des Monats (5. Mai) fand er schließlich ein Ende, weil beide Seiten infolge des Tag und Nacht geführten Gefechtes erschöpft waren. Die Muslime waren jetzt überzeugt, daß den Franken die Eroberung der Stadt gelingen werde, denn sie sahen, daß die Verteidiger die Türme nicht abwehren konnten, obwohl sie es mit den verschiedensten Mitteln versucht hatten; schließlich hatten sie sie sogar mit griechischem Feuer beschossen, aber ohne Wirkung. Als sie schon ihres Unterganges gewiß waren, schickte Gott ihnen seine Hilfe und ließ zu, daß die Türme verbrannten. Das trug sich zu wie folgt: ein Mann aus Damaskus sammelte leidenschaftlich alle Geräte der Feuerwerker und alle Stoffe, die die Feuerkraft erhöhen konnten. Wer ihn kannte, tadelte ihn deswegen und verwies es ihm, aber er entgegnete, er übe dies Handwerk nicht selbst aus, möchte aber gern darüber Bescheid wissen. Durch die Fügung Gottes war der Mann gerade in Akkon. Als er die gegen die Stadt gerichteten Türme sah, bereitete er die ihm bekannten Stoffe, die das Feuer so verstärkten, daß es weder durch Erde, Essig noch andere Mittel gelöscht werden konnte. Sobald er alles fertig hatte, ging er zu dem Befehlshaber und Statthalter Akkons, Emir Qaraquš, und bat ihn, er solle dem Feuerschützen befehlen, mit dem auf einen Belagerungsturm gerichteten Katapult das hinüberzuschießen, was er ihm geben wolle, damit der Turm Feuer fange. Qaraquš war wütend und fürchtete so sehr für die Stadt und ihre Einwohner, daß er fast umkam. Bei seinen Worten steigerte sich sein Zorn noch, er fuhr ihn an und sagte: «Die anderen haben ja schon alle Kunst daran gesetzt, sie mit griechischem Feuer und ähnlichem beschossen, aber ohne jeden Erfolg!» Einer der Anwesenden bemerkte jedoch: «Wer weiß, ob Gott uns nicht gerade durch die Hand dieses Mannes einen Ausweg weist! Wenn wir seinen Vorschlag annehmen, tun wir jedenfalls nichts Böses.» Da gab Qaraquš seine Zustimmung und befahl dem Feuerschützen, seinen Anweisungen zu folgen. Er ließ nun einige Behälter mit Naphtha und anderen Stoffen über dem Turm ausschütten, ohne daß sie brannten. Als die Franken bemerkten, daß die Behälter nicht brannten, schrien sie, tanzten und sprangen vor Übermut auf dem Dach des Turms herum. Der Feuerschütze versicherte sich, daß die geschleuderten Behälter sich gut über den Turm ergossen hatten, und schleuderte dann einen vollen Behälter hinüber, dessen Inhalt er angezündet hatte. Sofort fing der Turm Feuer. Er warf einen zweiten und dritten Behälter, so daß der Turm überall in Flammen aufging und die Soldaten, die in den fünf Stockwerken waren, sich nicht mehr retten konnten. So brannte er mit allen Soldaten und einer Menge Rüstungen und Waffen nieder. Die Franken im Turm waren durch den ersten Behälter, der die nicht brennende Flüssigkeit enthielt, dazu verleitet worden, ruhig stehen zu bleiben und nicht zu fliehen, bis Gott ihnen schon in dieser Welt das Feuer schickte und so das Höllenfeuer vorwegnahm. Nachdem der erste Turm verbrannt war, machte sich der Damaszener an den zweiten, dessen Mannschaft bereits voller Furcht geflohen war, und legte Feuer an ihn – ebenso an den dritten – ein denkwürdiger Tag, wie er nie zuvor erlebt war! Die Muslime sahen zu und wurden froh. Ihre vorher traurigen Gesichter erhellten sich vor Freude über den Sieg und die Errettung ihrer Glaubensbrüder, denn es war keiner, der nicht einen Verwandten oder Freund in der Stadt hatte. Der Mann wurde Saladin vorgeführt, der ihm viel Geld und große Lehen anbot; aber er nahm nicht ein Körnchen von alldem, sondern sagte: «Ich habe es aus Liebe zu Gott getan und will allein von ihm den Lohn empfangen.» Die gute Nachricht wurde den Provinzen mitgeteilt, und der Sultan ließ Truppen zur Verstärkung aus dem Osten anfordern. Als erster traf ʿImād ad-Dīn Zengī ibn Maudūd ibn Zengī ein, Herr über Sinǧār und die Ǧazīra, dann ʿAlāʾ ad-Dīn, Sohn des ʿIzz ad-Dīn Masʿūd ibn Maudūd ibn Zengī, den sein Vater, Herr Mossuls, mit dem Befehl über sein Aufgebot betraut hatte, danach Zain ad-Dīn Jūsuf, Herr von Arbela. Jeder der Ankömmlinge griff mit seinen Truppen sogleich die Franken an und kämpfte zusammen mit anderen gegen sie. Dann erst schlug er seine Zelte auf.

VERSCHIEDENE EPISODEN DER BELAGERUNG

(Bahāʾ ad-Dīn 178/79, 201–203, 211)

Ein Schiff aus Beirut gelangt durch eine List in den Hafen von Akkon

Die Franken – Gott schicke sie ins Verderben – hatten ihre Schiffe rings um Akkon verteilt, um zu wachen, daß keine muslimischen Schiffe in den Hafen einliefen. Die Belagerten litten daher großen Mangel an Lebensmitteln. Einige Muslime schifften sich in Beirut ein und nahmen vierhundert Säcke Getreide, Käse, Zwiebeln, Lämmer und weitere Versorgung an Bord. Sie verkleideten sich als Franken, rasierten sich die Bärte, brachten Schweine auf das Oberdeck des Schiffes, so daß man sie von weitem sah[225], zogen Kreuze auf, lichteten Anker und fuhren von der hohen See in Richtung auf die Stadt. Als sie mit den Schiffen der Franken in Berührung gekommen waren, sandten diese ihnen Brander und Galeeren entgegen und sagten: «Ihr wollt in die Stadt, wie wir sehen», und trauten ihnen. Die anderen erwiderten: «Habt ihr sie denn noch nicht genommen?» «Noch nicht», antworteten sie. Unsere Leute sagten: «Wir drehen jetzt unsere Segel in Richtung des Heeres; aber vor dem gleichen Wind kommt noch ein anderes Schiff herein, warnt es davor, in den Hafen einzulaufen.» Wirklich fuhr in ihrem Kielwasser ein fränkisches Schiff, das dieselbe Richtung genommen hatte und auf das fränkische Heer zuhielt. Sie erblickten es und fuhren ihm entgegen, um es zu warnen. Das muslimische Schiff konnte so ungehindert seine Fahrt fortsetzen und lief mit günstigem Wind in den Hafen ein, dank Gott sicher und wohlbehalten. Das war Anlaß großer Freude, denn Mangel drückte die Belagerten. Es ereignete sich im letzten Drittel des Raǧab (586/August–September 1190).

Die Geschichte von ʿĪsā dem Schwimmer

Eines der merkwürdigsten und wunderbarsten Vorkommnisse während der Belagerung ist folgendes: Nachts kam gewöhnlich ein muslimischer Schwimmer mit Namen ʿĪsā in die Stadt und brachte Botschaften und Geld, das er in seinem Gürtel trug; er täuschte dabei die Wachen der Franken: er tauchte und kam auf der anderen Seite des fränkischen Sperriegels wieder hoch. Eines Nachts trug er an seinem Gürtel drei Beutel mit tausend *dīnār* und Botschaften für das Heer und schwamm mit dieser Last los, aber ein Unfall traf ihn, bei dem er sein Leben verlor, und wir bekamen erst nach einer Weile davon Nachricht. Die Brieftaube, die er bei seiner Ankunft in der Stadt abzuschicken pflegte, kam nicht bei uns an, und daraus schlossen wir, daß er verunglückt sei. Einige Tage später hielten sich Einwohner der Stadt am Strand auf, und das Meer spülte einen Ertrunkenen an: sie untersuchten ihn und erkannten ihn als ʿĪsā den Schwimmer. An seinem Gürtel fanden sie das Gold und das Wachspapier mit den

Briefen; das Gold diente als Sold für die Krieger. Niemals hat jemand seine Pflicht auch nach dem Tode treuer erfüllt als dieser Mann. Auch dies ereignete sich im letzten Drittel des Rağab.

Ein Hinterhalt

Am 22. Šawwāl (586/22. November 1190) wollte der Sultan den Feinden eine Falle stellen. Er wählte dazu aus seinem großen Heer einige bewährte Kämpfer und Ritter aus und befahl ihnen, nachts das Lager zu verlassen und am Fuße eines Hügels nicht weit vom fränkischen Lager in Deckung zu gehen; al-Malik al-ʿĀdil hatte dort in dem Treffen gestanden, das nach ihm genannt wurde. Ein Teil von ihnen sollte sich den Feinden zeigen, sich ihren Zelten nähern und sie herausfordern. Sowie sie ihr Lager verlassen hätten, sollten sie in Richtung auf die Muslime flüchten. Sie gehorchten dem Befehl, brachen auf und erreichten des Nachts den bezeichneten Hügel, um dort in Stellung zu gehen. Sonnabend, den 23., ritt mit Tagesanbruch eine kleine Gruppe von ihnen auf guten Pferden an das feindliche Lager heran und beschoß es mit Pfeilen. Gereizt von den ständigen Pfeilschüssen, kamen ungefähr zweihundert Reiter von ihnen in voller Kampfausrüstung heraus, auf guten Pferden und in hervorragender Bewaffnung, und griffen ohne jede Verbindung mit Fußvolk die Muslime an. Ihre geringe Zahl hatte sie zum Angriff verleitet. Aber die Muslime flohen vor ihnen, kämpfend und sich gleichzeitig zurückziehend, bis sie den Hinterhalt erreichten: als sie kamen, stürzten die ausgesuchten Kämpfer mit einem einzigen Schrei hervor und warfen sich auf die Franken wie Löwen auf ihre Beute. Sie leisteten Widerstand und schlugen sich tapfer, wurden aber endlich überwältigt. Die Muslime gewannen die Oberhand über sie, töteten viele, nahmen einige gefangen, da sie eine gute Zahl zu Boden warfen, und erbeuteten ihre Pferde und Rüstungen.

Die gute Nachricht erreichte das Lager, und die Stimmen des Jubels und des Lobes Gottes stiegen hoch. Der Sultan ritt ihnen entgegen – ich war zu seiner Aufwartung dabei – bis Tell Kaisān; dort traf er die ersten der Schar und wartete auf die anderen, während die Leute ihnen Glück wünschten und ihnen für ihre Tat dankten. Der Sultan sah sich die Gefangenen an und unterrichtete sich über ihren Rang; unter ihnen war der Heeresbefehlshaber des Königs von Frankreich, den er zur Hilfe vorausgeschickt hatte, bevor er selbst einträfe; so war auch der Schatzmeister des Königs gefangengenommen worden. Froh und zufrieden kehrte der Sultan ins Lager zurück und ließ sich die Gefangenen vorführen. Er ließ durch einen Herold ausrufen, jeder, der einen Gefangenen gemacht habe, solle ihn vorführen. So brachte jeder seine herbei, und ich war bei der Sitzung dabei. Saladin ehrte die hochgestellten und angesehensten Gefangenen und schenkte ihnen Ehrengewänder; dem Truppenbefehlshaber des Königs von Frankreich gab er einen besonders edlen Pelz, allen anderen einen von Ǧarḫ, denn es war sehr kalt und sie litten darunter. Saladin ließ ihnen Speisen reichen, von denen sie aßen, und ein Zelt in der Nähe seines eigenen aufschlagen. Er erwies ihnen ständig ehrende Aufmerksamkeiten und lud den Befehlshaber bisweilen an seine Tafel. Er befahl, sie nach Damaskus zu bringen, wohin sie ehrenvoll geleitet wurden, und gab ihnen Erlaubnis, an ihre Gefährten zu schreiben, und sich aus ihrem Lager Kleidung und andere notwendige Dinge kommen zu lassen. Das taten sie und brachen dann nach Damaskus auf.

Saladins Menschlichkeit

[...] Dem Sultan wurden fünfundvierzig Franken vorgeführt, die in Beirut gefangen waren und an dem Tage an diesem Ort[226] ankamen. Ich wurde dort Zeuge einer seiner Taten aus gutem Herzen, wie sie größer nie erlebt wurde. Unter den Gefangenen war ein alter Mann weit vorgerückten Alters, der keinen Zahn mehr im Munde hatte und nicht mehr Kraft, als sich gerade noch zu bewegen. Der Sultan sagte zum Übersetzer, er solle ihn fragen: «Was hat dich dazu bewogen, in so hohem Alter hierher zu kommen? Wie weit ist dein Land von hier entfernt?» Er antwortete: «Mein Land liegt Monate der Reise von hier entfernt, und ich bin gekommen, um zum heiligen Grabe zu pilgern.» Den Sultan bewegten diese Worte, er begnadigte ihn, ließ ihn frei und erlaubte ihm, auf einem Pferd ins fränkische Lager zurückzukehren. Saladins junge Söhne baten ihn, einige der Gefangenen töten zu dürfen, aber er erlaubte es ihnen nicht. Ich fragte ihn, warum er es ihnen verboten habe, denn ich selbst hatte ihre Bitte übermittelt. Er antwortete: «Damit sie sich nicht von klein an gewöhnen, so leichthin Blut zu vergießen. Sie kennen ja nicht einmal den Unterschied zwischen einem Muslim und einem Ungläubigen.» Seht die Milde, das empfindliche und strenge Gewissen dieses Herrschers[227]!

Frauen der Liebe und des Kampfes unter den Franken[228]

(ʿImād ad-Dīn 228–231)

Mit einem Schiff kamen dreihundert schöne fränkische Frauen im Schmucke ihrer Jugend und Schönheit, die sich jenseits des Meeres gesammelt und der Sünde verschrieben hatten. Sie hatten ihr Vaterland verlassen, um den in der Fremde Weilenden zu helfen; sie hatten sich gerüstet, die Unglücklichen glücklich zu machen, und sich gegenseitig gestützt, um zu helfen und zu unterstützen. Sie brannten vor Lust auf das Zusammensein und die fleischliche Vereinigung. Alle waren zügellose Dirnen, hochfahrend und spöttisch, die nahmen und gaben, fest im Fleisch und sündig, Sängerinnen und kokett, öffentlich auftretend und anmaßend, feurig und entbrannt, gefärbt und bemalt, reizend und begehrenswert, erlesen und anmutig, die zerrissen und flickten, durchrissen und nähten, auf Abwege führten und Augen warfen, entkräfteten und raubten, trösteten und hurten; verführend und schmachtend, begehrt und begehrend, Freude gebend und nehmend, vielseitig und erfahren, trunkene junge Mädchen, die nach Liebe verlangten und sich verkauften, unternehmend und glühend, leidenschaftlich und voller Liebe; rot im Gesicht und schamlos, schwarz- und großäugig, mit vollen und schlanken Körpern, mit näselnder Stimme und festen Schenkeln, mit blauen und grauen Augen, außergewöhnlich und dümmlich. Eine jede zog die Schleppe ihre Kleides nach und bezauberte mit ihrer Jugendblüte jeden, der sie sah; sie bogen sich wie ein Bäumchen, enthüllten sich wie eine starke Feste, wiegten sich wie ein Zweig. Sie schritten hochmütig mit einem Kreuz auf der Brust, verkauften Gunst um Gunst, wollten in ihrer Glut überwältigt sein. Sie kamen, weil sie sich selbst wie für ein frommes Werk geopfert hatten, die Keuschesten und Kostbarsten unter ihnen hatten sich angeboten. Sie sagten, sie wollten mit dieser Reise ihre Anmut opfern, sich den Junggesellen nicht verweigern, und glaubten, sie könnten Gottes Wohlgefallen mit keinem besseren Opfer erwerben als diesem. Sie verteilten sich auf die Zelte, die sie errichtet hatten, andere schöne junge Mädchen kamen dazu, und sie öffneten die Pforten der Genüsse, weihten als Opfer, was sie zwischen den Schenkeln hatten, ließen der Zügellosigkeit freien Lauf, wandten sich zur Ruhe, entfernten alles, was sie hinderte, sich zu verschenken: sie betrieben lebhaften Handel mit der Ausschweifung, vernähten die sich spaltenden Schlitze, tauchten in die Quellen der Zügellosigkeit, schlossen sich ein im Gemach unter dem erregten Zudrang der Männer, boten den Genuß ihrer Ware an, luden die Unzüchtigen zur Umarmung ein, ritten Brust an Kruppe, schenkten ihre Ware den Bedürftigen, brachten die Spangen um ihre Fesseln nahe an die Ohrringe, wollten hingestreckt sein auf den Teppich des Liebesspiels. Sie waren Ziel der Pfeile, erlaubten alles, was verboten ist, boten sich den Stößen der Lanze dar, erniedrigten sich ihren Freunden. Sie öffneten das Zelt, lösten die Gürtel nach geschlossenem Einverständnis; sie waren der Ort, an dem man Zeltpflöcke einschlägt, sie luden die Schwerter in ihre Scheiden ein, ebneten ihr Land zum Pflanzen, ließen die Speere sich gegen die Schilde erheben, ermunterten die Pflüger zu pflügen, gaben den Schnäbeln zu suchen, gewährten den Hochgemuten Einlaß in die Vorhallen, liefen unter den Sporen derer, die sie ritten. Den Seilen gaben sie den Weg frei hinab in den Brunnen, setzten die Pfeile auf die Bogen, zerrissen die Gürtelbänder, prägten die Münzen, ließen die Vögel in die Nester ihrer Schenkel, fingen in den Netzen die Hörner der stößigen Widder; sie hoben jede Sperre vom Beschützten, entledigten sich des Schleiers dessen, was verborgen ist. Sie verflochten Bein mit Bein, stillten den Durst der Liebenden, vermehrten die Eidechsen in den Löchern, ließen die Ruchlosen ihr Innerstes kennenlernen, wiesen den Schreibrohren den Weg ins Tintenfaß, den Bergwassern in den Talgrund, den Bächen zum Teich, den Schwertern in die Scheide, den Barren in die Schmelztiegel, den Gürteln der Ungläubigen den Weg zur weiblichen Zone, dem Holz den Weg in den Ofen, den Angeklagten in die tiefen Kerker, den Geldwechslern zum *dīnār*, den Hälsen zu den Bäuchen, den Dornen den Weg ins Auge. Sie stritten sich um den Baumstamm, wetteiferten darin, die Frucht zu sammeln. Das hielten sie für ein frommes Werk, dem kein anderes gleichkomme, besonders gegenüber denen, die fern von ihrem Heimatland und von den Frauen weilen. Sie schenkten Wein ein und forderten den Lohn[229] mit dem Blick der Sünde. Die Männer in unserem Heer hörten von der Begebenheit und wunderten sich, wie jene ein frommes Werk vollbringen konnten, indem sie jede Zurückhaltung und Scham aufgaben. Doch einige Mamlūken, dumme, unglückselige Toren, entkamen unter dem heftigen Stachel der Leidenschaft und folgten denen, die im Irrtum leben. Manche waren es zufrieden, das

Vergnügen mit Erniedrigung zu erkaufen, andere bereuten ihr Vergehen und fanden listig den Weg zurück, denn die Hand dessen, der nicht (geradezu) abtrünnig wird, wagt nicht, sich auszustrecken, und wer als Überläufer zu ihnen kommt, ist wegen des Verdachtes, der ihn belastet, in einer schwierigen Lage, und das Tor zur Freude wird vor ihm zugeschlagen. Nun begeht bei den Franken die ledige Frau, die sich einem ehelosen Mann hingibt, keine Sünde, gilt vielmehr bei ihren Priestern als völlig gerechtfertigt, wenn die Ehelosen in Not Erleichterung darin finden, sie zu genießen.

Es kam auch eine sehr angesehene Frau großen Reichtums übers Meer; sie war eine Herrscherin in ihrem Land, und in ihrer Begleitung waren fünfhundert Ritter mit ihren Pferden, Schildknappen, Pagen und Dienern, für die sie alle notwendigen Ausgaben übernommen hatte und die sie reichlich mit ihrem Geld versah. Sie ritten los, wenn sie losritt, griffen an, wenn sie angriff, stürmten vor, wenn sie vorstürmte, und ihre Scharen hielten stand, wenn sie standhielt.

Es gibt wirklich weibliche Ritter unter den Franken, mit Rüstungen und Helmen, gekleidet wie Männer, die ins dichte Schlachtgetümmel ritten, wie verständige Männer handelten, obwohl sie gebrechliche Frauen waren; alles hielten sie für ein frommes Werk, glaubten, sich so die Seligkeit zu sichern, und machten es sich zur Gewohnheit. Lob dem, der sie zu diesem Irrtum verleitete und sie vom Wege der Weisheit abirren ließ! Am Tage der Schlacht rückte mehr als eine Frau mit ihnen aus, die sich wie die Ritter benahm und (männliche) Härte zeigte trotz der Schwäche (ihres Geschlechtes). Sie trugen nur Panzerhemden und wurden erst erkannt, als sie der Waffen entkleidet und entblößt wurden[230]. Einige von ihnen wurden entdeckt und (als Sklavinnen) verkauft – alle Plätze waren voller alter Frauen. Sie ermunterten bald, bald ließen sie nach, ermahnten und reizten ihren Stolz und sagten, das Kreuz erlaube nur Widerstand bis zum Äußersten, der Streiter könne nur durch das Opfer seines Lebens das ewige Leben erlangen und das Grab ihres Gottes sei in der Gewalt der Feinde. Seht, wie Männer und Frauen bei ihnen im Irrtum übereinstimmen: diese Frauen sind aus Glaubenseifer der weiblichen Eifersucht müde geworden, und um sich vor der Bestürzung (am Tage des Gerichtes) zu retten, haben sie sich zu vertrauten Gefährtinnen der Verlegenheit gemacht; da sie dem Verlangen nach Rache nicht widerstehen konnten, verhärteten sie sich und wurden dumm und töricht durch den erlittenen Schaden.

V.

Auf Friedrich Barbarossas Zug, der im Wasser des Saleph und durch die Epidemien Nordsyriens ein Ende fand, folgte mit besserem Ausgang der der Könige von Frankreich und England. Trotz den Anstrengungen Saladins, alle muslimischen Kräfte zum Kampf gegen die Kreuzfahrer aufzubieten (wir geben aus Abū Šāma den Text eines seiner leidenschaftlichen Kampfaufrufe) unterlag Akkon durch Hunger und Auszehrung der Kräfte im Juli 1191. Bahā' ad-Dīn überliefert ein äußerst anschauliches Bild der letzten Stunden und der Trauer bei der Übergabe, auch des blutigen, für Richard Löwenherz unehrenhaften Nachspieles: des kaltblütigen Massakers der muslimischen Gefangenen.

KONRAD VON MONTFERRAT UND DER DRITTE KREUZZUG

(Bahā' ad-Dīn 181)

[...] Der Marquis, Herr von Tyrus, war einer der kühnsten und gerissensten Franken; er vor allem hatte die Mengen (der Kreuzfahrer) jenseits des Meeres angetrieben. Er hatte Jerusalem auf einem großen Gemälde darstellen lassen und darauf die Auferstehungskirche abgebildet, zu der sie pilgern und die sie in höchster Verehrung halten: dort sei das Grab des Messias, der dort nach der Kreuzigung begraben sei, wie sie behaupten[231]. Dies Grab ist es, dessentwegen sie die Wallfahrt hierher unternehmen, und sie glauben, jedes Jahr steige an einem ihrer Feste eine Flamme auf das Grab herab[232]. Über das Grab hatte der Marquis ein Pferd malen lassen, auf dem ein muslimischer Reiter saß: er trat auf dem Grab des Messias herum, das das Pferd mit seinem Urin besudelte. Das Bild ließ er auf den Märkten und Versammlungsplätzen jenseits des Meeres ausstellen; Priester mit entblößtem Haupt und in ihren Röcken trugen es herum und riefen: «O Schande!» Auf diese Weise brachte er eine unermeßliche Volksmenge zusammen – nur Gott weiß, wie viele –, unter ihnen den König von Deutschland mit seinem Heer.

KREUZZUG UND TOD FRIEDRICH BARBAROSSAS

(Ibn al-Aṯīr XII 30–32)

In diesem Jahre (586/1190) verließ der König von Deutschland sein Land, das von einem der zahlreichsten und tapfersten Stämme der Franken bewohnt wird. Erschrocken über die Eroberung Jerusalems durch den Islam sammelte er seine Truppen, rüstete sie vollständig aus und verließ sein Land in Richtung auf Konstantinopel. Der Kaiser der Rhomäer benachrichtigte Saladin davon und versprach ihm gleichzeitig, er werde ihn nicht durch seine Länder ziehen lassen. Da der König von Deutschland aber in Konstantinopel angelangt war, hatte der Kaiser nicht die Macht, ihm den Durchzug zu verweigern, denn er hatte ein großes Heer. Er enthielt ihm jedoch die Versorgung vor und erlaubte auch keinem seiner Untertanen, ihnen das Notwendige bereitzustellen. So waren sie knapp an Lebensmitteln und Proviant. Nachdem sie über den Bosporus gesetzt hatten, zogen sie in das Gebiet des Islams, das Reich des Qılığ Arslan ibn Masʿūd ibn Qılığ Arslan ibn Qutalmıš ibn Selčük[233]. Kaum hatten sie das Land betreten, als sie auch schon von den Turkmenen angegriffen wurden; ständig folgten sie ihnen auf dem Marsch, töteten versprengte Gruppen und plünderten, soviel sie nur konnten. Es war Winter, und die Kälte in diesen Ländern ist streng, und der Schnee liegt hoch: durch Kälte, Hunger und die Turkmenen kamen daher viele Franken ums Leben, und ihre Zahl verminderte sich. Als sie sich Konya näherten, kam ihnen von dort König Quṭb ad-Dīn Malikšāh ibn Qılığ Arslan entgegen, um ihnen den Weg abzuschneiden, konnte aber nichts gegen sie ausrichten und kehrte wieder nach Konya zurück, wo sich sein Vater befand. Der gerade erwähnte Sohn hatte ihn der Herrschaft beraubt, die verschiedenen Söhne hatten sich im Land verteilt, und jeder beherrschte einen Teil des Reiches. Als Quṭb ad-Dīn sich vor den Franken zurückzog, verfolgten sie ihn schnell und belagerten Konya. An Qılığ Arslan sandten sie ein Geschenk und ließen ihm sagen: «Nicht dein Land ist unser Ziel, sondern allein Jerusalem!», und sie baten ihn, er möge seinen Untertanen erlauben, ihnen Lebensmittel und was sie sonst brauchten zu liefern. Er gab seine Einwilligung, und die Franken bekamen, was sie wollten. Sie aßen sich satt, versorgten sich für den Marsch und zogen weiter. Sie baten Quṭb ad-Dīn, er solle Befehl erlassen, daß seine Untertanen sie nicht belästigten, und ihnen einige seiner Emire als Geiseln stellen. Da er sich vor ihnen fürchtete, übergab er ihnen ungefähr zwanzig Emire, die ihm verhaßt waren, und die Franken nahmen sie mit. Räuber und ähnliches Gesindel hörten aber nicht auf, sie anzugreifen und zu belästigen, deswegen ließ der König von Deutschland die Geiseln fesseln und einsperren. Einige starben in Gefangenschaft, andere konnten sich loskaufen. Der König von Deutschland zog bis Kleinarmenien, dessen Herrscher Leon war, Sohn Stephans Sohns Leons. Er lieferte ihnen Lebensmittel und Futter, empfing sie als Herren in seinem Land und bezeugte ihnen Gehorsam. Von dort rückten sie weiter auf Antiochia. An einem Fluß unterwegs machten sie halt. Der König wollte sich darin waschen und ertrank dabei an einer Stelle, wo das Wasser kaum bis zu den Hüften reicht. So schützte Gott vor diesem Unheil.

Der König hatte einen Sohn[234] mitgenommen, der nach ihm König wurde und den Marsch nach Antiochia fortsetzte. Seine Gefährten leisteten ihm aber nicht einmütig Gehorsam; der eine wollte in sein Land zurückkehren, der andere einen Bruder an seiner Stelle zum König machen: er verließ ihn ebenfalls. Mit den übrigbleibenden Getreuen zog er weiter. Bei einer Heerschau stellte er fest, daß es im ganzen ungefähr vierzigtausend Mann waren. Dann wüteten Seuchen und Tod unter ihnen, und als sie Antiochia erreichten, glichen sie ausgegrabenen Leichnamen; der Herrscher der Stadt, der über ihre Ankunft nicht erfreut war, überredete sie, nach Akkon zu den anderen Franken weiterzuziehen. So marschierten sie an Ǧabala, Laodizea und anderen Orten vorbei, die die Muslime zurückerobert hatten. Von den Leuten von Aleppo und anderen Städten wurden sie angegriffen, viele gerieten in Gefangenschaft und noch mehr starben. In Tripolis hielten sie sich einige Tage auf, aber noch mehr von ihnen starben, so daß nur ungefähr tausend von ihnen übrigblieben. Diese schifften sich zu den Franken vor Akkon ein, aber als sie dort die Verluste bemerkten, die sie unterwegs betroffen hatten, und die Zwietracht, die unter ihnen herrschte, entschlossen sie sich zur Rückkehr in ihr Land. Bei der Überfahrt gingen ihre Schiffe jedoch mit ihnen unter, und kein einziger konnte sich retten.

König Qılıǧ Arslan hatte Saladin in einem Brief über dies Unternehmen berichtet und ihm versprochen, ihnen den Durchzug durch sein Reich zu verweigern. Als sie nun doch sein Gebiet durchquert und hinter sich gelassen hatten, ließ er sich entschuldigen: er habe sie nicht aufhalten können, weil seine Söhne über ihn bestimmten, ihn seiner Herrschaft beraubt hätten, von ihm abgefallen seien und ihm den Gehorsam aufgekündigt hätten. Was Saladin anlangt, so hatte er auf die Nachricht hin, daß der König von Deutschland durchgezogen sei, mit seinen Gefährten Rat gehalten. Die meisten hatten dafür gesprochen, den Franken entgegenzuziehen und sie zu stellen, bevor sie sich mit denen vor Akkon vereinigt hätten. Saladin hatte aber geantwortet: «Wir wollen lieber warten, bis sie nahe an uns herangekommen sind, und ihnen dann entgegentreten, damit unsere Truppen in Akkon nicht an Übergabe denken.» Einen Teil seiner Truppen – die

Aufgebote von Aleppo, Ǧabala, Laodizea, Šaizar und andere – schickte er jedoch in das Gebiet von Aleppo, damit sie diesen Grenzbereich gegen fränkische Übergriffe schützten. Die Muslime waren damals in der Lage, von der Gott sagt: «Als sie von oben und von unten wider euch andrangen und es euch vor den Augen schwindelte, das Herz euch in die Kehle stieg und ihr euch mancherlei über Gott dachtet – da wurden die Gläubigen geprüft und heftig geschüttelt[235].» Gott aber befreite uns von ihrem Übel und wandte ihre List gegen sie selbst.

Die Furcht, die sie einflößten, war so gewaltig, daß man folgende Begebenheit erzählt: Ein Emir Saladins besaß in der Gegend von Mossul ein Dorf, das meinem Bruder unterstellt war. Als die Ernte – Weizen, Gerste und Stroh – eingebracht war, sandte er seinem Herrn einen Boten, der mit ihm wegen des Verkaufes der Ernte reden sollte; als Antwort erhielt er folgenden Brief: «Verkauf kein einziges Korn und sichere uns soviel Stroh wie möglich!» Darauf erreichte ihn ein weiterer Brief von ihm, in dem er ihn beauftragte, alle Lebensmittel zu verkaufen, sie hätten sie nicht mehr nötig. Als der Emir nach Mossul kam, fragten wir ihn, warum er den Verkauf der Ernte erst verboten, kurz darauf aber erlaubt habe, und er gab zur Antwort: «Als wir von der Ankunft des Königs von Deutschland hörten, waren wir überzeugt, wir könnten uns in Syrien nicht halten, und ich verbot, die Ernte zu verkaufen, damit wir einen Vorrat hätten, wenn wir zu euch kämen. Da Gott sie aber vernichtete und wir die Ernte nicht mehr nötig hatten, schrieb ich, sie solle verkauft und der Erlös genutzt werden.»

ANKUNFT DER KÖNIGE VON FRANKREICH UND ENGLAND

(Bahā' ad-Dīn 212–214, 220)

Zu dieser Zeit (Frühjahr 1191) wurde das Meer wieder befahrbar und das Wetter wieder schön, und es kam der Augenblick, wo sich die Heere der beiden Gegner von neuem zur Schlacht trafen. (Von unserer Seite) traf als erster ʿAlam ad-Dīn Sulaimān ibn Ǧāndār ein, einer der Emire al-Malik aẓ-Ẓāhirs, ein älterer verdienter Mann, der in vielen Schlachten gekämpft hatte und vom Sultan, dessen alter Kampfgefährte er war, als guter Ratgeber geschätzt und geehrt wurde. Nach ihm kam Maǧd ad-Dīn ibn ʿIzz ad-Dīn Farruḫšāh, Herr von Baalbek, und danach folgten sich von allen Seiten die anderen muslimischen Abteilungen. Soweit es das fränkische Heer betrifft, kündigten sie unseren Kundschaftern und anderen Vorposten die baldige Ankunft des Königs von Frankreich[236] an, eines großen, verehrten Mannes und eines ihrer mächtigsten Herrscher, dem alle Truppen gehorchten; sobald er angekommen sei, übernehme er den Oberbefehl über sie. Sie redeten so lange von seiner bevorstehenden Ankunft, bis er endlich eintraf; sechs Schiffe hatten ihn und seine Vorräte, die notwendigen Pferde und seine engsten Gefährten hergebracht. Sonnabend, den 23. Rabīʿ I (587/20. April 1191), kam er an.

Aus seinem Land hatte er einen riesigen weißen Falken einer seltenen Art mitgebracht; ich habe niemals einen schöneren gesehen. Der König hatte ihn gern und war ihm sehr zugetan. Nun entwich er eines Tages von seiner Hand und flog davon; er rief ihm zu, aber er hörte nicht und ließ sich auf der Stadtmauer Akkons nieder; unsere Leute fingen ihn ein und schickten ihn dem Sultan. Die Ankunft des Falken erregte große Freude, und sein Fang galt als gutes Vorzeichen für einen Sieg der Muslime. Die Franken boten eintausend *dīnār*, um ihn auszulösen, aber man ging nicht auf das Angebot ein. Nach dem König von Frankreich traf der Graf von Flandern[237] ein, ein großer, berühmter Führer, von dem sie sagten, er habe in dem Jahre, als ar-Ramla fiel, Hama und Ḥarim belagert [...]

[...] Der König von England[238] war sehr mächtig unter ihnen, von großem Mut und hohem Sinn. Er hatte große Schlachten geschlagen und zeigte besonderes Feuer im Kampf. Dem König von Frankreich war er zwar an Reich und Rang unterlegen, aber er übertraf ihn an Reichtum und war berühmter und tapferer in der Schlacht. Man erzählte von ihm, er habe, als er nach Zypern gekommen sei, nicht eher weiterziehen wollen, als bis es sein geworden sei. Er belagerte es also und griff es an, während ihm sein Herrscher, der viel Volk gesammelt hatte, standhaft Widerstand leistete. Der König von England schickte nach Akkon und ließ um Hilfe für sein Unternehmen bitten; König Guy[239] sandte ihm seinen Bruder mit hundertundsechzig Reitern, und die Franken von Akkon warteten auf den Ausgang des Kampfes zwischen den beiden Gegnern [...]

Sonnabend, den 13. Ǧumādā I (8. Juni 1191), kam der König von England an, nachdem er einen Vertrag mit dem Herrn von Zypern geschlossen und die Insel in seinen Besitz gebracht hatte. Seine Ankunft machte großen Eindruck: er landete mit fünfundzwanzig Galeeren, die mit Mannen, Waffen und Gerät voll beladen waren. Die Franken bekundeten laut ihre Freude und entzündeten in der Nacht große Feuer in ihrem Lager. Die Feuer erregten Aufsehen und hatten solche Ausmaße, daß sie ihre ganze unermeßliche Ausrüstung beleuchteten[240]. Die fränkischen Herrscher hatten uns schon seit langem seine Ankunft angekündigt, und alle, die mit einem Geleitbrief zu uns herüberkamen, sagten uns, die Franken warteten nur, daß er komme, um ihr Vorhaben auszuführen und die Stadt mit frischen Kräften einzuschließen. Der König war wirklich ein Mann von Urteil und Erfahrung, Kühnheit und Tatkraft. Seine Ankunft erregte

Furcht und Schrecken in den Herzen der Muslime, aber der Sultan nahm alles in Festigkeit und Gottvertrauen auf; ihm weihte er all sein Handeln, und ihm widmete er seine aufrichtige Absicht, den heiligen Krieg zu kämpfen.

EIN AUFRUF SALADINS ZUM KAMPF GEGEN DIE KREUZFAHRER

(Abū Šāma II 148)

«Wir hoffen auf Gott, den Hochgelobten, Hocherhabenen, er möge die Herzen der Muslime antreiben, zu beruhigen, was sie aufregt und ihr Gedeihen vernichtet. Solange das Meer dem Feinde Verstärkung bringt und die Erde ihn nicht zurückstößt, leiden unsere Länder ständig unter ihm, werden unsere Herzen fortwährend geplagt von der Krankheit, die uns durch den von ihm angerichteten Schaden befallen hat. Wo ist das Ehrgefühl der Muslime, der Stolz der Gläubigen, der Eifer der Treuen? Niemals werden wir aufhören zu staunen, wie die Ungläubigen einander helfen und wie träge die Muslime sind. Keiner von ihnen hört auf die Mahnung, keiner greift ein, das Verbogene wieder zu richten. Seht doch, wie die Franken sich vereinigen, welches Ziel sie verfolgen, welche Hilfe sie geleistet haben, mit welchen Beträgen Geldes sie sich verschuldet und wieviel sie ausgegeben haben, welche Reichtümer sie gesammelt und untereinander geteilt haben! Nicht ein einziger König ist in ihren Ländern und auf ihren Inseln zurückgeblieben, nicht ein Mächtiger oder Großer unter ihnen, der nicht mit seinem Nachbarn um die Hilfeleistungen wetteifert, der sich nicht mit seinesgleichen gemessen hätte in ernster Anstrengung. Wenig haben sie dabei gefunden, Leben und Seele hinzugeben, um ihre Religion zu verteidigen; sie haben ihre unreinen Leute mit allen Arten Waffen versehen, mit Vorkämpfern im Kriege. Alles, was sie getan und geopfert haben, taten sie aus reinem Eifer für den, den sie anbeten, aus dem Eifer, ihren Glauben zu verteidigen. Es ist nicht einer unter den Franken, der nicht fühlte, wenn die Küste (von den Muslimen) zurückerobert werde und der Schleier ihrer Ehre weggenommen und zerrissen werde, daß dies Land ihren Händen entgleite und die Hand (der Muslime) sich zur Eroberung ihres Landes ausstrecke. Dagegen sind die Muslime lau und schwächlich geworden, nachlässig und faul; sie liegen in ohnmächtiger Betäubung und haben jeglichen Eifer verloren. Falls – was Gott verhüte! – der Islam zurückweichen müßte, sein Glanz sich verdunkeln, sein Eisen sich stumpfen, fände sich in Ost und West, nah und fern niemand, der vor Eifer für die Religion Gottes glühte und der Wahrheit gegen den Irrtum zu Hilfe käme. Jetzt ist der Augenblick, jedes Zögern zu lassen, zur Sammlung zu rufen, wer nah und fern Blut in den Adern hat. Aber Dank sei Gott, wir vertrauen auf die Hilfe, die uns von ihm zuteil wird, auf ihn bauen wir aufrichtigen Sinnes und in tiefer Ergebenheit. So Gott will, gehen die Ungläubigen zugrunde, und die Gläubigen leben sicher und wohlbehalten.»

LETZTER ANGRIFF AUF AKKON UND DIE ÜBERGABE

(Bahā' ad-Dīn 229–239)

Die Belagerer beschossen mit ihren Katapulten unaufhörlich die Mauern; sie beschränkten sich auf diese Kampfesweise, um die Mauer in ihren Grundfesten zu erschüttern und zu sprengen und um die Verteidiger zu erschöpfen und durch die Nachtwachen zu zermürben. Gegenüber der großen Zahl der feindlichen Kämpfer waren sie nur wenige und mußten schwere Prüfungen bestehen. Einige von ihnen wachten sogar mehrere Nächte hintereinander und schlossen Tag und Nacht kein Auge, während der Kreis, der sich um sie geschlossen hatte, aus einer großen Zahl Männer bestand, die sich im Kampf ablösten. Die kleine Schar der Verteidiger hingegen verteilte sich auf die Mauern, die Schanzwerke, die Katapulte, auf die Schiffe und Galeeren.

Als die Franken das gemerkt hatten und ihnen die Mauer zu wanken und in ihren Grundfesten erschüttert zu sein schien, setzten sie auf allen Seiten zum Angriff an, wobei sie sich in Gruppen und Abteilungen abwechselten. Jedesmal, wenn eine Abteilung müde war, ruhte sie sich aus, während eine andere ihren Platz einnahm. Am 7. des Monats (Ǧumādā II 586/12. Juli 1191) begannen sie einen großen Angriff aller ihrer Kräfte; gleichzeitig sicherten sie Tag und Nacht mit Fußvolk und erfahrenen Kriegern die Wälle, die ihr Schanzwerk umgaben. Als der Sultan durch Augenzeugen und durch ein mit der Besatzung verabredetes Zeichen – einen Trommelwirbel – davon erfahren hatte, schwang er sich in den Sattel und zog mit seinem gesamten Heer gegen den Feind. So kam es an dem Tage zu einer großen Schlacht. Erschrocken wie eine Mutter, der man ihr Kind genommen hat, galoppierte Saladin von einem Bataillon zum anderen und spornte die Mannen zum Kampf für den Glauben an. Al-Malik al-ʿĀdil soll selbst an dem Tage zwei Angriffe geritten sein. Der Sultan sprengte mit dem Ruf «Für den Islam!» durch die Reihen, während ihm die Augen mit Tränen überflossen. Jedesmal, wenn er nach Akkon hinüberblickte und die Not sah, in der die Stadt gefangen war, und das große Unheil, das über ihren Einwohnern hing, stürzte er sich heftiger in den Kampf und feuerte seine Soldaten dringender an. Er rührte an dem Tage keine Speise an und trank nur einige Becher von einem Getränk, das der Arzt ihm verschrieben hatte. Ich blieb zurück und konnte wegen eines Unwohlseins, das mich ergriffen hatte, nicht am Kampf teilnehmen. Daher hielt ich mich bei meinem Zelt am Tell al-ʿAjādijja auf und konnte die ganze Ausdehnung der Schlacht übersehen. Nach Einbruch der Nacht, nach dem Gebet des späten Abends, kehrte der Sultan todmüde und bedrückt zu seinem Zelt zurück und fand nur unruhigen Schlaf. Am folgenden Morgen befahl er, die Trommeln zu rühren, stellte die Truppen auf und setzte die am Abend abgebrochene Schlacht fort.

An diesem Tage traf eine Botschaft von den Belagerten ein, in der sie folgendes mitteilten: «Wir sind jetzt so erschöpft, daß uns nur noch die Übergabe bleibt. Morgen, am 8. des Monats, bitten wir um Sicherheit, wenn es euch nicht gelingt, etwas für uns zu tun, und übergeben die Stadt, unter der einzigen Zusicherung des Lebens.» Das war eine der schmerzlichsten Mitteilungen, die die Muslime jemals erreichten, und sie traf sie hart, denn Akkon hatte das ganze Kriegsgerät des Küstenlandes in seinen Mauern, von Jerusalem, Aleppo, Ägypten und allen islamischen Ländern; außerdem waren dort die besten Emire des Heeres und die stolzen Vorkämpfer des Islams, Saif ad-Dīn ʿAlī al-Maštūb, Saif ad-Dīn Qaraquš und andere. Vor allem Qaraquš hatte die Verteidigung der Stadt seit Beginn der Belagerung geleitet. Den Sultan traf die Nachricht heftiger als alle anderen Schläge, die er bisher hatte erleiden müssen, so daß man um seine Gesundheit zitterte. Aber nichts vermochte ihn davon abzubringen, zu Gott zu beten und in dieser schweren Prüfung in Geduld und frommer Selbstverleugnung mit beharrlichem Mut bei ihm seine Zuflucht zu suchen, «denn Gott läßt den Lohn dessen, der Gutes tut, nicht verlorengehen[241]». Saladin wollte versuchen, mit einem Durchbruch die Verbindung zu den Eingeschlossenen wiederherzustellen. Er ließ zum Angriff blasen, die Tapferen saßen auf, Reiter und Fußvolk sammelten sich, aber das Heer folgte ihm an diesem Tage nicht zum Angriff, da sich das Fußvolk der Franken mit Waffen, Armbrüsten und Pfeilen wie eine nicht ins Wanken zu bringende Mauer hinter ihren Wällen aufgestellt hatte. Obwohl sie an verschiedenen Stellen angegriffen wurden, wichen sie nicht und verteidigten sich mit äußerster Kraft. Einer von denen, die in ihre Verschanzung einbrachen, erzählte, ein Franke gewaltiger Gestalt sei auf die Brustwehr des Schanzwerkes gestiegen und habe von dort die Muslime zurückgetrieben: Soldaten, die neben ihm standen, reichten Steine herauf, und er schleuderte sie auf die Muslime hinter der Brustwehr. Mehr als fünfzig Pfeile und Steine trafen ihn, ohne ihn an der Verteidigung und am Kampf zu hindern, den er sich vorgenommen hatte. Schließlich warf ein muslimischer Feuerschütze eine Brandflasche auf ihn, und er verbrannte lebendigen Leibes. Ein anderer altbewährter, kluger Soldat, der an dem Tag in ihr Schanzwerk eindrang, erzählte mir, hinter der Brustwehr habe eine Frau in einem grünen Mantel gestanden, ständig mit einem hölzernen Bogen auf unsere Kämpfer geschossen und viele verwundet, bis sie schließlich überwältigt und getötet wurde. Den Bogen nahm man ihr ab und brachte ihn Saladin, der sich tief erstaunt darüber zeigte. So kämpften sie an dem Tage bis zum Einfallen der Nacht.

Akkon nimmt in äußerster Notlage Verhandlungen mit den Franken auf

Mit gesteigerter Kraft griffen die Franken nun von allen Seiten die Stadt an und wechselten sich im Kampf ab. Von den Verteidigern waren wegen der großen Verluste nur noch wenige Fußsoldaten und Reiter übriggeblieben, und die verloren angesichts des drohenden Todes den Mut. Als die Franken noch ihre Schanzwerke und die Mauern der vorgeschobenen Bastion einnahmen, hielten sie sich für unfähig zu weiterer Verteidigung. Die Franken hatten die Mauern mit Stollen untergraben, Brennstoff eingefüllt und Feuer gelegt; ein Teil der Bastion stürzte zusammen, und die Franken drangen ein, aber verloren dabei mehr als hundertundfünfzig Mann an Getöteten und Gefangenen, darunter sechs ihrer Anführer. Einer von ihnen rief: «Tötet mich nicht, ich sorge dafür, daß die Franken sich zurückziehen!», aber ein Kurde warf sich auf ihn und erschlug ihn, wie auch die fünf anderen getötet wurden. Am nächsten Tag ließen die Franken ausrufen: «Verschont die sechs! Wir gestehen euch allen dafür freien Abzug zu.» Sie antworteten jedoch, sie hätten sie schon umgebracht; die Franken waren darüber so betrübt, daß sie danach den Angriff für drei Tage aussetzten.

Uns ist berichtet, Saif ad-Dīn al-Maštūb selbst sei unter sicherem Geleit gegangen, mit dem König von Frankreich zu sprechen, und habe zu ihm gesagt: «In der Vergangenheit haben wir viele eurer Städte genommen und im Sturm erobert; bei alldem sicherten wir den Einwohnern freien Abzug zu, wenn sie uns darum baten, und brachten sie in Sicherheit, wie es die Ehre gebietet. Jetzt wollen wir die Stadt ausliefern: sichere du uns das Leben zu!» Der König entgegnete: «Die ihr früher besiegt habt, waren unsere Untertanen; so seid auch ihr meine Mamlūken und Sklaven. Ich werde sehen, was mit euch zu tun ist.» Al-Maštūb soll ihm darauf in einer längeren Rede zornig geantwortet und unter anderem gesagt haben: «Wir übergeben die Stadt nicht eher, als bis wir alle tot sind, und vorher tötet jeder von uns fünfzig eurer Anführer!» Dann sei er gegangen. Als al-Maštūb mit diesem Ergebnis in die Stadt zurückkam, bestiegen aus Furcht einige aus der Besatzung ein Floß und flohen nachts ins Lager der Muslime. Das geschah am 9. Ǧumādā II; zu den Bekannten in der Gruppen gehörten ʿIzz ad-Dīn Arsel, Ibn al-Ǧawali und Sunqur al-Ušāqī. Arsel und Sunqur verschwanden sofort, nachdem sie das Lager erreicht hatten, ohne eine Spur zu hinterlassen, weil sie den Zorn des Sultans fürchteten; Ibn al-Ǧawali wurde ergriffen und ins Gefängnis geworfen.

Am Morgen nach dieser Nacht bestieg der Sultan sein Pferd, um den Feind überraschend anzugreifen; er ließ Spaten und anderes Gerät mitnehmen, mit dem man die Gräben zuschütten konnte. Die Truppen halfen ihm jedoch nicht bei diesem Unternehmen, sondern wurden unter seinen Händen weniger und sagten: «Du willst den ganzen Islam aufs Spiel setzen: dein Plan taugt zu nichts!» Denselben Tag kamen drei Boten des Königs von England, die den Sultan um Früchte und Schnee baten und ankündigten, der Großmeister des Hospitals werde am nächsten Tage kommen, um über einen Frieden zu reden. Der Sultan behandelte die Boten ehrenvoll, sie gingen auf den Markt des Lagers und machten dort einen Rundgang; denselben Abend kehrten sie in ihr Lager zurück. An diesem Tage befahl der Sultan Ṣārim ad-Dīn Qaimaz an-Naǧmī, mit seinen Leuten in die Stellungen der Franken einzudringen. Er rückte mit einer Schar kurdischer Emire vor, wie al-Ǧanāḥ und Gefährten, Bruder al-Maštūbs, und gelangte zu den Stellungen. Qaimaz selbst pflanzte sein Banner auf ihrer Schanzung auf und kämpfte einen Teil des Tages, um es zu verteidigen. Während der Angriff in vollem Gange war, kam Emir ʿIzz ad-Dīn Ǧurdīk an-Nūrī dazu, saß ab und kämpfte tapfer mit seinen Leuten. Freitag, den 10. Ǧumādā II (5. Juli), griff das fränkische Heer nicht an: auf allen Seiten hatten es muslimische Kräfte eingekreist, die die Nacht im Sattel verbrachten und warteten, ob sich nicht eine Gelegenheit biete, ihren in Akkon eingeschlossenen Brüdern Hilfe zu bringen. Sie hofften, jenen werde es gelingen, die fränkischen Reihen an einigen Stellen zu durchbrechen und mit Hilfe des Heeres vor der Stadt herauszukommen; dann entkäme, wer entkäme, und geriete in Gefangenschaft, wer in Gefangenschaft geriete. Aber die Belagerten, mit denen dies Vorhaben verabredet war, konnten in dieser Nacht keinen Ausfall machen, denn ein entlaufener Sklave hatte den Franken davon verraten, so daß sie Vorsichtsmaßnahmen getroffen hatten und die Eingeschlossenen scharf bewachten. Freitag, den 10., sprachen drei fränkische Abgesandte eine Stunde lang mit al-Malik al-ʿĀdil, kehrten aber zurück, ohne daß die Angelegenheit entschieden war. Der Tag endete damit, daß das Heer der Muslime vor den Feinden in der Ebene verharrte, und so verbrachten sie die Nacht.

Sonnabend, den 11., rückten die Franken in voller Rüstung

aus, so daß man glaubte, sie wollten den Muslimen eine große Feldschlacht anbieten. Als sie so zum Kampfe aufgestellt waren, trat aus der Tür des großen Zeltes eine Gruppe von etwa vierzig Männern: sie luden einige Mamlūken zu sich ein, darunter al-ʿAdl az-Zabdanī, Herrn von Sidon und Freigelassenen des Sultans. Al-ʿAdl begab sich zu ihnen, und man fing an, über den freien Abzug des Besatzung Akkons zu verhandeln, aber sie stellten zu hohe Forderungen, so daß der Sonnabend ergebnislos verging.

Briefe kommen aus der Stadt

Sonnabend, den 12., trafen Briefe (aus der Stadt) ein, die folgendermaßen lauteten: «Wir haben uns gegenseitig geschworen zu sterben. Wir kämpfen bis in den Tod. Solange wir noch einen Atemzug haben, übergeben wir die Stadt nicht. Seht ihr zu, wie ihr den Feind von uns ablenken und zur Aufgabe des Kampfes bewegen könnt. Das sind unsere Entscheidungen. Hütet euch, weich zu werden und diesem Feind nachzugeben! Wir sind jetzt am Ende.» Der Bote, der mit dem Brief herübergeschwommen war, berichtete, die Franken hätten wegen des Lärms, den man in der Nacht vernommen hatte, geglaubt, ein großes Heer sei in Akkon eingezogen. «Ein Franke kam unter die Mauer», erzählte er, «und rief einer der Wachen zu: ‹Im Namen deines Glaubens – sag mir, wieviel Soldaten gestern zu euch gekommen sind›, also in der Nacht auf Sonnabend, in der lautes Krachen gehört wurde; beide Seiten gerieten davon in Unruhe, ohne daß man die wahre Ursache feststellen konnte[242]. ‹Tausend Reiter›, antwortete der von drinnen. ‹Nein›, versetzte der andere, ‹weniger; ich habe sie gesehen, sie trugen grüne Gewänder[243].›»

Da sich die muslimischen Abteilungen ablösten, war es noch möglich, in diesen Tagen die Hinterlist der Feinde von den Verteidigern fernzuhalten, nachdem die Stadt schon hart vor der Eroberung gestanden hatte. Aber die Schwäche der Eingeschlossenen nahm zu, und die Breschen in der Mauer vervielfachten sich. Die Einwohner bauten anstelle der geborstenen Mauer weiter innen eine zweite, von der aus sie die Verteidigung fortsetzten, wenn der gefährdete Abschnitt eingestürzt war. Dienstag, den 14. des genannten Monats, traf Sābiq ad-Dīn, Herr von Šaizar, ein, Mittwoch, den 15., Badr ad-Dīn Jıldırım mit einer ansehnlichen Schar Turkmenen – der Sultan hatte ihm Geld geschickt, damit er es als Sold an die Soldaten verteile –, und Donnerstag, den 16., kam Asad ad-Dīn Šīrkūh (der Jüngere). Die Franken machten währenddessen keinerlei Zugeständnisse, verweigerten Frieden und freien Abzug für die Besatzung, bevor nicht alle Gefangenen in den Händen der Muslime freigelassen und ihnen alle Städte der Küste zurückgegeben seien. Ihnen wurde angeboten, die Stadt mit allem, was in ihr war, außer den Verteidigern, auszuliefern, aber sie lehnten ab; es wurde angeboten, das wahre Kreuz zurückzugeben: wieder lehnten sie ab und wurden immer habgieriger und anmaßender. Schließlich wußte man sich keinen Ausweg mehr mit ihnen: «Sie handelten listig, aber Gott handelte auch listig, und Gottes List ist am erfolgreichsten[244].»

Die Besatzung ergibt sich gegen Zusicherung des Lebens

Freitag, den 17. Ǧumādā II, kam der schwimmende Bote mit Briefen aus der Stadt, in denen es hieß, die Verteidiger seien am Ende, die Breschen hätten sich verbreitert, sie sähen jetzt, unfähig zu weiterem Widerstand, den sicheren Tod vor sich und seien gewiß, ans Schwert geliefert zu werden, wenn die Stadt im Sturm erobert werde. So schlossen sie einen Vertrag unter folgenden Bedingungen: die Muslime sollten die Stadt den Franken übergeben, einschließlich allen Gerätes, aller Ausrüstung und Schiffe, die in ihr waren; außerdem hätten sie zweihunderttausend *dīnār* zu erlegen, fünfhundert einfache und hundert vornehme Gefangene zu stellen, die die Franken selbst bezeichnen sollten, und das wahre Kreuz zurückzugeben; dafür dürften sie mit ihrer persönlichen Habe, ihren Frauen und Kindern frei abziehen; dem Marquis (von Montferrat) sicherten sie noch viertausend *dīnār* zu, da er in diesen Verhandlungen als Vermittler gedient hatte. Auf dieser Grundlage schloß man den Vertrag.

Der Feind nimmt Akkon in Besitz

Als der Sultan den Inhalt ihrer Briefe erfuhr, mißbilligte er die Sache scharf und wurde sehr verstimmt. Er rief die Berater zusammen, unterrichtete sie über die Lage und fragte sie, was ihrer Meinung nach zu tun sei. Die Ansichten waren uneins, so blieb er unsicher und verwirrt. Noch an demselben Abend wollte er schreiben und ihnen durch den Schwimmer überbringen lassen, daß er das Abkommen unter diesen Bedingungen mißbillige. Während er sich noch mit diesem Gedanken trug, sahen die Muslime plötzlich die Banner, Kreuze, Feldzeichen und Feuer der Franken sich auf den Mauern erheben: es war Mittag des Freitags, 17. Ğumādā II 587 (12. Juli 1191). Die Franken erhoben einen Schrei wie ein Mann, die Muslime aber traf der Schlag hart, und ihre Betrübnis war groß: unser ganzes Lager hallte wider von Weinen und Seufzen, Wehklagen und Jammern. Der Marquis ging mit den Standarten der Könige in die Stadt und pflanzte eine auf der Zitadelle auf, eine auf dem Minarett der großen Freitagsmoschee, eine auf dem Turm der Templer und eine auf dem Turm des Kampfes, überall anstelle der Standarten des Islams. Alle Muslime wurden in einem Stadtviertel zusammengedrängt.

Ich machte dem Sultan meine Aufwartung, der wie eine Mutter war, die ihres Kindes beraubt ist, sprach ihm Trost zu, so gut es ging, und ermahnte ihn an die Aufgaben zu denken, die ihn an der Küste und in Jerusalem erwarteten, und an das Wohlergehen der Muslime, die als Gefangene in der Stadt geblieben waren. Das war in der Nacht auf Sonnabend, den 18. Schließlich kam er zu dem Entschluß, ein wenig aus der augenblicklichen Stellung zurückzugehen, da kein Grund mehr bestand, die Feinde so hart zu bedrängen; so befahl er, den Troß dorthin zu bringen, wo er zuerst gewesen war, nach Šafarʿam, während er selbst mit leichten Abteilungen dablieb, um zu beobachten, was die Franken und die Verteidiger täten. Die ganze Nacht hindurch bis zum Morgen war das Heer beschäftigt, den Troß zu verlegen, nur Saladin blieb in der Hoffnung dort, die Franken würden, so Gott wolle, in ihrer Verblendung einen Angriff unternehmen, so daß er sich von hinten auf sie stürzen könnte, denn Gott schenkt den Sieg, wem er will. Die Franken aber taten nichts dergleichen, da sie beschäftigt waren, die Stadt in Besitz zu nehmen. Der Sultan blieb bis zum Morgen des 19. dort und zog dann zum Tell.

Massaker der gefangenen Muslime

(Bahāʾ ad-Dīn 242/43)

Als der König von England merkte, daß der Sultan zögerte, die oben genannten Bedingungen einzuhalten, brach er sein Wort gegenüber den gefangenen Muslimen, mit denen er den Vertrag geschlossen und von denen er die Stadt unter der Bedingung ausgeliefert bekommen hatte, er werde ihr Leben schonen und, wenn der Sultan ihm das Vereinbarte übergeben habe, sie mit ihrer Habe, ihren Kindern und Frauen freilassen; falls er sich weigere, dürfe er sie als seine Gefangenen in die Sklaverei führen. Statt dessen brach der König jetzt sein Wort ihnen gegenüber und zeigte seine innersten Gedanken, die er auch vorher gehegt hatte, und führte sein Vorhaben aus, nachdem er das Geld und die fränkischen Gefangenen (ausgelöst) erhalten hatte: so haben es später tatsächlich sogar seine Glaubensgenossen berichtet. Am Dienstag, dem 27. Rağab (20. August), zog er nachmittags mit dem gesamten fränkischen Heer, mit Reitern, Fußvolk und Turkopolen bis zu den unterhalb von Tell al-ʿAjādijja gelegenen Brunnen, wo sie vorher ihre Zelte hingeschafft hatten, und sie marschierten, bis sie die Mitte der Ebene zwischen Tell Kaisān und Tell al-ʿAjādijja besetzt hatten; gerade nach Tell Kaisān hatten sich die Kundschafter des Sultans zurückgezogen. Hierher führten die Franken die gefangenen Muslime, denen Gott vorherbestimmt hatte, an diesem Tage als Blutzeugen für den Glauben zu fallen; es waren mehr als dreitausend Menschen in Fesseln. Sie warfen sich wie ein Mann auf sie und mordeten sie kaltblütig mit Schwert und Lanze. Unsere Vorposten hatten den Sultan ständig über das Vorrücken der Franken unterrichtet, und er schickte ihnen einige Verstärkung, aber das war erst nach dem Blutbad unter den erwähnten Gefangenen. Kaum waren die Muslime sicher über das angerichtete Gemetzel, griffen sie an, und es entwickelte sich ein Treffen mit Toten und Verwundeten auf beiden Seiten, das immer härter wurde, bis die Nacht die Kämpfenden trennte. Am folgenden Morgen wollten die Muslime sich Klarheit über das Vorgefallene verschaffen, und sie fanden ihre als Blutzeugen gefallenen Gefährten, wie sie gerade niedergemacht waren; einige erkannten sie wieder. Tiefer Schmerz ergriff sie, und seitdem verschonten sie niemanden mehr (von gefangenen Franken), außer bekannten Persönlichkeiten und kräftigen, zur Arbeit tauglichen Männern.

Mehrere Gründe wurden angeführt, das Blutbad zu erklären; einer ist, sie hätten sie umgebracht, um sich für den Tod ihrer Gefangenen zu rächen, ein anderer, der König von England habe sich entschlossen, gegen Askalon zu ziehen, um es zu erobern, und er wolle deshalb nicht in seinem Rücken alle diese Leute in der Stadt zurücklassen. Gott weiß es am besten.

VI.

Ein ganzes Jahr lang zogen sich die Verhandlungen hin, in denen ein Friede oder vielmehr, gemäß der Auffassung der Muslime vom heiligen Kriege, ein Waffenstillstand vereinbart werden sollte. In das lange und zermürbende diplomatische Spiel verflechten sich die romantischen Ehepläne von Richard Löwenherz, sein Austausch ritterlicher Höflichkeiten mit Saladin (und mehr noch mit dessen Bruder al-Malik al-ʿĀdil) und die kaum unterbrochenen Kriegshandlungen (Askalon, Jaffa, Arsūf); dabei antworteten der Grausamkeit der Franken gegenüber den Gefangenen von Akkon zunehmend grausame Vergeltungsmaßnahmen auch von seiten Saladins. Schließlich kam es aus Kriegsmüdigkeit wirklich zum Vertrag vom September 1192, der im wesentlichen den *status quo* auf beiden Seiten sanktionierte, einem Vertrag, der für die Muslime schlecht zu den großen Anfangssiegen von 1187 paßte und den Saladin nur widerstrebend unter dem Druck des erschöpften und undisziplinierten Heeres annahm. Das Ziel, die Franken völlig zum Meer zurückzuwerfen, das einen kurzen Augenblick lang so nahe der Verwirklichung zu sein schien, mußte ein weiteres Jahrhundert warten. Die Hauptquellen für die Verhandlungen sind Bahāʾ ad-Dīn und ʿImād ad-Dīn.

FRIEDENSVERHANDLUNGEN UND FRIEDENSSCHLUSS

(Bahāʾ ad-Dīn 274/75, 277/78, 283/84, 287–291, 294/95, 346–348)

Am 26. Ramaḍān (587/17. Oktober 1191) befehligte al-Malik al-ʿĀdil gerade die Vorposten, als der König von England ihn ersuchte, ihm einen Boten zu senden; er schickte ihm daraufhin seinen Schreiber, sein Geschöpf Ibn an-Naḥḥāl, einen schönen Jüngling, der Richard in Jāzūr antraf; der König war mit einer ansehnlichen Schar Fußvolk dorthin ausgezogen, die sich dann über die Ebene verteilt hatte. Dort unterhielt er sich lange mit ihm und erörterte die Angelegenheit des Friedens. Der König sagte: «Ich breche das Wort nicht, das ich meinem Bruder und Freund gegeben habe!», mit welchen Bezeichnungen er al-ʿĀdil meinte, und hielt dem Boten eine Rede, die dieser al-Malik al-ʿĀdil übermittelte. Über ihn schickte er auch eine Nachricht an den Sultan, die er geschrieben hatte: «Du sollst ihm den Gruß entbieten und sagen, daß Muslime und Franken ausgeblutet sind, das Land völlig verwüstet ist, daß beide Seiten Gut und Leben geopfert haben. Es ist jetzt an der Zeit, ein Ende zu machen. Die strittigen Fragen sind allein Jerusalem, das Kreuz und die Gebietsaufteilung. Jerusalem ist für uns ein Gegenstand des Glaubens, auf den wir nicht verzichten könnten, auch wenn nur noch ein Mann von uns übrig wäre. Das Land von hier bis jenseits des Jordans muß uns übergeben werden. Das Kreuz ist für euch ein gewöhnliches Stück Holz ohne Wert, während es für uns großen Wert hat: der Sultan möge es uns gnädig überlassen, dann wollen wir Frieden schließen und von dieser endlosen Mühe ausruhen.»

Nachdem der Sultan diese Botschaft gelesen hatte, rief er seine Ratgeber zusammen und überlegte mit ihnen die Antwort; dann schrieb er: «Jerusalem gehört uns nicht weniger als euch, es ist sogar noch heiliger für uns als für euch, denn es ist der Platz, von dem aus unser Prophet seine Nachtreise machte, und der Ort, an dem unsere Gemeinde versammelt wird (am Tage des Gerichtes). Nehmt nicht an, wir könnten in dieser Sache verzichten oder nachgeben. Auch das Land gehörte ursprünglich uns, während ihr hier Neuankömmlinge seid und euch nur dank der Schwäche der Muslime, die es seinerzeit bewohnten, in seinen Besitz setzen konntet; Gott wird euch nicht erlauben, auch nur einen einzigen Stein wieder aufzurichten, solange der Krieg dauert. Was das Kreuz angeht: sein Besitz ist ein Trumpf in unserer Hand[245], und wir dürfen es nicht ausliefern, es sei denn für einen erheblichen Vorteil, der dem Islam insgesamt zugute kommt.»

Diese Antwort Saladins wurde Richard Löwenherz durch seinen eigenen Boten überbracht.

[...] Am 29. Ramaḍān (20. Oktober) ließ al-Malik al-ʿĀdil mich rufen, zusammen mit ʿAlam ad-Dīn Sulaimān ibn Ǧāndār, Sābiq ad-Dīn, Herrn von Šaizar, ʿIzz ad-Dīn ibn al-Muqaddam und Ḥusām ad-Dīn Bišāra, und erläuterte uns die Vorschläge, die ihm durch seinen Boten vom König von England überbracht waren. Er sagte, der König wolle, daß er, al-ʿĀdil, des Königs Schwester[246] heirate, die er aus Sizilien mitgebracht hatte; sie war mit dem dortigen König verheiratet gewesen, und ihr Bruder hatte sie nach dem Tode ihres Mannes mitgenommen, als er von Sizilien aufgebrochen war. Sie solle Jerusalem als Sitz bekommen, und ihr Bruder wolle ihr die Städte der Küste geben, die in seiner Hand waren, Akkon, Jaffa, Askalon und die übrigen, während der Sultan al-Malik al-ʿĀdil das gesamte Gebiet, das er an der Küste besaß, überlassen und ihn zu seinem König machen solle, zusätzlich zu den Gebieten und Lehen, die er bereits innehatte. Außerdem solle den Franken das wahre Kreuz übergeben werden. Dörfer und Festen der Templer und Hospitaliter sollten bei ihnen verbleiben, die gefangenen Muslime und Franken befreit werden, und der König von England werde über das Meer in sein Land zurückkehren. So wäre die Frage gelöst.

Das waren die Vorschläge, die der Bote al-ʿĀdils vom König von England überbrachte. Als al-ʿĀdil sie kennenlernte, stellte er sich vor, sie könnten durchführbar sein; so ließ er uns kommen und beauftragte uns, dem Sultan eine entsprechende Botschaft zu übermitteln: mich bestimmte er, das Wort zu nehmen, und die anderen, zuzuhören. Wir sollten ihm das Vorhaben unterbreiten: finde er es vorteilhaft für die Muslime und billige es, sollten wir bezeugen, daß er die Verhandlungen gutheiße und billige; wiese er es anderseits zurück, sollten wir bezeugen, daß die Friedensverhandlungen so weit gediehen seien, aber der Sultan dafürhalte, sie nicht zu bestätigen. Als wir vor dem Sultan erschienen waren, setzte ich ihm die Frage auseinander und verlas in Gegenwart der erwähnten Begleiter die Botschaft. Saladin beeilte sich, sie als Grundlage zu billigen, denn er wußte sehr gut, daß sich der König von England nicht daran halten werde, daß es von seiner Seite nichts anderes war als ein Schachzug und ein Spott. Dreimal wiederholte ich den Satz des Einverständnisses, und Saladin wiederholte «Ja» und rief die Anwesenden zu Zeugen an. So versicherten wir uns seiner Haltung, kehrten zu al-Malik al-ʿĀdil zurück und erstatteten ihm Bericht; meine Begleiter sagten, daß ich dem Sultan die Erklärung wiederholt habe, die sich aus dem von ihm angerufenen Zeugnis ergebe, und daß Saladin darauf bestanden habe, die Sache gutzuheißen. So hatte er die Vorschläge in aller Form angenommen.

[...] Am 13. Šawwāl (3. November) wurde die Ankunft des Herrn von Sidon gemeldet, der als Botschafter des Marquis, Herrn von Tyrus, kam. Zwischen uns und ihm hatten schon wiederholt Gespräche stattgefunden, deren Kern war, daß die Leute des Marquis die Franken nicht länger unterstützen und mit uns gemeinsame Sache gegen sie machen wollten. Die Angelegenheit beruhte auf einem Streit zwischen dem Marquis und den Frankenkönigen um eine Frau, die er geheiratet hatte, obwohl sie die Frau von König Guys Bruder[247] war: nach bestimmten Grundsätzen ihres Glaubens galt diese Ehe als anstößig. Nun waren sie darüber in Streit geraten, und der Marquis war voller Furcht im Schutze der Nacht mit seiner Frau nach Tyrus geflohen. Seitdem hatte er angefangen, zur Seite des Sultans zu neigen und sich auf ihn zu stützen. Für die Muslime bedeutete es nur einen Vorteil, wenn sich der Marquis von den Franken trennte, denn er war der kühnste und kriegserfahrenste unter ihnen, außerdem ein guter Herrscher. Als der Sultan von der Ankunft des Abgesandten hörte, befahl er, ihn in Ehren und Achtung zu empfangen. Man errichtete ihm ein Zelt, das von einem Stoffvorhang umgeben und mit so vielen Kissen und

Teppichen ausgestattet war, wie es bei ihnen Fürsten oder Königen zukommt. Saladin befahl, er solle in der Nähe des Trosses untergebracht werden, damit er sich ausruhen könne; dann hatte er eine Unterredung mit ihm. [...]

[...] Am 19. Šawwāl (9. November) hielt der Sultan Audienz und ließ den Herrn von Sidon rufen, um seine Botschaft und seine Rede anzuhören. Er erschien mit einer ganzen Gruppe seiner Begleiter – ich war bei der Audienz anwesend –, und Saladin ehrte ihn hoch, unterhielt sich mit ihm und ließ ihnen ein üppiges Mahl auftragen. Danach zog er sich mit ihnen zurück; ihr Vorschlag ging dahin, daß der Sultan Frieden mit dem Marquis, Herrn von Tyrus, schließen sollte, mit dem verschiedene große fränkische Herren gemeinsame Sache gemacht hatten, unter ihnen der Herr von Sidon selbst und andere bekannte Persönlichkeiten. Seine Geschichte haben wir bereits erzählt; die Bedingung des Friedens mit ihm sollte sein, daß er offen mit den Franken von jenseits des Meeres breche, aufgrund der großen Furcht, die er vor ihnen habe, und wegen einer Frage, die sich mit seiner Frau ergeben habe. Der Sultan zeigte sich geneigt, auf seinen Vorschlag unter gewissen Voraussetzungen einzugehen, durch die er sie entzweien und sich gegenseitig in Schach halten lassen wollte. Als der Sultan diese Ausführungen gehört hatte, versprach er, später seine Antwort zu erteilen, und der Abgesandte zog sich für den Tag in das Zelt zurück, das ihm aufgeschlagen worden war.

Am Abend desselben Tages traf ein Bote des Königs von England ein, der Sohn Honfrois, einer der großen Führer und Herrscher der Franken, und in seiner Begleitung ein Greis, von dem sie behaupteten, er sei einhundertundzwanzig Jahre alt. Der Sultan gewährte ihm Audienz und hörte an, was er zu sagen hatte. Seine Botschaft war folgende: «Der König sagt: Deine Freundschaft und Zuneigung sind mir teuer. Du hast gesagt, du werdest diese Gebiete der Küste deinem Bruder geben, und ich wünsche, daß du Schiedsrichter zwischen ihm und mir bist und das Land unter uns teilst. Wir brauchen aber unbedingt einen Stützpunkt in Jerusalem. Ich möchte, daß du so teilst, daß weder du die Vorwürfe der Muslime auf dich ziehst, noch ich die der Franken.»

Der Sultan antwortete ihm sofort mit schönen Versprechungen, ließ ihn sogleich zurückkehren und zeigte sich von dieser Botschaft sehr beeindruckt. Er schickte ihnen noch jemanden nach, um sich über die Frage der Gefangenen zu unterrichten, die von der des Friedens getrennt war. «Soll Friede sein», sagte er[248], «ist er allgemein, ist kein Friede, erreicht man auch in der Angelegenheit der Gefangenen nichts.» Die wahre Absicht des Sultans war es, die Grundlagen des vorgeschlagenen Friedensvertrages selbst zu untergraben. Nach der Audienz, als die Boten gegangen waren, wandte er sich an mich und sagte: «Auch wenn wir mit ihnen Frieden schließen, sichert uns nichts gegen einen verräterischen Angriff von ihrer Seite. Wenn ich stürbe, wäre es nicht länger möglich, Heere wie diese zu sammeln, und die Franken gewännen an Stärke. Das beste ist, nicht vom heiligen Krieg zu lassen, bis wir sie von der Küste vertrieben haben oder uns der Tod trifft.» Das war seine Meinung, und er neigte sich zum Frieden nur, weil er äußerem Druck weichen mußte.

Am 21.[249] Šawwāl (11. November) rief der Sultan seine Emire und Ratgeber zusammen und teilte ihnen die Bedingungen mit, unter denen der Marquis einen Vertrag mit ihm zu schließen bat und die anzunehmen er bereit war. Sie bestanden darin, daß er (von uns) Sidon bekäme und sich dafür mit uns gegen die Franken verbünden und offen gegen sie kämpfen sollte. Außerdem legte er die Friedensbedingungen dar, die der König (von England) erbeten hatte; danach sollte er bestimmte Küstenorte bekommen und wir das ganze Bergland, oder alle Dörfer sollten geteilt werden. In beiden Fällen sollten die Franken Priester in den Kirchen und Kapellen Jerusalems haben; der König von England lasse uns die Wahl zwischen beiden Plänen. Saladin erörterte den Emiren beide Vorschläge und forderte sie auf, ihre Meinung offen darzulegen, welcher der beiden Pläne, des Königs von England oder des Marquis von Montferrat, ihnen bevorzugenswert erschiene, und weiter, welcher der beiden oben angedeuteten Teilungen im Vorschlag des Königs von England sie den Vorzug gäben. Die Ratgeber hielten dafür, wenn Frieden zu schließen sei, dann mit dem König; friedliches Zusammenleben von Franken und Muslimen sei unwahrscheinlich und keineswegs sicher vor verräterischen Angriffen.

Die Versammlung löste sich auf, und die Friedensverhandlungen liefen weiter unter ständigem Kommen und Gehen der Boten, um eine Grundlage festzulegen. Hauptbedingung war, daß der König von England al-Malik al-ʿĀdil seine Schwester zur Frau gebe und daß dem Paar das ganze Küstenland, der islamische und der fränkische Teil, gehören solle: das fränkische Gebiet sollte von seiten ihres Bruders an die Fürstin fallen, das islamische von seiten des Sultans an al-ʿĀdil. Aber die letzte Botschaft des Königs darüber lautete: «Die christlichen Völker mißbilligen, daß ich meine Schwester einem Muslim zur Frau gebe, ohne die Einwilligung des Papstes einzuholen, der das Haupt und der höchste Führer der Christenheit ist. Daher schicke ich einen Abgesandten zu ihm, er wird innerhalb von sechs Monaten zurück sein. Gibt der Papst seine Einwilligung, ist es gut, wenn nicht, gebe ich dir eine meiner Nichten zur Frau, denn dafür brauche ich die Erlaubnis des Papstes nicht[250].» Das alles ereignete sich, während der Krieg andauerte und die Feindseligkeiten unvermeidlich weitergingen.

Der Herr von Sidon unternahm bisweilen einen Ritt mit al-Malik al-ʿĀdil und kundschaftete die Stellungen der Franken aus. Jedesmal, wenn sie ihn sahen, wiederholten sie ihr Friedensangebot, denn sie fürchteten ein Bündnis des Marquis mit den

Muslimen, das ihre Macht geschwächt hätte. Das dauerte bis zum 26. Šawwāl.

[...] Jūsuf, Page des Herrn von Sidon, war vom Marquis gekommen, um die Muslime um Frieden zu bitten. Zu den vom Sultan geforderten Bedingungen gehörte, daß der Marquis sich von seinen Landsleuten trennen und gegen sie kämpfen sollte; daß alles fränkische Gebiet, das er nach dem Friedensschluß allein einnähme, ihm gehören sollte, und das, was wir einnähmen, uns; von dem, was er und wir gemeinsam gewännen, sollte er die Städte bekommen und wir die gefangenen Muslime und alle anderen Güter, die sie enthielten. Alle muslimischen Gefangenen, die sich in seinem Herrschaftsbereich befänden, sollte er freilassen; wenn der König von England ihm aufgrund irgendeines Vertrages die Herrschaft des Landes übertrage, sollte ein Frieden zwischen uns und ihm auf denselben Bedingungen ruhen, die zwischen uns und dem König ausgemacht seien, außer was Askalon und das Gebiet jenseits davon angehe, das nicht in den Frieden eingeschlossen sei. Das Küstenland sollte ihm gehören, und alles, was wir besaßen, uns; das dazwischenliegende Gebiet sollte in der Mitte geteilt werden. Mit diesem Plan ging der Bote[251].

[...] (Im Šaʿbān 588/Anfang September 1192) kam al-ʿAdl[252] nach Jaffa; er wurde vor den Toren der Stadt in einem Zelt untergebracht, während man seine Ankunft dem König meldete. Als er unterrichtet war, ließ er ihn mit den übrigen Abgesandten kommen, und al-ʿAdl überreichte ihm den Wortlaut des Vertrages. Der König, der gerade krank war, sagte: «Jetzt habe ich nicht die Kraft zu lesen. Den Frieden schließe ich aber: hier ist meine Hand darauf!» Unsere Abgesandten unterhielten sich dann mit Graf Henri und Ibn Barzan[253] und legten ihnen den Wortlaut vor. Sie stimmten der Teilung Lyddas und ar-Ramlas zu sowie allem anderen, was der Vertrag enthielt. Man kam überein, daß sie den Vertrag am Mittwochmorgen beschwören sollten, denn sie hatten schon etwas gegessen und es war nicht ihr Brauch, zu essen und danach einen Eid zu leisten. Al-ʿAdl ließ das dem Sultan mitteilen.

Mittwoch, den 22. Šaʿbān (2. September), wurde die ganze muslimische Gesandtschaft vor den König geführt; alle gaben ihm die Hand und wollten mit ihm zusammen den Eid leisten, aber er entschuldigte sich und sagte, Könige leisteten keine Eide, und der Sultan gab sich mit dieser Erklärung zufrieden. So leisteten sie den Eid in die Hand Graf Henris, seines Neffen, den er als Herrn des Küstenlandes eingesetzt hatte, und in die Hand Balians ibn Barzan, Herrn von Tiberias, mit Zustimmung der Templer und der Hospitaliter und der anderen fränkischen Führer. Im Laufe des Tages kehrten sie zum Zelt des Sultans zurück und erreichten es zur Stunde des Abendgebetes; von fränkischer Seite begleiteten sie der Sohn Honfrois, Ibn Barzan und eine Gruppe ihrer Führer. Sie wurden sehr ehrenvoll empfangen, und man schlug ihnen ein Zelt auf, das ihrer würdig war. Al-ʿAdl begab sich zum Sultan und erstattete Bericht. Am folgenden Tage, dem 23. Šaʿbān, suchte der Gesandte des Königs den Sultan auf, ergriff seine edle Hand und verpflichtete sich zum Frieden mit ihm auf den festgelegten Grundlagen. Sie schlugen vor, der entsprechende Eid solle geleistet werden von al-Malik al-ʿĀdil, al-Malik al-Afḍal, al-Malik aẓ-Ẓāhir, ʿAlī ibn Aḥmad al-Maštūb, Badr ad-Dīn Jıldırım, al-Malik al-Manṣūr und von allen Herren der Länder, die an fränkisches Gebiet grenzten, wie Ibn al-Muqaddam, Herrn von Šaizar usw. Der Sultan versprach ebenso, mit ihnen einen Boten an alle ihre Nachbarn zu senden, damit sie den Eid leisteten. Er legte einen Eid ab gegenüber den Herren von Antiochia und von Tripolis, behielt sich aber vor, daß sie gleicherweise gegenüber den Muslimen einen Eid zu leisten hätten und, wenn sie es nicht täten, aus dem Frieden ausgeschlossen sein sollten. Dann befahl er, im Feldlager und auf den Märkten ausrufen zu lassen, der allgemeine Friede schließe alle ihre Gebiete ein, und jeder, der wolle, könne von dort zu uns kommen und umgekehrt. Weiter ließ er bekanntmachen, daß der Wallfahrtsweg durch Syrien geöffnet sei, und bekundete bei dieser Gelegenheit seine Absicht, selbst die Pilgerfahrt zu unternehmen, ein Gedanke, der ihm in meiner Gegenwart kam. Außerdem ordnete er an, daß die Stadtmauer von Askalon [254] durch hundert Sappeure unter dem Befehl eines hohen Emirs geschleift werden solle, damit es von den Franken geräumt werde. Eine fränkische Abordnung sollte sie begleiten und bis zur Ausführung ihres Auftrages bei ihnen bleiben, denn die Franken befürchteten, unsere Soldaten könnten die Mauer stehen lassen.

Es war ein denkwürdiger Tag, und beide Seiten zeigten solche Freude und Fröhlichkeit, daß nur Gott es ermessen kann. Aber man weiß auch, daß der Friede nicht die volle Zustimmung des Sultans fand. Während einer Unterhaltung äußerte er mir gegenüber: «Ich fürchte mich, Frieden zu schließen; ich weiß nicht, was mir zustoßen kann [255]; der Feind würde dadurch gestärkt, denn diese Länder bleiben in seiner vollen Gewalt. Er könnte uns dann angreifen, um den Rest zurückzuerobern. Du siehst, daß jeder von ihnen sich auf dem Gipfel eines Berges eingenistet hat» – damit meinte er ihre Bergfesten –, und er schloß: «Sobald ich nicht mehr lebe, sind die Muslime am Ende.»

Das waren seine Worte, und es war wirklich so, wie er sagte. Doch hielt er den Frieden für gut, denn das Heer war erschöpft und offen feindlich (gegenüber einer Fortsetzung des Krieges). Tatsächlich war der Friede gut, wie Gott in seinem Vorauswissen umfaßte, denn Saladin starb kurze Zeit nach dem Friedensschluß; wenn er während des Feldzuges gestorben wäre, hätte der ganze Islam in Gefahr geschwebt. So bedeutete der Friede für ihn eine göttliche Fügung und ein glückhaftes Ereignis.

Als der König von England erfuhr, daß das (islamische) Heer sich gesammelt hatte, und einsah, daß seine eigenen Schwierigkeiten wuchsen, daß Jerusalem uneinnehmbar war und ihm die (göttliche) Strafe drohte, erniedrigte und demütigte er sich, steckte seine Ziele zurück und begriff, daß er den nicht überwinden könne, dem das Glück beistand, und nicht den Scharen standzuhalten vermöchte, die gegen ihn angetreten waren. So erklärte er, falls er keinen Waffenstillstand erreiche, bleibe er, suche den Tod und gehe dem Schlimmsten entgegen. Er hatte jedoch beschlossen, in sein Land zurückzukehren, weil er dort einige Angelegenheiten regeln wollte. «Bald erlaubt das Meer keine Schiffahrt mehr», sagte er, «und die Wellenkämme schwellen hoch an. Wenn ihr zu einem Waffenstillstand kommt und auf mich hört, folge ich meinem Wunsche (abzufahren); kämpft ihr aber und stellt euch gegen mich, schlage ich meine Zelte hier auf und richte mich ein, zu bleiben. Beide Seiten sind müde, beide Gefährten[256] des Krieges überdrüssig. Ich habe auf Jerusalem verzichtet und verzichte jetzt ebenso auf Askalon. Täuscht euch aber nicht über das Aufgebot, das von überall hier zusammengekommen ist: auch diese Schar ist bestimmt, sich mit Einbruch des Winters zu zerstreuen. Wenn wir in unserem elenden Streit verharren, werfen wir uns beide ins Verderben. Gebt daher meinem Verlangen nach und gewinnt euch meine Zuneigung: schließt einen Vertrag mit mir und laßt mich ziehen, stimmt mir zu und erlaubt, daß ich mich von euch verabschiede.»

Der Sultan rief die Emire, seine Ratgeber, zusammen, um die Angelegenheit mit ihnen zu beraten; er setzte sie über den geheimen Plan in Kenntnis und fragte sie um ihre Meinung, wobei er ihnen die Frage von Anfang bis Ende auseinandersetzte; er sagte zu ihnen: «Gott sei Dank, wir sind stark und sehen einen erhofften Sieg vor uns; unsere Helfer, die als Auswanderer[257] zu uns gekommen sind, sind Leute voller Glauben, Adel und Tapferkeit. Wir haben uns an den heiligen Krieg gewöhnt und mit ihm unser Ziel erreicht; jetzt ist es schwierig, das aufzugeben, woran wir uns gewöhnt haben, und mit Gottes Hilfe hat uns bis heute noch niemand verlassen. Wir haben keine andere Beschäftigung noch Absicht als den Krieg, noch gehören wir zu denen, die Spiel verleitet und Zerstreuung verführt. Geben wir diese Mühe auf, welche nehmen wir dann auf uns? Verlieren wir die Hoffnung, sie zu besiegen, worauf sollen wir dann hoffen? Ich fürchte, wenn ich untätig bin, holt mich der Tod; wer sich gewöhnt hat, geschmückt zu gehen, wie kann er sich gewöhnen, ungeschmückt zu gehen? Ich bin der Ansicht, den Gedanken des Waffenstillstandes zu verwerfen, den Krieg und damit meine Ehre vorzuziehen und sie zur Richtschnur zu nehmen. Ich strebe nicht nach Untätigkeit und verlange keine Änderung der gegenwärtigen Lage. Diese Aufgabe ist mir zugewiesen, bei ihr bleibe ich, und mit Gottes Hilfe verfolge ich den entschiedensten und entschlossensten Weg.» Darauf entgegneten die Emire: «Die Sache verhält sich so, wie du sagst; was du vorschlägst, muß getan werden, dein Rat ist der richtige[258]. Nur was du festigst, dauert, was du einrichtest, bleibt bestehen. Gottes Hilfe ist mit dir in allem, was du löst und bindest, was du einleitest und abbrichst. Nur hast du auf dich selbst geschaut, da du gewohnt bist, glücklich zu sein, Gott dienen zu wollen, vortreffliche Tugenden zu erwerben, dich um erfolgverheißende Mittel zu bemühen, Untätigkeit zu verachten, ein zurückgezogenes Leben abzulehnen. In dir selbst findest du Kraft und Ausdauer, und dein unerschütterlicher Glaube lehrt dich, die ersehnten Ziele zu erreichen. Aber sieh doch den Zustand des Landes, das verwüstet und zerstört ist, die Lage der Untertanen, die durcheinandergeworfen und verschreckt sind, die müden und erschöpften Truppen, die vernachlässigten und zugrunde gerichteten Pferde! Das Futter fehlt, Lebensmittel sind knapp, fern der Nachschub, teuer alles zum Leben Notwendige. Allein aus Ägypten kann man etwas kommen lassen, doch dabei heißt es, die tödlichen Gefahren der Wüste auf sich zu nehmen; anderseits muß man wirklich annehmen, daß diese Zusammenballung von Truppen sich bald zerstreut, und solche Ansammlung kann nicht dauern bei diesem Mangel, denn die Verpflegung ist uns abgeschnitten, die Straßen gesperrt, die Reichen liegen am Boden, die Armen gehen zugrunde, Stroh ist teurer als Gold und Gerste auch für hohe Preise nicht zu finden. Wenn die Franken die Hoffnung auf einen Waffenstillstand verlieren, wenden sie alle ihre Kraft daran, ihre Stellung zu verstärken und zu sichern, und treten dem Tode festen Sinnes entgegen auf dem Wege ihres Verlangens; aus Liebe zu ihrem Glauben weisen sie eine Demütigung zurück. Für uns ist das richtige, den Vers zu beherzigen, den Gott geoffenbart hat: ‹Wenn sie zum Frieden neigen, neige auch du zu ihm[259]›: dann kehren die Einwohner und die, die die Felder bestellen, in ihr Land zurück, und in der Zeit des Waffenstillstandes gibt es Überfluß an Ernten und Erträgen; die Heere erneuern ihre Rüstung und ruhen aus während der ganzen Friedenszeit. Nahen dann wieder die Tage des Krieges, kehren auch wir zurück, gestärkt und gewachsen, mit Nahrung und Futter versorgt, frei von Mühsal und Beschwerden. In den Tagen des Friedens rüsten wir uns zum Krieg und erneuern die Waffen für Stoß und Hieb. Das heißt nicht, Gottes Dienst zu vernachlässigen, sondern hilft nur, Nutzen, neue Kräfte und Erfolg zu sichern. Denn die Franken halten nicht (für lange) ihr Wort, noch achten sie die beschworenen Abmachungen; deshalb schließe mit ihnen allen den Waffenstillstand, damit sie sich auflösen und zerstreuen, die Unglückseligen, die von so vielen Schlägen getroffen sind und an der Küste keinen mehr haben, der Widerstand leisten und uns mit seiner Macht bedrängen könnte.»

Die Versammlung hörte nicht auf, den Sultan zu drängen, bis er nachgab und dem zustimmte, was man von ihm forderte.

Zwischen den feindlichen Heeren lag nur ein Tagesmarsch, und die Staubwolken verdichteten sich schon bei der Vorhut: hätten wir uns bewegt, hätten wir sie vertrieben und in höchste Gefahr gebracht, aber der Wille Gottes war stärker, und so wurde dem König von England seine Bitte um Frieden gewährt. Ich war da, um den Waffenstillstandsvertrag abzufassen, und schrieb seinen Wortlaut nieder, bestimmte seine Frist und legte seine Bestimmungen dar; das geschah Dienstag, den 21. Saʿbān 588, was dem 1. September (1192) entspricht. Der Vertrag sollte drei Jahre und acht Monate gelten. Die Franken glaubten, wenn der Vertrag ablaufe, kämen sie gleichzeitig übers Meer und könnten ständige Verstärkungen an Menschen ausheben und sammeln. Deswegen wurde ein allgemeiner Waffenstillstand geschlossen für Land und Meer, Ebene und Berge, Wüste und Stadt, und ihnen das Gebiet von Jaffa über Caesarea bis Akkon und Tyrus zugesprochen. Die Franken zeigten sich darüber glücklich und zufrieden, obwohl sie Plätze aufgaben, die ihnen schon gehört hatten, und sie schlossen Tripolis, Antiochia und alle nah und fern gelegenen Provinzen in den Frieden ein.

VII.

Der kühne Markgraf von Montferrat erlebte diesen Friedensschluß nicht mehr, noch konnte er die erstrebte Königskrone auf sein Haupt setzen. Die muslimischen Quellen gehen darüber auseinander, wer die beiden Assassinen dingte, die ihn im April 1192 in Tyrus ermordeten: Bahā' ad-Dīn und ʿImād ad-Dīn geben ausdrücklich Richard Löwenherz an (in dessen Friedensverhandlungen sich Konrad, wie wir gesehen haben, mit einem eigenen Spiel eingeschaltet hatte; er wiederholte so die partikularistischen Annäherungsversuche an Saladin, die der Graf von Tripolis am Vorabend der Schlacht von Ḥaṭṭīn unternommen hatte). Ibn al-Aṯīr sieht Saladin selbst als den Anstifter, der Richard und Konrad zusammen habe töten lassen wollen; diese Darstellung erscheint jedoch recht unwahrscheinlich (man vergleiche dazu ʿImād ad-Dīn, der überzeugend darlegt, wie ungelegen der Tod Konrads den Muslimen zu dem Augenblick kam). Ein sonderbares Echo der Tat, das die Annahme einer Verantwortung Saladins stützte, klingt in der erheblich späteren, legendär verzerrten Erzählung über den Mord an einem fränkischen König vor Akkon nach; der Alte vom Berge soll ihn seinen Getreuen befohlen haben, um dem Sultan, seinem Freund, einen Gefallen zu erweisen. Der merkwürdige Text, den wir anschließend an die Versionen ʿImād ad-Dīns und Ibn al-Aṯīrs bringen, ist einer ismāʿīlitischen Quelle entnommen und gehört zu einer anekdotenhaft-erbaulichen Biographie des Assassinengroßmeisters der Zeit, Rašīd ad-Dīn Sinān. Tatsächlich verhielt es sich aber so, daß die Assassinen dem Sultan mehr als einmal nach dem Leben trachteten, da seine strenge Orthodoxie nicht mit ihren häretischen Lehren zu versöhnen war.

ERMORDUNG KONRADS VON MONTFERRAT

(ʿImād ad-Dīn 420–422)

Dienstag, den 13. Rabīʿ II (588/28. April 1192), war er Gast beim Bischof von Tyrus und verzehrte sein letztes Mahl, denn sein letzter Tag war gekommen. Vor der Tür stand, wer seine Hoffnungen abschnitt. Er wurde eingeladen in die Hölle, wo (der Engel) Mālik auf sein Kommen wartete, die Glut nach ihm ausschaute, der tiefste Grund des Feuers brannte, die Lohe loderte, die Flamme voll Erwartung züngelte. Der Augenblick war nah, daß der Abgrund ihn aufnahm und der Höllenofen mit ihm brannte. Die Schergenengel errichteten schon den unreinen Sitz, ihn zu quälen, und die sieben Tore der Hölle hatten sich schon weit geöffnet, begierig, ihn zu verschlingen. Noch aber ergötzte er sich am Mahl und sättigte sich, aß und speiste, ohne zu wissen, daß das Verhängnis nahe war. Er aß und trank, sättigte sich und ließ sich's wohl sein, trat aus dem Haus und saß auf: da stürzten sich zwei Männer auf ihn, nein, zwei kahle Wölfe, hielten seine Bewegung mit ihren Messern auf und schlugen ihn nieder bei den Läden. Da floh einer der beiden und trat in die Kirche, nachdem er das gemeine Leben genommen hatte. Durchbohrt, aber noch mit einem Hauch Leben, sagte der Marquis: «Tragt mich zur Kirche!» und sie trugen ihn dorthin, denn sie meinten, ihn in Sicherheit zu haben, wenn sie ihn dorthin brächten. Als ihn aber der eine der beiden Messerstecher sah, warf er sich erneut auf ihn, um ihn zu töten, und versetzte ihm Hieb um Hieb, Wunde um Wunde. Die Franken ergriffen die beiden Genossen und fanden, daß es zwei Abtrünnige der Fidā'ī-Ismā'īliten[260] waren. Sie fragten sie: «Wer hat euch geschickt, diesen Mord zu begehen?» Sie antworteten: «Der König von England.» Man erzählte von ihnen, sie seien sechs Monate vorher zum Christentum übergetreten, hätten ein reines und asketisches Leben begonnen, seien ständig zur Kirche gegangen und hätten sich strenger Frömmigkeit gewidmet. Der eine war in den Dienst Ibn Barzans getreten, der andere in den des Herrn von Sidon, um so dem Marquis nahe zu sein und durch ihre dauernde Gegenwart sein Vertrauen zu gewinnen. Dann hatten sie sich an seinen Sattelknopf geklammert und ihn ermordet. Sie erlitten den grausamsten Tod und wurden der ruchlosesten Behandlung ausgesetzt. Ein einzigartiges Beispiel: zwei Ungläubige vergießen das Blut eines Ungläubigen, zwei Verbrecher ermorden einen Verbrecher!

Da der Marquis tot war und kopfüber in der Hölle hing, ergriff der König von England die Herrschaft über Tyrus, übertrug sie dem Grafen Henri[261] und regelte alles mit ihm. Noch in derselben Nacht[262] vollzog Henri die Ehe mit der Königin, der Gemahlin des Marquis, denn er behauptete, den größten Anspruch auf seine Frau zu haben. Sie erwartete ein Kind, aber die Schwangerschaft hinderte ihn nicht, die Ehe mit ihr zu vollziehen: das ist noch widerwärtiger als Unzucht mit ihr! Ich fragte einen ihrer Gesandten, wer denn als Vater des Kindes gelten solle, und bekam zur Antwort: «Es ist das Kind der Königin.» Seht die Zügellosigkeit dieses heidnischen Haufens!

Die Ermordung des Marquis kam uns in der Lage ungelegen, wenn er auch zu den Anführern des Irrtums gehörte, denn er war der Feind des Königs von England, machte ihm Reich und Thron streitig und war sein Gegner im Kleinen wie im Großen. Er hatte Beziehungen zu uns aufgenommen, damit wir ihn unterstützten und der Hand des Königs entrissen, was er sich genommen hatte. Immer, wenn der König von England hörte, daß der Abgesandte des Marquis beim Sultan war, schickte er sofort Boten, die seine Demut und Unterwürfigkeit bekundeten, und nahm die Gespräche über einen Friedensschluß wieder auf; in der Nacht seines Irrtums konnte man hoffen, daß der Morgen anbreche. Nachdem der Marquis umgebracht war, beruhigten sich sein Gemüt und seine Furcht, seine Unrast und Aufregung wichen, sein Herz heiterte sich auf, seine Einsicht kehrte wieder, seine Geschäfte ebneten sich, und das Unheil, das er darstellte, verschlimmerte sich. Aus Gegensatz zum Marquis hatte er sich auf die Seite des alten Königs (Guy) gestellt und ihm die Zuneigung eines besorgten Verwandten erwiesen. Er hatte ihm als Herrschaft die Insel Zypern mit ihren Gebieten gegeben und mit seiner Einsetzung versucht, alle Unordnung dort zu beseitigen. Als aber der Marquis tot war, wurde ihm klar, daß es falsch gewesen war, Guy zu stärken, und er fürchtete, seinen Feindseligkeiten nicht zu entgehen und vor etwaigen Angriffen seinerseits nicht sicher zu sein. Nachdem nun sein Feind verschwunden war, fand er seine Ruhe wieder, sein Friede kehrte zurück, seine Besessenheit wich, sein Zorn legte sich, das günstige Geschick ermunterte ihn, und aus der Quelle seines Unglaubens verbreitete er seine ganze Roheit. Bei alldem hielt er die Beziehungen zu Guy aufrecht und brach nicht mit ihm, sondern schickte ihm weiter schmeichelnde Botschaften und suchte ihn zu täuschen und zu betrügen.

(Ibn al-Aṯīr XII 51)

In diesem Jahre wurde am 13. Rabīʿ II der fränkische Marquis getötet – Gott verfluche ihn! –, der Herr von Tyrus. Er war der größte Teufel der Franken. Der Grund seines Todes war, daß Saladin mit Sinān[263], dem Oberhaupt der Ismāʿīliten, vereinbart hatte, daß dieser den König von England umbringen lassen sollte; sorge er außerdem für die Ermordung des Marquis, solle er zehntausend *dīnār* bekommen. Den König von England konnten sie zwar nicht ermorden, denn Sinān hielt es hinsichtlich der Belange der Ismāʿīliten nicht für richtig, damit nicht Saladin Ruhe vor den Franken bekomme und sich gegen sie selbst wenden könne. Da ihn aber das Geld lockte, machte er sich daran, die Ermordung des Marquis vorzubereiten. Er schickte zwei Männer in Mönchskleidern in die Dienste des Herrn von Sidon und Ibn Barzans, des Herrn ar-Ramlas, die sich beide beim Marquis in Tyrus befanden. Sechs Monate blieben sie bei ihren beiden Herren und zeigten sich sehr ergeben, so daß der Marquis Vertrauen zu ihnen faßte. Als diese Zeit verstrichen war, gab eines Tages der Bischof von Tyrus ein Bankett zu Ehren des Marquis; er kam, aß an seiner Tafel, trank von seinem Wein und ging wieder. Da warfen sich die beiden erwähnten Bāṭiniten[264] auf ihn und brachten ihm lebensgefährliche Wunden bei; einer von ihnen konnte entkommen und sich in einer Kirche verstecken. Gerade in diese Kirche trug man den Marquis, um seine Wunden zu verbinden, aber der Bāṭinite stürzte sich erneut auf ihn und tötete ihn. Die beiden Bāṭiniten wurden danach ebenfalls umgebracht. Die Franken schrieben seinen Tod einem Anschlag des Königs von England zu, damit er allein das syrische Küstenland beherrschen könne. Nachdem der Marquis umgebracht war, übernahm die Herrschaft über die Stadt Tyrus ein Frankengraf von jenseits des Meeres, mit Namen Graf Henri, und heiratete noch in derselben Nacht die Königin (die Witwe Konrads); obwohl sie ein Kind erwartete, vollzog er sofort die Ehe mit ihr, denn die Schwangerschaft ist bei ihnen kein Hindernis für die Hochzeit.

Dieser Graf Henri stammte väterlicherseits von der Schwester des Königs von Frankreich und mütterlicherseits von der Schwester des Königs von England. Er war es, der das Land der Franken an der Küste nach der Heimkehr des Königs von England regierte, und er lebte bis 594 (1197) und starb durch den Sturz von einem Balkon. Er war ein verständiger Mann großer Liebenswürdigkeit und Duldsamkeit. Als sich der König von England nach Hause einschiffte, schickte der Graf zu Saladin, da er sich mit ihm versöhnen und sein Wohlwollen gewinnen wollte, und bat ihn um ein Ehrengewand. Er ließ ihm sagen: «Du weißt, daß es bei uns als tadelnswert gilt, *qabāʾ* und *šarbūš*[265] zu tragen; ich will beides aus Zuneigung zu dir tragen, wenn du es mir schenkst.» Saladin schickte ihm darauf ein prächtiges Ehrenkleid, zu dem auch ein *qabāʾ* und ein *šarbūš* gehörten, und er trug sie in Akkon.

(*Manāqib Rašīd ad-Dīn* 463–466)

Ein getreuer, trefflicher Gefährte erzählte uns, als Saladin Akkon genommen habe, sei ein Frankenkönig mit einem Heer übers Meer gekommen, habe Akkon angegriffen, es erobert und alle Muslime getötet, die sich in ihm aufhielten. Dann ließ er sich ein Zelt gegenüber dem Saladins errichten, sein Heer nahm Aufstellung vor dem muslimischen Heer, und der Kampf entbrannte zwischen ihnen. Saladin wußte nicht mehr, wie er sich seiner entledigen sollte. Da sagte unser Herr, der sich zu der Zeit in der Feste Kahf[266] aufhielt – Heil komme von ihm![267] –: «Unser Freund, König Saladin, befindet sich heute in einer Notlage.» Er rief zwei seiner Glaubenskämpfer, die man gelehrt hatte, die fränkische Sprache zu sprechen, und als sie vor ihm erschienen waren, befahl er, ihnen Frankenkleider anzulegen und zwei Schwerter zu geben, wie die Franken sie tragen. Dann sagte er zu ihnen: «Geht mit meinem Brief zu König Saladin. Bleibt in dieser Nacht da und da – er bezeichnete ihnen die Orte, an denen sie Nacht für Nacht verbringen sollten – und seid an dem und dem Tag am frühen Nachmittag in Akkon. Seid ihr nicht an dem Tag zur abgemachten Zeit dort, erreicht ihr euer Ziel nicht. Wenn ihr nun, so Gott will, zur rechten Zeit angekommen und König Saladin vorgeführt seid, entbietet ihm meinen Gruß, versichert ihn meiner Freundschaft und übergebt ihm meinen Brief. Nachdem er den Brief gelesen, seinen Inhalt kennengelernt und verstanden hat, sagt ihm, daß ich euch zu seinem Feind, dem Frankenkönig, geschickt habe, um ihn in derselben Nacht umbringen zu lassen. Mit Sonnenuntergang verlaßt ihr Saladin, entfernt euch von seinem Heer und nähert euch dem fränkischen am Ufer des Meeres. Im Schutze der Dunkelheit mischt ihr euch dann unter sie. Sucht in der Nacht das Zelt des Königs, und wenn ihr es gefunden habt und den König betrunken und schläfrig mit dem Gesicht nach unten liegen seht, ohne jemanden an seiner

Seite, dann haut ihm den Kopf ab und nehmt seinen Gürtel und sein Schwert. Wenn euch jemand anspricht, antwortet in fränkischer Sprache: niemand beachtet euch dann. Anschließend geht ihr wieder zu König Saladin und legt den Kopf, den Gürtel und das Schwert vor ihm hin. Er greift dann sofort das Frankenheer an, schlägt es in die Flucht und haut es in Stücke; so Gott will, tötet er viele von ihnen, siegt und ist zufrieden. Er wird euch belohnen wollen und euch auffordern, welchen Wunsch ihr wollt, auszusprechen. Bittet weder um Gold noch Silber noch um etwas anderes, sondern sagt: ‹Wir haben unser Leben Gottes Gehorsam geweiht, von der Welt und allen weltlichen Dingen gelassen und auf sie verzichtet. Wir haben daher keinen Wunsch mehr in der Welt außer einem: als wir unsere Familien verließen, hatten unsere Kinder kein Mehl mehr. Der König gebe also jedem von uns als Almosen eine Sattellast Mehl, nichts weiter.›» «Wir gehorchen», antworteten die beiden. Sie verließen unseren Herrn Rašīd ad-Dīn – Heil komme von ihm! – und wandten sich gen Akkon, befolgten alles, was er angeordnet hatte, und führten alle seine Weisungen aus. Genau zu der Zeit, die er ihnen angegeben hatte, kamen sie in Akkon an und begaben sich zu Saladin. Sie übergaben ihm den Brief des Herrn, grüßten ihn von ihm und sagten: «Unser Herr hat uns befohlen, heute den König der Franken zu töten. Er hat uns die genaue Zeit angegeben, zu der wir ihn umbringen sollen: wir fänden ihn dann schlafend mit dem Gesicht nach unten, betrunken und ohne jemanden an seiner Seite. Er hat weiter gesagt, wenn wir nicht genau zu der von ihm genannten Zeit zu ihm gingen, könnten wir nichts gegen ihn ausrichten, ja nicht einmal bis zu ihm dringen.»

Als Saladin die Worte der beiden und ihre Rede vernommen hatte, bekundete er große Freude und behandelte die beiden sehr ehrenvoll. Sie blieben bei ihm, bis die Sonne sank, verkleideten sich dann als Franken und sprachen fränkisch miteinander, so daß der König sich über ihre Kleidung, ihr Aussehen und ihre Sprache verwunderte. Er lachte und freute sich über ihr Vorhaben. Sie verließen ihn und entfernten sich von den beiden Heeren; dann kehrten sie am Strand zum Frankenheer zurück und mischten sich darunter in der schon heraufgezogenen Dunkelheit der Nacht. Nachdem sie sich an den Herrscher (der Feinde) herangeschlichen hatten und die ihnen bestimmte Zeit herangerückt war, stürzten sie sich auf den König und fanden ihn wirklich schlafend, mit dem Gesicht nach unten, wie ihr Herr gesagt hatte, betrunken und ohne eine lebende Seele an seiner Seite. Sie hieben ihm das Haupt ab, steckten es in einen Sack, nahmen sein Schwert und seinen Gürtel und verließen eilig das Frankenlager, um wieder vor König Saladin zu erscheinen. Haupt, Schwert und Gürtel legten sie vor ihm nieder. Er küßte beide auf die Stirn und befahl dem Heer aufzusitzen; er selbst schwang sich in den Sattel, griff das Frankenheer an und schlug es in die Flucht. Er hieb es in Stücke und tötete die meisten. Glücklich und zufrieden, beschenkt mit Sieg und Erfolg, fragte er nach den beiden Fidā'ijjūn, und als sie erschienen, erhob er sich ihnen zu Ehren – eine große Ehre –, und alle Wesire und Höflinge taten es ihm nach und erhoben sich gleichfalls. Er beschenkte sie mit Ehrengewändern, ließ sie an seiner Seite Platz nehmen und sagte: «Nennt mir irgendeinen Wunsch, bittet mich, um was ihr wollt. Es ist meine Pflicht, euch zufriedenzustellen.» Sie antworteten: «Gott schütze unseren Herrn, den König, mit seinen Engeln und stürze seine Feinde ins Verderben! Diese Welt ist nichts, und wer sich von ihr verleiten läßt, wird Reue fühlen, wenn Reue nicht mehr nützt. Wir gehören zu denen, die sich von den Besitztümern der Welt abgewandt und auf sie verzichtet haben. Wirklich, wir bitten dich nur um zwei Sattellasten Mehl, eine für jeden von uns, für unsere Familien.»

Sultan Saladin ordnete darauf an, daß in jeder Provinz nahe den Festen der Gesellschaft der Rechtleitung[268] zehn Dörfer (als der Gesellschaft tributpflichtig) eingeschrieben würden und daß man in jeder Stadt am Sitz der Gesellschaft der Rechtleitung ein «Haus der Gesellschaft» errichte: in Kairo, Damaskus, Homs, Hama, Aleppo und in anderen Städten, wo diese Häuser bis jetzt unter dem Namen «Die Gesellschaft» bekannt sind. Außerdem beschenkte er die beiden Fidā'ijjūn reich und sandte unserem Herrn Rašīd ad-Dīn ein herrliches Geschenk.

VIII.

Krankheit und Tod Saladins, kurz nachdem der Waffenstillstand mit den Franken geschlossen war, erzählt uns der getreue Bahā' ad-Dīn mit den kleinsten Einzelheiten. Jenseits einer gewissen kleinlichen Pedanterie, die fast alle diese muslimischen Quellen teilen, scheint in seinem Bericht seine aufrichtige Verbundenheit mit dem Helden durch. Er erkennt in ihm die hervorragende Persönlichkeit, der Morgenland und Abendland gleicherweise gehuldigt haben. Saladins frommer Tod, seine völlige Hingabe an Geist und Buchstaben seines Glaubens, die sein wirkliches Leben besiegelte, zerstört das irreale Bild des liberalen, aufgeklärten Herrschers, das Lessing hegte.

KRANKHEIT UND TOD SALADINS

(Bahā' ad-Dīn 361–369)

Freitagabend zeigte er große Müdigkeit und bekam noch vor Mitternacht einen Anfall galligen Fiebers, der sich mehr innerlich als äußerlich bemerkbar machte. Am Sonnabendmorgen, den 16. Ṣafar 589 (21. Februar 1193), erhob er sich, noch ziemlich schwach und mit den Spuren des Fiebers, wenn auch die Leute nicht viel davon sehen konnten. Ich und Qāḍī al-Fāḍil suchten ihn auf, auch sein Sohn al-Malik al-Afḍal kam, und wir unterhielten uns lange mit ihm. Er klagte, er habe eine unruhige Nacht gehabt, und redete viel bis fast zum Mittag. Wir entfernten uns, ließen aber unsere Herzen bei ihm zurück. Er lud uns ein, am Mittagsmahl teilzunehmen, dem sein Sohn al-Malik al-Afḍal vorsaß; das gehörte nicht zu Qāḍī al-Fāḍils Gewohnheiten, deswegen zog er sich zurück, während ich in den südlichen Empfangsraum ging, wo das Essen aufgetragen war und al-Malik al-Afḍal auf dem Platz seines Vaters saß. Danach zog auch ich mich zurück, denn ich wollte nicht mit all dem Aufruhr in meinem Herzen dort sitzen; einige sah ich weinen, die es als schlechtes Vorzeichen deuteten, den Sohn auf dem Platze des Vaters sitzen zu sehen.

Seitdem verschlimmerte sich die Krankheit. Wir besuchten ihn weiter regelmäßig morgens und abends, und ich und Qāḍī al-Fāḍil suchten ihn noch verschiedene Male am Tage auf, wenn wir an den Tagen zu ihm gelassen wurden, an denen sich eine Besserung der Krankheit zeigte. Seine Krankheit war im Kopf; eines der Anzeichen, daß sein Leben sich dem Ende zuneigte, war die Abwesenheit seines Leibarztes, der seine Konstitution kannte und ihn auf Reisen und zu Hause zu behandeln pflegte. Die Ärzte kamen überein, ihn zur Ader zu lassen, und taten das am vierten Tage, aber die Krankheit verschlimmerte sich, und seine Körpersäfte, unter denen das Trockene vorherrschte, begannen sich zu vermindern. Die fortschreitende Verschlechterung führte schließlich zu äußerster Schwäche.

Am sechsten Tage seiner Krankheit ließen wir ihn sich aufsetzen und stützten ihn im Rücken mit einem Kissen. Wir ließen ihm etwas warmes Wasser reichen, damit er es trinke, kurz nachdem er eine erweichende Arznei geschluckt hatte; er fand aber das Wasser zu heiß und beklagte sich darüber. Darauf wurde ihm eine zweite Tasse gereicht, und die, beklagte er sich, sei zu kalt, aber ohne in Zorn zu geraten und zu schreien. Er sagte nur die Worte: «Guter Gott, gibt es denn keinen, der das Wasser richtig temperieren kann?» Ich und Qāḍī al-Fāḍil gingen und weinten heiße Tränen; der Qāḍī sagte zu mir: «Sieh, einen Mann welcher Wesensart die Muslime verlieren! Bei Allah, jeder andere hätte die Tasse dem, der sie ihm brachte, an den Kopf geworfen ...» Am sechsten, siebten und achten Tage verschlimmerte sich die Krankheit ständig, und die Helle seines Geistes verdunkelte sich. Am neunten Tage verlor er das Bewußtsein, so daß er das Getränk nicht zu sich nehmen konnte. In der Stadt verbreitete sich große Furcht, und die Kaufleute begannen voll Unruhe, ihre Waren von den Märkten wegzuschaffen[269]; sie waren ganz niedergeschlagen vor unsäglicher Trauer und Betrübnis.

Ich und Qāḍī al-Fāḍil saßen jeden Abend zusammen, bis etwa ein Drittel der Nacht vergangen war; dann gingen wir zum Palasttor, und wenn wir den Weg frei fanden, traten wir bei ihm ein, sahen, wie es ihm ging, und zogen uns wieder zurück; wenn nicht, berichtete man uns über seinen Zustand, und wir gingen wieder. Wir trafen dann die Leute, die auf unser Erscheinen warteten, um uns zu sehen und von unseren Gesichtern seinen Zustand abzulesen. Am zehnten Tage wurde ihm zweimal ein Klistier verabreicht, was ihm etwas Erleichterung schaffte, und er konnte zur großen Freude aller etwas Gerstenschleim zu sich nehmen. Wie gewöhnlich warteten wir, bis ein Teil der Nacht vergangen war, und gingen zum Palasttor, wo wir Ǧamāl ad-Daula Iqbāl vorfanden. Wir baten ihn um Auskunft; er ging hinein und schickte uns al-Malik al-Muʿaẓẓam Tūrānšāh heraus, um uns zu sagen, er habe an den Beinen zu schwitzen angefangen. Wir dankten Gott und baten al-Malik al-Muʿaẓẓam, auch den übrigen Körper zu untersuchen, wie sehr er schwitze. Er tat es und kam, um uns zu sagen, daß er reichlich schwitze; erleichtert gingen wir. Als wir aber am Morgen des elften Tages seiner Krankheit, das heißt am Dienstag, dem 26. Ṣafar, zum Tor kamen und uns erkundigten, wurde uns mitgeteilt, er habe so sehr geschwitzt, daß Matratze und Strohmatte feucht seien, sogar der Boden, und daß die Trockenheit wieder so zugenommen habe, daß alle erschreckt seien und die Ärzte ohne alle Hoffnung.

Als al-Malik al-Afḍal den Zustand seines Vaters gesehen und sich überzeugt hatte, daß er hoffnungslos war, eilte er, sich den Treueid leisten zu lassen[270]. Er hielt daher eine Sitzung im Riḍwān-Palast – so genannt, weil der[271] ihn bewohnt hatte –, ließ die Qāḍīs kommen und legte ihnen eine Erklärung vor, nach der

der Treueid dem Sultan gelten sollte, solange er lebte, und nach seinem Tode ihm, al-Malik al-Afḍal. Er entschuldigte sich bei den Leuten dafür und sagte, die Krankheit des Sultans habe sich so verschlechtert, daß er nicht wisse, was noch geschehen könne; dies sei eine einfache Vorsichtsmaßnahme nach der üblichen Gewohnheit der Herrscher. Als erster mußte Saʿd ad-Dīn Masʿūd, Bruder Badr ad-Dīn Maudūds und Gouverneur der Stadt, den Eid leisten; er beeilte sich, bedingungslos zu schwören; dann war die Reihe an Nāṣir ad-Dīn, Herrn von Ṣahjūn, der schwor und die Bedingung einschloß, daß die von ihm gehaltene Feste bei ihm verbleibe; dann schwor Sābiq ad-Dīn, Herr von Šaizar, der die Scheidungsformel[272] ausließ mit der Begründung, er habe niemals einen solchen Eid geschworen; danach leistete Ḫuštarīn Ḥusain al-Hakkārī den Eid, nach ihm Nūšīrwān az-Zarzarī unter der Bedingung eines zufriedenstellenden Jahressoldes, darauf ʿAlkān und Mankalān. Als sie so weit waren, wurde die Tafel gerichtet, und alle aßen zu Mittag. Am Nachmittag wurde die Sitzung der Eidesleistung wieder aufgenommen; es erschienen Maimūn al-Qaṣrī und Šamš ad-Dīn Sunqur der Ältere und sagten: «Wir schwören unter der Bedingung, niemals das Schwert gegen einen deiner Brüder zu ziehen», verpflichteten sich statt dessen, seine Länder zu verteidigen. So drückte sich Maimūn al-Qaṣrī aus. Sunqur weigerte sich zunächst zu schwören und sagte schließlich: «Laß mich als Statthalter von an-Naṭrūn den Eid leisten mit der Abmachung, daß es mir verbleibt.» Darauf war die Reihe an Saʾama, der sagte: «Ich habe keinerlei Jahressold, sag du mir, worauf ich schwören soll!» Nachdem er eine Antwort bekommen hatte, leistete er endlich den Eid unter dem Vorbehalt, daß er einen zufriedenstellenden Jahressold erhalte. Sunqur der Entstellte schwur unter der Bedingung, Genugtuung zu erhalten, so auch Aibeg der Plattnasige, der jedoch die Scheidungsformel ausließ; endlich schwur Ḥusām ad-Dīn Bišāra, das Haupt aller Anwesenden. Al-Afḍal ließ keinen der ägyptischen Emire dazwischentreten, noch verlangte er etwas von ihnen[273], sondern ließ nur die Obengenannten schwören, um die Dinge zu ordnen; vielleicht ist mir der Name des einen oder anderen Unbekannten dabei entgangen. Die Eidesformel hatte folgenden Wortlaut: «Absatz eins: von diesem Augenblick an widme und weihe ich mein innerstes Fühlen al-Malik an-Nāṣir, solange er lebt, und verpflichte mich, zur Verteidigung seines Landes mich selbst, meine Habe, mein Schwert und meine Mannen einzusetzen, seinen Befehlen gehorsam zu sein und mich nach seinem Gefallen zu richten – und nach ihm seinem Sohn al-Afḍal ʿAlī und seinen Erben: im Namen Gottes, ich will ihm treu sein, sein Land und seine Gebiete mit meinem Leben, meiner Habe, meinem Schwert und meinen Mannen verteidigen und seinem Befehl und Verbot gehorchen. Das entspricht meinem äußeren Bekenntnis und meinem innersten Denken. Gott ist Zeuge dessen, was ich sage.»

In der Nacht auf Mittwoch, den 27. Ṣafar 589, den zwölften Tag seiner Krankheit, verschlechterte sich der Zustand des Sultans, seine Kräfte schwächten sich, und die Frauen (die ihn pflegten) hinderten uns daran, zu ihm zu gelangen. In dieser Nacht wurden ich, Qāḍī al-Fāḍil und Ibn az-Zakī (Qāḍī von Damaskus), der gewöhnlich nicht zu dieser Stunde kam, herbeigerufen, und al-Malik al-Afḍal lud uns ein, die Nacht bei ihm zu verbringen. Qāḍī al-Fāḍil erschien das nicht klug, denn das Volk wartete, daß wir aus der Zitadelle kämen, und er fürchtete, wenn wir nicht kämen, liefen beunruhigende Gerüchte durch die Stadt und Plünderungen schlössen sich an. Er riet daher, wir sollten hinausgehen, und Šaiḫ Abū Ǧaʿfar, Imām von al-Kallāsa[274], sollte an unserer Statt herkommen, ein rechtschaffener Mann, der die Nacht in der Zitadelle verbringen sollte, um anwesend zu sein, wenn Gott ihn in der Nacht zu sich rufe; er sollte die Frauen fernhalten und ihm das Glaubensbekenntnis des Islams und den Namen Gottes in Erinnerung rufen. So geschah es auch: wir gingen wieder, und jeder wünschte, sein Leben für ihn hingeben zu können. Er verbrachte die Nacht, ganz nahe dem Tode, mit Šaiḫ Abū Ǧaʿfar, der an seinem Kopfkissen den Koran las und ihm den Namen Gottes des Erhabenen in Erinnerung rief. Seit dem Abend des neunten Tages hatte er das Bewußtsein verloren und es nur für Augenblicke zwischendurch zurückerlangt. Šaiḫ Abū Ǧaʿfar erzählte, als er zu der Koranstelle gekommen sei: «Er ist der einzige Gott, er kennt das Geheime und das Offenbare[275]», habe er Saladin antworten hören: «Es ist wahr», und das war ein Erwachen, wie es günstiger nicht hätte sein können, und eine göttliche Fügung für ihn – Gott sei Lob dafür! Nach der Stunde des Morgengebetes am Mittwoch, dem 27. Ṣafar 589 (4. März 1193), tat er den letzten Atemzug. Qāḍī al-Fāḍil kam nach Anbruch der Morgenröte dazu, gerade im Augenblick seines Hinübergehens; ich traf erst ein, als er schon in den Schoß des göttlichen Wohlgefallens eingegangen war. Man erzählte mir, als Šaiḫ Abū Ǧaʿfar zu den Koranworten gekommen sei «Es gibt keinen Gott außer Ihm, und Ihm habe ich mich anvertraut[276]», habe der Sultan gelächelt, sein Antlitz habe sich verklärt, und er habe die Seele seinem Herrn übergeben.

Der Tag seines Todes war ein Tag des Schmerzes für den Islam und die Muslime, wie sie ihn seit der Zeit nicht ähnlich erlitten hatten, als sie die rechtgeleiteten Kalifen verloren. Die Zitadelle, die Stadt und die ganze Welt wurden von einem Kummer überwältigt, den nur Gott ermessen kann. Bei Allah, ich hatte schon manchen sagen hören, er wolle mit seinem Leben das seiner Lieben auslösen, und hatte geglaubt, diese Redensart sei ein Ausdruck, den man nicht wörtlich nehmen dürfe, sondern nur im weiteren Sinn, aber an diesem Tage fühlte ich bei mir selbst und bei anderen, wenn ein Lösegeld (für ihn) angenommen worden wäre, hätten wir ihn wirklich mit unserem Leben freigekauft. Sein Sohn al-Malik al-Afḍal begab sich in den Nordsaal, um dort die Beileidsbezeugungen entgegenzunehmen; das Tor der

Zitadelle war für alle geschlossen, außer für die engsten Freunde unter den Emiren und die Gelehrten. Es war ein schwerer Tag, an dem jeder so sehr mit seinem eigenen Kummer, Schmerz und Weinen beschäftigt war, daß er nicht auf anderes achten konnte. Unter diesen Umständen verzichtete man auf den Vortrag eines Dichters und die Rede eines Predigers. Seine Söhne gingen hinaus und flehten das Volk laut um Mitleid an, so daß man fast starb vor Schmerz bei ihrem Anblick. Das zog sich bis nach dem Mittagsgebet hin. Dann wurde sein Leichnam gewaschen und mit dem Grabtuch bekleidet, aber wir konnten, während wir ihn herrichteten, nichts verwenden, was auch nur einen Pfennig wert gewesen wäre, ohne dafür borgen zu müssen, sogar für das Stroh, mit dem man den Lehm mischt[277]. Der Rechtsgelehrte ad-Daulaʿī wusch seinen Leichnam; ich wurde eingeladen, bei der Waschung dabeizusein, aber ich hatte nicht die Kraft, einem solchen Schauspiel zuzusehen. Nach dem Mittagsgebet wurde er in einem Sarg hinausgetragen, der in einfaches Tuch gehüllt war; dafür wie für alles andere, das notwendig gewesen war, ihn mit dem Grabtuch zu bekleiden, hatte Qāḍī al-Fāḍil gesorgt; es war erlaubter und ihm bekannter Herkunft[278]. Beim Anblick des Leichenzuges des Sultans erhoben sich die Stimmen zu lautem Schreien, und der Schmerz übermannte das Volk so weit, daß es sogar von dem Gebet abgelenkt wurde, das die Leute umschichtig über ihm sprachen. Qāḍī Muḥji 'd-Dīn Ibn az-Zakī übernahm als erster das Amt des Imāms in der Feier. Dann wurde er in den Gartenpalast zurückgetragen, in dem man ihn während seiner Krankheit gepflegt hatte, und im Westpavillon bestattet. Um die Stunde des Nachmittagsgebetes wurde er ins Grab gesenkt – Gott heilige seinen Geist und erleuchte sein Grab!

DRITTER TEIL

DIE AJJŪBIDEN UND DIE ANGRIFFE AUF ÄGYPTEN

I.

Da der vierte Kreuzzug sich gegen Konstantinopel gewandt hatte (1203), blieben dem Islam noch fünfzehn Jahre der Ruhe. In dieser Zeit gelang es al-Malik al-ʿĀdil, die Erbschaft seines Bruders Saladin fest in seiner Hand zu vereinigen und die ajjūbidischen Besitzungen von Ägypten bis Mesopotamien unter seiner Oberhoheit zu ordnen. Der neue Angriff der Kreuzfahrer, der sich gegen Ägypten selbst als den Mittelpunkt des islamischen Widerstandes richtete, erfolgte in einem Augenblick, als sich im Osten die Bedrohung durch die Mongolen abzuzeichnen begann, die sich bald zu katastrophalem Ausmaß entwickelte. Ibn al-Aṯīr erhebt sich in seiner gewohnt weiten Übersicht über die bloß chronistische Aufzeichnung der Ereignisse an den verschiedenen Plätzen und richtet seine Aufmerksamkeit auf die Geschicke des gesamten Islams; er erfaßt die Schwere der doppelten Bedrohung und gibt ihr Ausdruck, sei es in seiner dramatischen Schilderung des Mongoleneinfalls, sei es in der des fünften Kreuzzuges; das vierjährige Unternehmen gegen Ägypten (1217–1221) faßt er in einer einzigen fortlaufenden Darstellung zusammen. Sein Bericht wird hier und da ergänzt durch Ibn Wāṣil, den Historiker der Ajjūbiden, dessen Werk im Original schwer zugänglich und bis jetzt kaum bearbeitet ist.

DER FÜNFTE KREUZZUG

Die Franken sammeln sich in Syrien, ziehen gegen Ägypten und erobern Damiette; die Muslime gewinnen es zurück

(Ibn al-Aṯīr XII 208/09)

Von Anfang bis zu Ende dieses Geschehens vergingen vier Jahre weniger ein Monat. Wir setzen hier (614/1217) ein, weil damals die Franken kamen und wir einen fortlaufenden Bericht geben wollen, denn die verschiedenen Abschnitte folgten ohne Unterbrechung aufeinander. Wir fangen damit an, daß in diesem Jahr die Verstärkungen der Franken übers Meer kamen, aus Rom und den anderen Frankenländern in West und Nord. Alle waren aber vom Herrn Roms (dem Papst) zusammengerufen worden. Er nimmt bei ihnen einen sehr hohen Rang ein, so daß sie nicht wagen, ihm ungehorsam zu sein oder, in guten und in schlechten Tagen, anders zu entscheiden als er. Er sandte also die Heere aus seinen Ländern mit einer Gruppe von Anführern der Franken und befahl den übrigen Frankenkönigen, selbst mitzuziehen oder ein Heer zu entbieten. Sie gehorchten seinem Befehl und sammelten sich in Akkon an der Küste Syriens[279].

Die Franken belagern und erobern Damiette

(Ibn al-Aṯīr XII 210–213)

Als die Franken von der Belagerung aṭ-Ṭūrs[280] zurückgekommen waren, blieben sie bis Anfang 615 in Akkon. Dann schifften sie sich nach Damiette ein, wo sie im Ṣafar (Mai 1218) eintrafen und bei al-Ǧīza Anker warfen. Zwischen ihnen und Damiette lag der Nil, von dem ein Arm bei dieser Stadt ins Meer mündet; an der Stelle war ein mächtiger Turm errichtet (von den Ägyptern), der durch dicke Eisenketten über den Fluß hinweg mit den Mauern von Damiette verbunden war. So wurde es den vom Meer kommenden Schiffen unmöglich gemacht, in den Nil einzufahren und damit in ägyptisches Gebiet einzudringen. Wären Turm und Kette nicht gewesen, hätte niemand die Schiffe des Feindes hindern können, bis in die entlegensten Teile Ägyptens vorzustoßen. Nachdem die Franken ihre Schiffe verlassen und al-Ǧīza betreten hatten, mit dem Nil zwischen sich und Damiette, errichteten sie einen Wall um ihr Lager und hoben einen Graben aus, um sich gegen feindliche Überfälle zu schützen. Daraufhin begannen sie mit der Belagerung Damiettes: sie stellten Geräte her, Kriegsmaschinen und bewegliche Türme, die sie auf ihren Schiffen bis zu dem Turm schafften, um ihn zu erobern und sich dort festzusetzen. Der Turm jedoch war voller Verteidiger. Al-Malik al-Kāmil, Sohn al-Malik al-ʿĀdils, des Herrn von Damiette und ganz Ägypten, lag bei einem Platz mit Namen al-ʿĀdilijja nahe Damiette und schickte ständig Truppen dorthin, die den Feind daran hindern sollten, nach Damiette überzusetzen. Obwohl die Franken den Turm ununterbrochen angriffen, sahen sie keinen Erfolg; ihre Kriegsmaschinen und Geräte wurden in Stücke geschlagen. Trotz alldem setzten sie die Belagerung des Turmes beharrlich fort, und vier Monate vergingen, ohne daß sie ihn genommen hätten. Danach endlich konnten sie ihn erobern. Sie kappten die Ketten, um ihre Schiffe vom Meer in den Nil steuern und heilen Fußes das Land betreten zu können. Al-Malik al-Kāmil errichtete zwar anstelle der Kette ein großes Floß, das ihnen die Einfahrt in den Nil verwehrte, aber auch das griffen sie mit aller Kraft unaufhörlich an und zerstörten es. Da versenkte al-Kāmil einige mächtige beladene Lastkähne im Nil, wo sie die Schiffe an der Durchfahrt hinderten. Als die Franken das sahen, versuchten sie es mit einem Kanal dort, der als al-Azraq bekannt ist und durch den früher der Nil geflossen war, hoben ihn aus, vertieften ihn auf der Höhe der Kähne, die den Nil sperrten, und als sie das Wasser des Flusses durch ihn zum Meer geleitet hatten, fuhren sie mit ihren Schiffen auf ihm hinauf zu einem Ort mit Namen al-Būra, der ebenfalls im Gebiet von al-Ǧīza liegt und vor dem al-Malik al-Kāmil lagerte, um ihn gegen sie zu verteidigen; sie hatten keinen anderen Weg, auf dem sie ihn erreichen konnten, um mit ihm zu kämpfen, da Damiette dazwischen lag. Bei ihrer Ankunft in al-Būra sahen sie sich ihm gegenüber und fingen an, ihn vom Fluß her anzugreifen. Trotz wiederholten Sturmversuchen hatten sie jedoch keinen Erfolg, und die Lage der Verteidiger von Damiette änderte sich überhaupt nicht, da sie ununterbrochen Nachschub an Lebensmitteln und Truppen bekamen und der Nil zwischen ihnen und den Franken lag. Sie waren also sicher, ohne irgendeinen Harm zu leiden, und hatten die Stadttore offenstehen. Die Belagerung brachte ihnen weder Mangel noch Schaden.

Nun geschah es aber nach dem Willen Gottes des Erhabenen, daß im Ǧumādā II 615 (August 1218) al-Malik al-ʿĀdil starb, wie wir noch berichten, so Gott will. Sein Tod schwächte die Widerstandskraft der Bevölkerung, denn er war der wahre Sultan; seine Söhne trugen zwar den Königstitel, waren aber von seiner Entscheidung abhängig und seinem Befehl unterstellt; *er* hatte sie als Könige der verschiedenen Provinzen eingesetzt[281]. In dieser Lage nun, während der Feind angriff, starb er. Unter den ägyptischen Emiren war einer mit Namen ʿImād ad-Dīn Aḥmad ibn ʿAlī, bekannt als Ibn al-Maštūb, der von den Kurden aus Hakkārī stammte. Er war der größte Emir Ägyptens, besaß großes Gefolge und wurde von allen anderen Emiren fraglos anerkannt, vor allem von den kurdischen. Er einigte sich mit den anderen Emiren, sie wollten al-Malik al-Kāmil die Herrschaft rauben und sie seinem Bruder al-Malik al-Fāʾiz ibn al-ʿĀdil geben, um über ihn und das Land bestimmen zu können. Als al-Kāmil davon erfuhr, verließ er des Nachts seine Stellung, zog mit einer kleinen Abteilung zu einem Dorf mit Namen Ašmūn Ṭannāḥ und schlug dort in der Nähe sein Lager auf. Im Heer folgte jeder seinem eigenen Kopf, da es den Sultan verloren hatte, keiner kümmerte sich mehr um seinen nächsten Genossen; von ihren Zelten, Vorräten, Habe und Waffen konnten sie nur das wenige mitnehmen, was sie tragen konnten; und ließen den Rest liegen, wie er war – Lebensmittel, Waffen, Reittiere und Zelte –, und machten sich auf den Weg zu al-Kāmil.

Am nächsten Morgen erblickten die Franken keinen Muslim mehr am Ufer des Nils, wie sie es gewohnt waren, und wußten nicht, was geschehen war. Als sie den wahren Sachverhalt erfahren hatten, überquerten sie in Ruhe den Nil und betraten das Gebiet von Damiette, ohne daß sich ihnen irgend jemand entgegengestellt hätte oder daß sie sich hätten verteidigen müssen. Das geschah am 20. Ḏu 'l-Qaʿda 615 (8. Februar 1219); sie machten gewaltige, unermeßliche Beute im Lager der Muslime. Al-Malik al-Kāmil rüstete sich zum Abzug aus Ägypten, denn er traute niemandem mehr aus seinem Heer, und die Franken hätten ohne jegliche Mühe und Anstrengung alles erobern können. Aber durch Gottes große Güte den Muslimen gegenüber erreichte al-Malik al-Muʿaẓẓam ʿĪsā, Sohn al-ʿĀdils[282], seinen Bruder al-Kāmil zwei Tage nach diesem Ereignis, als noch alle verwirrt waren. Seine Ankunft erleichterte al-Kāmil, gab ihm Mut und Festigkeit zurück, und er blieb an seiner Stelle. Ibn al-Maštūb dagegen, der nach Syrien verbannt wurde, ging zu al-Malik al-Ašraf und trat in sein Heer ein.

Als die Franken in das Gebiet Damiettes eingedrungen waren, machten sich die arabischen Nomaden aus den verschiedenen Stämmen einmütig daran, die Umgebung der Stadt zu plündern, die Straßen abzuschneiden und wie die schlimmsten Räuber zu hausen, so daß sie den Muslimen noch größeren Schaden zufügten als selbst die Franken. Am schlimmsten machte sich jedoch für Damiette bemerkbar, daß es keine Besatzung hatte, denn bisher waren ja der Sultan und sein Heer in der Nähe gewesen, um die Stadt gegen den Feind zu verteidigen. Jenes Ereignis war überraschend eingetreten, und nicht einer aus dem Heer war in die Stadt gekommen, um sie zu verteidigen – aufgrund der Machenschaften Ibn al-Maštūbs, dem Gott die verdiente Strafe auch nicht lange vorenthielt: er schickte ihm ein gewaltsames Ende, wie wir noch berichten, so Gott will. Die Franken belagerten jetzt Damiette, griffen es an zu Wasser und zu Lande und hoben wie üblich einen Graben aus, der sie gegen die Angriffe der Muslime schützen sollte. Nach langem Kampf wurde die Lage für die Verteidiger schwierig: sie litten Mangel an Lebensmitteln und waren durch die andauernde Schlacht erschöpft; die Franken waren nämlich so zahlreich, daß sie sich im Kampf ablösen konnten, wogegen in Damiette nicht genügend Leute waren, die den abwechselnden Kampf erlaubt hätten. Trotz allem leisteten sie einen Widerstand ohnegleichen und erlitten große Verluste an Toten, Verwundeten und Kranken. Die Belagerung dauerte bis zum 27. Šaʿbān 618 (8. November 1219); da hatten die Überlebenden nicht länger die Kraft, die Stadt zu verteidigen, denn ihre Schar war klein, und sie hatten große Schwierigkeiten mit der Verpflegung. An diesem Tag übergaben sie die Stadt den Franken unter der Bedingung des freien Abzuges; einige verließen Damiette, andere blieben, unfähig, sich zu bewegen. So wurden sie in alle Winde zerstreut.

Die Muslime erobern Damiette von den Franken zurück

(Ibn al-Aṯīr XII 213–216)

Als die Franken Damiette erobert hatten, ließen sie sich dort nieder und sandten ihre Streifscharen in das ganze umliegende Gebiet aus, um zu morden und zu plündern, so daß die Bevölkerung das Land verließ. Sie begannen die Stadt wieder instand zu setzen und sorgfältig zu befestigen, um sie uneinnehmbar zu machen. Al-Malik al-Kāmil hielt sich an der Grenze seines Gebietes in ihrer Nähe, um es zu verteidigen. Als die Franken in ihren Ländern erfahren hatten, daß ihre Genossen Damiette eingenommen hatten, stürmten sie von allen Seiten herbei, und es wurde ein Sammelplatz ihrer Auswanderung. Al-Malik al-Muʿaẓẓam, Herr von Damaskus, kehrte nach Syrien zurück und schleifte wegen der allgemein verbreiteten Furcht vor den Franken[283] im Ḏu 'l-Qaʿda dieses Jahres die Mauern Jerusalems. Der Islam insgesamt, Menschen und Länder, stand zu dieser Zeit im Osten wie im Westen kurz vor dem Untergang: aus dem Osten kamen die Tataren und hatten schon die Provinzen al-ʿIrāq, Āḏarbaiǧān, Arrān und andere erreicht, wie wir noch berichten, so Gott will. Von Westen kamen die Franken und nahmen eine

Stadt wie Damiette in Ägypten, weil es dort keine Befestigungen zum Schutz vor Feinden gab. Das übrige Gebiet des Islams in Ägypten und Syrien war dabei, erobert zu werden; alle fürchteten diese Eindringlinge und begannen den Untergang Tag und Nacht zu erwarten. Die Bevölkerung Ägyptens wollte aus Furcht vor dem Feind sogar ihr Land verlassen, aber «es war keine Zeit mehr zu entkommen[284]», da sie bereits auf allen Seiten von ihm eingekreist war. Mit der Einwilligung al-Kāmils hätten sie alle ihr Land verlassen; da er es ihnen aber verboten hatte, blieben sie. Al-Malik al-Kāmil bestürmte in Briefen seine beiden Brüder al-Muʿaẓẓam, Herrn von Damaskus, und al-Malik al-Ašraf Mūsā, Herrn Obermesopotamiens, Armeniens und anderer Gebiete; er rief sie zu Hilfe und mahnte, sie sollten selbst kommen oder wenigstens Truppen senden. Der Herr von Damaskus begab sich selbst zu al-Ašraf und fand ihn infolge des Aufstandes und Ungehorsams vieler seiner Vasallen – wir berichten darüber unter dem Jahre 615, beim Tode al-Malik al-Qāhirs, Herrn von Mossul – verhindert, seinem Bruder Hilfe zu schicken. Er hielt ihn deshalb für entschuldigt und kehrte heim, und die Dinge mit den Franken blieben, wie sie waren.

Danach ging aber der Aufstand im Lande al-Malik al-Ašrafs zu Ende, und die abgefallenen Fürsten leisteten ihm wieder Gehorsam; im Jahre 618 hatte sich die Lage gefestigt, als al-Malik al-Kāmil noch immer den Franken gegenüberstand. Sobald er zu Anfang des Jahres 618 erfuhr, daß al-Ašraf nicht mehr verhindert war, ihm zu Hilfe zu kommen, schickte er zu ihm und seinem Bruder, Herrn von Damaskus, und bat sie um Beistand. Der Herr von Damaskus forderte al-Ašraf wiederum auf, sich in Marsch zu setzen, und wirklich zog er mit seinem Aufgebot nach Damaskus und befahl den übrigen Soldaten, sich dort mit ihm zu vereinigen; er blieb dort und erwartete sie. Einige seiner Emire und Höflinge rieten ihm, nur die Truppen zu entsenden, selbst aber in sein Land zurückzukehren, denn sie befürchteten, es könnte wieder Aufstände geben. Er hörte jedoch nicht auf ihren Rat, sondern sagte: «Ich bin zum heiligen Krieg ausgezogen, und ein solcher Entschluß muß ausgeführt werden.» So zog er nach Ägypten.

Die Franken hatten mit allen Truppen Damiette verlassen, um al-Malik al-Kāmil entgegenzutreten; sie lagerten sich ihm gegenüber, durch einen Nilarm mit Namen Baḥr Ašmūn von ihm getrennt. Mit Katapulten und Wurfschleudern beschossen sie das muslimische Heer und waren – sie und alle anderen – fest davon überzeugt, daß sie ganz Ägypten nehmen würden. Als al-Ašraf in Ägypten eingetroffen war und al-Kāmil davon erfahren hatte, zog er ihm entgegen und freute sich mit allen Muslimen über ihr Treffen und hoffte, Gott werde es mit Sieg und Erfolg krönen. Auch al-Muʿaẓẓam, Herr von Damaskus, kam nach Ägypten und zog nach Damiette, denn er nahm an, seine beiden Brüder hätten es bereits mit ihren Truppen eingeschlossen. Andere sagen, er habe unterwegs erfahren, daß die Franken sich gegen Damiette gewandt hätten[285]; da habe er ihnen zuvorkommen wollen, um sie von vorn anzugreifen, während seine beiden Brüder ihnen in den Rücken fallen sollten; Gott weiß es am besten. Nachdem al-Ašraf und al-Kāmil sich getroffen hatten, beschlossen sie, zu dem Baḥr al-Maḥalla genannten Nilarm vorzurücken. Sie gingen also in diese Richtung vor und griffen die Franken aus immer geringerer Entfernung an. Die Galeeren der Muslime kamen auf dem Nil heran und griffen die der Franken an; dabei nahmen sie drei fränkische Galeeren mit der ganzen Besatzung, Fracht und Waffen. Die Muslime freuten sich darüber, jubelten, sahen es als günstiges Vorzeichen an, faßten Mut und begannen, ihren Feind geringzuschätzen.

Inzwischen gingen die Boten zwischen beiden Lagern hin und her, um die Friedensbedingungen auszuhandeln. Die Muslime boten den Franken Jerusalem, Askalon, Tiberias, Sidon, Ǧabala, Laodizea und alle anderen Orte, die Saladin zurückerobert hatte, außer al-Karak, damit sie Damiette zurückgäben[286]. Sie aber lehnten ab und forderten dreihunderttausend *dīnār* Entschädigung für die Schleifung der Mauern Jerusalems, um es mit diesem Betrag neu zu befestigen; so wurde nichts erreicht, da sie außerdem erklärten, nicht auf al-Karak verzichten zu können. Weil die Dinge so standen und sie sich weigerten, waren die Muslime zur Fortsetzung des Kampfes gezwungen.

Die Franken hatten auf ihre eigenen Kräfte vertraut und sich nicht für mehrere Tage versorgt; sie dachten, die islamischen Heere könnten ihnen doch keinen Widerstand leisten und das gesamte Ackerland falle in ihre Hände, so daß sie sich alle Lebensmittel, die sie wollten, davon nehmen könnten – so dachten sie infolge des vorbestimmten göttlichen Ratschlusses (sie zu vernichten). Eine muslimische Abteilung setzte über den Fluß, gelangte auf die von den Franken besetzte Seite und öffnete die Nilschleusen. Fast im gesamten Gebiet stieg darauf das Wasser, und den Franken blieb zur Rettung nur ein schmaler Erddamm. Al-Kāmil warf bei Ašmūn Brücken über den Nil, die Truppen gingen hinüber und besetzten den Weg, den die Franken nehmen mußten, um sich nach Damiette zurückzuziehen. So blieb ihnen kein Ausweg mehr. In dieser Bedrängnis kam zu den Franken eines ihrer großen Schiffe, eine sogenannte *maramma*, die von einigen Brandern geschützt wurde, und alle waren voll von Lebensmitteln, Waffen und was sie sonst brauchten. Die muslimischen Galeeren nahmen den Kampf gegen sie auf, überwältigten und kaperten die *maramma* mit allen Brandern. Als die Franken das sahen, verloren sie allen Mut und begriffen, daß es ein schwerer Fehler gewesen war, Damiette zu verlassen und sich auf ihnen unbekanntes Gebiet zu wagen, wo sie von den muslimischen Truppen eingeschlossen, mit Pfeilen beschossen und von allen Seiten angegriffen wurden. Da sich die Lage der Franken so verschlechtert hatte, verbrannten sie ihre Zelte, Kriegsgerät und ihr Gepäck; sie wollten die Muslime angreifen, um sich so den Weg zur Rückkehr nach Damiette freizukämpfen. Was sie erhofften, sahen sie jedoch entschwinden, und was sie ersehnten, war ihnen unmöglich gemacht wegen des Schlammes und des Wassers, die sie umgaben, und weil der einzige Weg, den sie hätten einschlagen können, von den Muslimen gesperrt war.

Da sie nun bemerkten, daß sie von allen Seiten eingeschlossen waren, Nachschub kaum eintreffen konnte und ihnen der Untergang drohte[287], verloren sie den Mut, zerbrachen ihre Kreuze, und ihr Teufel verließ sie; sie schickten daher Boten zu al-Malik al-Kāmil und al-Ašraf und baten um ihr Leben; dafür wollten sie Damiette ohne Bedingung ausliefern. Während die Verhandlungen noch liefen, sah man in der Richtung von Damiette viel Staub aufwirbeln und hörte Geschrei, so daß die Muslime schon fürchteten, die Franken bekämen Verstärkung, und unruhig wurden; es handelte sich aber um al-Malik al-Muʿaẓẓam, Herrn von Damaskus, der den Weg nach Damiette eingeschlagen hatte, wie wir hörten, und nun ankam. Die Muslime erhielten also neue Kräfte, während die Franken in noch größere Bedrängnis gerieten. So schlossen sie Frieden und verpflichteten sich, Damiette auszuliefern; der Vertrag darüber mit den Treueiden wurde am 7. Rağab 618 (27. August 1221) geschlossen. Die Grafen und Barone der Franken kamen als Geiseln für die Übergabe von Damiette zu al-Malik al-Kāmil und al-Ašraf: der König von Akkon, der Legat des Papstes, Herrn von Rom, Ludwig[288] und andere, zusammen zwanzig. Sie schickten ihre Priester und Mönche nach Damiette, damit sie wegen der Übergabe verhandelten; die in der Stadt weigerten sich auch nicht, und sie übergaben sie den Muslimen am neunten des obengenannten Rağab, einem denkwürdigen Tage. Man hielt es für ein wunderbares Zusammentreffen, daß gerade, als die Muslime die Stadt ausgeliefert bekommen hatten, die Franken Hilfe übers Meer erhielten. Sie hätten abgelehnt, die Stadt auszuliefern, wären jene vor den Muslimen angelangt; doch die Muslime kamen vorher, auf daß ein von Gott bestimmtes Ereignis sich erfüllte. Von den Einwohnern Damiettes waren nur wenige übriggeblieben, die anderen hatten sich in alle Winde zerstreut, manche hatten die Stadt freiwillig verlassen, andere waren gestorben oder von den Franken gefangengenommen worden. Bei ihrem Einzug sahen die Muslime, daß die Franken die Stadt so wehrhaft befestigt hatten, daß sie wirklich uneinnehmbar war. Aber Gott der Erhabene gab Recht, wem es gebührte, und schenkte den Muslimen einen Sieg, der alle ihre Schätzungen übertraf. Sie hatten ja als Höchstes gehofft, den Franken die ihnen in Syrien abgenommenen Gebiete für Damiette zurückzugeben, Gott aber erlaubte ihnen, Damiette wiederzuerlangen und die syrischen Plätze zu behalten, wie sie waren. Lob und Dank sei Gott für die Gnade, die er dem Islam und den Muslimen zuteil werden ließ, daß er den Angriff dieses Feindes abwehrte und daß er sie zu derselben Zeit vom Unheil der Tataren befreite, wie wir noch berichten, o Gott will.

Weitere Einzelheiten der fränkischen Übergabe

(Ibn Wāṣil foll. 209r–210r)

[...] Die Franken schickten Boten zu al-Malik al-Kāmil und seinen beiden Brüdern al-Malik al-Ašraf und al-Malik al-Muʿaẓẓam, baten um ihr Leben und verpflichteten sich, Damiette ohne Entschädigung auszuliefern. Al-Malik al-Kāmil beriet die Angelegenheit mit den Fürsten seines Hauses. Einige rieten, er solle ihnen nicht die Freiheit schenken, sondern sie einfach gefangennehmen, da sie sich jetzt in seiner Gewalt befänden und die ganze Masse der Ungläubigen darstellten; handle er so, könnte er ihnen Damiette und alle Gebiete nehmen, die sie noch an der Küste besaßen. Aber Sultan al-Malik al-Kāmil hielt das nicht für zweckmäßig und sagte: «Das sind nicht alle Franken; auch wenn wir sie vernichteten[289], könnten wir Damiette nur nach langer Zeit und vielen langen Kämpfen einnehmen. Die Franken von jenseits des Meeres würden erfahren, was denen hier geschehen ist, in mehr als doppelter Zahl als die hier erscheinen, und man würde sich zu einem Krieg voller Ränke bereitfinden müssen.» Die Truppen waren müde und des Krieges überdrüssig[290], denn die Besetzung Ägyptens durch die Franken hatte drei Jahre und drei Monate gedauert. Deswegen kamen alle überein, ihnen die Freiheit zu geben und dafür Damiette zu nehmen. So entsprachen sie der Bitte der Franken um freien Abzug unter der Bedingung, daß al-Malik al-Kāmil ihre Könige als Geiseln bekomme, bis Damiette übergeben sei. Sie ihrerseits forderten den Sohn al-Kāmils und einige seiner Würdenträger als Geiseln, bis ihre Könige zurückgekehrt seien. Am 7. Rağab dieses Jahres 618 kam der Vertrag zum Abschluß und wurden die Eide geleistet. Die Geiseln der Franken waren der König von Akkon, der Legat und Stellvertreter des Papstes, Herrn des Großen Rom, König Ludwig und andere Herren, zwanzig an der Zahl; die Geiseln al-Malik al-Kāmils waren sein Sohn al-Malik aṣ-Ṣāliḥ Nağm ad-Dīn Ajjūb[291] und einige seiner Würdenträger. Al-Malik aṣ-Ṣāliḥ war im Jahre 603 geboren und damals also fünfzehn Jahre alt. Als die Herren vor al-Malik al-Kāmil erschienen, saß er in großer Pracht und hatte alle Herrscher und Fürsten seines Hauses um sich versammelt; den Franken bot sich ein eindrucksvolles Schauspiel seiner königlichen Macht und Majestät[292] […]

[…] (Nachdem Damiette ausgeliefert war,) kehrten die fränkischen und muslimischen Geiseln in ihr jeweiliges Lager zurück. Der Sultan betraute Emir Šuğāʿ ad-Dīn Ğurdīk al-Muẓaffarī an-Nūrī, einen tüchtigen und fähigen Mann, mit der Regierung der Stadt. Als der Friede gerade geschlossen war, merkten die Franken, daß sie einige riesige Mastbäume in Damiette hatten, und wollten sie in ihr Land mitnehmen. Šuğāʿ ad-Dīn hinderte sie daran; da schickten sie Boten zu al-Malik al-Kāmil, beschwerten sich über ihn und gaben an, daß die Mastbäume ihnen gehörten und der Friede vorsehe, daß sie ihnen zurückgegeben würden. Al-Malik al-Kāmil schrieb daraufhin an Šuǧāʿ ad-Dīn und befahl ihm, die Mastbäume auszuliefern, aber der beharrte auf seiner Weigerung und sagte: «Die Franken haben die Kanzel der großen Moschee von Damiette genommen, in Stücke gehauen und jedem ihrer Könige eines gegeben. Der Sultan möge die Rückgabe der Kanzel anordnen, dann erhalten sie ihre Bäume zurück.» Der Sultan schrieb ihnen tatsächlich und teilte ihnen mit, was Šuǧāʿ ad-Dīn gesagt hatte; da die Franken die Kanzel nicht zurückgeben konnten, verzichteten sie darauf, die Bäume zurückzufordern.

II.

Der unblutige Kreuzzug Friedrichs II., ein Spiel diplomatischer Winkelzüge mit den rivalisierenden Ajjūbidenfürsten, die al-ʿĀdil als Erben gefolgt waren, hat in der zeitgenössischen muslimischen Geschichtsschreibung äußerst interessante Echos gefunden. Die wichtigsten Quellen sind hier Sibṭ Ibn al-Ǧauzī, der selbst Zeuge und Teilhaber der islamischen Reaktion auf die Auslieferung Jerusalems war, die der Staufer erreicht hatte, und Ibn Wāṣil, der Friedrich nicht persönlich kannte, aber später Botschafter bei Manfred in Apulien war und uns über die islamfreundliche Haltung der letzten Staufer eindrücklich und lebhaft, wenn auch nicht immer genau geschilderte Einzelheiten mitteilt. Die Eindrücke derer, die bei dem Besuch des Kaisers in Jerusalem in seine Nähe kamen und ihn in politischer Hinsicht als islamfreundlich und in religiöser als spöttischen Skeptiker erlebten, hätten die willkommenste Bestätigung der päpstlichen Polemik gegen Friedrich geliefert, wären sie in Europa bekannt geworden. Bis heute ein *unicum* in der diplomatischen Korrespondenz Friedrichs II. sind schließlich die beiden arabischen Briefe, die er kurz nach seiner Rückkehr nach Italien an einen befreundeten Emir des Ajjūbidenhofes richtete und die uns in einer wenig bekannten orientalischen Chronik erhalten sind. Unter dem arabischen Briefstil, der gewiß einem einheimischen Sekretär zu verdanken ist, scheinen neben konkreten historischen Angaben das Bewußtsein von der kaiserlichen Würde durch und die heftige Animosität gegen den Papst, die wir aus allen übrigen Verlautbarungen Friedrichs so gut kennen.

ANKUNFT KAISER FRIEDRICHS, DES KÖNIGS DER FRANKEN, IN AKKON

(Ibn Wāṣil foll. 119^{v} und 252^{r})[293]

In diesem Jahre (625/1228) kam Kaiser Friedrich mit großem Gefolge von Deutschen und anderen Franken nach Akkon. Wir haben schon davon gesprochen, wie Emir Faḫr ad-Dīn, Sohn des Šaiḫ aš-Šujūḫ, im Auftrag Sultan al-Malik al-Kāmils zum König-

Kaiser gekommen war; das war zur Zeit al-Malik al-Muʿaẓẓams[294] gewesen. Al-Malik al-Kāmil wollte durch den Vertrag mit dem Kaiser, dem König der Franken, und durch seine Einladung al-Malik al-Muʿaẓẓam Ungelegenheiten machen und ihn hindern, sich der Unterstützung Sultan Ǧalāl ad-Dīn ibn ʿAlāʾ ad-Dīn Ḫuwārizmšāhs und Muẓaffar ad-Dīns, Herrn von Arbela, zu bedienen, zu seinem, al-Kāmils, und al-Malik al-Ašrafs Schaden.

Der Kaiser traf seine Vorbereitungen, kam mit seinem Heer an die syrische Küste und ging in diesem Jahr in Akkon an Land. Dort hatte sich schon vor ihm eine große Menge Franken versammelt, die sich jedoch aus Furcht vor al-Malik al-Muʿaẓẓam nicht rührten und deswegen auf den Kaiser, ihr Oberhaupt, warteten. Dies Wort bedeutet in der Sprache der Franken «König der Fürsten». Sein Reich war die Insel Sizilien und im langen Land (Italien) die Provinzen Apulien und Lombardei[295]. Der Verfasser, Ǧamāl ad-Dīn ibn Wāṣil, sagt dazu: Ich habe diese Gegenden gesehen, als ich als Botschafter Sultan al-Malik aẓ-Ẓāhir Rukn ad-Dīn Baibars' seligen Andenkens zum Sohn des Kaisers, mit Namen Manfred, reiste. Der Kaiser war ein König der Franken, vornehm und gelehrt, ein Freund der Philosophie, Logik und Medizin, und den Muslimen günstig gesonnen, denn seine eigentliche Heimat, wo er auch erzogen wurde, war Sizilien, dessen König er selbst, sein Vater und sein Großvater waren und dessen Einwohner in der Mehrheit Muslime sind.

Als der Kaiser in Akkon angekommen war, fand sich al-Malik al-Kāmil in einer unangenehmen Lage, denn sein Bruder al-Malik al-Muʿaẓẓam, dessentwegen er den Kaiser gerufen hatte, war gestorben; so brauchte er ihn nicht mehr, konnte ihn anderseits wegen des vorhergehenden Vertrages nicht zurückweisen und gegen ihn kämpfen; das hätte dazu geführt, die Ziele zu verfehlen, die er sich zu der Zeit steckte. Er trat also in Verhandlungen mit ihm, zeigte sich sehr freundlich, und es ergab sich daraus, was wir noch erzählen, so Gott will. Der Kaiser blieb bis Ende des Jahres in Akkon, während ständig Boten zwischen ihm und al-Malik al-Kāmil hin und her gingen.

JERUSALEM WIRD AN DIE FRANKEN ABGETRETEN

(Ibn Wāṣil foll. 253^{r-v}, 120^{r}–121^{r})

Die Verhandlungen zwischen al-Malik al-Kāmil und dem Kaiser gingen also weiter; dessen Ziele waren auf das festgelegt, was ursprünglich, noch vor dem Tode al-Malik al-Muʿaẓẓams, zwischen ihm und al-Kāmil vereinbart worden war. Der König der Franken lehnte es ab, in sein Land zurückzukehren, es sei denn, zu den vertraglich bestimmten Bedingungen, daß ihm Jerusalem und ein Teil der Eroberungen Saladins[296] übergeben würden; al-Malik al-Kāmil wollte dagegen nichts von der Auslieferung aller dieser Gebiete hören. Schließlich einigten sie sich auf die Rückgabe Jerusalems unter der Bedingung, daß es entfestigt bleibe und seine Mauern nicht erneuert würden; von dem außerhalb der Stadt liegenden Gebiet solle den Franken nichts gehören, alle Dörfer der Umgebung sollten den Muslimen verbleiben, mit einem Statthalter in al-Bīra, direkt in der Provinz Jerusalem; ebenso solle der heilige Bezirk in Jerusalem selbst mit Felsendom und Moschee al-Aqṣā in der Hand der Muslime verbleiben, die Franken sollten dort nur als Besucher Zutritt haben, wobei der Bezirk von den dort eingesetzten Muslimen verwaltet und der muslimische Gottesdienst wie bisher abgehalten werden solle. Die Franken nahmen einige wenige Dörfer an der Straße von Akkon nach Jerusalem aus dem Vertrag aus und behielten sie in ihren Händen, im Unterschied zur übrigen Provinz Jerusalem.

Sultan al-Malik al-Kāmil nahm an, wenn er den Kaiser nicht voll zufriedenstelle und es zum Bruch komme, könne sich daraus

Krieg mit den Franken und nicht wieder gutzumachender Schaden ergeben, so daß ihm alle Vorhaben entglitten, für die er gearbeitet hatte. Daher wollte er die Franken zufriedenstellen, ihnen das entfestigte Jerusalem überlassen und sich mit ihnen auf einen zeitlich begrenzten Waffenstillstand einigen. Danach könne er ihnen, wann immer er wolle, diese Zugeständnisse wieder entziehen. Die Verhandlungen zwischen ihm und dem Kaiser führte Emir Faḫr ad-Dīn ibn aš-Šaiḫ; dabei entwickelten sich zwischen ihnen Gespräche über verschiedene Gebiete, und der Kaiser schickte al-Malik al-Kāmil Aufgaben zu schwierigen Fragen der Philosophie, Geometrie und Mathematik, um die tüchtigen Männer seines Hofes auf die Probe zu stellen. Der Sultan legte die mathematischen Fragen Šaiḫ ʿAlam ad-Dīn Qaiṣar vor, einem Meister dieses Fachs, und die anderen einer Gruppe Gelehrter, die auf alles eine Antwort fanden. Dann beschworen al-Malik al-Kāmil und der Kaiser die Abmachungen des Vertrages und schlossen einen Waffenstillstand für eine bestimmte Zeit[297]. Damit waren die Verhältnisse zwischen ihnen geregelt, und beide Seiten fühlten sich sicher voreinander. Man hat mir erzählt, der Kaiser habe zu Emir Faḫr ad-Dīn gesagt: «Hätte ich nicht den Verlust meines Ansehens bei den Franken zu fürchten, hätte ich dem Sultan nicht diese Bedingungen auferlegt. Ich habe keinerlei wirkliche Absichten auf Jerusalem oder andere Gebiete, sondern allein meine Ehre gegenüber der Christenheit bewahren wollen.»

Nachdem der Waffenstillstand geschlossen war, ließ der Sultan in Jerusalem den Auszug der Muslime und die Übergabe der Stadt an die Franken bekanntmachen; die Muslime verließen sie unter Geschrei, Weinen und Wehklagen. Die ganze islamische Welt war tief getroffen und trauerte um den Verlust Jerusalems. Alle mißbilligten und tadelten diese Tat al-Malik al-Kāmils, denn die Rückeroberung der edlen Stadt und ihre Rückgewinnung aus den Händen der Ungläubigen war eine der größten

Unternehmungen al-Malik an-Nāṣir Saladins gewesen – Gott heilige seinen Geist! Doch al-Malik al-Kāmil seligen Andenkens wußte, daß die Franken sich in Jerusalem nicht würden verteidigen können, da die Mauern geschleift waren; sobald er sein Ziel erreicht habe und Herr der Lage sei, könne er Jerusalem von den Franken reinigen und sie verjagen. «Wir haben ihnen nichts weiter eingeräumt», sagte er, «als zerstörte Häuser und Kirchen in Trümmern. Der heilige Bezirk, der ehrwürdige Felsendom und alle anderen Heiligtümer, die Ziele unserer Wallfahrt sind, bleiben, wie sie waren, in den Händen der Muslime. Die Gottesdienste der Muslime und des Islams werden wie bisher uneingeschränkt gehalten, und für ihre Provinzen und ländlichen Bezirke haben die Muslime einen eigenen Statthalter.»

Danach bat der Kaiser den Sultan um Erlaubnis, Jerusalem zu besuchen. Der Sultan gab seine Einwilligung und befahl dem Qāḍī von Nābulus, Šams ad-Dīn seligen Andenkens, der beim Ajjūbidenhaus in hohem Ansehen und in hoher Gunst stand, er solle dem Kaiser während seines Besuches in Jerusalem und seiner Rückkehr nach Akkon zu Diensten stehen. Der Verfasser, Ǧamāl ad-Dīn ibn Wāṣil, sagt: Qāḍī Šams ad-Dīn seligen Andenkens hat mir erzählt: als der Kaiser, König der Franken, nach Jerusalem kam, war ich an seiner Seite, wie mir Sultan al-Malik al-Kāmil befohlen hatte. Mit ihm betrat ich den heiligen Bezirk, wo er die kleineren Heiligtümer betrachtete. Dann gingen wir in die Moschee al-Aqṣā, deren Bau er bewunderte wie den des Felsendomes. Als wir zur Gebetsnische kamen, äußerte er seine Bewunderung über ihre Schönheit und die der Kanzel und stieg ihre Stufen bis oben hinauf; er kam wieder herunter, nahm mich bei der Hand, und wir gingen hinaus in Richtung auf al-Aqṣā. Dort traf er einen Priester, der gerade mit einem Evangelium in Händen al-Aqṣā betreten wollte. Der Kaiser fuhr ihn an und schrie: «Was suchst du hier? Bei Gott, kommt einer von euch noch einmal ohne Erlaubnis her, reiße ich ihm die Augen aus! Wir sind die Sklaven und Diener des Sultans al-Malik al-Kāmil. Er hat mir und euch diese Kirche großzügig zum Geschenk gegeben. Daß keiner von euch wage, sich mehr als den ihm zustehenden Platz anzumaßen!» Der Priester verschwand zitternd vor Furcht. Anschließend begab sich der Kaiser in das Haus, das ihm als Aufenthalt zur Verfügung gestellt worden war, und richtete sich dort ein. Qāḍī Šams ad-Dīn hat erzählt: ich empfahl dem Muezzin, aus Rücksicht auf den Herrscher in dieser Nacht nicht zum Gebet zu rufen. Als ich morgens bei ihm eintrat, fragte er mich: «Qāḍī, warum haben die Muezzine nicht wie sonst zum Gebet gerufen?» Ich antwortete: «Dieser niedrige Sklave hat es ihnen verboten aus Rücksicht und Achtung vor Eurer Majestät.» «Das hast du falsch gemacht», erwiderte der Kaiser, «ich habe vor allem in Jerusalem übernachtet, um dem Gebetsruf der Muslime und ihrem Lobe Gottes in der Nacht zu lauschen.» Darauf verließ er Jerusalem und kehrte nach Akkon zurück.

Als die Nachricht von der Übergabe Jerusalems an die Franken Damaskus erreichte, begann al-Malik an-Nāṣir seinen Oheim al-Malik al-Kāmil zu schmähen, um ihm die Gefühle der Bevölkerung zu entfremden, und befahl dem Prediger Šaiḫ Šams ad-Dīn Jūsuf, dem Enkel (Sibṭ) des Šaiḫ Ǧamāl ad-Dīn ibn al-Ǧauzī, der beim Volk als Prediger beliebt war, er solle in der großen Moschee von Damaskus eine Predigt halten; er solle an die große Geschichte Jerusalems erinnern, an die frommen Erzählungen und Überlieferungen, die sich auf die Stadt beziehen, um das Volk in Trauer um sie zu versetzen, und von der Erniedrigung und Schande sprechen, die ihre Übergabe an die Ungläubigen für die Muslime bedeutete. Damit wollte al-Malik an-Nāṣir Dāwūd al-Malik al-Kāmil das Volk entfremden und sich seiner Gefolgschaft im Kampf gegen ihn versichern[298]. Šams ad-Dīn nahm Platz, um die Predigt zu halten, wie der Sultan ihm befohlen hatte, und das Volk kam, um ihn zu hören[299]. Es war ein denkwürdiger Tag: hoch erhoben sich Geschrei, Weinen und

Stöhnen der Menge. Auch ich war bei dieser Versammlung dabei; unter anderem hörte ich Sibṭ Ibn al-Ǧauzī eine *qaṣīda* auf den Reim *t* vortragen, die er selbst verfaßt hatte und in die er einen Vers des Dichters Diʿbil al-Ḫuzāʿī[300] aufgenommen hatte; daraus ist mir in Erinnerung geblieben:

Im Heiligtum der Himmelfahrt und des Felsens, dessen Ruhm jeden anderen Felsen übertrifft,
sind Koranschulen, die des Vortrages der heiligen Verse jetzt beraubt sind,
ist ein Sitz der Offenbarung in den Höfen, die jetzt verlassen sind.

An dem Tage sah man nur weinende Männer und Frauen. Nachdem der Waffenstillstand zwischen al-Malik al-Kāmil und dem Kaiser geschlossen war, lichtete dieser die Anker und kehrte in sein Land zurück.

TRAUER DER MUSLIME IN DAMASKUS. FRIEDRICH IN JERUSALEM

(Sibṭ Ibn al-Ǧauzī 432–434)

Als die Nachricht von der Übergabe Jerusalems an die Franken eintraf, stürzte in allen Ländern des Islams die Welt ein. Das Geschehene wog so schwer, daß öffentliche Trauerfeiern angesetzt wurden. Al-Malik an-Nāṣir Dāwūd lud mich ein, einer Versammlung in der großen Moschee von Damaskus vorzusitzen und über das zu sprechen, was in Jerusalem geschehen war. Ich konnte nicht nein sagen, da ich es als Teil der religiösen Pflichten und des Eifers für die Sache des Islams ansah, seinem Wunsche nachzukommen. Ich ließ mich daher (auf der Kanzel) der großen Moschee von Damaskus nieder, und auch an-Nāṣir wohnte der Versammlung bei; er saß nahe der Tür des Mašhad ʿAlī. Es war ein denkwürdiger Tag, kein Einwohner Dasmaskus' blieb zu Hause. In meiner Ansprache sagte ich unter anderem: «Allen frommen Besuchern ist der Zugang nach Jerusalem gesperrt.

Verlassen sind die Frommen, die dort wohnen, wie oft warfen sie sich nieder im Gebet, wieviel Tränen vergossen sie an ihren Wohnsitzen! Bei Allah! Wären ihre Augen auch sprudelnde Quellen, sie könnten nicht die ganze Schuld des Kummers ableisten; zersprängen ihre Herzen auch vor Gram, sie könnten den Schmerz nicht stillen! Wolle Gott die Ehre der Gläubigen leuchten lassen! Schande über die muslimischen Herrscher! Bei solchem Geschehen strömen die Tränen, brechen die Herzen vor Seufzern, erhebt sich hoch der Kummer ...» So ging es weiter in einer langen Rede. Die Dichter verfaßten viele Verse über das Los Jerusalems. [...]

[...] Während Damaskus belagert wurde[302], begab sich der Kaiser nach Jerusalem. Im Laufe seines Besuches ereigneten sich verschiedene merkwürdige Zwischenfälle; einer davon ist folgender: als er den Felsendom betrat, sah er einen Priester bei dem Abdruck des heiligen Fußes sitzen, der von den Franken Blätter entgegennahm[303]. Er ging auf ihn zu, als wolle er ihn um den Segen bitten, stieß ihn aber mit der Faust zu Boden. «Schwein!» rief er, «der Sultan hat uns die Gunst erwiesen, diese Orte besuchen zu dürfen, und ihr treibt hier solche Dinge! Dringt noch einmal einer von euch so hier ein, bringe ich ihn um!» Der Vorfall wurde von Wärtern des Felsendomes erzählt, und sie berichteten noch mehr: Er betrachtete eine im Innern des Heiligtumes umlaufende Inschrift, die besagte: «Saladin reinigte diese Stadt Jerusalem von den Heiden ...», und er fragte: «Wer mögen die Heiden sein?» Er fragte auch die Wärter des Heiligtums: «Wozu dienen diese Netze an den Türen des Heiligtums?» Sie antworteten: «Damit keine Spatzen hereinfliegen.» Er entgegnete: «Statt dessen hat Gott euch die Riesen hergeführt[304]!» Als nun die Zeit des Mittagsgebetes nahte und der Ruf des Muezzins erscholl, erhoben sich alle seine Pagen und Diener mit ihrem Meister, einem Sizilianer, mit dem er die verschiedenen Abschnitte von Aristoteles' Logik zu lesen pflegte, und verrichteten das Gebet, denn sie waren alle Muslime. Der Kaiser, erzählten immer noch die Wärter, hatte eine rötliche Haut, war kahlköpfig und kurzsichtig – als Sklave hätte er keine zweihundert *dirham* eingebracht. Aus seinen Reden ging klar hervor, daß er ein Materialist war und sein Christentum einfach Spiel. Al-Kāmil hatte dem Qāḍī von Nābulus, Šams ad-Dīn, befohlen, er solle während der ganzen Zeit, in der der Kaiser in Jerusalem zu Besuch weilte, die Muezzine anweisen, im heiligen Bezirk nicht auf die Minarette zu steigen und zum Gebet zu rufen. Der Qāḍī hatte aber vergessen, den Muezzinen Bescheid zu sagen, und so stieg der Muezzin ʿAbd al-Karīm in der Nacht mit der Morgendämmerung auf das Minarett, während der Kaiser im Haus des Qāḍī wohnte, und fing an, die Koranverse über die Christen zu singen, wie «Gott hat keinen Sohn[305]», was sich auf Jesus als Sohn der Maria bezieht, und ähnliche andere. Morgens rief der Qāḍī ʿAbd al-Karīm zu sich und sagte: «Was hast du getan? Der Sultan hatte doch das und das angeordnet!» Er entgegenete: «Du hast mir nichts davon gesagt, es tut mir leid.» In der zweiten Nacht stieg er also nicht auf das Minarett. Am folgenden Morgen rief der Kaiser den Qāḍī, der in seinem Dienst nach Jerusalem gekommen war und der ihm die Stadt übergeben hatte. «Qāḍī», sagte er, «wo ist der Mann, der gestern auf das Minarett stieg und jene Worte sagte?» Der Qāḍī berichtete ihm, was der Sultan ihm aufgetragen hatte, doch der Kaiser entgegnete: «Das habt ihr falsch gemacht, Qāḍī! Wollt ihr meinetwegen euren Glauben ändern? Wenn ihr bei mir in meinem Lande wäret, ließe ich vielleicht euretwegen die Glocken nicht läuten? Bei Gott, tut das nicht! Das ist das erste Mal, daß ich etwas an euch auszusetzen habe.» Darauf verteilte er Geld an die Bediensteten, die Muezzine und die Frommen des Heiligtums und gab jedem zehn *dīnār;* er blieb nur zwei Nächte in Jerusalem und kehrte dann aus Furcht vor den Templern[306], die ihn ermorden wollten, nach Jaffa zurück.

WEITERE BEZIEHUNGEN ZWISCHEN STAUFERN UND AJJŪBIDEN. DIE LETZTEN STAUFER

(Ibn Wāṣil foll. 121ʳ–123ʳ)

Der Kaiser blieb ein aufrichtiger und herzlicher Freund al-Malik al-Kāmils; sie hielten einen ständigen Briefwechsel aufrecht, bis al-Kāmil starb – Gott erbarme sich seiner – und ihm sein Sohn al-Malik al-ʿĀdil Saif ad-Dīn Abū Bakr [307] folgte. Mit ihm war der Kaiser ebenso in aufrichtiger, herzlicher Freundschaft verbunden und stand in Briefwechsel mit ihm. Diese Beziehungen änderten sich auch nicht, als al-ʿĀdil starb und sein Bruder al-Malik aṣ-Ṣāliḥ Naǧm ad-Dīn Ajjūb [308] den Thron bestieg: al-Malik aṣ-Ṣāliḥ schickte den gelehrten Šaiḫ Sirāǧ ad-Dīn al-Urmawī, der heute Qāḍī von Kleinasien ist, zum Kaiser, und er blieb eine Zeitlang als Ehrengast an seinem Hofe; er verfaßte für den Kaiser ein Buch über Logik, und der überhäufte ihn mit Gunstbeweisen. Danach kehrte er, noch immer hochgeehrt, zu al-Malik aṣ-Ṣāliḥ zurück. Als der König von Frankreich, einer der größten Frankenherrscher, im Jahre 647 (1249) einen Ägyptenzug unternehmen wollte, schickte ihm der Kaiser eine Botschaft, um ihn davon abzubringen; er erregte Furcht in ihm und stellte ihm vor Augen, in welch Unternehmen er sich stürzen wolle, aber er hörte nicht auf den Rat. Sir Berto [309], der Zeremonienmeister Manfreds, des Sohnes des Kaisers, erzählte mir, der Kaiser habe ihn als geheimen Botschafter zu al-Malik aṣ-Ṣāliḥ Naǧm ad-Dīn Ajjūb geschickt; er sollte ihm mitteilen, daß der König von Frankreich gegen Ägypten zu ziehen beschlossen habe, und ihn warnen: al-Malik aṣ-Ṣāliḥ solle sich gegen den Angriff wappnen; das tat er daraufhin. Sir Berto berichtete weiter, er sei als Kaufmann verkleidet hin- und zurückgereist, und niemand habe etwas von seiner Begegnung mit dem Sultan gewußt, denn die Franken hätten nicht wissen dürfen, daß der

Kaiser sich zu ihrem Schaden mit den Muslimen verständige. Als darauf al Malik aṣ-Ṣāliḥ starb, zog der König von Frankreich aus und erlitt, was er erlitt: sein Heer wurde völlig vernichtet, seine Kämpfer fielen oder gerieten in Gefangenschaft; er selbst wurde von al-Malik al-Muʿaẓẓam Tūrānšāh gefangengenommen; der aber wurde umgebracht, so daß er wieder freikam und in sein Land zurückkehren konnte[310]. Da das alles geschehen war, schrieb ihm der Kaiser und erinnerte ihn an das, was er ihm geraten hatte, daß seine Starrköpfigkeit und sein Ungehorsam ihm nur geschadet hätten, und er tadelte ihn deswegen heftig.

Der Kaiser starb im Jahre 648 (1250), ein Jahr nach dem Tode al-Malik aṣ-Ṣāliḥ Naǧm ad-Dīn Ajjūbs. Sein Sohn Konrad folgte ihm nach. Nachdem auch er gestorben war, bestieg sein Bruder Manfred den Thron. Sie alle wurden gehaßt vom Papst, dem Kalifen der Franken, weil sie den Muslimen zuneigten; zwischen Manfred und dem Papst, Kalifen der Franken, entspann sich ein Krieg, in dem Manfred, der Sohn des Kaisers, den Papst besiegte.

Qāḍī Ǧamāl ad-Dīn, Großqāḍī von Hama, Verfasser dieser Geschichte, sagt: Im Monat Ramaḍan 659 (August 1261) begab ich mich als Botschafter des großen Sultans al-Malik aẓ-Ẓāhir Rukn ad-Dīn Baibars seligen Andenkens zu Manfred; ich wurde hoch geehrt und hielt mich bei ihm auf in einer Barletta genannten Stadt Apuliens im langen Land, das an Spanien grenzt[311]. Verschiedene Male mußte ich mit ihm verhandeln, dabei lernte ich ihn als vornehmen Mann kennen, der die dialektischen Wissenschaften liebte und die zehn Bücher Euklids über die Geometrie auswendig wußte. Nicht weit von meinem Aufenthaltsort lag eine Stadt mit Namen Lucera, deren Einwohner alle Muslime von der Insel Sizilien sind: hier wird der Freitagsgottesdienst öffentlich abgehalten, und alle bekennen sich offen zum muslimischen Glauben. Das ist dort so seit der Zeit des Kaisers, Manfreds Vaters. Er hatte dort ein wissenschaftliches Institut eingerichtet, um alle Zweige der spekulativen Wissenschaften zu pflegen[312]. Die Mehrheit seiner Vertrauten und Höflinge waren Muslime, in seinem Lager erscholl offen der Gebetsruf, und das vorgeschriebene Gebet wurde verrichtet.

Als ich aus jenem Land zurückkehrte, kam die Nachricht, der Papst, Herr des Großen Rom, das fünf Tagereisen von dem Ort liegt, an dem ich mich aufhielt, und der Bruder des eben erwähnten französischen Königs[313] hätten sich verbündet, um Manfred anzugreifen. Der Papst hatte ihn wegen seiner Neigung für die Muslime bereits gebannt, denn damit habe er die Ehre des christlichen Religionsgesetzes befleckt. Sein Bruder und ihrer beider Vater, der Kaiser, waren ebenfalls deswegen vom Papst von Rom gebannt worden. Dieser Papst von Rom, behaupten sie, ist für sie der Stellvertreter des Messias und sein Statthalter, und er hat die Macht, Unerlaubt und Erlaubt festzulegen, abzuschneiden und zu trennen. Er setzt den Königen die Königskrone auf und inthronisiert sie; alles in ihrem Gesetz braucht seine Bestätigung. Er ist Priester[314], und wenn er stirbt, nimmt seinen Platz einer ein, der ebenfalls mit der Priesterwürde bekleidet ist.

Während meines Aufenthaltes in ihrem Lande hörte ich eine merkwürdige Geschichte. Danach hatte vor dem obenerwähnten Kaiser Friedrich sein Vater die Kaiserwürde inne. Als der starb, war sein Sohn, Friedrich, noch ein Knabe in der ersten Entwicklung, und verschiedene Könige der Franken begehrten die Kaiserwürde; jeder von ihnen hoffte, der Papst von Rom werde ihn damit bekleiden. Friedrich nun, der Deutscher war – die Deutschen sind eines der Frankenvölker –, war ein listiger Bursche: er verständigte sich einzeln mit allen Anwärtern auf die Kaiserwürde und sagte zu ihnen: «Ich will dieses Amt nicht, für das ich nicht geschaffen bin. Wenn wir uns vor dem Papst versammeln, sag du ihm, du habest Friedrich die Angelegenheit zur Entscheidung überlassen, weil er der Sohn des verstorbenen Kaisers sei. Unter allen Anwesenden wähle ich dann keinen anderen als dich, denn auf dich will ich mich stützen, durch dich will ich meine Macht stärken.» Friedrich führte eine derartige Unterhaltung mit jedem einzeln, und alle vertrauten ihm und hielten seine Worte für aufrichtig. Danach versammelten sie sich alle mit Friedrich vor dem Papst in Rom, der großen Stadt. Friedrich hatte einer tüchtigen Abteilung tapferer Deutscher befohlen, sich in der Nähe der großen Kirche von Rom, in der die Zusammenkunft stattfand, im Sattel bereitzuhalten. Als nun die Könige versammelt waren, sagte der Papst: «Wer soll eurer Ansicht nach dies Amt bekommen, wem steht es als würdigstem zu?» Damit legte er die Königskrone vor sie hin. Alle antworteten: «Ich habe Friedrich die Entscheidung darüber gelassen. Was er bestimmt, nehme ich an und bestimme auch ich, denn er ist der Sohn des Kaisers; ihm vor allen steht in dieser Versammlung zu, seine Ansicht zu der Frage zu sagen.» Da erhob sich Friedrich und sagte: «Ich bin der Sohn des Kaisers und der, dem seine Würde und seine Krone vor allen anderen zukommen. Alle haben mich angenommen und gewählt.» Der Papst, der denselben zu wählen pflegt wie die ganze Versammlung, setzte ihm die Krone aufs Haupt. Alle waren getäuscht, aber Friedrich verließ mit der Krone auf dem Haupt eilends die Kirche, bestieg sein Pferd und ritt mit dem Trupp Deutscher, denen er in der Nähe des Kirchentores zu bleiben befohlen hatte, geradeswegs in sein Land. Später unternahm er Dinge, derentwegen man bei ihnen gebannt wird; er wurde auch wirklich gebannt.

Man hat mir erzählt, der Kaiser habe in Akkon Emir Faḫr ad-Dīn ibn aš-Šaiḫ seligen Andenkens gebeten: «Erkläre mir, was euer Kalif ist.» Faḫr ad-Dīn antwortete: «Er ist ein Abkömmling des Oheims unseres Propheten – Gott segne ihn und spende ihm Heil[315]; die Kalifenwürde erbt er jeweils von seinem Vater, und sein Vater hat sie von seinem Vater geerbt; so bleibt das Kalifat in der Familie des Propheten und wird nur von ihren Gliedern bekleidet.» «Wie schön!» antwortete der Kaiser, «aber diese

Menschen in ihrem geringen Verstand» – er meinte damit die Franken – «nehmen einen Mann aus der Gosse[316] ohne jede verwandtschaftliche Bindung oder sonstige Beziehung zum Messias, unwissend und unfähig, ein Wort hervorzubringen, und sie machen ihn zu ihrem Kalifen, zum Stellvertreter des Messias unter ihnen, obwohl er diese Würde nicht im geringsten verdiente. Euer Kalif dagegen, Nachkomme eures Propheten, ist natürlich der, der unter allen die Würde, die er bekleidet, am ehesten verdient[317].»

Der Papst und der Bruder des Königs von Frankreich zogen gegen Manfred, Sohn des Kaisers, lieferten ihm eine Schlacht, schlugen sein Heer und nahmen ihn gefangen. Der Papst befahl seine Ermordung, daraufhin wurde er ermordet. Der Bruder des Königs von Frankreich[318] herrschte über die Länder, die dem Sohn des Kaisers gehört hatten, und setzte sich in ihnen fest. Das geschah, glaube ich, im Jahre 663 (1265).

ZWEI ARABISCHE BRIEFE FRIEDRICHS

(*Taʾrīḫ Manṣūrī* 34–37)

Im Jahre 627 (1229) traf in Ḥarrān[319] ein Botschafter des Kaisers an al-Kāmil ein, der Briefe für Faḫr ad-Dīn, den Sohn des Šaiḫ aš-Šujūḫ[320], bei sich hatte; die Briefe lauteten folgendermaßen:

Der erhabene Cäsar, Römischer Kaiser Friedrich, Sohn Kaiser Heinrichs, Sohnes Kaiser Friedrichs, siegreich durch Gottes Gnade, mächtig durch Seine Macht, erhöht durch Seinen Ruhm, König von Deutschland, Lombardei und Tuszien, Italien, Langobardei, Kalabrien, Sizilien, des syrischen Königreiches Jerusalem, Stütze des römischen Pontifex[321], Vorkämpfer des christlichen Glaubens.

Im Namen des barmherzigen, gütigen Gottes!
Wir schieden und ließen das Herz zurück, das (bei Euch) blieb,
getrennt von Körper, Art und Gattung.
Es schwur, seine Liebe nie von Euch zu wenden, in Ewigkeit,
und floh und entzog sich meinem Gehorsam[322].

Es hieße das rechte Maß der Eingangsworte sprengen und vom eigentlichen Ziel abweichen, wollten wir die große Sehnsucht beschreiben, die wir fühlen, die schmerzliche Einsamkeit und das Verlangen, das wir nach dem erhabenen Herrn Faḫr ad-Dīn hegen – Gott verlängere seine Tage, lasse seine Jahre dauern, festige seine Füße in der Macht und erhalte die Zuneigung und Ehre, die man ihm entgegenbringt, kröne seine Wünsche mit Erfolg, lenke seine Vorhaben und seine Worte, überhäufe ihn mit reicher Gnade und erfrische ihn mit Wohlergehen Tag und Nacht! Jetzt, nach dem Genuß von Ruhe und Bequemlichkeit, sind wir niedergeschlagen von Sorge und Kummer, vom Schmerz des Abschiedes erfüllt nach Freude und Glück, von allem Trost abgeschnitten; gerissen ist das Band der Sicherheit des Herzens, die Hoffnung, uns wiederzusehen, hat sich in Verzweiflung verkehrt, zerfetzt ist das Gewebe der Geduld. Beim Abschied[323],

hätte ich die Wahl gehabt, Euch zu lassen oder den Tod zu wählen,
ich hätte gesagt: «Es ist der Tod, der mich umfangen soll.»
Überdrüssig war er unser, andere nahm er an unserer Statt und zog
es vor, uns zu lassen, er schied und vergaß, wie sehr wir ihn liebten.

Darauf trösteten wir uns mit den Worten Abu 'ṭ-Ṭajjibs[324]:

Scheidest du von Menschen, die dein Scheiden hätten verhindern
können, sind sie es, die scheiden.

Sprechen wir dann von uns – denn wir wissen, daß Eure Hoheit gern gute Nachrichten und Neuigkeiten von uns und unseren edlen Taten hört –, so teilen wir Ihr mit: wie wir (Euch) schon in Sidon erklärt haben, hat der Papst voller Verrat und Täuschung (?) eine unserer Festen mit Namen Montecassino genommen, die ihm der verfluchte Abt dort übergab; er hatte versprochen, noch mehr Schaden anzurichten (?), doch er vermochte es nicht, da unsere getreuen Untertanen unsere glückliche Rückkehr erwarteten. So war er gezwungen, die falsche Nachricht unseres Todes auszustreuen, ließ die Kardinäle darauf schwören und darauf, daß unsere Rückkehr unmöglich sei. Mit diesen üblen Machenschaften versuchten sie, das Volk zu täuschen, und sagten, daß nach uns niemand unsere Länder für unseren Sohn so gut verwalten und schützen könne wie der Papst. So ließ sich auf die Schwüre derer, die die Hohenpriester der Religion und die Nachfolger der Apostel sein sollten, eine Bande von Lumpen und Übeltätern anwerben. Als wir im Hafen des beschützten Brindisi ankamen, fanden wir, daß König Johann und die Lombarden feindliche Einfälle in unser Königreich gemacht hatten[325], und sogar bei der Nachricht von unserer Ankunft zweifelten sie, weil ihnen die Kardinäle eidlich das Gegenteil versichert hatten. Wir sandten Briefe und Boten aus mit der Nachricht unserer wohlbehaltenen Heimkehr, da gerieten unsere Feinde in Verwirrung, sie erschraken sehr und erregten sich, wandten den Rücken und zogen sich in zwei Tagesmärschen geschlagen zurück, während unsere Untertanen wieder zum Gehorsam uns gegenüber zurückfanden. Gleichermaßen drehten uns die Lombarden, die den größten Teil ihres Heeres ausmachten, den Rücken, denn sie wollten nicht ertragen, der Empörung und Treulosigkeit gegen ihren Herrscher überführt zu werden. Der obenerwähnte König und seine Gefährten schämten sich sehr und gerieten in Angst; sie sammelten sich an einem Engpaß, aus dem sie aber nicht wagten herauszukommen und etwas zu unternehmen; das war unmöglich, weil das ganze Land zu uns und zum Gehorsam uns gegenüber zurückgefunden hatte. In der Zwischenzeit hatten wir ein großes Heer gesammelt, von Deutschen, die mit uns in Syrien gewesen waren, und denen, die vor ihnen (aus dem Heiligen Land) abgereist waren und die der Wind an unsere Küsten geworfen hatte, und von anderen unserer Getreuen und Amtsträgern unseres Reiches. Mit all diesen begaben wir uns in Eilmärschen in die Länder unserer Feinde.

Zum Schlusse geben wir Eurer Hoheit das Verlangen kund, daß uns häufig Briefe von Ihr erreichen mögen, in denen Sie uns von ihrem glücklichen Zustand berichtet, Ihren Neigungen und Bedürfnissen. Übermittelt unseren Gruß allen Befehlshabern des Heeres, Euren Pagen und Mamlūken und Eurem Gefolge. Euch Heil, Barmherzigkeit und Segen Gottes. Geschrieben in Barletta, dem beschützten, am 23. August der zweiten Indiktion (1229).

Folgendes ist der Wortlaut des zweiten Briefes, dessen Kopf dem des ersten entspricht und der diese Nachrichten enthält:

Wir haben ein großes Heer gesammelt und beeilen uns, die zu bekämpfen, die uns erwarten und nicht (wie die anderen) bei unserem Anblick geflohen sind. Jetzt ist eingetroffen, was wir vorausgesehen haben: sie hatten doch eine unserer Festen[326] belagert, Katapulte gegen sie gerichtet, bewegliche Maschinen und ähnliches Kriegsgerät, aber als sie von unserem Anrücken vernahmen, verbrannten sie ohne Verzug alle ihre Belagerungsmaschinen, obwohl wir noch weit entfernt waren; sie flohen vor uns, während wir eilig vorrückten, um sie zu erreichen, zu zerstreuen und zu vernichten. Der Papst wollte die wieder sammeln, die wir dort fanden, hat sie dann aber zurückgeschickt, da sie um ihren Kopf fürchteten (?) und sie ihr Vorhaben reute. Jede weitere Neuigkeit, die wir haben, werden wir Eurer Hoheit mitteilen, so Gott will.

Diese Briefe haben wir hier aufgenommen, um deutlich zu machen, welche Reiche der König-Kaiser beherrscht und wie groß seine Macht ist. Denn niemals besaß jemand in der Christenheit ein Reich, das seinem geglichen hätte, von den Zeiten Alexanders bis heute; das gilt besonders hinsichtlich seiner Macht, seiner Haltung gegenüber ihrem Kalifen, dem Papst, und der Kühnheit, sich gegen ihn zu stellen und ihn zurückzuschlagen.

III.

Der letzte Angriff der Kreuzfahrer war das ägyptische Unternehmen Ludwigs IX., der noch einmal versuchte, die Orte zu erobern, die Pelagius und Johann von Brienne dreißig Jahre vorher vergeblich angegriffen hatten. Ibn Wāṣil und Maqrīzī sind die wichtigsten arabischen Historiker für diesen zweiten Ägyptenzug. Während Ibn Wāṣil Zeitgenosse und teilweise Augenzeuge der erzählten Ereignisse war, schreibt Maqrīzī beträchtlich später und hier wie anderswo als Kompilator älterer Quellen. Er hält sich recht genau an die Erzählung Ibn Wāṣils, bereichert und verändert sie aber durch Hinzufügung von Einzelheiten, die er aus verschiedenen oder einer unbekannten gemeinsamen Quelle schöpft. Die dramatischen Ereignisse des Kreuzzugs selbst entnehmen wir Ibn Wāṣil; von Maqrīzī bringen wir nur einige muslimische Dokumente und Kommentare zum Abenteuer des französischen Königs, und als eine Art Epilog den Abriß seiner Tunesienexpedition zwanzig Jahre später, bei der er ums Leben kam.

DER KREUZZUG LUDWIGS DES HEILIGEN

Landung der Franken in Ägypten und ihre Einnahme Damiettes

(Ibn Wāṣil foll. 356r–357r)

Donnerstag, den 20. Ṣafar dieses Jahres 647 (5. Juni 1243), um die zweite Stunde des Tages, kamen die Schiffe der Franken vollbeladen mit Truppen an, denen sich alle die von der syrischen Küste angeschlossen hatten. Sie ankerten vor der Nilmündung im Angesicht der Muslime. Sonnabend begannen sie, an dem Ufer, das die Muslime hielten, an Land zu gehen; dort schlugen sie das Zelt des Königs von Frankreich auf, das von roter Farbe war. Einige muslimische Abteilungen griffen den Feind an; als Blutzeuge für den Glauben fiel von ihnen an diesem Tage Emir

Nağm ad-Dīn ibn Šaiḫ al-Islām. Wir haben schon berichtet, daß er mit seinem Bruder Šihāb ad-Dīn auf Befehl al-Malik an-Nāṣir Dāwūds mit al-Malik aṣ-Ṣāliḥ zusammen in al-Karak war. Außer diesem edlen Mann fiel von den ägyptischen Emiren einer mit Namen al-Wazīrī. Als der Abend gekommen war, setzte sich Emir Faḫr ad-Dīn Jūsuf ibn Šaiḫ aš-Šujūḫ [327] mit den muslimischen Truppen in Marsch und sperrte die Brücke, die auf das östliche Ufer und damit nach Damiette führte. So blieb das Westufer ganz in der Hand der Franken. Dann setzte sich am nächsten Morgen, veranlaßt (zum Ungehorsam) durch den ernsten Gesundheitszustand al-Malik aṣ-Ṣāliḥs, das Heer in Marsch in Richtung Ašmūn Ṭannāḥ, ohne daß es von irgend jemandem aufgehalten oder gehindert wurde. Als sich anschließend noch Faḫr ad-Dīn dorthin begeben hatte, blieb auch das östliche Ufer von muslimischen Truppen entblößt.

Die Einwohner von Damiette fürchteten um ihr Leben, wenn sie eingeschlossen würden. In der Stadt lag zwar eine Besatzung, die aus tapferen Kināniten bestand, aber Gott senkte Entsetzen in ihre Herzen: sie verließen zusammen mit der Bevölkerung Damiette und marschierten die ganze Nacht lang; kein Lebewesen blieb in der Stadt zurück, weder Männer noch Frauen noch Kinder – alle gingen im Schutze der Nacht mit den Truppen davon und flohen nach Ašmūn Ṭannāḥ. Es war eine schändliche Tat, die sie, Faḫr ad-Dīn und die Truppen vollbracht hatten: hätte Faḫr ad-Dīn Jūsuf ihnen verboten zu fliehen und standgehalten, hätten sie Damiette verteidigen können; denn als die Franken zur Zeit al-Malik al-Kāmils die Stadt zum erstenmal angegriffen hatten, konnten sie sie erst nach einem Jahr erobern, obwohl sie noch schlechter mit Lebensmitteln und Waffen ausgestattet war. Sie war 615 (1218) in der Tat belagert und 616 (1219) eingenommen worden, aber der Feind hatte die Stadt erst erobern können, nachdem die Bevölkerung durch Hunger und Pest zusammengeschmolzen war. Hätten die Kināniten und die

Einwohner Damiettes die Tore geschlossen und sich verschanzt, nachdem das Heer auf Ašmūn Ṭannāḥ zurückgegangen war, hätten die Franken es nicht erobern können. Man hätte ihnen das Heer zurückgeschickt, und sie wären geschützt gewesen. Sie hatten ja Lebensmittel, Kriegsgerät und Waffen in so großen Mengen, daß sie die Stadt zwei Jahre und länger damit hätten verteidigen können. Doch wenn Gott etwas will, gibt es kein Entrinnen. Die Einwohner von Damiette waren im übrigen entschuldbar, denn als sie die Truppen fliehen sahen und von der Krankheit des Sultans erfuhren, fürchteten sie eine lange Belagerung, bei der sie Hungers sterben müßten, wie es das erste Mal geschehen war.

Sonntagmorgen, den 23. Ṣafar, erschienen die Franken vor Damiette und fanden es verlassen mit offenen Toren. So besetzten sie es ohne einen Schwertstreich und nahmen alle Munition, Waffen, Vorräte, Lebensmittel und Kriegsgerät an sich, die sie drinnen fanden. Es war ein Unglück ohnegleichen! Der Verfasser dieser Geschichte sagt: Sonntagmorgen kam ein Bote zu Emir Ḥusām ad-Dīn Muḥammad ibn abī ʿAlī al-Hadbānī, bei dem ich mich aufhielt, und meldete, was geschehen war. Schrecken und Schmerz waren groß. Ganz Ägypten erfaßte Verzweiflung, zumal der Sultan krank darniederlag, zu schwach, sich selbst zu rühren. Er hatte nicht einmal mehr Macht, sein Heer in der Hand zu behalten: es zwang ihm seinen Willen auf. Als außerdem noch die Truppen und die Einwohner Damiettes zum Sultan kamen, ärgerte er sich sehr über die Kināniten und befahl, sie aufzuhängen, was auch geschah. Die Haltung der Truppen Faḫr ad-Dīns betrübte ihn ebenfalls sehr, aber die augenblickliche Lage erlaubte nichts anderes, als sich damit abzufinden und über das, was sie getan hatten, hinwegzusehen.

Al-Malik aṣ-Ṣāliḥ bricht auf und lagert bei al-Manṣūra

(Ibn Wāṣil fol. 357r-v)

Nachdem geschehen war, was wir erzählt haben, zog Sultan al-Malik aṣ-Ṣāliḥ Naǧm ad-Dīn Ajjūb mit dem Heer nach al-Manṣūra und schlug dort sein Lager auf. An demselben Ort hatte sich schon sein Vater al-Malik al-Kāmil während der ersten Belagerung Damiettes festgesetzt; er lag östlich des Nils gegenüber von Ǧarǧīr und war durch den Kanal von Ašmūn Ṭannāḥ von der Halbinsel getrennt, auf der Damiette liegt[328]. Wir haben schon erwähnt, daß al-Malik aṣ-Ṣāliḥ befohlen hatte, an dieser Stelle zu bauen, und daß er eine Mauer hatte aufziehen lassen, die al-Manṣūra vom Nil trennte. Sein Vater, al-Malik al-Kāmil, besaß dort am Nil einen großen Palast; al-Malik aṣ-Ṣāliḥ ließ dort haltmachen und sein Zelt daneben aufschlagen. Dienstag, den 25. Ṣafar, setzte sich der Sultan in al-Manṣūra fest. Das Heer begann, die dort befindlichen Bauten wieder instandzusetzen, Märkte wurden eröffnet, die Nilmauer wurde ausgebessert und durch Vorbauten abgeschirmt. Galeeren und Brander kamen vollbeladen mit Soldaten und Ausrüstung und warfen vor der Mauer Anker. Von allen Seiten strömten Scharen besonders geworbener Fußsoldaten und freiwilliger Glaubenskämpfer herbei; dazu kamen viele arabische Beduinen, die begannen, die Franken zu überfallen und zu plündern. Die Franken ihrerseits befestigten die Stadtmauer von Damiette und füllten die Stadt mit Kriegern.

Montag, den letzten Rabīʿ I (13. Juli), kamen sechsundvierzig fränkische Gefangene nach Kairo. Unter ihnen waren zwei Ritter: sie alle waren von Beduinen und ihresgleichen ergriffen worden. Sonnabend, den 5. Rabīʿ II, kamen weitere neununddreißig Franken, die die Araber und Ḫuwārizmier gefangen hatten; am 7. Rabīʿ II wurden zweiundzwanzig Gefangene in die Stadt gebracht, die überraschend ergriffen worden waren, und Mittwoch schließlich, den 15. Rabīʿ II, kamen fünfunddreißig, darunter drei Ritter. Freitag, den 24. Rabīʿ II, traf die Nachricht ein, die Truppen al-Malik aṣ-Ṣāliḥs aus Damaskus seien gegen Sidon gezogen und hätten es von den Franken ausgeliefert bekommen. Anschließend kam alle Augenblicke eine neue Gruppe fränkischer Gefangener; so trafen Freitag, den 18. Ǧumādā I (30. August), fünfzig Gefangene ein. Die Krankheit al-Malik aṣ-Ṣāliḥs verschlimmerte sich unterdes immer mehr, seine Kräfte nahmen ab und schwanden. Tag und Nacht wichen die Ärzte nicht vom Kopfende seines Lagers und befürchteten das Schlimmste für den Ausgang der Krankheit, während seine Geistes- und seine Willenskraft stärker waren denn je. Es waren jedoch zwei schwere Krankheiten zusammengekommen, ihn zu fällen: ein Geschwür in der Leiste und Schwindsucht.

Die Franken rücken vor und beziehen Stellung im Angesicht der Muslime

(Ibn Wāṣil foll. 364r–365r)

Als die Franken vom Tode al-Malik aṣ-Ṣāliḥs (15. Šaʿbān 647/24. November 1249) erfahren hatten, zogen sie mit allen Truppen aus Damiette heraus und marschierten nach Fāriskūr, um dort zu lagern und dann einen Tagesmarsch weiterzuziehen, während ihre Schiffe gleichzeitig den Fluß aufwärts fuhren und sie deckten. Das war Donnerstag, den 24. Šaʿbān des Jahres. Am folgenden Tage, Freitag, traf (in Kairo) von Faḫr ad-Dīn Jūsuf ein Schreiben ein, das an das Volk gerichtet war und eine Aufforderung zum heiligen Kriege enthielt. Der Brief trug eine königliche Sigle, die der al-Malik aṣ-Ṣāliḥs[329] ähnlich war, denn man sollte glauben, der Brief komme von ihm. Er begann: (Zieht ins Feld, ihr Leichtbewaffneten, ihr Schwerbewaffneten, kämpft für die Sache Gottes mit eurem Gut und eurem Leben! Das ist das beste für euch – wenn ihr es nur einsehen wolltet[330]!»

Dieser beredte Brief, der, glaube ich, von Bahā' ad-Dīn Zuhair[331] verfaßt worden war, enthielt noch weitere schöne Ermahnungen, die zum Kampfe gegen die Ungläubigen aufriefen. Die Franken, so konnte man lesen, seien mit allen ihren Truppen in die islamischen Länder und nach Ägypten gezogen, um sie zu erobern; es sei jetzt die Pflicht aller Muslime, zu den Waffen zu eilen, sie anzugreifen und aus dem Lande zu werfen. Während der Brief von der Kanzel der großen Moschee in Kairo dem Volk vorgelesen wurde, weinten alle vor Rührung. Bald setzte sich in Kairo und ganz Ägypten eine ungeheure Menge in Bewegung (um in den heiligen Krieg zu ziehen). Der Tod Sultan al-Malik aṣ-Ṣāliḥs rief großes Entsetzen hervor; die Franken dagegen, die Herren von Damiette, wußten sehr wohl, daß jetzt in kurzer Zeit ganz Ägypten ihnen gehören könnte, wenn das bei al-Manṣūra liegende Heer auch nur einen Tagesmarsch weiter zurückzöge.

Dienstag, den 1. Ramaḍān (8. Dezember 1249), lieferten sich Franken und Muslime eine harte Schlacht, in der ein Emir vom Hofe mit Namen al-ʿAlā'ī und mehrere Krieger fielen; die Franken zogen darauf nach Šarimsāḥ und schlugen dort ihr Lager auf. Als sie Montag, den 5. Ramaḍān, bei Baramūn lagerten, entstand (im muslimischen Lager) große Aufregung, denn der König der Franken befand sich jetzt ganz in der Nähe der Truppen der Muslime. Sonntag, den 13. Ramaḍān, erreichte der Feind den äußersten Zipfel der Halbinsel von Damiette und stand damit im Angesicht der Muslime. Der größte Teil der muslimischen Truppen lag in al-Manṣūra auf dem östlichen Ufer, während einige Abteilungen mit den Söhnen al-Malik an-Nāṣir Dāwūds, Sohnes al-Malik al-Muʿaẓẓams[332], nämlich al-Malik al-Amǧad, al-Malik aẓ-Ẓāhir, al-Malik al-Muʿaẓẓam, al-Malik al-Auḥad und ihren älteren Brüdern, das westliche Ufer besetzt hielten. Von den älteren und jüngeren Söhnen al-Malik an-Nāṣirs waren zwölf (aus diesem Anlaß) nach Kairo gekommen. Auf diesem

Ufer befanden sich auch der Bruder al-Malik an-Nāṣirs, al-Malik al-Qāhir, und al-Malik al-Mughīṯ. Da die Franken die Spitze der Halbinsel von Damiette erreicht hatten, begannen sie, einen Schanzgraben auszuheben, umgaben sich mit einer durch Bastionen verstärkten Mauer und richteten Katapulte auf, um die Muslime zu beschießen, deren Galeeren vor al-Manṣūra lagen. Darauf entbrannte zwischen beiden der Kampf zu Wasser und zu Lande.

Überraschungsangriff auf die Muslime bei al-Manṣūra,
Tod Emir Faḫr ad-Dīn Jūsufs
und Sieg der Muslime über die Franken im Anschluß

(Ibn Wāṣil foll. 365^{v}–366^{v})

Wir haben schon berichtet, wie die Franken sich vor den Muslimen aufgestellt hatten und der Kampf zwischen den Gegnern, die durch den Nilarm von Ašmūn getrennt waren, einsetzte. Dieser Nilarm ist ein kleiner Kanal mit einigen engen Furten. Ein Muslim zeigte den Franken eine dieser Furten, durch die sie sicher ans andere Ufer gelangen konnten, und so saßen die Franken auf, am Dienstagmorgen, dem 5. Ḏu 'l-Qaʿda (10. Februar 1250), und ritten zur Furt; plötzlich erblickten die Muslime sie in ihrem Lager. Emir Faḫr ad-Dīn Jūsuf ibn Saiḫ as-Sujūḫ nahm gerade ein Bad, da hörte er Entsetzensschreie, die Franken hätten die Muslime überrascht. Völlig verwirrt warf er sich in den Sattel, ohne Waffen, ohne irgendwelche Vorsichtsmaßnahmen zu treffen, und ein Trupp Franken[333] stürzte sich auf ihn und erschlug ihn – Gott erbarme sich seiner! Er war ein rechtschaffener Emir, gelehrt und gebildet, freigebig und weise, voll hoher Ziele und großherzig; unter seinen Brüdern und auch anderen suchte man seinesgleichen vergebens. In seiner weltlichen Laufbahn hatte er viel Glück gehabt: er war zu hohem Rang aufgestiegen, der fast dem al-Malik aṣ-Ṣāliḥ Naǧm ad-Dīn Ajjūbs gleichkam.

Sein Ehrgeiz richtete sich sogar auf den Thron selbst[334], aber Gott ließ ihn als Blutzeugen für den Glauben sterben.

Der König von Frankreich gelangte bis al-Manṣūra und drang bis zum Sultanspalast vor. Die Franken ergossen sich in die engen Straßen der Stadt, während Soldaten, Bevölkerung und das niedere Volk nach rechts und links entwichen. Der Islam schwebte in Gefahr, tödlich getroffen zu werden, und die Franken waren ihres Sieges schon gewiß. Zum Glück für die Muslime zerstreuten sie sich jedoch in den Gassen, und im Augenblicke höchster Gefahr rückte das türkische Bataillon der Mamlūken al-Malik aṣ-Ṣāliḥs vor, das aus Baḥriten und Ǧāmdāriten[335] bestand. In geschlossenem Angriff warfen sich diese Löwen des Kampfes und tapferen Ritter auf den Feind, sprengten ihn mit ihrem Ansturm auseinander und warfen ihn zurück. Von allen Seiten wurden die Franken mit Schwertstreichen und Keulenhieben niedergemacht. Die Baḥriten richteten ein Gemetzel an und trieben die Franken durch die Gassen al-Manṣūras zurück, wo diese tausendfünfhundert ihrer besten Reiter getötet hatten. Ihr Fußvolk war inzwischen an die Al-Manṣūr-Brücke über den Kanal von Ašmūn gelangt und wollte sie überschreiten. Wenn jetzt die Verteidigung schwach gewesen wäre und die Franken mit ihrem gesamten Fußvolk auf das Ufer der Muslime herübergekommen wären, wäre daraus nicht wiedergutzumachender Schaden erwachsen: da sie so zahlreich waren, hätten sie ihre Reiterei verteidigen können. (Doch das geschah nicht,) und wäre der Raum zum Kämpfen nicht so eng gewesen – das Gefecht spielte sich in Gassen und engen Winkeln ab –, hätten unsere Kämpfer die Franken bis zum letzten Mann vernichtet. Die Überlebenden konnten sich jedoch retten; sie flohen nach Ǧadīla und sammelten sich dort wieder, während die einfallende Nacht die beiden Seiten trennte.

In Ǧadīla errichteten die Franken einen Wall und hoben zu ihrem Schutz einen Graben aus. Ein Teil ihres Heeres blieb auf dem östlichen Ufer, während die Masse die Straßen der Halbinsel hielt, die bis Damiette reichte und beidseitig durch Wall und Schanzgraben geschützt war. Diese Begegnung war der Anfang des Sieges und der Schlüssel zum endgültigen Erfolg. Die Nachricht darüber erreichte Kairo noch am Nachmittag des Schlachtentages und wurde Ḥusām ad-Dīn Muḥammad ibn abī ʿAlī[336] überbracht; sie besagte, daß die Feinde, während gerade die Brieftauben aufgelassen wurden, al-Manṣūra angegriffen hätten und der Kampf zwischen Muslimen und Franken tobe. Das war alles, was in der Botschaft mitgeteilt wurde, so daß wir und alle Muslime sehr erschraken und eine schreckliche Niederlage für den Islam befürchteten. Als der Tag zu Ende ging, trafen (vom Schlachtfeld) flüchtende Muslime ein, und das Bāb an-Naṣr[337] blieb die ganze Nacht geöffnet – es war die Nacht von Dienstag zu Mittwoch. Soldaten und Bevölkerung, Schreiber und Beamte kamen als Flüchtlinge und wußten nicht, daß sich die Lage nach dem Eindringen der Franken in al-Manṣūra geändert hatte. Unter denen, die in dieser Nacht in die Stadt kamen und vor Emir Ḥusām ad-Dīn erschienen, war auch Qāḍī Tāǧ ad-Dīn, genannt Ibn Bint al-Aʿazz, Leiter des Dīwān aṣ-Ṣuḥba. Die Gemüter wurden aber weiter von Zweifeln gequält, bis Mittwochmorgen mit aufgehender Sonne die erfreuliche Kunde des Sieges eintraf. Da wurde die Stadt zum Fest vorbereitet, die gute Neuigkeit mit Trommelwirbel verkündet, und überall herrschte große Freude und Ausgelassenheit wegen des Sieges über die Franken. Das war die erste Schlacht, in der die türkischen Löwen die ungläubigen Hunde bezwungen hatten. Die gute Nachricht erreichte al-Malik al-Muʿaẓẓam, als er sich schon auf dem Weg nach Ägypten befand; daraufhin beschleunigte er seinen Marsch noch.

Angriff der islamischen Flotte auf die Schiffe der Franken und deren Schwächung

(Ibn Wāṣil fol. 368r-v)

Nachdem die Franken sich in ihren Stellungen verschanzt hatten, erhielten sie von Damiette aus über den Nil Nachschub. Die Muslime schafften nun einige Schiffe auf Kamelrücken bis Baḥr al-Maḥalla[338], ließen sie dort zu Wasser und bemannten sie mit Kämpfern. Dort stand Wasser, da der Nil gestiegen war; es war zwar still, hatte aber Verbindung mit dem Nil selbst. Als darauf die fränkischen Schiffe in Damiette Anker gelichtet hatten und nahe am Baḥr al-Maḥalla vorbeifuhren, verließen die Schiffe der Muslime ihren Hinterhalt und griffen sie an, so daß es zur Schlacht kam. Da zudem die muslimische Flotte von al-Manṣūra den Fluß heraufkam, wurden die Franken eingeschlossen und mitsamt ihren Schiffen gefangen. Es handelte sich um zweiundfünfzig fränkische Boote mit ungefähr tausend Mann Besatzung und allen Lebensmitteln, die sie an Bord hatten. Die Gefangenen wurden auf Kamelen ins muslimische Lager gebracht. Den Franken war damit der Nachschub abgeschnitten, ihre Stellung war geschwächt, und sie litten großen Mangel, denn sie waren eingeschlossen und konnten an dem Ort, an dem sie sich befanden, weder bleiben noch ihn verlassen. Da nun die Muslime die Oberhand gewonnen hatten, begannen sie, Angriffsabsichten zu hegen.

Am 1. Ḏu 'l-Ḥiǧǧa (7. März 1250) kaperten die Franken sieben Brander der muslimischen Schiffe auf dem Baḥr al-Maḥalla, doch den Muslimen gelang es, von Bord zu fliehen. Am 2. Ḏu 'l-Ḥiǧǧa befahl al-Malik al-Muʿaẓẓam Emir Ḥusām ad-Dīn, sich nach Kairo zu begeben und seinen Sitz im Wesirspalast zu nehmen, um wie gewohnt seinen Pflichten als Statthalter des Sultans nachzukommen. Der Verfasser, Qāḍī Ǧamāl ad-Dīn ibn Wāṣil, sagt: Der Sultan schenkte mir und einer Gruppe Rechtsgelehrter, die ihm ihre Aufwartung machten und ihm huldigten, Ehrengewänder, denn die Freigebigkeit al-Malik al-Muʿaẓẓams schloß alle ein, die an seinem Hofe erschienen. Anschließend begab ich mich mit Emir Ḥusām ad-Dīn nach Kairo. Montag, den 9. D̲u 'l-Ḥiǧǧa, am Tage von ʿArafāt[339], griffen die muslimischen Galeeren einige Schiffe an, die den Franken Nachschub brachten. Die Schlacht fand nahe der Moschee des Sieges statt. Die muslimischen Schiffe kaperten zweiunddreißig fränkische, darunter sieben Galeeren. So wurden die Franken noch mehr geschwächt, und der Mangel in ihrem Lager verschlimmerte sich. Da nahmen sie Verhandlungen mit den Muslimen auf und baten um einen Waffenstillstand. Ihre Unterhändler trafen sich mit Emir Zain ad-Dīn, einem *Ǧāmdār*-Emir, und dem Oberqāḍī Badr ad-Dīn. Die Franken wollten den Muslimen Damiette zurückgeben und forderten dafür Jerusalem und einen Teil der Küste, aber darauf ging man nicht ein. Freitag, den 26. D̲u 'l-Ḥiǧǧa, verbrannten die Franken alle ihre Unterkünfte außer den Schiffen und beschlossen, nach Damiette zurückzufliehen. Das Jahr (647) endete, während sie den Muslimen noch immer in ihren Stellungen gegenüberlagen.

Endgültige Niederlage der Franken und Gefangennahme des Königs von Frankreich

(Ibn Wāṣil foll. 369r–370r)

In der Nacht auf Mittwoch, den 3. Muḥarram 648 (7. April 1250), der strahlenden Nacht, die den großen Sieg, den herrlichen Triumph enthüllte, setzten sich die Franken mit allen ihren Truppen in Marsch und zogen in Richtung Damiette, wo sie rechneten, sich in der Verteidigung halten zu können. Ihre Schiffe fuhren gleichzeitig mit ihnen nilabwärts. Die Muslime, die davon erfahren hatten, machten sich an ihre Verfolgung und waren ihnen auf den Fersen, nachdem sie zum von ihnen besetzten Ufer übergesetzt waren. Am Morgen des erwähnten Mittwochs hatten die Muslime die Franken eingekreist und richteten unter ihnen ein Gemetzel an, erschlugen viele und machten Gefangene, so daß auch nicht einer entkam. Die Zahl der Toten soll bei dreißigtausend gelegen haben. In dieser Schlacht zeichneten sich die Baḥritenmamlūken al-Malik aṣ-Ṣāliḥs durch ihre Kühnheit und Tapferkeit aus; sie brachten den Franken furchtbare Verluste bei und hatten entscheidenden Anteil am Sieg. Sie kämpften wirklich wie wild, und sie waren es, die sich an die Verfolgung der Franken machten; sie waren die Templer des Islams[340]. Der verfluchte König von Frankreich und die großen Frankenfürsten zogen sich auf den Hügel al-Munja zurück und wollten sich unter der Bedingung freien Abzuges ergeben. Das wurde ihnen auf das Wort des Eunuchen Ǧamāl ad-Dīn Muḥsin aṣ-Ṣāliḥī zugesichert, und daraufhin ergaben sie sich. Alle wurden sie ergriffen, der König von Frankreich und seine Gefährten, die Frankenfürsten, und nach al-Manṣūra gebracht; dort bekamen der König und alle seine Begleiter Ketten um die Füße. Der König wurde in dem Haus eingeschlossen, in dem der Sekretär Faḫr ad-Dīn ibn Luqmān wohnte, und dem Eunuchen Sabīḥ al-Muʿaẓẓamī zur Bewachung übergeben, einem der Höflinge al-Malik al-Muʿaẓẓam Tūrānšāhs, Sohnes al-Malik aṣ-Ṣāliḥ Naǧm ad-Dīn Ajjūbs; der Eunuche war in seinem Gefolge von Ḥiṣn Kaifā gekommen, von ihm befördert und mit Ehren überhäuft worden.

Über diese Begebenheit, die Gefangenschaft des Königs von Frankreich im Hause Faḫr ad-Dīn ibn Luqmāns, und über den ihn bewachenden Eunuchen Sabīḥ verfaßte Ǧamāl ad-Dīn Jaḥjā ibn Maṭrūḥ folgende Verse:

Sag dem Franzosen, gehst du zu ihm, ein wahres Wort, gesprochen von einem guten Ratgeber:
Gott vergelte dir für das, was geschehen ist, das Blutbad unter den Anbetern Jesu des Messias!

Begierig, es zu erobern, kamest du nach Ägypten und hieltest den kriegerischen Trommelwirbel für eitlen Windhauch.
Deine Torheit führte dich an einen Ort, wo deine Augen in der weiten Ebene keinen Fluchtweg mehr erblickten.
So geschickt wußtest du es einzurichten, daß du alle deine Genossen in den Schoß des Grabes geführt hast.
Von fünfzigtausend sieht man nur noch Tote oder verwundete Gefangene.
Gott stehe dir bei in anderen Unternehmen wie diesem; wer weiß, ob nicht Jesus endlich aufatmet (über das Ende eures ruchlosen Gottesdienstes) [341]!
Wenn euer Papst damit zufrieden ist – wie oft schon wurde ein Ratgeber zum Täuscher!
Sollten sie je daran denken, zurückzukommen, Rache zu nehmen, oder aus anderen bösen Absichten:
«Das Haus Ibn Luqmāns ist immer bereit, die Kette ist noch da und Sabīḥ der Eunuch.»

Anschließend rückte al-Malik al-Muʿaẓẓam mit dem siegreichen Heer auf Damiette vor und schlug sein Lager bei Fāriskūr in der Provinz Damiette auf. Dort wurde das Sultanszelt errichtet und daneben ein Holzturm, auf den al-Malik al-Muʿaẓẓam von Zeit zu Zeit stieg und wo er sich aufhielt; er zögerte, Damiette zu nehmen. Hätte er sich beeilt, es zu belagern und zu erobern, und so den König von Frankreich, der in seinen Händen war, gezwungen, es zu übergeben, wäre er in kürzester Zeit Herr der Stadt gewesen. Aber die schlechte Führung, der er sich ergab, lenkte ihn ab, wie es sein schon bestimmtes Schicksal wollte.

Ermordung al-Malik al-Muʿaẓẓam Tūrānšāhs

(Ibn Wāṣil fol. 371^{r-v})

Wie wir berichtet haben, hatte er sich die Soldaten entfremdet, und vor allem die Baḥritenmamlūken seines Vaters [342]; eine Gruppe von diesen beschloß daraufhin, ihn zu ermorden. Montagmorgen, den 30. Muḥarram dieses Jahres, das heißt 648

(2. Mai 1250), hielt al-Malik al-Muʿaẓẓam in seinem Zelt ein Gastmahl; er saß auf seinem Ruhekissen, alle speisten in seiner Gegenwart und er wie gewohnt mit ihnen. Als das Mahl zu Ende war, suchten die Emire wieder ihre Unterkünfte auf; er erhob sich und wollte in eines seiner kleineren Zelte gehen, als ihm Rukn ad-Dīn Baibars entgegentrat, einer der *Ǧāmdārijja* seines Vaters, bekannt unter dem Namen al-Bunduqdārī, der später unter dem Namen al-Malik aẓ-Ẓāhir Herr von Ägypten werden und mit al-Malik al-Muẓaffar Quṭuz die Mongolen bei ʿAin Ǧālūt schlagen sollte; einmal auf den Thron gelangt, sollte er den größten Teil der fränkischen Gebiete erobern, so Ṣafad, aš-Šaqīf und Antiochia, und das Gebiet der Ismāʿīliten, auch sollte er die Mongolen mehrmals schlagen[343]... Der also traf al-Malik al-Muʿaẓẓam mit dem Schwert und verletzte ihn an der Schulter, dann warf er das Schwert weg. Al-Malik al-Muʿaẓẓam kehrte sofort in den Audienzraum zurück. Seine Höflinge, Vertrauten und einige Mamlūken seines Vaters umringten ihn und fragten: «Was ist geschehen?» «Einer der Baḥriten hat mich verletzt», antwortete er. Rukn ad-Dīn Baibars al-Bunduqdārī war dabei und sagte: «Es wird ein Ismāʿīlit gewesen sein[344]», aber der Sultan entgegnete: «Nein, nur die Baḥriten haben mir das angetan.» Da bekamen die Baḥriten Angst und fürchteten sich vor ihm. Der Sultan stieg auf seinen Turm und ließ den Wundarzt kommen, damit er seinen Arm behandle. Inzwischen versammelten sich die Mamlūken seines Vaters voller Angst, weil sie gehört hatten, daß er ihnen den Anschlag zuschrieb; ihre Abneigung gegen ihn, die sie hegten, wuchs, weil er sie vernachlässigte, deshalb umstellten sie den Turm. Der Sultan öffnete die Fenster und rief die Leute zu Hilfe, aber niemand antwortete, und keiner der ägyptischen Emire kam ihm zu Hilfe, denn alle waren ihm entfremdet. Man trug Feuer herbei, um den Turm in Brand zu setzen, da stieg er herab (und kam heraus): al-Bunduqdārī, der ihn schon verletzt hatte, stürzte sich auf ihn, aber er konnte zum Fluß hin

fliehen, wo einige seiner Brander lagen, und hoffte, noch dorthin gelangen und sich dort verteidigen zu können. Aber Fāris ad-Dīn Aqtai holte ihn ein und tötete ihn mit einem Schwertstreich – Gott erbarme sich seiner! Er war noch jung, ich glaube, er hatte dreißig Jahre noch nicht vollendet, obwohl ich nicht erfahren konnte, wann er geboren war; zwei Monate hatte er in Ägypten geherrscht.

Übereinkunft, die Fürstin Šağar ad-Durr, Mutter Ḫalīls, zur Königin zu machen und den Turkmenen ʿIzz ad-Dīn zum Befehlshaber des Heeres

(Ibn Wāṣil fol. 372^{r-v})

Nachdem al-Malik al-Muʿaẓẓam umgebracht worden war, versammelten sich die Emire und Baḥriten bei dem Sultanszelt und einigten sich darauf, daß die Sultans- und Königspflichten von Šağar ad-Durr, Mutter Ḫalīls und Frau al-Malik aṣ-Ṣāliḥ Nağm ad-Dīn Ajjūbs, ausgeübt werden sollten; auf ihren Befehl, in ihrem Namen und versehen mit ihrer königlichen Sigle sollten die Sultanserlasse hinausgehen. Dasselbe Angebot[346] hatten sie schon Ḥusām ad-Dīn Muḥammad ibn abī ʿAlī gemacht und zu ihm gesagt: «Du warst Vertrauensmann Sultan al-Malik aṣ-Ṣāliḥs und bist daher derjenige, dem dieses Amt vor allen gebührt.» Er lehnte jedoch ab und schlug als geeignet für dieses Amt den Eunuchen Šihāb ad-Dīn Rašīd al-Kabīr vor. Sie boten es also ihm an, aber auch er schlug es aus. Da einigten sie sich auf Emir ʿIzz ad-Dīn Aibeg at-Turkumānī aṣ-Ṣāliḥī und leisteten ihm alle den Treueid. Er ging nach Kairo, stieg auf die Zitadelle und teilte die Angelegenheit der Mutter Ḫalīls, der Frau al-Malik aṣ-Ṣāliḥs, mit. Von da an leitete sie alle Dinge, auf ihren Namen wurde eine königliche Sigle mit der Formel «die Mutter Ḫalīls» eingeführt, und in Kairo und ganz Ägypten wurde die *ḫuṭba*[347] in ihrem Namen gehalten. Das war ein Ereignis ohne Vorgänger in irgendeinem islamischen Land: es gibt zwar Beispiele dafür, daß eine Frau die tatsächliche Herrschaft ausgeübt und regiert hat, so Ḍaifa Ḫātūn, Tochter Sultan al-Malik al-ʿĀdils[348], die nach dem Tode ihres Sohnes al-Malik al-ʿAzīz bis zu ihrem Tode in Aleppo und seiner Provinz regierte; aber in diesem Fall wurde die *ḫuṭba* auf den Namen des Sohnes ihres Sohnes, al-Malik an-Nāṣir, gehalten.

Als al-Malik al-Muʿaẓẓam, Sohn al-Malik aṣ-Ṣāliḥs, umgebracht war, lag sein Leichnam verlassen am Flußufer, und niemand wagte sich zu nähern; einige Schiffer, die vom westlichen Ufer herüberkamen, bestatteten ihn schließlich am anderen Ufer.

Rückeroberung Damiettes

(Ibn Wāṣil foll. 372^{v}–373^{v})

Nachdem die Emire und das Heer ihren Treueid geleistet hatten und alles geregelt war, wie wir berichtet haben, begannen sie mit dem König von Frankreich über die Auslieferung Damiettes an die Muslime zu verhandeln. Emir Ḥusām ad-Dīn ibn abī ʿAlī wurde als Unterhändler für die Gespräche benannt, denn alle kannten ihn als guten, erfahrenen Ratgeber, der auch das Vertrauen al-Malik aṣ-Ṣāliḥs genossen hatte, und daher wollten sie einmütig seiner Ansicht und seinem Rat folgen. Er verhandelte mehrmals mit dem König von Frankreich, bis sie übereinkamen, daß Damiette ausgeliefert werden solle und der König dafür frei abziehen dürfe. Qāḍī Ǧamāl ad-Dīn ibn Wāṣil, Verfasser dieser Geschichte, sagt: Emir Ḥusām ad-Dīn hat mir folgendes erzählt: Der König von Frankreich war ein äußerst kluger und weiser Mann. In einer unserer Unterhaltungen sagte ich zu ihm: «Wie ist es eigentlich Eurer Majestät in den Sinn gekommen, trotz aller Vortrefflichkeit und trotz dem Verstande und gesunden Sinne, den ich in Euch sehe, ein Schiff zu besteigen und auf dem Rücken dieses Meeres reitend in dies Land zu kommen, das doch Muslime und Soldaten so dicht bevölkern? Wie konntet Ihr überzeugt sein, es erobern und Euch zu seinem Herrn machen zu können? Dieses Unternehmen ist die größte Gefahr gewesen, der Ihr Euch und Eure Untertanen habt aussetzen können.» Der König, erzählte er, lächelte, ohne zu antworten. «Nach unserem Gesetz – fügte ich hinzu – wird einer, der mehrmals übers Meer fährt und dabei sich selbst und seine Habe aufs Spiel setzt, nicht mehr als Zeuge vor Gericht zugelassen.» «Und warum?» fragte der König. «Weil wir wegen dieser Handlungsweise annehmen, er sei schwachsinnig, und das Zeugnis Schwachsinniger [349] kann man nicht gut annehmen.» Der König lachte und sagte: «Bei Gott! Gut hat gesprochen, wer das gesagt hat, und nicht hat geirrt, wer so geurteilt hat.» Der Verfasser dieser Geschichte sagt: Obgleich das, was Ḥusām ad-Dīn hier sagt, die Meinung ist, die von verschiedenen Gelehrten überliefert wird, ist sie doch nicht gültig, denn von den meisten Seereisen kommt man wohlbehalten zurück. In diesem Zusammenhang ist sogar eine doppelte Antwort auf die Frage möglich, ob für jemanden, der Mekka nur auf dem Seewege erreichen kann, die Wallfahrt Vorschrift ist oder nicht: eine Antwort ist, daß nicht, weil man sich bei einer Seereise Gefahr für Leib und Leben aussetzt, die andere dagegen bejaht die Frage, weil man in den meisten Fällen unversehrt davonkommt.

Als zwischen dem König von Frankreich und den Muslimen ein Vertrag über die Herausgabe Damiettes zustande gekommen war, befahl der König seinen Vertrauensleuten in Damiette, die Stadt an die Muslime auszuliefern. Sie weigerten sich jedoch anfänglich, und erst nachdem mehrere Boten zwischen ihnen und dem König hin und her gegangen waren, gehorchten sie und lieferten Damiette schließlich aus. Freitag, den 3. Ṣafar dieses Jahres 648 (7. Mai 1250), hielt das Sultansbanner seinen Einzug in Damiette und wurde auf den Mauern aufgepflanzt, um die erneuerte Herrschaft des Islams zu verkünden. Der König von Frankreich wurde freigelassen und setzte mit den ihm noch verbliebenen Gefährten über auf das westliche Ufer. Am nächsten Morgen, Sonnabend, schiffte er sich mit seinem Gefolge ein und setzte Segel nach Akkon; eine Zeitlang hielt er sich noch an der syrischen Küste auf, kehrte dann aber in sein Land zurück. So reinigte Gott Ägypten von ihnen. Dieser Sieg war mehr als doppelt so groß wie der erste [350], weil so viele Feinde getötet und gefangen worden waren, daß die Kerker Kairos voller Franken steckten. Die gute Nachricht davon erreichte alle übrigen Länder und wurde mit öffentlichen Freudenkundgebungen gefeiert.

Sobald der König von Frankreich abgefahren war, brachen die Truppen nach Kairo auf und hielten dort ihren Einzug. Mehrere Tage hintereinander wurde in Kairo die frohe Nachricht vom Sieg der Muslime über die Franken mit Trommelschlägen verkündet, von der Wiedergewinnung der Mark Damiette, der Perle des Islams und Grenzmark Ägyptens. Zum zweiten Male hatten die Ungläubigen Damiette erobert, und zum zweiten Male wurde es ihnen wieder genommen und wurden sie selbst in die Flucht geschlagen und besiegt.

Prolog und Epilog zum Kreuzzug Ludwigs des Heiligen

(Maqrīzī 334/35, 356–358)

(Als der König von Frankreich in Ägypten an Land ging,) schickte er dem Sultan (al-Malik aṣ-Ṣāliḥ) einen Brief, der im Anschluß an die (einführende) Äußerung ihres Unglaubens [351] folgendermaßen lautete:

Verkenne nicht, daß ich das Haupt der christlichen Gemeinschaft bin, wie auch ich anerkenne, daß Du das Haupt der mohammedanischen Gemeinschaft bist. Wisse auch, daß die (muslimische) Bevölkerung Andalusiens uns (Christen) Tribut und Geschenke leistet und wir sie wie Rinder jagen, die Männer töten, die Frauen zu Witwen machen, ihre Töchter und Söhne gefangennehmen und ihre Häuser veröden lassen [352]. Ich habe Dir ausreichende Beweise (unserer Macht) gegeben und Dir geraten, so gut ich konnte. Auch wenn Du mir jetzt jeden Eid schwürest, vor den Priestern und Mönchen erschienest und vor meinen Augen eine Kerze trügest, um Deinen Gehorsam gegenüber dem Kreuz zu zeigen, könnte mich das nicht mehr davon abbringen, Dich im Dir liebsten Land anzugreifen und zu bekämpfen. Sollte dies Land mein werden, sehe ich es als Geschenk in meinen Händen an; bleibt es Dein und trägst Du den Sieg über mich davon, kannst Du nach Willen mit mir verfahren. Ich habe Dich unterrichtet und Dich gewarnt vor den Heeren, die mir gehorchen und Berg und Tal füllen, zahlreich wie die Steine auf der Erde und gegen Dich gesandt mit den Schwertern des Geschickes.

Als der Sultan diesen Brief bekam und seinen Inhalt vernahm, füllten sich seine Augen mit Tränen, und er rief aus: «Gott gehören wir, zu ihm kehren wir zurück!» Daraufhin ließ er von Qāḍī Bahā' ad-Dīn Zuhair, dem Vorsteher der Kanzlei, die Antwort aufsetzen. Sie lautete im Anschluß an die Einführungsformel mit dem Namen Gottes und den Segenswünschen für unseren Herrn, den Gesandten Gottes Mohammed, seine Familie und seine Genossen, wie folgt:

Dein Brief ist eingetroffen, in dem Du mir mit der Masse Deiner Heere und der Zahl Deiner Tapferen drohst. Wir sind aber ein kriegerisches Volk; keiner unserer tapferen Streiter fiel, ohne daß wir ihn ersetzt hätten, und kein Feind hat je gewagt, uns anzugreifen, ohne daß wir ihn ausgelöscht hätten. Verblendeter! Könnten Deine Augen die Schärfe unserer Schwerter erkennen, die Wucht unserer Verwüstungen, die Burgen und Küsten, die wir eroberten, die Länder, die wir früher oder jetzt verwüsteten – Du bissest Dir vor Reue in die Finger! Vom Schicksal ist es Dir bestimmt, an einem Tag zu stürzen, der uns zu Nutzen beginnt und Dir zu Schaden endet. Dann verfluchst Du Dich, «und die Frevler sollen wissen, welches Ende ihrer harrt[353]». Liest Du diesen Brief, verhalte Dich gemäß dem Anfang der Sure *Die Bienen:* «Gottes Befehl wird ausgeführt, beschleunigt ihn nicht[354]!» und dem Ende der Sure *Ṣād:* «Nach einer Weile wißt ihr, was es bedeutet[355]!» Wir beziehen uns auf Gottes Wort, des immer Wahrhaftigen: «Wie oft hat eine kleine Schar eine große Schar mit Gottes Erlaubnis besiegt, und Gott ist mit den Ausdauernden[356]» – und auf das Wort der Weisen: «Wer sich überhebt, stürzt»; so wird Deine Anmaßung Dich fällen und Dich ins Unglück stoßen. Sei gegrüßt.

(Nach dem Sieg bei al-Manṣūra) schrieb (Sultan Tūrānšāh) an Emir Ǧamāl ad-Dīn ibn Jaghmur, seinen Statthalter in Damaskus, einen eigenhändigen Brief, der folgendes enthielt:

«Lob sei Gott, der unsere Trauer vertrieben hat! Der Sieg kommt allein von Gott. Jenen Tag freuen sich die Gläubigen über den von Gott geschenkten Sieg. Rede Du von der Gnade, die Du von deinem Herrn empfangen hast! Wolltest Du Gottes Gnadenerweise zählen, Du fändest keine Zahl für sie[357].» Wir wollen seine erhabene Hoheit Ǧamāl ad-Dīn, ja alle Muslime über den Sieg unterrichten, den Gott den Muslimen über den Feind des Glaubens geschenkt hat. Schon breitete er sich bedrohlich aus, das Übel hatte schon fest Fuß gefaßt, und die Gläubigen verzweifelten am Schicksal ihres Landes, ihrer Frauen und Söhne. «Doch verzweifelt nicht an der göttlichen Hilfe[358]!» Montag, am ersten Tag des gesegneten Jahres, hat Gott den dafür abgemessenen Segen über den Islam erfüllt. Wir öffneten unsere Schätze, verschenkten unsere Reichtümer, verteilten die Waffen, sammelten die Araber der Wüste, die Freiwilligen und viel Volk, dessen Zahl Gott allein weiß: sie waren herbeigekommen aus der tiefsten Schlucht und dem fernsten Land. Mittwochnacht verließen die Feinde ihre Zelte, ihre Habe und ihr Gepäck und flohen nach Damiette; die ganze Nacht hindurch verfolgten sie unsere Schwerter, Schande und Jammer ergriffen sie. Als der Morgen des Mittwochs anbrach, hatten wir dreißigtausend getötet, außer denen, die sich in die Fluten geworfen hatten; die Gefangenen kann man gar nicht zählen. Der Franzose floh nach al-Munja und flehte um sein Leben, das wir ihm zusicherten. Wir nahmen ihn gefangen, behandelten ihn ehrenvoll und erlangten mit Gottes Hilfe und Kraft, seiner Größe und Erhabenheit Damiette zurück [...]

So fuhr er noch lange fort.

Zusammen mit dem Brief übersandte der Sultan Emir Ǧamāl ad-Dīn ibn Jaghmur den Mantel des Königs von Frankreich, und der Emir legte ihn an: er war scharlachrot und mit Hermelin besetzt. Šaiḫ Naǧm ad-Dīn ibn Isrāʾīl dichtete darüber:

Der Mantel des Franzosen, der dem Fürsten der Emire als Gunst verliehen wurde, war weiß wie Papier, aber unsere Schwerter färbten ihn rot mit Blut

und

Herr aller Könige dieser Zeit, dir haben sich die Versprechen Gottes über den Sieg erfüllt.
Möge unser Herr immer über die Feinde triumphieren und seine Diener mit der Beute der Könige bekleiden!

Ludwig der Heilige in Tunis

(Maqrīzī 364/65)

Es geschah, daß dieser Franzose, nachdem er den Händen der Muslime entkommen war, nach Tunis im Lande Ifrīqija[359] ziehen und Hunger und Seuchen, die dort herrschten, ausnutzen wollte. Deshalb schickte er Boten und rief die christlichen Könige zu den Waffen; unter anderem sandte er zum Papst, der nach ihrer Meinung Stellvertreter des Messias ist, und der schrieb den Christenkönigen, sie sollten mit jenem zu Felde ziehen; er ließ ihm freie Hand über die Kirchengüter, damit er darüber verfügen könne. Wirklich erschienen mehrere Könige bei ihm, die Könige von England, Schottland, Toulouse, Barcelona, der «König von Aragón» heißt, und eine ganze Gruppe christlicher Fürsten. Der König von Tunis, der Ḥafṣidensultan Abū ʿAbdallāh Muḥammad al-Mustanṣir billāh[360], Sohn Emir Abū Zakarijjā Jaḥjās, Sohns des Šaiḫ Abū Muḥammad ʿAbd al-Wāḥid, Sohns des Šaiḫ Abū Ḥafṣ, rüstete sich, um seinem Angriff entgegentreten zu können, außerdem schickte er ihm Boten mit achtzigtausend *dīnār* und ließ ihn um Frieden bitten. (Der Franzose) nahm sie, machte aber nicht Frieden mit ihm, sondern zog am letzten D̲u ʾl-Qaʿda 668 (21. Juli 1270) gegen Tunis und landete mit sechstausend Reitern und dreißigtausend Fußsoldaten am Strand von Karthago. Sechs Monate blieb er dort[361]; die Muslime setzten sich bis Mitte Muḥarram 669 (Ende August) in erbitterten Kämpfen gegen ihn zur Wehr, so daß es auf beiden

Seiten große Verluste gab. Schon waren die Muslime fast besiegt, da befreite sie Gott: Eines Morgens[362] fand man den König der Franken tot auf. Die weiteren Ereignisse führten dann zum Frieden und zum Abzug der Christen. Merkwürdig ist, daß ein Mann aus Tunis, ein gewisser Aḥmad ibn Ismāʿīl az-Zajjān, diese Verse verfaßt hatte:

> Franzose, dies Land ist die Schwester Ägyptens, bereite dich vor auf dein sicheres Geschick!
> Hier wird das Haus Ibn Luqmāns dir zum Grab, und der Eunuch (zur Bewachung) werden dir Munkar und Nakīr[363] sein.

Das war wie eine Wahrsagung für ihn, und wirklich starb er. Dieser König von Frankreich war ein verständiger Mann, durchtrieben, gefährlich und klug.

VIERTER TEIL

DIE MAMLŪKEN UND DAS ENDE DER KREUZFAHRERSTAATEN

I.

Zwischen 1265 und 1291 vernichteten drei Mamlūkensultane, Baibars (1260–1277), Qalāwūn (1279–1290) und al-Ašraf (1290–1293), die Reste der Kreuzfahrerstaaten. Wichtigste Quelle für alle drei Sultane ist ihr Zeitgenosse Ibn ʿAbd aẓ-Ẓāhir, wenn auch sein Werk nur teilweise erhalten und größtenteils unediert ist. Für die Eroberungen Baibars' haben wir die Biographie, die Ibn ʿAbd aẓ-Ẓāhir geschrieben hatte, im Kompendium seines Neffen Šāfiʿ, außerdem die späteren Chroniken von Ibn al-Furāt, al-Maqrīzī und al-ʿAinī. Die hier wiedergegebenen Auszüge, darunter der berühmte Siegesbrief an Bohemund VI. nach der Einnahme Antiochias, sind den angeführten Quellen entnommen.

ZUG BAIBARS' GEGEN TRIPOLIS UND ANTIOCHIA. SEIN BRIEF AN BOHEMUND VI.

(Ibn ʿAbd aẓ-Ẓāhir foll. 105^{v}–111^{v})

Diese Feste (Tripolis in Syrien) gehörte früher dem Islam. Als letzte (der Muslime) hatten die Banū ʿAmmār sie besessen. Ein fränkischer König hatte sie mehrere Jahre lang belagert und in dieser langen Zeit eine Burg ihr gegenüber gebaut[364]. Als schließlich die Banū ʿAmmār sich in äußerster Notlage fanden, ließen sie einen der Ihren in der Stadt zurück und machten sich auf, um Beistand und Hilfe zu suchen. Aber der, den sie in der Stadt zurückgelassen hatten, war ein Abtrünniger: er stieg oben auf die Mauer und lud die Franken ein, sie sollten kommen und die Stadt in Besitz nehmen; so nahmen sie sie[365]. Als letzter (der Franken) besaß den Ort Bohemund (VI.), Sohn Bohemunds. Sobald al-Malik aẓ-Ẓāhir (Baibars) den Thron bestiegen hatte – von ihm handelt diese Lebensgeschichte, mit ihm hat Gott dem Islam neue Kraft gegeben –, hörte er von offenen Übergriffen seitens Bohemunds, von feindseligen Handlungen grober Unterdrückung, die er häufig verübte zum Schaden derer, die in sein Land kamen. Er legte sogar Hand an gewisse Botschafter aus Georgien, deren Boot Schiffbruch erlitten hatte, nahm sie gefangen und raubte ihnen die an den Sultan gerichteten Briefe. Gesandte und Briefe schickte er Hülägü, dem König der Mongolen, und brachte so ihnen und denen, die sie geschickt hatten, den Untergang. So ging es weiter mit einer Reihe von anmaßenden Übergriffen. Da bewogen der Eifer für den Islam und inbrünstiger Glaube (den Sultan), gegen Tripolis zu Felde zu ziehen. Er befahl, insgeheim zu rüsten, und brach dann auf: über Berge und durch Täler führte er die muslimischen Truppen gegen den Feind. Sie umschlossen das feindliche Gebiet mit einem Ring aus Feuer und Eisen, machten Gefangene, plünderten und wüteten. Nachdem er den größten Teil des Landes besetzt hatte, ließ er wieder von ihm ab, wie es guter Rat gebot, und zog sich zurück.

Wir haben von den Überfällen auf Tripolis berichtet, daß der Sultan hart angriff und sich wieder zurückzog, ohne daß jemand wußte, was er mit seinen Winkelzügen erreichen wollte; er hatte nämlich einige Zelte aufschlagen lassen und befohlen, daß die Eingänge in verschiedene Richtungen zeigten, um damit die Gedanken zu verwirren (derer, die seine Pläne erraten wollten). Daraufhin führte er seine Truppen gegen Antiochia, das zum Herrschaftsbereich des Fürsten, Herrn von Tripolis, gehörte. Die Muslime zogen voran, mordeten und machten Gefangene und verwüsteten das Land. Der Sultan selbst rückte gegen Antiochia und belagerte es vom 1. Ramaḍān 666 (15. Mai 1268) an. Sein Majordomus *(ustādār)*, Emir Šams ad-Dīn Aqsunqur al-Farqānī, hatte sich während des Vormarsches auf eine Reiterabteilung aus Antiochia geworfen, war handgemein mit ihnen geworden, hatte sie vernichtend geschlagen und sogar den Connétable, den Statthalter Antiochias, gefangengenommen. Die muslimischen Truppen strömten von allen Seiten auf Antiochia zu. Sie griffen an, erkämpften die Mauern und nahmen die Stadt; unter ihren Einwohnern richteten sie ein großes Blutbad an. Darauf belagerten sie die Zitadelle, nahmen auch sie, nachdem sie den Verteidigern das Leben zugesichert hatten, und brachten sie fest in den Besitz des Islams.

Der Sultan befahl danach, einen Brief an den Fürsten zu schreiben und ihm die Eroberung der Stadt mitzuteilen, damit er von dem Verlust erfahre, der ihn betroffen habe, und vom Gewinn des Sultans. Diesen Brief setzte der Verfasser vorliegender Geschichte auf[366] – Gott erbarme sich seiner: wie erfahren war er doch im Briefstil, wie fand er die treffendsten und glücklichsten Wendungen! Glänzend waren seine Fähigkeiten in der Kanzlei, und er gab sich die größte Mühe, Absichten und Ziele seines Herrschers zu entdecken. Unter den Franken ist es Brauch, daß der Titel Fürst allein dem Herrn von Antiochia zukommt. Der Verfasser wandte sich nun an Bohemund mit dem Titel Graf, da Antiochia nicht mehr ihm gehörte[367]. An dieser Stelle läßt sich gut ein Vorfall berichten, den er selbst mir erzählt hat: Der Sultan, sagte er, hatte mich zusammen mit Emir Atabeg Fāris ad-Dīn als Gesandten nach Tripolis geschickt, als der entsprechende Waffenstillstandsvertrag ausgehandelt wurde[368]. Sultan al-Malik aẓ-Ẓāhir kam nun al Schildknappe *(silāḥdār)* verkleidet zusammen mit uns beiden Gesandten selbst in die Stadt, um die Örtlichkeit kennenzulernen und sich die Abschnitte und Stellen zu merken, von denen aus die Stadt erobert werden könnte. Wir erschienen vor dem Fürsten, um über den Gegenstand der Gesandtschaft zu verhandeln, und wurden mit ihm einig. Der Sultan war dabei stehengeblieben, sah auf den Atabeg hinab und hörte zu, während er[369] zu schreiben begonnen hatte: «Geschlossen ist der Waffenstillstandsvertrag zwischen unserem Herrn, dem Sultan, und dem Grafen», statt «dem Fürsten» zu setzen. Da sah der Herr von Tripolis das Schriftstück ärgerlich an, empörte sich und sagte: «Wer soll denn der Graf sein?»

«Du», antwortete ich. «Nein», entgegnete er, «ich bin der Fürst!» Doch ich gab zurück: «Fürst ist Sultan al-Malik aẓ-Ẓāhir; der Fürstentitel gebührt nur dem Herrn von Jerusalem, Antiochia und Alexandrette, und das ist unser Herr, der Sultan.» Jener warf einen Blick auf seine Leibwache, die dort stand, und die Saaltür wurde geschlossen. Da stieß der Sultan den Atabeg mit dem Fuß an, und der sagte: «Wahrlich, Muḥji 'd-Dīn, du hast recht, aber unser Herr, der Sultan, hat ihm in Gnaden den Titel eines Fürsten zugestanden, wie er ihm auch erlaubt hat, seine Herrschaft zu behalten.» «Wenn das so ist», sagte ich darauf zum Atabeg, «ist es in Ordnung», und anstelle von «Graf» schrieb ich «Fürst». Weiter erzählte der Verfasser: Als wir danach abreisten und unser Herr, der Sultan, wieder im Lager ankam, begann Seine Majestät den Vorfall den Emiren zu berichten; dabei lachte er und sagte, indem er sich an mich wandte: «Und der da hat genau den richtigen Augenblick getroffen! Zum Teufel mit Fürst und Graf!» Hier endet die Begebenheit, und wir kehren zum Wortlaut des Briefes zurück, der folgt:

Graf Soundso[370], das Haupt der christlichen Gemeinschaft, der sich jetzt mit dem (einfachen) Grafentitel begnügen muß – Gott weise ihm den rechten Weg, lasse ihn das Gute verfolgen und gebe ihm einen Schatz guten Rates –, weiß bereits, wie wir gegen Tripolis zogen und das Herz seiner Herrschaft verwüsteten; er hat die Trümmer und Gemetzel gesehen, die wir ihm bei unserem Abzug zurückgelassen haben, wie diese Kirchen von der Erdoberfläche weggefegt sind, wie jedes Haus der Vernichtung anheimgegeben worden ist und wie die Umgebrachten sich am Ufer des Meeres häuften, Inseln von Leichnamen gleich; wie die Männer gemordet, die Söhne zu Sklaven und die freigeborenen Frauen in Gefangenschaft geführt wurden, die Bäume gefällt – es ist nur das geblieben, was als Holz für Katapulte und Schutzwände dienen kann, so Gott will[371] –, wie das Gut geraubt wurde, mit Frauen, Kindern und Weidevieh, so daß der Arme reich wurde, der Unverheiratete eine Familie bekam, der Diener sich dienen ließ und der, der zu Fuß ging, ein Pferd bestieg. Das alles trug sich unter Deinen Augen zu, eines Mannes, den tödliche Ohnmacht überwältigt hatte;

hörtest Du eine Stimme, riefest Du aus: «Mich trifft diese Geißel!» Desgleichen weißt Du, wie wir uns darauf von Dir zurückgezogen haben, aber abziehend wie ein Mann, der zurückkehrt, und wie wir Deine endgültige Niederlage aufgeschoben haben, aber nur um eine Frist, deren Tage gezählt sind; wie wir Dein Land verlassen haben, in dem es kein Stück Vieh mehr gab, das wir nicht von uns weggetrieben hätten, kein Mädchen, das nicht in unserer Gewalt wäre, keine Säule, die nicht von unseren Hacken zerstört wäre, kein Saatfeld, das wir nicht verwüstet hätten, noch irgendeines Deiner Güter, das Du nicht verloren hättest. Die Höhlen auf den Gipfeln jener hohen Berge vermochten keinen Schutz zu bieten, noch die Täler, die sich über die Grenzen erstrecken und die Vorstellung beflügeln. Du weißt, wie wir nach unserem Abzug unerwartet vor Deiner Stadt Antiochia erschienen, während Du fast nicht zu glauben wagtest, daß wir uns entfernt hätten; aber wenn wir uns entfernt haben – wir kehren mit Sicherheit zurück, wo wir schon den Fuß aufgesetzt haben!

Hier nun die Kunde der Geschehnisse, um Dich über die vollständige Niederlage zu unterrichten, die Dich getroffen hat: wir zogen Mittwoch, den 24. Šaʿbān, von Dir ab und belagerten Antiochia vom ersten Tag des verehrten Ramaḍān an. Während wir vor der Stadt in Stellung gingen, kamen Deine Truppen heraus, um sich mit uns im Kampf zu messen, aber sie wurden geschlagen; sie kamen sich gegenseitig zu Hilfe, aber die konnten nicht siegen; unter den Gefangenen war auch der Connétable. Er bat, mit Deinen Männern verhandeln zu dürfen, ging in die Stadt und kam mit einer Gruppe Deiner Mönche und höchsten Untertanen heraus, die sich mit uns unterhielten, aber wir sahen sie von Deinem Rat beeinflußt, böswillig bedacht auf mörderische Pläne, uneinig im Guten, aber einmütig im Bösen. Als wir ihr Schicksal unwiderruflich bezeichnet sahen und den ihnen von Gott bestimmten Tod, ließen wir sie mit den Worten gehen: «Wir belagern euch sofort – das ist die erste und letzte Mahnung, die wir euch geben.» So kehrten sie zurück und handelten wie Du, überzeugt, Du kämest ihnen mit Deinen Reitern und Deinem Fußvolk zu Hilfe, aber bald geriet der Marschall in Verzweiflung[372], die Furcht bemächtigte sich der Mönche, der Kastellan brach vor dem Unglück zusammen, und der Tod fiel von allen Seiten über sie her. Wir eroberten die Stadt im Sturm in der vierten Stunde am Sonnabend, dem 4. des verehrten Ramaḍān (18. Mai), und erschreckten alle, die Du zu ihrem Schutz und ihrer Verteidigung ausgewählt hattest. Unter ihnen war niemand, der nicht irgendwelche Reichtümer besessen hätte: heute gibt es keinen von uns, der nicht einen von ihnen und seine Reichtümer besäße. Du hättest Deine Ritter sehen sollen, hingestreckt unter die Hufe der Pferde, Deine Häuser, die die Plünderer überfielen und die Räuber heimsuchten, Deine Schätze, die in Doppelzentnern gewogen wurden, Deine Damen, die zu vieren auf einmal verkauft und zum Preis eines *dīnār* Deines eigenen Geldes gekauft wurden! Hättest Du Deine Kirchen gesehen, die Kreuze niedergerissen, die Blätter aus dem falschen Evangelium gerissen, die Gräber der Patriarchen durchwühlt! Hättest Du Deinen Feind, den Muslim, den Ort der Messe zertrampeln sehen, wie Mönche, Priester und Diakone auf dem Altar geschlachtet, die Patriarchen von dem plötzlichen Unglück betroffen und die königlichen Prinzen in die Sklaverei geschleppt wurden. Hättest Du gesehen, wie sich der Brand in Deinen Palästen ausbreitete, Eure Toten im Feuer dieser Welt schon brannten vor dem der anderen; wie Deine Paläste unkenntlich wurden, die Kirchen Sankt Paul und Qusjān[373] eingestürzt und zerstört – du hättest gesagt: «O wäre ich Staub, hätte ich nie einen Brief mit einer solchen Nachricht bekommen!» Die Seele wäre Dir vor Kummer entfahren, Du hättest die Brände dort mit dem Wasser Deiner Tränen gelöscht. Hättest Du Deine Wohnstätten aller Deiner Reichtümer entblößt gesehen, Deine Wagen mit Deinen Schiffen nach Suwaidijja[374] geschafft, daß Deine Galeeren (in der Hand der Feinde) zu Deinen Hasserinnen geworden waren, dann wärest Du überzeugt gewesen, daß der Gott, der Dir Antiochia gab, es Dir wieder genommen hat, daß der Herr, der Dir seine Feste gab, sie Dir entrissen hat und sie vom Angesicht der Erde gelöscht. Du weißt jetzt, daß wir – Dank sei Gott – die Burgen des Islams, die Du genommen hattest, Darkūš, Šaqīf Kafar Dubbīn und alle Deine Besitzungen im Gebiet von Antiochia, Dir weggenommen haben; daß wir Deine Leute von den Burgen herabsteigen ließen, sie am Schopf gepackt und überallhin zerstreut haben; daß keiner mehr da ist, der sich Aufrührer nennen könnte, außer dem Fluß, und der nennte sich nicht mehr so, wenn er könnte[375], und weint vor Reue. Seine Tränen flossen bisher klar, aber jetzt sind sie blutrot vom Blut, das wir dort vergossen haben.

Dieser Brief enthält für Dich die gute Nachricht, daß Du wohlbehalten bist und Dir Gott ein langes Leben gegeben hat, da Du in diesem Augenblick nicht in Antiochia weilst, sondern Dich anderswo aufhältst. Wenn nicht, wärest Du jetzt tot, gefangen, verwundet oder übel zugerichtet. Das Leben gerettet zu haben – darüber freut sich der Lebende angesichts des Todes. Wer weiß, ob Gott Dich nicht leben ließ, damit Du gutmachen kannst, was Du bis jetzt an Gehorsam und Dienst ihm gegenüber hast fehlen lassen. Da kein Überlebender gekommen ist,

Dich von den Geschehnissen zu unterrichten, haben wir Dich benachrichtigt, und da sich keiner in der Lage fand, Dir die frohe Kunde zu bringen, daß Du Dein Leben unter Verlust alles übrigen gerettet hast, taten wir es mit dieser Botschaft an Dich, damit Du von dem Ereignis, so wie es geschehen ist, sichere Kenntnis bekommst. Nach diesem Brief hast Du keinen Grund, Dich über eine falsche Mitteilung unsererseits zu beklagen, und nach dieser Briefsendung ist es überflüssig, einen anderen zu bitten, er solle Dich unterrichten.

Als Bohemund diesen Brief bekam, geriet er in großen Zorn. Die Nachricht über Antiochia erreichte ihn nur auf diesem Wege.

VERHANDLUNGEN MIT HUGO III., KÖNIG VON ZYPERN UND JERUSALEM

(Ibn al-Furāt VI fol. 146ʳ–147ʳ)

Nach der Eroberung von Šaqīf wollten die Franken von Akkon einen König haben, der imstande wäre, für ihr Wohlergehen zu sorgen. In Zypern gab es einen König, einen Knaben[376], und einen Regenten, den Befehlshaber des Heeres; der hieß Hugo, Sohn Heinrichs, und war noch nicht dreißig Jahre alt; er war der Vetter des Herrn von Tripolis und der Schwestersohn des (vorigen) Königs von Zypern[377], des Vaters des erwähnten Knaben. Dieses Kind starb, und die Herrschaft ging an den jungen Mann über, der durch seine Frau mit den Herren von Arsūf[378] verschwägert war, und an seinen Vetter mütterlicherseits[379]; dieser hatte sogar größeres Anrecht auf den Thron, weil seine Mutter die ältere Schwester war und es Brauch der Franken ist, daß der Sohn der älteren Schwester das Vorrecht auf den Thron hat. Da dieser aber gerade im Lande von Sīs[380] weilte, machte sich jener zum Herrn von Zypern. Darauf luden ihn die Franken nach Akkon ein, denn das Königreich Akkon war mit dem von Zypern verbunden, er kam, und die in Akkon leisteten ihm den

Treueid. (Daraufhin) kam (beim Hofe Baibars') ein Brief des Herrn von Tyrus an, der von der Ankunft des Königs berichtete; er sei ein Mann von Verstand, und gleich nach seiner Ankunft sei ihm von den Franken bedeutet worden, sie wollten, soweit möglich, gutnachbarschaftliche Beziehungen zum Sultan pflegen; er habe geantwortet, keinen Grund zur Feindschaft mit ihm zu haben. Der Herr von Tyrus schloß seinen Brief an den Sultan mit der Bitte um Frieden.

Als der Sultan von dem Zug gegen Antiochia nach Damaskus zurückgekehrt war, wie wir berichtet haben, kamen die Gesandten dieses Königs und eine Abteilung von ungefähr hundert fränkischen Rittern, die Goldschmiedearbeiten, wilde Tiere und andere Geschenke überbrachten. Zwischen Sultan al-Malik aẓ-Ẓāhir (Baibars) und dem König kam darauf ein Abkommen begrenzter Reichweite zustande: es betraf die Stadt Akkon und ihr Gebiet, das einunddreißig Dörfer umfaßte. Haifa sollte mit drei Dörfern den Franken gehören, der Rest seines Gebietes zweigeteilt werden, ebenso das Karmelgebiet; ʿAṯlīṯ mit drei Dörfern (falle an die Franken?), der Rest werde geteilt; al-Qurain mit zehn Dörfern (gehe an die Franken?), der Rest an den Sultan; das Gebiet von Sidon sollte so geteilt werden, daß die in der Ebene gelegenen Gebiete an die Franken, das Bergland an die Muslime falle; damit solle Frieden mit dem Königreich Zypern herrschen. So weit der Gebietsvertrag. Der Waffenstillstand sollte zehn Jahre dauern und weder durch Eingriffe von außen noch durch die Ankunft irgendeines Königs von jenseits des Meeres gebrochen werden dürfen. (Der Sultan) machte außerdem zur Bedingung, daß die Geiseln der verschiedenen Länder freigelassen würden.

Qāḍī Muḥji 'd-Dīn ibn ʿAbd aẓ-Ẓāhir, Verfasser des *Lebens Baibars'* erzählt: Ich und Emir Kamāl ad-Dīn ibn Šīṯ gingen als Gesandte zum König, um ihn den Eid auf den Friedensvertrag schwören zu lassen. Als Geschenk hatte uns der Sultan zwanzig

Gefangene aus Antiochia mitgegeben, Priester und Mönche. Am 24. Šawwāl (666/7. Juli 1268) erreichten wir Akkon, wo er uns einen großen Empfang bereitete. Der Sultan hatte uns vorher bedeutet, wir sollten uns beim Sitzen oder Reden vor ihm in keiner Weise demütigen. Bei unserem Eintritt sahen wir ihn nun auf einem Sessel sitzen, ihn und die führenden Männer, und willigten nicht eher ein, uns ebenfalls zu setzen, bevor nicht ein Sessel für uns vor ihm aufgestellt war. Sein Wesir streckte die Hand aus, um das Schriftstück entgegenzunehmen, doch wir gaben es nicht her, bevor nicht der König selbst seine Hand danach ausstreckte. Er nahm es und hielt sich mit Bemerkungen über einige Sätze auf. Unter anderem wünschte er für das Königreich Zypern einen Sonderfrieden, und daß der Frieden nur so lange gelten solle, bis ein Eingriff von außen erfolge oder ein König von jenseits des Meeres herkomme; auch sollten die Ismāʿīliten in den Waffenstillstand nicht eingeschlossen werden. Außerdem bat er, von der Sache mit den Geiseln verschont zu bleiben, und redete noch über andere Fragen. So kehrten die Gesandten des Sultans vom König der Franken zurück, ohne daß er den Eid geleistet hätte. Die Angelegenheit hatte sich festgefahren. Dieser König von Akkon sagte jedesmal, wenn er sprach: «Ich fürchte mich vor König Karl, dem Bruder des Königs von Frankreich, und kann aus Furcht vor ihm keinen Frieden schließen[381].» Gott weiß es am besten.

(Ibn ʿAbd aẓ-Ẓāhir foll. 117v–118v)

Zur Zeit des Waffenstillstandes war Akkon ohne König und übertrug daher die Herrschaft einem der Franken von Zypern. Als der die Herrschaft antrat, schrieb er einen demütigen Brief an den Sultan und bat ihn, ihm seine Freundschaft zu gewähren; er lud ihn ein, den schon festgelegten Waffenstillstandsvertrag zu unterzeichnen, und übersandte kostbare Geschenke hohen Wertes. Dem Sultan kam dies Anerbieten nicht ungelegen, er nahm seine Freundschaft an und schickte ihm seinerseits Geschenke. Der erwähnte König bat, der Frieden solle in seinem Namen geschlossen werden, und beteuerte seinen Gehorsam und seine Unterwürfigkeit. Der Sultan gab seiner Bitte statt, beeidete den Vertrag und schickte Muḥji 'd-Dīn, den Verfasser der *Lebensgeschichte*, und Kamāl ad-Dīn ibn Šīṯ zu ihm, damit er den Eid leiste. Der genannte Muḥji 'd-Dīn hat mir folgendes berichtet[382]: Als der König uns Audienz gewährte, saß er auf einem hohen Thronsessel und beanspruchte, höher zu sitzen als wir. Die Ehre des Islams verbot es uns aber, uns dem zu fügen; wir wurden daher auf gleiche Höhe wie er gesetzt und fingen dann erst an, mit ihm zu verhandeln. Er begann nun Ausflüchte zu suchen und abzuschweifen, bis ich ihn hart zurechtwies. Da sah er mich zornigen Blickes an und sagte zum Dolmetscher: «Sag ihm, er soll aufpassen, wer hinter ihm steht.» Als ich mich umwandte, sah ich sein Heer, das er in voller Kriegsausrüstung aufgestellt hatte. «Sag ihm», wiederholte der König zum Dolmetscher, «er soll auf die Menge achten.» Ich sah hin und senkte den Kopf. Er fuhr fort: «Sag ihm: was sagst du zu dem, was du gesehen hast?» «Kann ich es sagen, ohne um mein Leben fürchten zu müssen?» antwortete ich. «Ja.» «Sage also dem König», versetzte ich, «bei uns im Magazin der Banner, einem Gefängnis im Reiche des Sultans in Kairo, liegen mehr fränkische Gefangene, als die hier sind.» Der König ergrimmte, machte das Kreuzeszeichen und sagte: «Eins ist sicher, heute höre ich die Gesandten dieser Leute nicht länger an!» So gingen wir, aber später empfing er uns noch einmal, und wir ließen ihn den Waffenstillstand beschwören, der bis in die Zeit Sultan al-Malik al-Manṣūr Qalāwūns reichte[383].

EROBERUNG VON ḤIṢN AL-AKRĀD[384]

(Ibn al-Furāt foll. 189ʳ–190ᵛ)

Diese Festung trug einst den Namen Ḥiṣn as-Safḥ (Burg des Hanges). Zu dem ihr später gegebenen Namen «Kurdenburg» berichtet Muntaḫab ad-Dīn ibn abi 'ṭ-Ṭā'ī an-Naǧǧār al-Ḥalabī[385] in seiner Geschichte, Emir Šibl ad-Daula Naṣr ibn Mirdās, Herr von Homs, habe im Jahre 422 (1031) eine Besatzung Kurden in die Burg gelegt, nach denen sie später genannt wurde. Zur Zeit von Atabeg Tughtegin von Damaskus kam es zu einem Frieden zwischen ihm und den Franken unter der Bedingung, daß die Festen Maṣjāf und Ḥiṣn al-Akrād in den Vertrag aufgenommen würden; ihre Einwohner sollten jährlich einen bestimmten Tribut in Geld an die Franken zahlen. So blieb es einige Zeit. Danach sagt Ibn ʿAsākir[386], daß (Raimund von) Saint-Gilles – Gott verfluche ihn! –, während er Tripolis belagerte, ständig Überfälle gegen diese und andere Burgen in der Nähe unternahm. Im Jahre 496 (1103) belagerte er Ḥiṣn al-Akrād, bedrängte es hart und stand schon kurz vor seiner Eroberung, als plötzlich die Nachricht von der Ermordung Ǧanāḥ ad-Daulas, Herrn von Homs, gemeldet wurde. Da verließ er Ḥiṣn al-Akrād, denn er war begierig, Homs zu erobern. Nach seinem Tode ließ auch sein Sohn Bertrand[387], der ihm folgte, nicht davon ab, die Burg zu belästigen, wie es schon sein Vater getan hatte, und ihre Umgebung zu verwüsten, so daß er von den Einwohnern sehr gefürchtet wurde. Als er sich nun aufgemacht hatte, Beirut zu belagern, nahm ihm Tankred von Antiochia fast sein ganzes Gebiet ab und wurde von den Syrern mit guten Worten hingehalten. Aber auch er belagerte die Feste, ihre Bewohner gerieten in äußerste Not, und der Burgherr lieferte sie aus, denn er hoffte, da er Tankred dem Saint-Gilles vorgezogen habe, könne er in der Burg bleiben. Aber Tankred ließ ihre Bewohner sie räumen, nahm sie mit und legte eine fränkische Besatzung hinein. So weit Ibn ʿAsākir. Nach einer anderen Quelle soll Tankred, Herr von Antiochia, von dort ausgezogen sein und Ḥiṣn al-Akrād belagert haben: Ende 503 (1110) habe er es von seinen Bewohnern ausgeliefert bekommen. Es blieb in Händen der Franken, bis die Dinge geschahen, die wir jetzt erzählen wollen, so Gott will. Ibn Munqiḏ erzählt in seinem *Kitāb al-buldān*[388], der Vorkämpfer des Glaubens al-Malik al-ʿĀdil Nūr ad-Dīn Maḥmūd, Herr von Damaskus – Gott erbarme sich seiner –, habe sich mit einem turkmenischen Fußsoldaten, der im Dienste der Franken, Herren von Ḥiṣn al-Akrād, stand, dahin verständigt, wenn Nūr ad-Dīn gegen die Festung ziehe, solle jener sich mit einer Gruppe seiner Genossen erheben, die Fahne Nūr ad-Dīns auf der Burg aufpflanzen und seinen Namen schreien. Dieser Turkmene hatte mehrere Söhne und einen Bruder, die das Vertrauen der Franken in der Burg genossen. Das zwischen ihm und Nūr ad-Dīn vereinbarte Zeichen bestand darin, daß er auf der Zinne eines bestimmten Turmes stehen sollte. Da aber Nūr ad-Dīn niemanden darüber verständigt hatte, geschah es, daß seine Truppen beim Angriff den Turkmenen sahen, auf ihn zielten und ihn töteten. Seine Leute wurden über seinen Tod betrübt, und so schlug die List fehl.

Auch von Sultan Saladin wurde Ḥiṣn al-Akrād nicht genommen – trotz seinen vielen Eroberungen auf dem Gebiete der Franken; es blieb in ihrem Besitz, bis al-Malik aẓ-Ẓāhir Rukn ad-Dīn Baibars in diesem Jahre (669/1271) seinen Feldzug gegen Tripolis unternahm, von dem wir schon erzählt haben. Am 9. Raǧab dieses Jahres (21. Februar) begann er, Ḥiṣn al-Akrād zu belagern. Am 20. desselben Monats nahm er die äußeren Bollwerke. Gleichzeitig traf al-Malik al-Manṣūr, Herr von Hama[389], mit seinem Heere ein. Der Sultan zog ihm entgegen, saß ab, wo auch er absaß, und ging ohne den Schutz seiner Leibwache und Schildknappen unter seinem Banner vor, dem Herrn von Hama seine Höflichkeit zu erweisen. Außerdem schickte er ein Zelt, das für ihn aufgeschlagen werden sollte. Emir Saif ad-Dīn von Ṣahjūn und der Großmeister der Ismāʿīliten, Naǧm ad-Dīn, trafen ebenfalls ein.

Ende des genannten Monats Raǧab wurde der Bau einer beträchtlichen Zahl Katapulte beendet; am 7. Šaʿbān (22. März) wurden die Außenmauern im Sturm genommen, und man bezog eine Stellung, von der aus der Sultan den Feind mit Pfeilen beschießen konnte. Baibars begann jetzt, Geldgeschenke und Ehrengewänder zu verteilen. Am 16. Šaʿbān (31. März) wurde in einen Turm der Feste eine Bresche geschlagen: unsere Soldaten stürmten vor, erklommen die Burg und nahmen sie in Besitz. Die Franken flüchteten sich in den Bergfried. Eine ganze Schar von Franken und (anderen) Christen wurde vom Sultan freigelassen, als frommes Werk im Namen von al-Malik as-Saʿīd [390]. Die Katapulte wurden jetzt auf die Burg gebracht und von dort gegen den Bergfried gerichtet. Der Sultan schrieb Briefe, als ob sie vom Oberhaupt der Franken in Tripolis an die Verteidiger der Burg gerichtet seien, mit der Aufforderung, sich zu ergeben. Sie baten um freien Abzug und bekamen ihn vom Sultan unter der Bedingung zugesichert, daß sie in ihre Länder zurückkehrten. Dienstag, den 24. Šaʿbān (7. April), verließen die Franken die Burg und wurden in ihr Land begleitet, während der Sultan die Festung in Besitz nahm.

Er schrieb einen Brief mit der Nachricht des Sieges an den Großmeister der Hospitaliter und Herrn von Ḥiṣn al-Akrād, der wie folgt lautete: «Dieser Brief geht an Frère Hugues [391] – Gott lasse ihn zu denen gehören, die sich dem Geschick nicht widersetzen, die sich nicht auflehnen gegen Den, der seinem Heer Sieg und Triumph gegeben hat, und zu denen, die nicht glauben, irgendeine Vorsichtsmaßnahme reiche aus, sich dem von Gott Bestimmten zu entziehen, noch, daß ein von Menschen errichtetes Gebäude, noch, daß aufgemauerte Felsen dagegen schützen könnten –, um ihm Kunde zu geben von der uns durch Gottes

Wirken zuteilgewordenen Eroberung Ḥiṣn al-Akrāds, das Du befestigt, ausgebaut und vollendet hattest – besser hättest Du es geräumt[392] – und bei dessen Verteidigung Du auf Deine Mitbrüder vertraut hattest. Aber sie haben Dir nichts genützt; indem Du sie dort wohnen hießest, hast Du sie verloren, und sie haben die Festung und Dich verloren. Meine Truppen können keine Festung belagern, die ihnen widerstände, noch einem Saʿīd (‹Glücklichen›) dienen, der unglücklich wäre.»

Darauf ernannte der Sultan Emir Ṣārim ad-Dīn al-Kāfirī zu seinem Statthalter in Ḥiṣn al-Akrād. Die Ausbesserungsarbeiten unterstellte er den Emiren ʿIzz ad-Dīn al-Aqram und ʿIzz ad-Dīn Aibeg. Während der Belagerung Ḥiṣn al-Akrāds hatte er zwei Ismāʿīliten gefangengenommen, die von al-ʿUllaiqa zum Herrn von Tripolis[393] geschickt waren und mit denen dieser einen Anschlag auf Baibars ausgemacht hatte. Als der Großmeister Naǧm ad-Dīn ankam, machte der Sultan ihm deswegen Vorwürfe, ließ die beiden dann aber wieder frei.

VERGEBLICHER ANGRIFF AUF ZYPERN

(al-ʿAinī 239–242)

Ibn Kaṯīr[394] berichtet: Nachdem al-Malik as-Saʿīd, Sohn aẓ-Ẓāhirs, Ḥiṣn al-Akrād erobert hatte, ließ er seine Kirche in eine Moschee umwandeln und hielt hier das Freitagsgebet; der Sultan ernannte einen Statthalter und einen Qāḍī und ordnete die Wiederherstellung des Platzes an. Während er noch sein Lager dort aufgeschlagen hatte, erhielt der Sultan die Nachricht, daß der Herr der Insel Zypern sich mit seinem Heer nach Akkon eingeschifft habe, da er einen Angriff al-Malik aẓ-Ẓāhirs auf die Stadt befürchte. Der Sultan wollte die Gelegenheit nicht ungenutzt verstreichen lassen und schickte auf sechzehn Galeeren ein großes Heer nach Zypern, um die Insel während der Abwesenheit ihres

Herrschers zu erobern. Die Schiffe segelten in voller Schnelle ab, aber in der Nähe der Insel gerieten sie in einen heftigen Sturm und stießen miteinander zusammen: elf erlitten Schiffbruch – Gott der Erhabene wollte es so –, viele ertranken, und ungefähr eintausendachthundert Matrosen und Soldaten gerieten in Gefangenschaft. Gott gehören wir, und zu ihm kehren wir zurück.

Baibars[395] sagt in seiner Chronik: Folgendes Mißgeschick traf die Muslime nach der Eroberung von al-Qurain: Im letzten Drittel des Šawwāl (Anfang Juni 1271) verließ der Sultan Damaskus und zog nach al-Qurain[396]; vorher hatte er seine Eroberungen in den oben genannten Gebieten abgeschlossen. Er begann mit der Eroberung al-Qurains am 2. D̲u 'l-Qaʿda (13. Juni). Nachdem eine Bastion genommen war, baten die Insassen um freien Abzug, der ihnen auch in einem Vertrag zugesichert wurde. Sie erhielten darin die Erlaubnis, den Ort zu verlassen und hinzugehen, wo sie wollten, durften aber weder etwas von ihrer Habe noch ihre Waffen mitnehmen. Der Sultan zog in die Feste ein und ordnete an, sie zu schleifen. Dann ging er nach Laǧǧūn. Von dort schickte er Befehl an seine Statthalter in Ägypten, sie sollten die Galeeren bewaffnen und gegen Zypern senden. Die Anordnungen wurden befolgt, und die Schiffe stachen in See mit dem Admiral und den Kapitänen der einzelnen Schiffe. Die Flotte erreichte Limassol in Zypern, und bei Einbruch der Dunkelheit versuchte die erste Galeere in den Hafen einzulaufen, stieß aber in der Nacht gegen die Felsenriffe und zerschellte. Ein Schiff folgte dem anderen, ohne vom Mißgeschick des vorherfahrenden zu wissen, und so erlitten alle in der Dunkelheit Schiffbruch. Die Einwohner Zyperns erbeuteten die Schiffsausrüstungen. Admiral Ibn Ḥassūn hatte zu einer Maßnahme geraten, in der die Leute eine unglückbringende Vorbedeutung sahen: Er hatte die Schiffe mit Pech anstreichen und Kreuze über ihnen aufziehen lassen, damit die Franken glaubten, es handle sich um ihre eigenen Schiffe, und sie unbehindert in ihre

Häfen gelangen ließen. Doch diese Verkehrung der Zeichen führte zu dem von Gott gewollten Schiffbruch. Kurz darauf erhielt der Sultan einen Brief des Königs von Zypern, in dem er ihm mitteilte, die ägyptischen Galeeren seien bis vor Zypern gekommen, aber vor der Insel in einen Sturm geraten, so daß elf Galeeren Schiffbruch erlitten hätten; er habe sich ihrer bemächtigt. Der Sultan ließ ein Antwortschreiben aufsetzen, und so wurde ihm ein Brief folgenden Wortlautes gesandt:

An Seine Hoheit König Hugo, vormals Regent – Gott lasse ihn zu denen gehören, die jedem das Seine zuerkennen und sich nicht eines Sieges rühmen, der nicht früher oder später einen Gewinn oder wenigstens einen Vorteil bringt, der (seiner Anstrengung) gleichwertig ist. Wir teilen ihm mit: Wenn Gott einen Menschen glücklich machen will, nimmt er die schwerere Last seines Geschickes von ihm, sendet ihm dafür einige kleinere Widrigkeiten[397] und läßt ihn geeignete Maßnahmen ergreifen, den Schicksalsschlägen zu begegnen. Du hast uns mitgeteilt, der Wind habe eine gewisse Zahl unserer Galeeren Schiffbruch erleiden lassen; das rechnest Du Dir als Erfolg an und freust Dich darüber. Wir unsererseits lassen Dich jetzt von der Eroberung al-Qurains wissen: welch Unterschied zwischen der Nachricht, daß al-Qurain erobert ist, und der Mitteilung von einem unglücklichen Ereignis, mit dem Gott die Ungunst des Geschickes von unserem Reich abwenden wollte. (In Deinem Fall) ist nichts Wunderbares, daß Du solltest prahlen können, Eisen und Holz erbeutet zu haben; wunderbar vielmehr ist, starke Burgen zu erobern! Du hast gesprochen, und wir haben gesprochen; Gott weiß, daß unsere Worte die richtigen sind. Du hast vertraut, und wir haben vertraut: wer auf Gott und sein Schwert vertraut, ist nicht wie einer, der auf den Wind vertraut. Der Sieg durch Mittel des Wetters ist nicht schön, schön ist der Sieg durch das Schwert. An einem einzigen Tage können wir viele Galeeren bauen, während Du unterdes auch nicht einen Teil einer Burg bauen könntest; wir können hundert Segelschiffe bewaffnen, während Ihr in hundert Jahren nicht eine einzige Burg bewaffnen könnt. Jeder, der ein Ruder in die Hand bekommt, kann rudern, doch nicht jeder weiß ein Schwert zu führen. Wenn einige wenige Seeleute für die Schiffe fehlen – wir haben sie zu Tausenden. Wie könnte man die, die mitten auf dem Meer Ruder schwingen, mit denen vergleichen, die mitten in den Reihen (der Feinde in der Schlacht) die Lanzen schwingen? Für Euch sind Pferde Schiffe, für uns Schiffe Pferde; welch ein Unterschied zwischen dem, der sein Pferd stürmen läßt wie die Wogen des Meeres, und dem, der unbeweglich auf dem Schiff steht, sogar bei der Ankunft; zwischen dem, der auf arabischen Pferden, Falken gleich, zur Jagd geht, und dem, der sich brüstet, er sei auf einem Raben[398] zur Jagd gewesen. Habt Ihr uns einen gebrochenen Mastbaum *(qarja)* genommen, wie viele blühende Dörfer *(qarja)* haben wir Euch genommen! Habt Ihr ein Schiffsruder *(sukkān)* erbeutet – aus wie vielen Eurer Länder haben wir die Einwohner *(sukkān)* vertrieben! Wieviel hast Du gewonnen, und wieviel wir? Klar ist, wer von uns den besseren Teil gewonnen hat. Könnte man unter Königen schweigen, hättest Du schweigen sollen und ganz still sein!

II.

Das Sultanat Qalāwūns, der nicht minder tüchtig und humaner als Baibars war, ist in seinen Beziehungen zu den verbliebenen christlichen Staaten Syriens bemerkenswert wegen einer Reihe von Verträgen, die Qalāwūn mit den Templern, mit Akkon, mit Margaretha von Zypern abschloß; ihren Wortlaut hat uns Ibn ʿAbd aẓ-Ẓāhir in seiner Lebensgeschichte des Sultans (*Tašrīf al-ajjām wa-l-ʿuṣūr)* überliefert. Doch auch Qalāwūn verfolgte die Beseitigung der lateinischen Herrschaften im Heiligen Lande und krönte sie mit der Einnahme von Tripolis (1289), deren Augenzeuge der Historiker Abu ʾl-Fidāʾ war (auch Maqrīzī berichtet darüber, schöpft aber sicher aus einer älteren Quelle). Nach dem Fall Tripolis' blieb den Franken nur noch das Gebiet von Akkon mit einigen anderen Küstenstädten.

VERTRAG QALĀWŪNS MIT DEN TEMPLERN VON TORTOSA

(Ibn ʿAbd aẓ-Ẓāhir *Tašrīf* foll. 38^{v}–44^{r})

In diesem Jahre (681/1282) wurde zwischen unserem Herrn, Sultan al-Malik al-Manṣūr (Qalāwūn), und seinem Sohn al-Malik aṣ-Ṣāliḥ ʿAlāʾ ad-Dunjā wa-d-Dīn ʿAlī auf der einen Seite, dem Großmeister *frère* Guillaume de Beaujeu, Großmeister des Templerordens in Akkon und an der Küste, sowie allen Templerbrüdern auf der anderen Seite, ein Waffenstillstand geschlossen[399]. Der Friede soll ununterbrochen dauern für zehn volle aufeinanderfolgende Jahre und zehn Monate, mit Beginn am Mittwoch, dem 5. Muḥarram des Jahres 681 der Hedschra des Propheten Mohammed, entsprechend dem 15. Nīsān des Jahres 1593 der Ära Alexanders, Sohnes Philipps des Griechen (15. April 1282)[400]. Er gilt für die Gebiete unseres Herrn al-Malik al-Manṣūr und seines Sohnes al-Malik aṣ-Ṣāliḥ ʿAlāʾ ad-Dīn ʿAlī[401], also für ihren ganzen Herrschaftsbereich: Ägypten mit seinen Provinzen, Marken und Häfen; Syrien mit seinen Marken, Burgen, Festungen, Küsten und Häfen; die Provinz Homs und ihr Gebiet; die Burgen der Ismāʿīliten und ihr Gebiet; die Provinz Ṣahjūn und Balāṭunus; Ǧabala, Laodizea und abhängige Gebiete; die Provinz Hama und ihr Gebiet, die von Aleppo und ihr Gebiet, die Euphratprovinz und ihr Gebiet; die neuen Eroberungen an der Küste, den Platz Ḥiṣn al-Akrād und seine Umgebung mit allem, was dazugehört, davon abhängt oder dazu zählt im Augenblick des gegenwärtigen Vertragsabschlusses, also allen Städten, Dörfern, Ackerland, Weiden, Ländereien, Burgen, Mühlen usw.; die Provinz Ṣāfīṯā und ihr Gebiet, ihre Dörfer und Befestigungen mit allen anderen Dörfern und Städten, die dazugehören und ihr für die Zukunft beigefügt sind; Maiʿār und Gebiet, al-ʿUraima und Gebiet, mit allem, was davon abhängt und dazugehört; Ḥalaba und sein Gebiet, ʿArqa und sein Gebiet, Ṭība und sein Gebiet, die Festung Ḥiṣn al-Akrād und ihr Gebiet, al-Qulaiʿāt und sein Gebiet; Maraqijja mit allen seinen Ländereien, das Gebiet von al-Marqab, bei dem man sich auf jeweils die Hälfte des Besitzes geeinigt hat, und alles, was in dem Waffenstillstandsvertrag eingeschlossen ist, den al-Malik al-Manṣūr mit den Christen schließt. Der Vertrag umfaßt in diesen nahen und fernen, angrenzenden und benachbarten Gebieten alles bebaute und unbebaute Gelände, eben und bergig, Land und Meer, Häfen und Küste mit allen Mühlen, Türmen, Gärten, Wasserläufen, Bäumen und Brunnen; und alles, was Gott erobert hat durch die Hand unseres Herrn, des Sultans al-Malik al-Manṣūr, seines Sohnes des Sultans al-Malik aṣ-Ṣāliḥ und der Befehlshaber ihrer Heere, an Festungen, Städten, Burgen, Dörfern mit allem dazwischenliegenden bergigen und ebenen Gelände, bebaut und unbebaut, mit Wasserläufen, Gärten, Häfen, Küsten und Ebenen. Auf der anderen Seite umfaßt der Vertrag Tortosa, das dem Templerorden gehört, und alle seine Plätze, die durch den Abschluß dieses gesegneten Waffenstillstandes auf ewig anerkannt sind; außerdem umfaßt er die angeschlossenen Gebiete von al-ʿUraima und Maiʿār gemäß dem von al-Malik aẓ-Ẓāhir abgeschlossenen Vertrag[402], dessen Bestimmungen hierher zu übertragen sind. Sie umfassen siebenunddreißig Gebiete, die im Vertrag namentlich aufgeführt sind. Der Vertrag gilt also für alle Länder unseres Herrn des Sultans (der dafür Sicherheit zugesagt bekommen hat) von seiten des Großmeisters *frère* Guillaume de Beaujeu, Großmeister des Templerordens, und allen Brüdern von Tortosa, den Rittern, Turkopolen und anderen Gruppen der Franken.

Aus Tortosa, seiner Umgebung, seinem Hafen und seinem Küstengebiet darf niemand die Länder unseres Herrn al-Malik al-Manṣūr und seines Sohnes, Sultan al-Malik aṣ-Ṣāliḥs, angreifen, noch ihre Festen, Burgen und Städte, seien sie im Waffenstillstandsvertrag aufgezählt oder nicht. (Umgekehrt) genießen Tortosa und sein im Vertrag genanntes umliegendes Gebiet mit allen Brüdern, Rittern und allen ihren dort wohnenden oder dort weilenden Untertanen Sicherheit und Ruhe von seiten unseres Herrn des Sultans al-Malik al-Manṣūr sowie seines Sohnes, ihrer Heere und Untertanen; keiner von ihnen darf das Gebiet von Tortosa angreifen noch irgendeinen seiner Untertanen belästigen oder überfallen, solange der Vertrag gilt. Alle durch Verbot geschützten Gegenstände sollen unter dasselbe Verbot fallen.

Wenn ein Schiff aus den Ländern unseres Herrn des Sultans oder derer, die aus einem anderen Land zu ihm fahren, gleich welchem Volk sie angehören, Schiffbruch oder Havarie erleidet im Hafen von Tortosa oder an seinen Küsten und Plätzen, die im Vertrag genannt sind, soll allen Insassen dieses Schiffes die Sicherheit ihre Lebens, ihrer Habe und Waren gewährleistet sein. Wird der Besitzer des Schiffes, das Schiffbruch oder Havarie erlitten hat, gefunden, soll ihm sein Schiff mit aller seiner Habe zurückgegeben werden; ist er unauffindbar, sei es, daß er tot, oder daß er vermißt ist, soll der Fund unter Bewachung den Vertretern unseres Herrn des Sultans zugeleitet werden. Dasselbe gilt für Schiffe aus Tortosa, die Schiffbruch in den Ländern unseres Herrn des Sultans erleiden.

In dem Gebiet Tortosas, wie es in diesem Vertrag umschrieben ist, darf keine Feste, kein Fort und keine Burg erneuert werden, noch dürfen Befestigungen, Schanzwerke und ähnliches gebaut werden.

VERTRAG MIT AKKON

(Ibn ʿAbd aẓ-Ẓāhir *Tašrīf* foll. 69^{r}–85^{v})

In diesem Jahre (682/1283) gab unser Herr der Sultan den Bitten der Bevölkerung Akkons nach, da ihre Gesandten schon mehrmals in Syrien und Ägypten wegen eines Friedensvertrages vor ihm erschienen waren. Er untersagte ihnen jedoch, auf dem Landwege zu kommen, und forderte sie auf, ausschließlich den Seeweg zu benutzen, wenn sie zu ihm kommen wollten; danach richteten sie sich. Nachdem sie nach Ablauf des Vertrages (mit al-Malik aẓ-Ẓāhir[403]) unmäßig hohe Forderungen gestellt hatten, gaben sie schließlich den Wünschen des Sultans nach, und man einigte sich. Im Ṣafar dieses Jahres (Mai 1283) erschienen daher die Gesandten und Ältestens Akkons und schlossen Frieden; der Sultan beeidete ihn in Gegenwart der fränkischen Bevollmächtigten: je zweier Brüder des Templerordens und der Hospitaliter, zweier königlicher Ritter, des Generalstatthalters Wilhelm und des Wesirs Fahd. Der Wortlaut war folgender:

Hiermit wird ein Waffenstillstand geschlossen zwischen unserem Herrn, Sultan al-Malik al-Manṣūr (Qalāwūn), und seinem Sohn al-Malik aṣ-Ṣāliḥ ʿAlāʾ ad-Dunjā wa-d-Dīn ʿAlī – Gott lasse ihre Macht ewig währen – und den Führern des Königreichs Akkon, Sidon und

ʿAṯlīṯ und der abhängigen Gebiete, auf die sich dieser Vertrag bezieht. Das sind Seneschall Odo, Regent des Königreichs Akkon[404], Großmeister *frère* Guillaume de Beaujeu, Großmeister des Templerordens, Großmeister *frère* Nicolas Lorgues, Großmeister des Ordens vom Hospital, und Marschall *frère* Konrad, Stellvertreter des Großmeisters des deutschen Hospitales. Der Vertrag dauert zehn volle Jahre, zehn Monate, zehn Tage und zehn Stunden und beginnt Donnerstag, den 5. Rabīʿ I 682 der Hedschra des Propheten, was dem 3. Ḥazīrān des Jahres 1594 Alexanders des Sohnes Philipps des Griechen (3. Juni 1283) entspricht. Der Vertrag umfaßt alle Länder unseres Herrn, Sultan al-Malik al-Manṣūrs, und seines Sohnes al-Malik aṣ-Ṣāliḥ ʿAlāʾ ad-Dunjā wa-d-Dīn ʿAlī: Festen, Burgen, Gebiete, Provinzen, Städte, Dörfer, Ackerland und Ländereien. Das heißt[305]: das Reich Ägypten mit allen seinen muslimischen Marken, Festen und Burgen, der Mark Damiette, der Mark Alexandria, Nastarāwa, Santarijja mit allen zugehörigen Häfen, Stränden und Ortschaften, der Mark Fuwwa und Rosette; die Plätze des Ḥiǧāz; die beschützte Mark Gaza mit allen ihren Häfen und Gebieten; die Provinz al-Karak, aš-Šaubak und ihr Gebiet, as-Salṭ und Gebiet, Boṣrā und Gebiet; die Provinz des Freundes Gottes (Hebron) – Gott segne ihn –; die Provinz des edlen Jerusalem und ihres Landes, des Jordans, Bethlehems und Gebietes mit jeder darinliegenden und zugehörigen Ortschaft; Bait Ǧibrīl; die Provinz Nābulus und Gebiet; die Provinz al-Aṭrūn und Gebiet, Askalon und sein Gebiet, Häfen und Küste; die Provinz Jaffa und ar-Ramla, ihr Hafen und Gebiet; Arsūf mit Gebiet und Hafen; Caesarea mit Hafen, Küste und Gebiet; die Feste Qāqūn und Gebiet; Lydda und Gebiet; die Gegend von al-ʿAuǧāʾ mit ihren Salzwerken; die Gegend der glücklichen Eroberung mit ihrem Gebiet und Ackerland; Baisān und Gebiet, aṭ-Ṭūr und Gebiet, al-Laǧǧūn und Gebiet, Ǧubnīn und Gebiet, ʿAin Ǧālūt und Gebiet, al-Qaimūn und Gebiet mit allem, was davon abhängt; Tiberias mit seinem See und Gebiet; die Provinz Ṣafad und was dazugehört; Tibnin und Ḥūnīn mit allen Ortschaften und dem gesamten Gebiet; as-Šaqīf, genannt Šaqīf Arnūn, mit Gebiet und was dazugehört; der Platz al-Qarn und was zu ihm gehört außer dem, was in diesem Vertrag besonders geregelt ist; die Hälfte der Stadt Alexandrette und der Vorstadt Marūn mit Dörfern, Weinbergen, Gärten und Feldern – das übrige Gebiet des genannten Alexandrette soll in seinen Grenzen und mit seinen Ortschaften unserem Herrn dem Sultan und seinem Sohn gehören –, während die andere Hälfte an das Königreich Akkon fallen soll; al-Biqāʿ al-ʿAzīzī[406] und Gebiet; Mašghar und Gebiet, Šaqīf Tīrūn und Gebiet;

alle Höhlen, Zalājā und andere; Bānijās und Gebiet; die Feste as-Subaiba mit ihren Seen und Gebiet; Kaukab und Gebiet; die Feste ʿAǧlūn und Gebiet; Damaskus und die damaszenische Provinz mit ihren Festen, Ortschaften, Bezirken und Gebiet; die Feste Baalbek und Gebiet; die Provinz Homs, Gebiet und Grenzen; die Provinz Hama mit ihrer Stadt, Feste, Ortschaften und Grenzen; Balāṭunus und Gebiet; Ṣahjūn und Gebiet, Barzajja und Gebiet; die Eroberungen von Ḥiṣn al-Akrād und Gebiet; Ṣāfīṯā und Gebiet; Maiʿār und Gebiet; al-ʿUraima und Gebiet; Maraqijja und Gebiet; Ḥalaba und Gebiet; die Feste ʿAkkār, Gebiet und Ortschaften; al-Qulaiʿa und Gebiet; die Feste Šaizar und Gebiet, Apamea und Gebiet, Ǧabala und Gebiet, Abū Qubais und Gebiet; die Provinz Aleppo mit allen zugehörigen Festen, Städten, Plätzen und Burgen; Antiochia und Gebiet mit allem, was die gesegneten Eroberungen[407] umfassen; Baghrās und Gebiet, Darbasāk und Gebiet, Rāwandān und Gebiet, Ḥārim und Gebiet, ʿAintāb und Gebiet, Tizīn und Gebiet, Saiḥ al-Ḥadīd und Gebiet; die Feste Naǧm und Gebiet, Šaqīf Dair Kūš und Gebiet; aš-Šughr und Gebiet, Bakās und Gebiet, as-Suwaida und Gebiet, al-Bāb und Buzāʿa und ihr Gebiet; al-Bīra und Gebiet, ar-Raḥba und Gebiet, Šumaimis und Gebiet, Tadmur und Gebiet; dazu alles, was zu diesen Plätzen gehört, sei es erwähnt oder nicht.

(Allen diesen Plätzen wird Sicherheit zugesagt) von seiten der Führer des Königreichs Akkon: vom Regenten des Reiches, vom Großmeister der Templer, *frère* Guillaume de Beaujeu, vom Großmeister der Hospitaliter, *frère* Nicolas Lorgues, und Marschall *frère* Konrad, dem Stellvertreter des Großmeisters der deutschen Hospitaliter; außerdem von allen Franken, Mönchen und Rittern, die ihnen Gehorsam schulden und zu ihrem Reich an der Küste gehören; und von allen Franken ohne Unterschied, die in Akkon wohnen und in den Küstengebieten, die der Vertrag einbezieht, und von allen, die zu Wasser und zu Lande dort ankommen, ohne Ansehen des Volkes und der Person.

Die Gebiete unseres Herrn, Sultan al-Malik al-Manṣūrs, und seines Sohnes, al-Malik aṣ-Ṣāliḥ, ihre Burgen, Festungen, Städte und Dörfer, ihre Heere, Araber, Turkmenen und Kurden, ihre Untertanen, welchen Volkes auch immer, mit all ihrer Habe, Herden, Sachen, Ernte und anderem, sollen keinen Schaden und keinen Überfall, keinen Angriff und keinerlei Belästigung zu befürchten haben. Desgleichen alles, was unser Herr, Sultan al-Malik al-Manṣūr, und sein Sohn, Sultan al-Malik aṣ-Ṣāliḥ, mit eigener Hand oder durch ihre Truppen und Statthalter erobern werden an Plätzen, Burgen, Festen und Provinzen, zu Wasser und zu Land, in der Ebene und im Gebirge.

Gleicherweise (sollen Sicherheit haben) alle Küstenplätze der Franken, für die jetzt der Vertrag geschlossen wird, also: die Stadt Akkon mit ihren Gärten, Ländereien, Mühlen und Weingärten, die dazugehören, und mit den Rechten, die sie in der Umgebung erhalten hat, und die in diesem Vertrag aufgeführten Orte, dreiundsiebzig an der Zahl, mit ihrem Ackerland: alles in vollem Besitze der Franken. So Haifa mit Weinbergen und Gärten, mit sieben abhängigen Orten. So soll Marina mit dem unter demselben Namen bekannten Platz den Franken gehören. So sollen den Franken das Kloster Sajāğ (?) und das Kloster Mar Elias gehören. Vom Karmel-Gebiet soll unser Herr der Sultan ʿAfā und al-Manṣūra besitzen, während die übrigen dreizehn Orte den Franken gehören sollen. ʿAṯlīṯ, Feste und Stadt mit den Gärten, die abgeholzt wurden, den Weingärten, Feldern und Ländereien, soll mit sechzehn Ortschaften den Franken gehören; dagegen soll unserem Herrn dem Sultan das hier genannte Dorf al-Harāmīs mit seinen Rechten und Feldern zu eigen gehören; das restliche Gebiet von al-Harāmīs wird geteilt, ausgenommen der Teil, der an die erhabenen Privatgüter des Sultans grenzt, mit acht Ortschaften. Der Grundbesitz der Hospitaliter in der Provinz Caesarea soll den Franken gehören mit allem, was dazugehört. Die Hälfte der Stadt Alexandrette und der Vorstadt Marūn mit allem, was sie enthalten, soll den Franken gehören, der Rest unserem Herrn dem Sultan; alle Rechte und die Erträge aus Alexandrette und der Vorstadt Marūn sollen geteilt werden. Was Sidon angeht, die Feste und die Stadt, die Weingärten und die Umgebung mit allem, was dazugehört, so soll es den Franken gehören; sie sollen fünfzehn Ortschaften zu eigen haben mit allem, was es in der Ebene an Flüssen, Wasser, Quellen, Gärten, Mühlen, Kanälen, fließenden Gewässern und Deichen gibt, womit sie nach altem Brauch ihre Ländereien bewässern; der Rest des gesamten Berglandes soll vollständig unserem Herrn dem Sultan und seinem Sohn gehören. Alle diese Gebiete von Akkon und die, die im Vertrag aufgezählt sind, sollen Sicherheit haben von seiten unseres Herrn des Sultans und seines Sohnes, seiner Heere und Truppen, handle es sich um den Teil, den sie ganz besitzen, oder um den geteilten, mit voller Sicherheit für ihre Einwohner.

Außerhalb Akkons, ʿAṯlīṯs und Sidons und außerhalb der Mauern dieser drei Plätze dürfen die Franken keine Mauern, Festen, Forts oder Burgen erneuern, seien es alte oder neue.

Die Galeeren unseres Herrn des Sultans und seines Sohnes dürfen die in diesen Vertrag einbezogenen Küstenländer in keiner Weise belästigen, nachdem sie ausgerüstet und in See gestochen sind. Wenn die genannten Galeeren Kurs gegen ein anderes Land nehmen, dessen Herrscher jedoch durch Vertrag mit den Führern des Königreiches Akkon verbunden sind, dürfen die Galeeren sich in den in diesem Vertrag genannten Ländern weder aufhalten noch Verpflegung aufnehmen. Wenn jedoch der Herrscher des Landes, gegen das die Galeeren auslaufen, mit dem Königreich Akkon vertragsmäßig nicht verbunden ist, dürfen die Galeeren dort Anker werfen und Verpflegung aufnehmen. Wenn, was Gott verhüte, eine dieser Galeeren in einem Hafen oder an der Küste, die zum Bereich des Friedensvertrages gehören, Schiffbruch erleiden sollte und wenn sie gegen einen Verbündeten des Königreiches Akkon und seines Herrschers gefahren war, sollen der Regent des Königreiches Akkon und die Großmeister der Orden es unter Bewachung stellen und der Mannschaft erlauben, Lebensmittel aufzunehmen, die Schäden auszubessern und in islamisches Gebiet zurückzukehren; die Weiterfahrt des gescheiterten und an die Küste geworfenen Schiffes soll damit verhindert sein. Wenn jedoch der, gegen den die Schiffe auslaufen, nicht durch Vertrag mit denen von Akkon verbündet ist, soll sich das gescheiterte Schiff aus den zum Vertragsbereich gehörenden Ländern versorgen und ausrüsten und seinen anfänglichen Kurs weiterverfolgen dürfen. Diese Bestimmung soll für beide Seiten gelten.

Sobald einer der Frankenkönige oder andere von jenseits des Meeres hierherkommen, um unserem Herrn dem Sultan oder seinem Sohn in ihren Ländern, die in diesen Vertrag eingeschlossen sind, Schaden zuzufügen, sind der Regent des Reiches und die Großmeister von Akkon gehalten, unserem Herrn dem Sultan zwei Monate vor ihrem Eintreffen Nachricht über ihre Unternehmungen zu geben; treffen jene nach Ablauf der zwei Monate dann ein, sollen der Regent des Königreiches Akkon und die Großmeister jeder Verantwortung darüber enthoben sein.

Wenn sich ein Feind, Mongole oder anderer, regt, soll der Vertragspartner, der als erster von beiden davon erfährt, den anderen darüber unterrichten. Wenn ein Feind, was Gott verhüte, von den Mongolen oder anderen, zu Land gegen Syrien zöge und die Truppen (des Sultans) vor ihm zurückwichen, so daß er in die Nähe der in diesem Vertrag genannten Küstenländer käme und sie feindlich angriffe, sollen der Regent des Königreiches Akkon und die Großmeister das Recht haben, durch Verhandlungen – soweit sie in ihrer Macht stehen – für ihren Schutz und den ihrer Untertanen und Gebiete zu sorgen.

Falls, was Gott verhüte, aus einer plötzlichen Angst eine Fluchtbewegung aus den islamischen Ländern an die Küste erfolgen sollte, die in diesen Vertrag eingeschlossen ist, sollen der Regent des Reiches Akkon und die Großmeister diesen Flüchtlingen Zuflucht und Schutz gewähren und sie gegen die, die sie feindlich verfolgen, verteidigen, so daß sie mit ihrer Habe sicher und ruhig sein können. Der Regent des Reiches und die Großmeister sollen allen anderen Plätzen der Küste, auf die sich dieser Vertrag erstreckt, Anweisung geben, den Seeräubern nicht zu erlauben, Speise oder Wasser bei ihnen zu nehmen, und wenn sie einen von ihnen gefangen haben, sollen sie ihn festhalten; wenn sie gekommen sind, um Ware zu verkaufen, sollen sie sie festhalten, bis der rechtmäßige Besitzer da ist, und ihm soll sie übergeben werden. Entsprechende Maßnahmen wird der Sultan gegen die Seeräuber ergreifen.

Die Kirche von Nazareth und vier der zunächst liegenden Häuser sollen bereitgehalten werden für den frommen Besuch der christlichen Pilger, hoher und niedriger, gleich welchen Volkes oder welcher Person, die aus Akkon und den Küstenorten kommen, soweit sie in diesen Vertrag eingeschlossen sind. In der Kirche dürfen Priester und Mönche ihre Gebete verrichten, und die Häuser sollen für die Besucher der Kirche von Nazareth bereitstehen; sie sollen volle Sicherheit genießen, solange sie sich innerhalb der Grenzen der Länder bewegen, die in diesen Vertrag einbezogen sind. Was die Steine in der Kirche betrifft, so soll man die, die man aufsammelt (wenn sie heruntergefallen sind), hinauswerfen, und es soll kein Stein mit dem Ziel der Ausbesserung mehr auf den anderen gesetzt werden; auch dürfen von Priestern und Mönchen keine Geschenke deswegen gefordert werden[408].

Der Waffenstillstandsvertrag enthielt die üblichen Bedingungen. Nachdem unser Herr der Sultan ihn beschworen hatte, begaben sich Emir Faḫr ad-Dīn Ajāz, *amir ḥāǧib*, und Qāḍī Badr ad-Dīn ibn Razīn zu den Franken, um sie den Eid schwören zu lassen. Sie schworen ihn, und so war der Vertrag geschlossen.

DIE EIDESFORMEL DES SULTANS ZU DIESEM VERTRAG

(Ibn al-Furāt VII foll. 181^{v}–182^{r})

Bei Allah, bei Allah, bei Allah, im Namen Allahs, Allahs, Allahs, mit Allah, Allah, Allah als Zeugen, dem großen und verfolgenden, dem schadenden und nützenden, dem erreichenden und tödlichen, der alles kennt, was offen, und alles, was verborgen ist, das Geheime und das Offenbare, dem barmherzigen und milden; beim Koran und dem, der ihn offenbart hat, und dem, dem er offenbart ist, Mohammed, Sohn ʿAbdallāhs, den Gott schütze und segne, und bei allem, was im Koran gesagt wird, Abschnitt um Abschnitt, Vers um Vers; beim Monat Ramaḍān: ich verpflichte mich, diesen gesegneten Vertrag zu halten, der zwischen mir und dem Königreich Akkon und den dort wohnenden Großmeistern geschlossen ist; er umfaßt Akkon, ʿAṯlīṯ und Sidon mit den hier eingeschlossenen dazugehörigen Gebieten. Der Waffenstillstand soll Donnerstag, den 5. Rabīʿ I des Jahres 682 der Hedschra, beginnen und zehn Jahre, zehn Monate, zehn Tage und zehn Stunden dauern. Ich will den Vertrag von Anfang bis Ende beachten, einhalten, mich an alle in ihm aufgeführten Bedingungen halten und mich nach den in ihm festgelegten Bestimmungen richten, bis die Zeit, die in ihm vorgesehen ist, abgelaufen ist. Ich will nicht über ihn streiten noch Rechtsauskünfte einholen, ihn zu brechen[409], solange die Führer von Akkon, Sidon und ʿAṯlīt, also der Regent des Königreiches Akkon, der Großmeister des Tempels und der des Hospitales und der Stellvertreter des Großmeisters des deutschen Hospitales – seien es die jetzigen oder diejenigen, die ihnen nachfolgen in der Regentschaft des Reiches und an der Spitze der obengenannten Orden –, solange sie also den Eid halten, den sie mir jetzt leisten, dazu meinem Sohn al-Malik aṣ-Ṣāliḥ und meinen anderen Söhnen, über die Achtung dieses jetzt aufgesetzten Vertrages, die in ihm aufgezählten Bedingungen bis zu seinem Ablaufen zu beachten und sich an alle seine Bestimmungen zu halten. Sollte ich diesen Eid brechen, bin ich gehalten, dreißigmal barfuß und barhaupt die Pilgerfahrt zum Hause Gottes in Mekka zu machen und die ganze Zeit zu fasten, außer an den Tagen, an denen es verboten ist.

Nach Nennung der übrigen Schwurformeln heißt es zum Schluß:

und Allah ist Zeuge für das, was wir hier sagen.

DIE EIDESFORMEL DER FRANKEN

(Ibn al-Furāt VII foll. 182^r–183^r)

Bei Gott, bei Gott, bei Gott, im Namen Gottes, Gottes, Gottes, mit Gott, Gott, Gott als Zeugen, beim Messias, beim Messias, beim Messias, beim Kreuz, beim Kreuz, beim Kreuz, bei den drei Personen einer einzigen Substanz, benannt der Vater, der Sohn und der Heilige Geist, die ein einziger Gott sind; bei der verehrungswürdigen Gottheit[410], die in der erhabenen Menschlichkeit wohnt, beim reinen Evangelium und dem, was es enthält, bei den vier Evangelien, überliefert von Matthäus, Markus, Lukas und Johannes, bei ihren Gebeten und Segenssprüchen; bei den zwölf Aposteln und den zweiundsiebzig Jüngern und den dreihundertundachtzehn in der Kirche Versammelten (von Nicäa); bei der Stimme, die vom Himmel auf den Jordanfluß herabkam und seine Fluten weichen ließ; bei Gott dem Offenbarer des Evangeliums an Jesus, Sohn der Maria, Geist und Wort Gottes; bei Unserer Lieben Frau, der heiligen Maria Mutter des Lichtes; bei Johannes dem Täufer, bei den heiligen Martha und Maria; bei der Fastenzeit; bei meinem Glauben und dem Gott, den ich anbete, bei den christlichen Dogmen, an die ich glaube, und bei allem, was die Väter und die Priester, die mich getauft haben, mir eingeprägt haben. Von diesem Augenblick und dieser Stunde an will ich all mein Trachten und mein innerstes Begehr weihen, Sultan al-Manṣūr, seinem Sohn al-Malik aṣ-Ṣāliḥ und ihren Söhnen alle Verpflichtungen zu halten, die in diesem gesegneten Vertrage genannt sind; durch ihn ist der Friede geschlossen, und er gilt für das Königreich Akkon, Sidon und ʿAṯlīṯ und die zugehörigen Gebiete, die in den Vertrag einbezogen und namentlich in ihm aufgeführt sind. Der Waffenstillstand soll zehn Jahre, zehn Monate, zehn Tage und zehn Stunden dauern und Donnerstag, den dritten des Monats Ḥazīrān des Jahres 1594 Alexanders, des Sohnes Philipps des Griechen, beginnen. Ich will alle dort genannten Abmachungen beobachten, eine um die andere, und mich verpflichten, jede im Vertrag enthaltene Bestimmung treu zu halten, bis der Vertrag abläuft. Bei Gott, Gott, Gott, beim Messias, dem Kreuz und meinem Glauben: ich will den Ländern des Sultans und seines Sohnes keinen Schaden zufügen noch irgendwelche Belästigungen antun, weder den Völkern, die diese Länder bewohnen oder bewohnen werden, noch denen von ihnen, die in die im Vertrag aufgezählten Länder kommen, weder ihnen selbst noch ihrem Hab und Gut. Bei Gott, meinem Glauben und dem, den ich anbete: ich will in treuem Gehorsam gegen Abkommen und Vertrag, in aufrichtiger Freundschaft, im Schutz der muslimischen Bevölkerung und derer, die kommen und gehen aus den Ländern des Sultans, dem Wege dessen folgen, der ein ehrlicher Bundesgenosse ist und sich verpflichtet, jede Belästigung und alle feindlichen Anschläge auf Leben und Gut zu vermeiden. Ich verpflichte mich, alle Abmachungen dieses Vertrages während seiner Gültigkeit treu einzuhalten, sofern auch al-Malik al-Manṣūr den von ihm auf denselben Vertrag geleisteten Eid hält. Ich werde diesen Eid nicht brechen noch einen Teil davon, noch auch an irgendeinem Teil Anstoß nehmen, mit der Absicht, ihn zu brechen. Wenn ich ihm zuwiderhandeln oder ihn verletzen sollte, will ich verstoßen sein aus meiner Religion und meinem Glauben und von meinem Gott, den ich anbete, und ein Aufrührer gegen die Kirche sein; ich will gehalten sein, dreißig Pilgerfahrten barfuß und barhaupt in das edle Jerusalem zu machen; ich muß tausend gefangene Muslime aus dem Kerker der Franken befreien und von der in die Menschlichkeit herabgestiegenen Gottheit verstoßen sein. Das ist mein Eid, geleistet von mir Soundso. Bei alldem ist meine Absicht die gleiche wie die Sultan al-Malik al-Manṣūrs, seines Sohnes al-Malik aṣ-Ṣāliḥ und all derer, die vor ihnen in meinem Namen den Vertrag auf das edle Evangelium beschwören. Ich hege keine andere Absicht als diese. Gott und der Messias sind Zeugen für das, was wir hier sagen.

DER FALL AL-MARQABS

(*Tašrīf* foll. 149^{r}–160^{r})

Das ist eine große, starke Festung, auf die unser Herr, Sultan al-Malik al-Manṣūr – Gott verleihe ihm Sieg –, beständig sein Augenmerk gerichtet hielt. Er bemühte sich mit allen Mitteln, die Feste dem Islam zu sichern, wandte alle Überlegungen an, um sie zu erobern und zu bezwingen. Bisher hatte sie allen Anstrengungen der (islamischen) Herrscher getrotzt; keiner von ihnen hatte sich ihr zu nähern, geschweige sie zu belagern vermocht. Al-Malik aẓ-Ẓāhir (Baibars) hatte zwar mehrmals gegen die Festung Angriffe vorgetragen, doch Gott hatte die Eroberung nicht (ihm) bestimmt noch ermöglicht, hatte sie seinem Los nicht zugeteilt noch sie beschleunigt: einmal hatte er sich von

Hama aus in Marsch gesetzt, war aber in Schnee, Hagel und Regen geraten, was ihn zusammen mit den Schwierigkeiten des Geländes daran hinderte, sein Ziel zu erreichen. Ein anderes Mal wollte er die Festung von einem anderen Ausgangsort angreifen, konnte aber nicht genug Gerät gegen sie bereitstellen. Kurz: Gott behielt sie unserem Herrn dem Sultan (Qalāwūn) vor, damit sie eine seiner strahlenden Eroberungen werde und sein Leben mit ihr als der schönsten geschmückt werde. Die Hospitaliter, die die Feste besetzt hielten, waren immer schamloser, gefährlicher und mörderischer geworden, so daß die Leute der Festungen in der Umgebung wie im Kerker leben mußten, ja wie im Sarg. Die Franken hielten die Festung für unangreifbar, mit welchen Anstrengungen und Listen auch immer; keine Durchtriebenheit reiche aus, sie zu überwältigen. Daher verharrten sie in ihrer hochmütigen Haltung, hielten ihre Eide nicht und begingen in der Angelegenheit von al-Qulaiʿāt[411] jede üble Treulosigkeit, machten Gefangene und plünderten. Unser Herr, Sultan al-Manṣūr, lauerte ihnen aber auf wie ein reißender Löwe; ohne noch Augen für anderes zu haben, beschäftigte er sich mit der Feste, und jedesmal, wenn sie einen Kriegsbrand warfen, erleuchtete ihn die ewige Rechtleitung. In Damaskus ließ er die Belagerungsmaschinen vorbereiten, ohne daß jemand wußte, wofür sie bestimmt waren. Gleichzeitig ließ er aus seinen verschiedenen Ländern die Mannen ausrücken, dazu Lebensmittel, Befehlshaber und Ausrüstung – eine unzählbare Menge. Einige sagten, es gehe gegen die Feste der Griechen[412], andere, anderswohin. Aus Ägypten hatte der Sultan ein großes Arsenal kommen lassen, in dem sich große Pfeilbündel und andere Waffen befanden; den Emiren und Truppen wurden nun bestimmte Mengen Pfeile zugeteilt, die sie bei sich tragen und vorweisen sollten, wenn sie aufgefordert würden; weiter wurden eiserne Geräte und Rohre zum Flammenwerfen bereitgestellt, wie sie nur in den Magazinen und Zeughäusern des Sultans zu finden sind. Das alles hatte er vorbereitet, ehe er sich auf den Weg machte und aufbrach. Außerdem warb er einige Leute an, die in der Belagerungskunst erfahren waren und sich darauf verstanden, Festen abzuriegeln. Von den umliegenden Burgen wurden Katapulte herbeigeschafft, lautlos und ohne der jeweiligen Besatzung ins Auge zu fallen. Katapulte und Kriegsgerät wurden auf Schultern bewegt. Schließlich verließ unser Herr der Sultan sein Lager bei ʿUjūn al-Qaṣab und gelangte in Eilmärschen am Mittwoch, dem 10. Ṣafar (684/17. April 1285), zur Feste al-Marqab, um sie zu belagern.

Sofort schleppten die Männer die Katapulte heran, und bald schloß sich ein tödlicher Ring um die Feste; ihre Belagerung begann unter den Augen des größten Sultans. Es wurden Katapulte der «fränkischen» und «qarabugha» Art aufgestellt, unter ihnen drei große «fränkische» Katapulte, drei «qarabugha» und vier «Teufel», so daß sie die Feste von allen Seiten umgaben. Sie begannen, furchterregende und mörderische Steine zu schleudern, während man von allen Seiten anfing, die Mauern zu untergraben. Die «fränkischen» Katapulte zerstörten die der Feinde, so daß die Geräte der Muslime bis dicht an die Burg heranrücken konnten. Aber die Franken besserten ihre Katapulte wieder aus, beschossen die muslimischen und vernichteten einige von ihnen; dabei fielen mehrere Muslime, die sie bedient hatten. Denn unbestreitbar ist, daß das Kriegsglück wechselt, und der Mensch nicht immer heil davonkommt. Sobald der Stollen des Sultans zur Minierung fertig war, ließ er ihn mit Holz füllen und Mittwoch, den 17. Rabīʿ I (25. Mai), in Brand setzen. Das Feuer fraß sich vor bis in die Mitte des Stollens unter dem Turm an der Mauerecke, und die Muslime stürmten vor, um den Turm selbst zu ersteigen. Es entspann sich ein heftiger Kampf, die Anstrengungen der Muslime, den Turm zu erklettern, hatten keinen Erfolg, und der Angriff schlug fehl. Gegen Abend stürzte der Turm ein und vergrößerte so nach Meinung der Soldaten die Schwierigkeit, in der Feste Fuß zu fassen. Die Nacht verging unter großer Aufregung, da die Katapulte nach dem, was geschehen war, nutzlos geworden und auch alle Möglichkeiten der Unterminierung erschöpft waren: Gott allein konnte den Feind jetzt noch vernichten. Wirklich ließ Er am folgenden Freitag seine Gnade und Güte herabkommen und stand uns bei mit Engeln, die Ihm am nächsten sind, und allen himmlischen Scharen, die kamen, dem Islam zum Siege zu verhelfen. Er stellte den Franken vor Augen, die Stollen wären in derselben Weise unter alle Mauern getrieben, reichten an die Gräben und von dort an die Türme und bedrohten die Mauern selbst. (Wirklich) waren die Stollen unter den Gräben hindurchgeführt worden und reichten bis unter die Türme, ohne daß die Franken es bemerkt hatten. Als sie es nun sahen, erschreckten sie über die Maßen und verloren allen Mut, hielten sich für unweigerlich verloren und sahen keinen Ausweg aus der Falle. So erbaten sie Verhandlungen, um freien Abzug zu erhalten und mit gütiger Nachsicht behandelt zu werden. Nachdem sie den Tod dem Leben vorgezogen hatten, zogen sie jetzt das Leben dem Tod vor und waren sicher, daß sie rettungslos verloren wären, wenn sie nicht daran dächten, ihr Leben (jetzt) zu retten.

Sie erflehten die Milde unseres Herrn des Sultans und seine Verzeihung. Die Lage wollte es, daß es unserem Herrn dem Sultan als vorteilhaft erschien, sich dieser mächtigen Festung zu versichern, ohne sich lange bei ihrer Belagerung aufzuhalten; ein Aufschieben der Sache hätte seinem Urteil nach nur die günstige Gelegenheit vorübergehen lassen: er wollte lieber den unmittelbaren Vorteil wahrnehmen; wenn die Franken der Burg sich damit auch vor dem Feuer des Schlachtentodes retteten, so waren sie doch nicht vom Feuer des Todes überhaupt gerettet. Er stimmte also zu, ihnen Verzeihung und Sicherheit zu gewähren. Da ihnen das Wort des Sultans mehr galt als alle Eide, schickten sie ihre Anführer zum siegreichen Zelt (des Sultans) und baten um nichts anderes als um sicheres Geleit. Sie willigten ein, keinerlei Güter oder Waffen mitzunehmen, die zur Burg gehörten, nur wer persönliche Habe besaß, erhielt die gnädige Erlaubnis, sie mitnehmen zu dürfen. Die Emire verwandten sich für sie, küßten vor unserem Herrn dem Sultan die Erde und baten, er möge ihrem Ersuchen nachkommen. So wurden ihren Oberen für die Reise fünfundzwanzig Pferde und Maultiere mit dem entsprechenden Gepäck zugestanden sowie der Betrag von zweitausend tyrischen *dīnār*, der als Eigentum einiger von ihnen angegeben wurde. Sie erhielten Geleitbriefe und kehrten zur Burg zurück in Begleitung Emir Faḫr ad-Dīns al-Muqri' al-Ḥāǧib, der dem Kastellan und allen Rittern den Eid abnahm. So übergaben sie die gesamte Festung am Freitag, dem 19. Rabīʿ I (27. Mai), um die achte Stunde. Das siegreiche Banner Sultan al-Manṣūrs erhob sich über ihren Mauern, und ein allgemeiner Chor stieg auf mit guten Wünschen für unseren Herrn den Sultan, dessen Tage diesen Sieg erleben ließen, der so lange allen Bemühungen zum Trotz unerreichbar geblieben und für den so lange vergebens gestritten worden war.

Die Muslime stiegen hinauf (den Platz in Besitz zu nehmen), und von der Burg herab erscholl der Gebetsruf, erklangen Lob und Dank, daß Gott diejenigen, die den Messias anbeten, vernichtete und aus unserem Lande vertrieb. Botschaften mit der frohen Nachricht wurden an alle Provinzen geschrieben, und überallhin wurden Läufer mit ihnen ausgesandt. Unser Herr der Sultan bestieg am Sonnabend (selbst) die Burg. Die großen Emire versammelten sich vor ihm, und man beriet unter seinem Vorsitze, ob die Feste geschleift oder erhalten werden sollte. Die einen waren für das eine, die anderen für das andere, aber die erleuchtete Ansicht des Sultans war, sie wegen ihrer Sicherheit und Festigkeit zu erhalten, sie wieder instandzusetzen und auszubessern. Er blieb bei seiner Meinung, sie zu erhalten, zur Wut der Ungläubigen und zum Schutze der umliegenden Burgen. Er legte eine Besatzung von tausend Fußsoldaten (*aqǧijja* [?]) in die Burg, Katapultschützen und Kämpfer, vierhundert Handwerker, eine Gruppe Emire, die mit einer Kapelle ausgezeichnet waren, und hundertundfünzig baḥritische, ṣāliḥitische und manṣūritische Mamlūken[413]. Darauf ließ er die Katapulte, mit denen der Angriff erfolgt war, auf die Feste schaffen, so daß sie jetzt umgekehrt den Feind von seinen eigenen Bollwerken beschossen. Dasselbe geschah mit den Geräten, Holz, Pfeilen, Zeug aus dem Arsenal und Brandwerkzeugen, sowie mit allen anderen Belagerungsgeräten, die sich dort im Besitze seiner edlen Hoheit befanden. Schließlich richtete er ein besonderes Lehen ein, mit dieser Burg als Hauptsitz, das aus dem Gebiet von Kafarṭāb, der Stadt Antiochia, Stadt und Hafen Laodizea und den Gebieten von al-Marqab selbst bestand, die auch schon vorher dazugehört hatten, abgesehen von denen, die schon vor der Eroberung als Lehen verteilt waren. Die Gesamteinkünfte aus diesem Gebiet betrugen nach seiner Neuordnung eine Million *dirham*. Die Ausgaben für den Wiederaufbau und den Sold der Besatzung verteilte der Sultan auf das Land[414], bis das Gebiet wiederhergestellt wäre und die örtliche Bevölkerung zurückkäme. Als das alles geregelt war, reiste der Sultan ab – Gott verleihe ihm Sieg – und stieg in die Ebene hinab zur Stadt Bulunjās.

DER FALL VON MARAQIJJA

(*Tašrīf* foll. 172^{r}–178^{v})

Als unser Herr der Sultan – Gott verleihe ihm Sieg – die Angelegenheit von al-Marqab beendet hatte und, wie wir berichtet haben, in die Ebene hinabgestiegen war, begann er, sich mit der Feste Maraqijja zu beschäftigen und zu erkunden, wie sie erobert werden könne. Denn er hatte erkannt, daß Maraqijja wie ein Keil zwischen den anderen Burgen lag und daß es keine Sicherheit und Ruhe geben könne, solange es aushielt. Sein Herr nannte sich Bartholomäus und zählte zu den bedeutendsten Franken. Nachdem Ḥiṣn al-Akrād von den Muslimen erobert worden war, konnte er sich nicht länger dort halten; deshalb zerschnitt er das Band und ging zu den Mongolen, um bei ihnen Schutz, Hilfe und Beistand zu finden, und blieb mehrere Jahre in ihrem Land. Als dann al-Malik aẓ-Ẓāhir starb, nutzte er die Gelegenheit, in dies Land zurückzukehren, und versuchte Maraqijja zu befestigen. Da aber seine Kräfte nicht dazu ausreichten und er außerdem fürchtete, daß es ihm weggenommen werde, baute er eine Burg vor Maraqijja und befestigte sie; dabei unterstützten ihn der Fürst von Tripolis und andere Franken, die Hospitaliter von al-Marqab und andere. Diese Feste lag zwischen Tortosa und al-Marqab vor der Stadt Maraqijja mitten im Meer, zwei gute Pfeilschüsse vom Ufer entfernt. Die Befestigung war rechteckig, ungefähr so lang wie breit, und maß auf jeder Seite fünfundzwanzig Ellen und eine halbe mit Mauern, die sieben Ellen stark waren; sie bestand aus sieben Stockwerken und war auf Barken errichtet, die mit Steinen beladen ins Meer versenkt waren. Unter jeder ihrer Ecken lagen neunhundert (!?) Barkenladungen Steine. Jeweils zwei Blöcke des Mauerwerks wurden durch zwei durchgehende Eisenspangen zusammengehalten und waren von einem Bleinetz überzogen. Im Innern der Burg war eine große Zisterne; über die Zisterne war ein Gewölbe gebaut, darauf lagen Holzbalken, auf ihnen wieder Mauerwerk aus kleinen Steinen, auf dem Mauerwerk Sackleinen, und über dem Leinen waren Hanftaue festgezogen, in einer Art, daß man nur lachen konnte, wenn die Burg vom Festland aus mit Katapulten unter Beschuß genommen wurde, da die Steine von da oben nur ins Wasser fielen. Die Besatzung der Burg bestand aus hundert Soldaten, die hinter sich eine weitere Befestigung mit drei Katapulten zur Verteidigung hatten. Durch Belagerung und Zernierung war die Burg also uneinnehmbar. Die (muslimischen) Statthalter von Ḥiṣn al-Akrād und der anderen Gebiete hatten, ohne eine Handhabe zu haben, zusehen müssen, wie die Festung gebaut wurde, da die notwendigen Baustoffe übers Meer herangeschafft wurden; sie sahen sich daher gezwungen, ebenfalls eine Burg in der Nähe zu bauen, im Dorf Maiʿār, und etwa fünfzig Mann Besatzung dorthin zu legen; aber das nützte gar nichts.

Unser Herr der Sultan sah, daß jene Burg so gut und sicher befestigt war, die andere aber, ihr gegenüber, ihrem Erbauer eher schadete als nützte, daß jene überdies kaum angegriffen werden könne, da sie mitten im Meer lag und die Muslime keine Flotte hatten, mit der sie ihnen den Nachschub hätten abschneiden und sie an Ein- und Ausfahrt hätten hindern können; daß es sich also um eine langwierige, gleichzeitig aber dringliche Angelegenheit handle, die außerordentlich wichtig war und die zur Eroberung nach Waffen der Erfindungsgabe, nicht des Heeres, verlangte – als er das alles erkannt hatte, schickte er dem Herrn von Tripolis folgende Botschaft: «Meine Truppen sind frei (von jeder anderen Aufgabe); Du allein bist ihnen als einziges Ziel geblieben. Jene Feste nun hast in Wirklichkeit Du erbaut, denn ohne Deine Hilfe wäre sie nicht errichtet worden – also trifft Dich der Tadel in der Sache! Die Burg wird entweder zerstört, oder wir nehmen als Vergeltung so viel von Deinem Land, daß Dir der Herr von Maraqijja keinen Schutz bieten kann. Dann bereust Du, wenn Dir Reue nichts mehr nützt, und die Decke wird sich heben, und das Geschenk wird zurückgenommen.» Als der Fürst[415] von dieser ehernen Entscheidung erfuhr, war er sich im klaren, daß diese Worte den Untergang seiner Plätze, Burgen und seines ganzen Landes bedeuteten, daß der König des Landes mit seinen gewaltigen Heeren vor den Toren seiner Stadt stand, daß er sein Lager schon auf seinem Feld aufgeschlagen hatte und daß es keinen anderen Ausweg mehr gab, als angegriffen zu werden oder die Festung zu schleifen: so beschloß er, die Burg aufzugeben und zu zerstören. Ihren Besitzer entschädigte er mit

Geld und Landbesitz, so gut er konnte, nachdem sich der Herr von Maraqijja eine Weile geweigert hatte. Dessen Sohn hatte sich heimlich ins Lager des Sultans begeben und einen Plan vorgelegt, nach dem er die Burg in die Hand bekommen und dem Sultan übergeben wollte. Er hatte sich darauf heimlich mit den Postpferden nach Akkon aufgemacht, wurde aber von den Einwohnern dort festgenommen. Als der Vater davon erfuhr, eilte er von Tripolis nach Akkon, ließ sich seinen Sohn vorführen und erschlug ihn eigenhändig mitten in Akkon. Damit war dieser Plan fehlgeschlagen. Auf Vermittlung des Fürsten hin gab er schließlich nach und stimmte zu, die Burg zu übergeben, und so lieferte er sie den Muslimen aus. Der Fürst schickte eine Schar Franken, die bei dem Abbruch helfen sollten, und das Wort Gottes erfüllte sich: «Sie rissen ihre Häuser ein mit ihren eigenen Händen und denen der Gläubigen[416].» Der Herr von Tripolis entsandte einen seiner hohen Beamten als Befehlshaber der dorthin geschickten Franken, damit er die Abbruchsarbeiten leite und um jeder Entschuldigung zuvorzukommen, man habe für Werkzeug zum Abreißen, Eisen und ähnliches sorgen müssen. Emir Badr ad-Dīn Bektaš an-Naǧmī, ein *Ǧāndār*-Emir, wurde mit hundert sachverständigen[417] Leuten ebenfalls zur Zerstörung der Burg gesandt; der *Sipāhsālār*-Emir Rukn ad-Dīn Taqṣu al-Manṣūrī stand mit einem Truppenteil vor Ǧabala, und der Sultan befahl ihm und seinen Leuten, sich auf die Höhe der Burg zu begeben, um beim Niederreißen zu helfen und mit Hand anzulegen. So wurde sie Stein um Stein abgetragen, und der Eifer war so groß, daß keine Spur zurückblieb. Aber es bedurfte langer harter Arbeit, bei der die Spitzhacken ächzten, die Steine härter zu werden schienen und die Kräfte erlahmten. So gefiel es Gott, jede Spur der Burg verschwinden zu lassen und ihre Gründung rückgängig zu machen, um die Gläubigen von Schaden zu befreien und den Hinterhalt zu beseitigen; an ihrer Stelle blieb nichts als Schmerz in den Herzen der Ungläubigen zurück.

DER FALL VON TRIPOLIS

(Abu 'l-Fidā' 162)

Sultan al-Malik al-Manṣūr Qalāwūn zog mit den ägyptischen Truppen im Muḥarram dieses Jahres (688 / Februar 1289) ins Feld und ging nach Syrien. Mit den vereinigten ägyptischen und syrischen Heeren nahm er dann am Freitag, dem 1. Rabīʿ I dieses Jahres (25. März), die Belagerung der Stadt Tripolis in Syrien auf. Diese Stadt ist zum größten Teil von Meer umgeben, so daß sie von der Landseite her kaum anzugreifen ist, nur von einem schmalen Landstreifen auf der Ostseite. Während der Belagerung richtete der Sultan viele große und kleine Katapulte gegen die Stadt, legte einen engen Ring um sie und konnte sie nach heftigem Kampf Dienstag, den 4. Rabīʿ II (27. April) dieses Jahres, im Sturm nehmen. Die muslimischen Truppen drangen gewaltsam ein, und die Einwohner flohen zum Hafen: einige wenige konnten sich auf die Schiffe retten, die meisten Männer aber wurden getötet, die Kinder gefangengenommen, und die Muslime machten reiche Beute in der Stadt. Nachdem sie genug gemordet und geplündert hatten, ließ der Sultan die Stadt zerstören und dem Erdboden gleichmachen.

Nicht weit von Tripolis lag im Meer eine kleine Insel mit einer Kirche, die den Namen Sankt Thomas trug; die Insel war durch den Hafen von der Stadt getrennt. Bei der Eroberung der Stadt hatten sich viele Franken mit ihren Frauen auf die Insel in die Kirche gerettet, die dort lag. Die muslimischen Truppen warfen sich jedoch ins Meer, schwammen mit ihren Pferden zur Insel hinüber, töteten alle Männer, die sich dorthin geflüchtet hatten, und raubten die Frauen mit ihren Kindern und ihrer Habe. Nach der Plünderung durch die Soldaten fuhr ich auf einem Boot zur Insel hinüber; ich fand sie voller verwesender Leichname, und sie stanken so, daß man es nicht lange aushalten konnte.

Sobald der Sultan Tripolis erobert und zerstört hatte, kehrte er nach Ägypten zurück. Tripolis hatte im ganzen hundertundfünfundachtzig Jahre und einige Monate[418] unter der Herrschaft der Franken gestanden.

(Maqrīzī 746–748)

Donnerstag, den 10. Muḥarram (4. Februar 1289), schlug der Sultan sein Lager vor Kairo auf und brach am 15. auf; als Stellvertreter ließ er in der Zitadelle[419] seinen Sohn al-Malik al-Ašraf Ḫalīl zurück, und Emir Baidar machte er zum Vertreter und Wesir seines Sohnes. Bei seinem Abmarsch ließ er an die syrischen Provinzen Mitteilung ergehen, sie sollten Truppen zur Eroberung von Tripolis bereitstellen. Er zog nach Damaskus, das er am 13. Ṣafar (7. März) erreichte und am 20. in Richtung Tripolis wieder verließ; dann belagerte er Tripolis. Zur Unterstützung der Stadt waren vier Galeeren vom König von Zypern eingetroffen. Der Sultan ließ die Stadt ununterbrochen mit seinen Katapulten beschießen und näherte sich unter ständigen Angriffen der Stadtmauer, bis er sie schließlich am Mittwoch, dem 4. Rabīʿ II[420], um die siebente Stunde im Sturm nahm. Die Belagerung hatte vierunddreißig Tage gedauert; dabei hatte er neunzehn Katapulte gegen die Stadt gerichtet und tausendfünfhundert Steinschleuderer und Handwerker zur Belagerung eingesetzt. Die Einwohner versuchten sich auf einer Insel vor Tripolis in Sicherheit zu bringen, aber die Soldaten, Reiter und Fußvolk, warfen sich ins Wasser, fingen und töteten die Flüchtlinge und raubten ihre Habe. Die Schildknappen und Reitknechte nahmen viele von denen gefangen, die sich auf Schiffe retten wollten, von den Wellen[421] aber wieder an den Strand geworfen wurden. Es waren so viele Gefangene, daß allein tausendzweihundert ins Zeughaus des Sultans kamen. Von den Muslimen waren die Emire ʿIzz ad-Dīn Maʿn und Rukn ad-Dīn Mankūras al-Farqānī sowie fünfundfünfzig Soldaten der Leibgarde gefallen.

Auf Befehl des Sultans wurde Tripolis zerstört. Seine Stadtmauer war so breit, daß drei Reiter zu Pferde (nebeneinander) auf ihr Platz hatten. Die Bevölkerung hatte beträchtliche Quellen des Reichtums gehabt, darunter viertausend Webstühle ihrer Weber.

Der Sultan bestätigte den Herrn von Ǧubail (Byblos) in seinem Besitz, legte ihm aber einen Tribut auf. Er nahm Beirut[422], Ǧabala und die umliegenden Burgen und kehrte um die Mitte Ǧumādā I (Juni 1289) nach Damaskus zurück. Wie gewöhnlich machte das Heer in Ḥiṣn al-Akrād halt bei seinem Statthalter, Emir Saif ad-Dīn Balbān aṭ-Ṭabāḫī, und die Vorhut zog von Ḥiṣn al-Akrād nach Tripolis weiter, das der Gerichtsbarkeit aṭ-Ṭabāḫīs unterstellt wurde. Fünfhundert Soldaten blieben bei ihm zurück, zehn mit einer Kapelle ausgezeichnete Emire und fünfzehn Zehneremire, die Lehen erhielten. Nahe dem Fluß gründete der Sultan darauf eine neue Stadt, die bald zu einer wichtigen Stadt wurde und heute den Namen Tripolis führt.

III.

Der Sohn Qalāwūns, al-Ašraf, vollendete 1291 das Werk seines Vaters, der während der Vorbereitung eines Zuges gegen Akkon gestorben war, und das aller seiner Vorgänger im Kampfe gegen die christlichen Eindringlinge. Die blutige Eroberung Akkons nach tapferem Widerstand erzählt uns wieder Abu 'l-Fidā', der an ihr als Vasall des Sultans teilnahm. Sein Bericht deckt sich mit dem des «Templers von Tyrus», der bekanntesten abendländische Quelle zum selben Ereignis, das das Ende der christlichen Herrschaften im Heiligen Lande bezeichnet Das Massaker der heldenhaften Verteidiger gegen gegebenes Wort nach der Übergabe vergleicht ein späterer ägyptischer Chronist, Abu 'l-Maḥāsin, mit dem ähnlichen Gemetzel, das ein Jahrhundert früher, ebenfalls in Akkon, Richard Löwenherz unter den vertraglich geschützten muslimischen Gefangenen angerichtet hatte. Mit dieser harten Anwendung des alten Gesetzes schließt der letzte Akt des Dramas der Kreuzzüge.

DER FALL AKKONS

(Abu 'l-Fidā' 163–165)

Im Jahre 690 (1291) zog Sultan al-Malik al-Ašraf mit den ägyptischen Truppen nach Akkon; an die syrischen Truppen ließ er Befehl ergehen, sich mit Belagerungsmaschinen bei ihm einzufinden. So setzte sich der Herr von Hama, al-Malik al-Muẓaffar, mit seinem Oheim al-Malik al-Afḍal[423] und dem ganzen Heer von Hama in Marsch, um nach Ḥiṣn al-Akrād zu ziehen und dort ein großes Katapult mit Namen al-Manṣūrī, das ein Gewicht von hundert Wagen hatte, in Empfang zu nehmen. (Es wurde auseinandergenommen, und seine Einzelteile) wurden unter dem Heer von Hama verteilt. Ich bekam eine einzige Wagenladung, denn damals war ich bereits «Zehneremir»[424]. Ende des Winters zogen wir mit den Wagen los; zwischen Ḥiṣn al-Akrād und Damaskus regnete und schneite es, und da wir die Wagen mitführen mußten und die Ochsen vor Kälte schwach wurden und manche starben, hatten wir mit großen Schwierigkeiten zu kämpfen. Allein wegen der Wagen brauchten wir von Ḥiṣn al-Akrād bis Akkon einen Monat; sonst braucht man zu Pferde für denselben Weg acht Tage. Der Sultan hatte auch an alle anderen Festungen Befehl ergehen lassen, sie sollten die Katapulte und Belagerungsmaschinen vor Akkon bringen lassen, und so sammelte sich dort eine noch nie gesehene Menge großer und kleiner Belagerungsmaschinen.

Die muslimischen Truppen erreichten Akkon in den ersten Tagen des Ǧumādā I dieses Jahres (Anfang Mai 1291), und es entbrannte eine heftige Schlacht. Die Franken hatten die meisten Stadttore nicht geschlossen, sondern hielten sie offen und führten den Verteidigungskampf dort. Wie gewöhnlich in der Schlacht standen die Leute von Hama auf dem äußersten rechten Flügel; wir befanden uns also am Strand des Meeres und hatten, wenn wir Akkon zugewandt standen, das Meer zu unserer Rechten. Wir wurden auch von Schiffen aus angegriffen, die durch hölzerne Aufbauten geschützt und mit Rinderhäuten umkleidet waren; von dort aus beschossen sie uns mit Pfeilen und Armbrüsten. So mußten wir vorn gegen die Stadt und rechts gegen die vom Meer her Angreifenden kämpfen. Dabei wandte sich auch ein Schiff mit einem Katapult gegen uns und beschoß uns, so daß wir und unsere Zelte getroffen wurden; wir waren in großer Gefahr, bis schließlich eines Nachts starker Wind aufkam, so daß das Schiff zu schaukeln begann und von den Wellen hin und her geworfen wurde: das auf ihm angebrachte Katapult brach in Stücke und wurde nicht wieder erneuert.

Im Laufe der Belagerung machten die Franken eines Nachts einen überraschenden Ausfall und griffen unsere Leute an; sie schlugen die Vorposten in die Flucht und drangen bis zu den Zelten vor, wo sie sich in den Seilen verfingen; ein Ritter fiel in die Latrinengrube einiger Emire und wurde dort getötet. Als unsere Truppen dann in überwältigender Zahl herbeigeströmt kamen, flohen die Franken und zogen sich wieder in die Stadt zurück; einige von ihnen waren von den Soldaten aus Hama getötet worden. Am nächsten Morgen ließ al-Malik al-Muẓaffar, Herr von Hama, einige Frankenköpfe an der Kruppe ihrer Pferde befestigen, die unsere Soldaten erbeutet hatten, und sie Sultan al-Malik al-Ašraf vorführen.

Der Belagerungsgürtel zog sich immer enger zusammen, bis Gott schließlich Freitag, den 17. Ǧumādā II (17. Juni 1291), den Angreifern erlaubte, die Stadt im Sturm zu erobern. Als die Muslime eindrangen, floh ein Teil der Bevölkerung auf den Schiffen, während viele andere sich in einigen stark befestigten Türmen der Stadt verschanzten. Die Muslime richteten in Akkon ein ungeheures Blutbad an und machten unermeßliche Beute. Der Sultan zwang alle, die sich in den Türmen verschanzt hatten, zur Übergabe; sie kamen heraus und wurden bis auf den letzten Mann vor der Stadt enthauptet[425]. Darauf ließ er die Stadt selbst zerstören und dem Erdboden gleichmachen.

Eine wunderbare Fügung war, daß die Franken Akkon um die Mittagszeit am Freitag, dem 17. Ǧumādā II 587, Saladin entrissen und alle Muslime gefangengenommen und umgebracht hatten, die sie gefunden hatten; Gott, der alles vorausweiß, bestimmte, daß es in diesem Jahr am Freitag, dem 17. Ǧumādā II, durch die Hand eines anderen Saladin, Sultan al-Malik al-Ašrafs[426], zurückerobert werde.

Da nun Akkon eingenommen war, senkte Gott Grauen in die Herzen der Franken, die noch an der syrischen Küste geblieben waren. Sie verließen Sidon und Beirut, das (Emir) aš-Šuǧāʿī Ende Raǧab (Ende Juli) in Besitz nahm. Auch Tyrus wurde von seinen Einwohnern verlassen, und der Sultan ließ es besetzen. Anschließend bekam er am 1. Šaʿbān (30. Juli) ʿAṯlīṯ ausgeliefert, danach Tortosa am 5. desselben Monats, immer noch in demselben Jahr. Dieser Sultan hatte so das Glück, das keinem vor ihm zuteilgeworden war, daß er ohne Kampf und Mühe diese großen Städte eroberte, die alle auf seinen Befehl entfestigt wurden.

Mit diesen Eroberungen waren alle Plätze an der Küste wieder in den Besitz des Islams zurückgekehrt, ein Ergebnis, das niemand auch nur zu hoffen und zu wünschen gewagt hatte: ganz Syrien und die Küstengebiete waren gereinigt von den Franken, nachdem sie beinahe schon Ägypten erobert und sich Damaskus' und anderer Städte in Syrien bemächtigt hatten. Lob sei Gott!

(Abu 'l-Maḥāsin foll. 24v–25r)

Anfang des Jahres 690 rüstete sich al-Malik al-Ašraf, um nach Syrien zu ziehen. Er sammelte seine Truppen, ließ die Belagerungsgeräte vorbereiten und Handwerker kommen, damit seine Ausrüstung vollständig in Ordnung gebracht werde. Am 3. Rabīʿ I desselben Jahres (6. März 1291) verließ er mit seinen Truppen Ägypten und begann am 4. Rabīʿ II, was dem 5. April entspricht, Akkon zu belagern. Vor Akkon sammelte sich unzähliges Volk bei ihm; die Freiwilligen überwogen sogar die regulären Truppen an Zahl und die Abteilungen, die zu seinem Dienst geströmt waren. Gegen die Stadt wurden fünfzehn große «fränkische» Katapulte aufgestellt, solche, die das Gewicht eines damaszenischen Doppelzentners und mehr schleudern konnten, und andere geringerer Leistung, außerdem eine tüchtige Zahl «Teufel» und anderer Katapulte. Zur Minierung wurden einige Stollen gegraben. Der König von Zypern kam denen von Akkon selbst zu Hilfe, und in der Nacht, als er eintraf, entzündeten sie so große Freudenfeuer, wie sie nie gesehen worden waren. Er hielt sich jedoch nur drei Tage bei ihnen auf, weil er sah, daß ihre Lage verzweifelt war und ihnen ein schweres Unglück bevorstand.

Die Stadt wurde belagert und heftig angegriffen, bis den Verteidigern der Mut sank und sie schwach und uneinig wurden. Jeden Tag wurde gekämpft, und einige Muslime fielen als Blutzeugen für den Glauben. Freitag, den 17. Ǧumādā II[427], saßen der Sultan und seine Truppen bei Morgengrauen auf und unternahmen noch vor Aufgang der Sonne einen Angriff. Schrecklich und furchterregend klang der Ton der Trommeln, und das Heer nahm unter den Stadtmauern Aufstellung. Die Franken flohen, und die Stadt wurde im Sturm erobert. Noch keine drei Stunden des Tages waren vergangen, als die Muslime schon in Akkon eingedrungen und sich zu seinen Herren gemacht hatten, während sich die Franken ins Meer warfen, verfolgt von den Muslimen, die sie erschlugen und gefangennahmen, so daß sich nur wenige retten konnten. Was nur an Gütern, Schätzen und Waffen zu finden war, wurde geraubt. Die Bevölkerung wurde ermordet oder gefangengenommen. Templer, Hospitaliter und deutsche Hospitaliter leisteten noch in vier hohen Türmen mitten in der Stadt Widerstand und wurden dort belagert. Sonnabend, den 19. des Monats, zwei Tage nach der Eroberung der Stadt, griffen reguläre und andere Truppen das Haus und den Turm an, in dem die Templer lagen. Sie baten um freies Geleit, und der Sultan sicherte es ihnen zu: er schickte ihnen eine Fahne, die sie nahmen und auf ihrem Turm hißten. Sobald sie das Tor geöffnet hatten, drang eine Schar Regulärer und anderer ins Innere, und als sie mit den Belagerten in Berührung gekommen waren, begannen einige Soldaten und Leute aus dem Volk zu plündern und nach den Frauen und Kindern, die bei den Verteidigern waren, die Hand auszustrecken. Da schlossen die Franken das Tor wieder, griffen sie an und töteten eine Anzahl Muslime; dann rissen sie die Fahne nieder und versteiften ihren Widerstand. So wurde die Belagerung wiederaufgenommen. An demselben Tage baten die Verteidiger des Turmes der deutschen Hospitaliter um Sicherheit; der Sultan gewährte sie ihnen und ihren Frauen durch Emir Zain ad-Dīn Ketbogha al-Manṣūrī. Der Kampf um den Turm der Templer setzte sich bis Sonntag, den 20. Ǧumādā II, fort; da schließlich erbaten sie und die Verteidiger der übrigen Türme Sicherheit für ihr Leben. Der Sultan gab ihrer Bitte statt; sie sollten hingehen dürfen, wo immer sie wollten. Als sie aber herauskamen, wurden mehr als zweitausend von ihnen getötet, ebenso viele gefangen, und die Frauen wurden mit den Kindern vor der Zeltpforte des Sultans (als Sklaven) zusammengetrieben. Einer der Gründe für den Zorn des Sultans gegen sie war, abgesehen von ihren anderen Missetaten, daß sie Emir Ketbogha al-Manṣūrī, einen Emir aus Syrien, der mit den anderen (in den Turm) hinaufgestiegen war (um die Übergabe entgegenzunehmen), gefangen und getötet hatten. Außerdem hatten sie ihren Pferden die Fesseln durchschnitten und alles, was sie nur konnten, zerstört; auch das hatte den Haß gegen sie geschürt. Das Heer und die Freiwilligen machten unermeßliche Beute an Gefangenen und Gütern.

Als die übriggebliebenen Franken erfahren hatten, was ihren Genossen widerfahren war, beschlossen sie, bis zuletzt Widerstand zu leisten. Das Angebot der Sicherheit wiesen sie zurück und kämpften verzweifelt; als sie fünf Muslime gefangen hatten, stießen sie sie vom Turm in die Tiefe; ein einziger kam davon, doch die übrigen vier starben. Dienstag, den 18.(?) des genannten Monats Ǧumādā, wurde der letzte Turm genommen, der in Akkon noch Widerstand geleistet hatte, und seine Verteidiger kamen nach Zusicherung des Lebens heraus, da er von allen Seiten untergraben war. Als die Franken und der größte Teil der Dinge, die im Turm gewesen waren, draußen waren, stürzte der Turm über einer ganzen Schar Muslime zusammen, die dort standen und zusahen, und denen, die gerade plünderten; alle kamen dabei um. Darauf ließ der Sultan die Frauen und Kinder auf die Seite bringen und alle Männer – eine sehr große Zahl – enthaupten.

Es ist wunderbar zu sehen, daß Gott der Erhabene Akkon am gleichen Tag und in der gleichen Stunde zurückerobern ließ, in der es auch die Franken genommen hatten: sie nahmen Akkon Freitag, den 17.[428] Ǧumādā II, um die dritte Stunde des Tages in Besitz und sicherten den Muslimen in der Stadt ihr Leben zu; dann brachten sie sie verräterisch um. Nun schenkte Gott den Muslimen ihrerseits, Freitag, den 17.[429] Ǧumādā II, um die dritte Stunde die Stadt zurückzuerobern; der Sultan gewährte den Franken Sicherheit und ließ sie dann umbringen, wie es die Franken mit den Muslimen getan hatten; so rächte sich Gott der Erhabene an ihren Nachkommen.

Während der Sultan noch Akkon belagerte, hatte er eine Heeresabteilung unter dem Befehl des Emirs ʿAlam ad-Dīn Sanǧar aṣ-Ṣawābī al-Ǧašnagīr[430] gegen Tyrus geschickt mit der Aufgabe, die Straßen zu sichern, Nachrichten zu sammeln und die Stadt abzuriegeln. Als sie damit beschäftigt waren, kamen plötzlich die Schiffe mit den Flüchtlingen aus Akkon, die den Hafen von Tyrus zu erreichen suchten. Da der Emir ihnen die Einfahrt in den Hafen verwehrte, baten die Einwohner von Tyrus um Sicherheit, die sie auch für sich und ihre Habe erlangten. Daraufhin übergaben sie die Stadt, einen der am schönsten gelegenen und bestbefestigten Plätze; sogar Sultan Saladin hatte die Stadt bei seinen Eroberungen an der Küste nicht einnehmen können, wegen ihrer Stärke und Sicherheit, denn sooft er vorher einen Platz erobert und den Einwohnern freien Abzug gewährt hatte, hatte er sie nach Tyrus geschickt. Jetzt aber schlug Gott die Einwohner von Tyrus mit Entsetzen, und sie verließen die Stadt ohne Kampf und ohne jede Belagerung, obwohl al-Malik al-Ašraf in Wirklichkeit gar keine Absichten gegen die Stadt gehabt hatte. Nach der Übergabe schickte er Leute aus, die Tyrus zerstören und seine Häuser und Mauern niederreißen sollten; dabei bekamen sie eine Menge Marmor und andere Bruchstücke. Nachdem so die Einnahme Tyrus' ermöglicht war, bekräftigte al-Malik al-Ašraf seinen Entschluß, auch das zu erobern, was außer ihm noch übriggeblieben war (an fränkischen Gebieten)[431].

ANHANG

ANMERKUNGEN

[1] Das Datum bezieht sich offensichtlich auf den Abschluß der normannischen Eroberung.

[2] Dieser Balduin *(Bardawīl)* ist eine Phantasiegestalt, entstanden als Analogie zu den verschiedenen Balduinen von Flandern und Jerusalem; oder man dachte irrtümlich, der erste Balduin sei schon im Abendland König gewesen.

[3] Bedauerlicherweise sehen wir gerade am Anfang dieser Seiten den großen Grafen sich wie ein Barbar verhalten; der Passus ist jedoch charakteristisch, sei es für die Haltung grober Verachtung, mit der diese Muslime gewöhnlich von ihren Feinden redeten, sei es, daß sogar in dieser fiktiven Episode die politische Schlauheit Rogers im wesentlichen genau dargestellt ist.

[4] Der Zīridenherrscher Tunesiens, Tamīm ibn Mu'izz (1061–1107).

[5] General des Seldschukensultans Malikšāh, der 1076 Ägypten von Palästina her angriff.

[6] Muslime waren natürlich auch die Fāṭimiden, aber häretische; sie werden hier im Gegensatz zu den übrigen, sunnitischen Muslimen gesehen.

[7] Bei Dorylaeum.

[8] Wörtlich «das Land des Sohnes des Armeniers», wie die arabischen Autoren das Kleinarmenien der Rupeniden von Kilikien nannten.

[9] Eine andere Lesart ist *Fīrūz*.

[10] Nach den westlichen Quellen am 3. Juni.

[11] Ein *farsaḫ* (Parasange) entspricht etwa sechs Kilometern.

[12] Der türkische Emir von Mossul.

[13] Seldschukischer Herrscher von Damaskus, dem sehr bald sein General, Atabeg Tughtegin, folgte, dessen Name hier als nächster erscheint. Tughtegin sollte einer der härtesten und aktivsten Gegner der Kreuzfahrer in dieser ersten Phase der Eroberung werden.

[14] Boudouin du Bourg, der spätere König Balduin II.

[15] Die Kirche Sankt Peter in Antiochia, die in den byzantinischen Quellen als *Κασσιανός*, in den arabischen als *Qusjān* erscheint, nach dem Namen eines Mannes, dessen Sohn der heilige Petrus wieder auferweckt haben soll.

16 Die Auffindung der Heiligen Lanze auf Betreiben Pierre Barthélemys, mit den Augen des islamischen Rationalismus gesehen.

17 Seldschuke Syriens, Bruder Sultan Malikšāhs.

18 Wesir der Fāṭimiden.

19 Damit entfiele die oben angedeutete Beziehung mit der türkischen Niederlage vor Antiochia; tatsächlich aber ist die Jahresangabe hier falsch: Jerusalem wurde im August 1098 von den Ägyptern genommen.

20 *Miḥrāb Dāwūd*, in den westlichen Quellen Davidsturm genannt, in der Zitadelle von Jerusalem; nicht zu verwechseln mit einem kleinen gleichnamigen Heiligtum im Tempelbezirk.

21 Der Felsen, von dem nach dem Glauben der Muslime Mohammed zum Himmel aufstieg. Über ihm erhebt sich die fälschlich so genannte Omarmoschee, das hervorragendste islamische Denkmal Jerusalems, wo die Sieger die erwähnte Beute machten. Nahe dabei, aber von ihr zu unterscheiden, ist die «entfernteste Moschee» *(al-Masǧid al-Aqṣā)*, wo die schrecklichen Waffen nach dieser Schilderung Ibn al-Aṯīrs besonders grausam wüteten. In den Berichten der abend- und morgenländischen Quellen kommen bisweilen Verwechslungen zwischen den beiden Heiligtümern vor.

22 Irakischer Dichter des 11.–12. Jahrhunderts.

23 Der Prophet, der aus dem Grabe seine Stimme erhebt und die Nachkommen seiner Familie (der *Söhne Hāšims*) tadelt, das heißt die untätigen Kalifen, die sich nicht mit aller Kraft im Kampf gegen die Kreuzfahrer einsetzen.

24 Alle muslimischen Quellen berichten, Gottfried sei im Kampf gefallen.

25 Raimund von Saint-Gilles, Graf von Toulouse, Gründer der Dynastie von Tripolis.

26 Auf die phantastische Übertreibung dieser Zahl braucht kaum hingewiesen zu werden; es handelt sich um eine ständige Erscheinung in der muslimischen Geschichtsschreibung dieser Zeit.

27 Der *dīnār* ist die Goldmünze, die in verschiedenen Prägungen im islamischen Mittelalter umlief; das Gewicht der «kanonischen» Prägung war 4,25 g Feingold.

28 Der *Krak des Chevaliers*, die starke Festung nordöstlich von Tripolis, die in den Kreuzzügen noch eine große Rolle spielen sollte.

29 Anhänger der esoterischen Sekte der Bāṭiniten oder Ismāʿīliten oder Assassinen. Ihre Terrortätigkeit, der wir noch häufig begegnen,

war während der Kreuzzugszeit der Alptraum von Franken und orthodoxen Muslimen gleichermaßen.

30 Der erste, schon einmal erwähnt, war der Artuqidenemir von Ḥiṣn Kaifā in Dijār Bakr, letzterer Emir von Mossul.

31 Türkischer Emir, der sich in den Besitz Mossuls gesetzt und es Čökermiš weggenommen hatte; bei diesem war Balduin von Edessa in Gefangenschaft, wie wir gesehen hatten.

32 Von 1104 an, wie wir oben sahen.

33 Die großherzige Einstellung der alten Ritter beeindruckt hier den muslimischen Geschichtsschreiber.

34 Der Seldschukensultan Muḥammad ibn Malikšāh (1104–1117), oberster Lehensherr aller dieser Emire.

35 Der Text hat hier und mehrmals *Raimund*, aufgrund einer Verwechslung mit dem Namen seines Vaters, Raimund von Saint-Gilles; dieser war 1105 gestorben, ohne das sehnlich erwünschte Tripolis zu erobern; nachgefolgt war ihm der Sohn einer Cousine, Guillaume Jourdain, Graf von Cerdagne (die arabischen Quellen nennen ihn as-Sardānī), bis Bertrand ankam und ihm das Erbe streitig machte.

36 *Dār al-ʿilm*, wörtlich «Haus der Wissenschaft», Bibliothek und zugleich wissenschaftliches Institut, ein Ruhm des tripolitanischen Emirats der Banū ʿAmmār.

37 Ğubail, das alte Byblos (*Gibelet* der Kreuzfahrer), war bereits 1104 von Saint-Gilles genommen worden (vgl. S. 56); hier muß es sich um Ğabala handeln (*Zibel* der Kreuzfahrer), das nördlich von Tripolis und südlich von Laodizea liegt.

38 Hafen von Antiochia.

39 Sigurd, König von Norwegen.

40 Šarīfe sind echte oder vorgebliche Nachkommen Mohammeds, eine privilegierte Schicht, die sich bei den Muslimen hohen Ansehens erfreute.

41 In Bagdad gab es in dieser Zeit eine Doppelherrschaft des ʿAbbāsidenkalifen, des nominellen Herrschers und Oberhauptes des ganzen orthodoxen Islams, und des Seldschukensultans, des tatsächlichen Herrschers über Persien und al-ʿIrāq, mit seinen Vasallen in Syrien. Die Eintracht zwischen beiden Mächten, die zuweilen auch durch eheliche Bande verknüpft waren, war nicht immer vollkommen.

42 Alexios Komnenos (1081–1110).

43 Der bereits erwähnte Wesir der Fāṭimiden, der als erster diesen Häfen der Küste hätte Hilfe senden müssen, die nominell Ägypten gehörten.

44 Kreuz in Form eines *T*, wie aus dem Zusammenhang ersichtlich.

45 Es ist unklar, ob «hier» Damaskus bedeutet, also bei ihrer Rückkehr, oder «während des Krieges», also vor Tyrus selbst während der Belagerung.

46 Das heißt der Turm und der Stadtturm gegenüber: beide werden hier mit dem gleichen Wort bezeichnet, was auf Kosten der Klarheit geht.

47 Nach dieser tapferen Verteidigung wurde Tyrus noch verschiedene Male von Tughtegin unterstützt und in Schutz genommen, mußte aber schließlich 1124 den Kreuzfahrern übergeben werden.

48 Der Turban wurde von Rechtsgelehrten und Theologen getragen; im christlichen Sprachgebrauch müßte es analog etwa «dieser Kuttenträger» heißen.

49 Emir von Arzan in der Ǧazīra, Vasall Ilghāzīs.

50 Grün, die Farbe des Paradieses, läßt keinen Zweifel darüber, daß es sich hier um den Propheten oder einen anderen Himmelsboten handelt, der eingreift, um den Muslimen zum Siege zu verhelfen.

51 Satz aus dem Koran (XXVII, 53), der hier auf die besiegten Feinde angewandt wird. Der ganze Abschnitt gehört zu denen, in denen der Verfasser wegen der Erhabenheit seines Gegenstandes Reimprosa und andere rhetorische Mittel verwendet.

52 Das Datum muß um ein Jahr vorverlegt werden, denn Balduin II. starb in Wirklichkeit am 21. August 1131, was dem 25. Ramaḍān 525 entspricht.

53 Der *Mont Ferrand* der Kreuzfahrer, zwischen Tortosa und Hama.

54 König Fulko von Jerusalem und seine Barone.

55 Johannes II. Komnenos.

56 Das alte Coelesyria zwischen Libanon und Antilibanon.

57 Enkel und vierter Nachfolger Tughtegins im Emirat von Damaskus.

58 Freier Platz für das öffentliche Gebet.

59 Bāb al-Farādīs, ein Tor von Damaskus.

60 Die *Ghūṭa* ist der fruchtbare Gürtel von Gärten und Baumpflanzungen rings um Damaskus; alle folgenden Ortsnamen beziehen sich auf die Umgebung von Damaskus.

61 Raimund von Poitiers.

62 Muʿīn ad-Dīn Unur (der *Aynard* der fränkischen Quellen), ein alter türkischer General, der in diesen Jahren faktisch der Herrscher des Emirats Damaskus war, in Vertretung des jungen Emirs Abaq.

63 Eine «2(0)» muß ausgefallen sein: das richtige Datum ist das oben bei Ibn al-Qalānisī angeführte.

64 Obermesopotamien.

65 Es kann aber auch heißen «und fiel, von ihm durchbohrt».

66 Das heutige türkische Birecik.

67 Die falsche Angabe, mit der Eroberung Edessas gleichzeitig zu sein, bezieht sich auf die sizilische Expedition von 1142, oder eher die siegreiche von 1146, gegen Tripolis. Die Anekdote ist eine weitere Bestätigung der toleranten islamfreundlichen Haltung Rogers II. Sein träumender Muslim könnte sogar al-Idrīsī sein.

68 Obwohl Zengī starb, während er gegen andere Muslime kämpfte (den ʿuqailidischen Herrn von Ǧaʿbar), schmückt ihn der treue Ibn al-Aṯīr hier und anderswo mit dem Titel «Blutzeuge für den Glauben» (šahīd), wegen seines langdauernden Kampfes gegen die Franken.

69 Emir Aqsunqur, der sich 1094 gegen den Sultan von Aleppo, Tutuš, auflehnte und von ihm getötet wurde.

70 Zengī wird von den Chronisten einstimmig dafür gelobt, daß er seine Untertanen schütze und gegen Anmaßung und Erpressung der Soldaten verteidigte. Der Historiker Kamāl ad-Dīn aus Aleppo berichtet, wenn er mit seinen Truppen die Stadt verließ, «schienen die Soldaten zwischen zwei Seilen zu marschieren», so sehr achtete jeder darauf, keinen Fuß auf bebautes Land zu setzen, denn sie wußten wohl, daß der Atabeg nicht mit sich spaßen ließ.

71 Die *Geschichte der Atabege Mossuls*, in der Ibn al-Aṯīr seinem Patriotismus und seiner Loyalität gegenüber der Dynastie Zengīs ungezügelt Ausdruck gibt.

72 Kaiser Konrad III. Die Teilnahme Ludwigs VII. von Frankreich wird in den islamischen Quellen viel weniger hervorgehoben.

73 Die Vorschriften des Korans über den heiligen Krieg, hier ohne Bezug auf einen bestimmten Vers.

74 Unter ihnen lag vielleicht, «der trügerischen Welt entrückt», Cacciaguida, Dantes Urgroßvater, sein einziger Verwandter, der an herausgehobener Stelle in der *Göttlichen Komödie* auftritt.

75 Koran IX, 112.

76 Der «Norandin» der Kreuzfahrer, künftiger Vorkämpfer des Islams in der Zeit vor Saladin.

77 Koran XXXVII, 43–44.

78 Ein kostbares Exemplar des heiligen Buches, das auf die Zeit der ersten Sammlung des Textes unter Kalif ʿUṯmān (644–656) zurückgeht; es könnte sogar das Exemplar gewesen sein, das der Kalif las, als er ermordet wurde.

79 Damaskus.

80 Die Mystiker des Islams, Mitglieder religiöser Bruderschaften.

81 Nūr ad-Dīn hatte als erster einen regelmäßigen Informationsdienst mit Brieftauben aufgebaut.

82 Asad ad-Dīn Šīrkūh, treuer kurdischer General Nūr ad-Dīns, Onkel Saladins.

83 Honfroi de Toron.

84 Balduin III.

85 Turkopolen («Türkensöhne») waren einheimische Hilfstruppen in den Heeren der Kreuzfahrer.

86 Hochschule für islamische Religionswissenschaften.

87 Saladin war als Beauftragter Nūr ad-Dīns nach Ägypten gegangen, hatte das Kalifat der Fāṭimiden beseitigt und sich zum eigentlichen Herrscher des Landes gemacht, doch ohne es schon zu wagen, sich auch formell der Bindung als Untertan Nūr ad-Dīns zu entledigen. Deshalb wurde Nūr ad-Dīn oben «Herr Ägyptens» genannt, wo er in Wirklichkeit nie unmittelbar Macht ausübte.

88 Auch in diesem Fall war Nūr ad-Dīn rein nomineller Oberherr über den Ḥiǧāz («die beiden heiligen Städte», Mekka und Medina) und den Jemen, der von Saladins Bruder erobert war; in Wirklichkeit gehörten diese Gebiete zum Herrschaftsbereich der Ajjūbiden.

89 Die «rechtgeleiteten» oder orthodoxen Kalifen sind die ersten vier Nachfolger Mohammeds, Abū Bakr, ʿUmar, ʿUṯmān und ʿAlī. Zusammen mit dem Umajjadenkalifen ʿUmar ibn ʿAbd al-ʿAzīz (ʿUmar II., 717–719) sind sie in der orthodoxen Tradition des Islams die Idealherrscher und ständiges Beispiel guter Regierung.

90 Die bereits erwähnte *Geschichte der Atabege von Mossul.*

91 Vgl. S. 129 und Anm. 116.

92 Der eigentliche Name des Sultans; Nūr ad-Dīn (Licht der Religion) war ein beigefügter Ehrenname.

93 Zwei der vier Hauptschulen oder -systeme des islamischen Rechtes; die anderen beiden sind Mālikiten und Ḥanbaliten.

94 König Fulko von Jerusalem (1131–1143); über seine Beziehung zu Usāma vgl. die folgenden Abschnitte.

95 In diesem Wortwechsel, wie im ganzen Abschnitt, schillert das Wort in den beiden Bedeutungen «Ritter» und «Reiter», für die das Arabische nur *einen* Begriff hat.

96 Trotz diesem Titel («der gute König») handelt es sich nicht um einen Herrscher, sondern um den Wesir der Fāṭimiden Ṭalāʾiʿ ibn Ruzzīk,

der unter dem Kalifen al-Fā'iz allmächtig in Ägypten war und 1161 starb.

97 Usāma war weitgehend in die innere Politik Ägyptens mit ihren Intrigen und blutigen Revolten verwickelt: daher der folgende Hinweis auf seine Angst vor «denen im Palast».

98 Balduin III.

99 Seldschukensultan von Iconium. Die beiden hier erwähnten Festungen liegen in der Gegend von Samosata, und die Ereignisse, von denen die Rede ist, trugen sich um das Jahr 1155 zu.

100 Das *Moinestre* der Kreuzfahrer, im Libanon, 15 km östlich von Ǧubail.

101 Die fränkischen Ärzte werden nicht alle Schlächter gewesen sein wie der hier beschriebene Irre, aber die Haltung ironischer Überlegenheit, die sich hier ausdrückt, ist voll gerechtfertigt aus der großen Tradition der morgenländischen Medizin, die die westliche der Zeit übertraf.

102 Theodor Sophianos, ein Grieche, Oberhaupt *(ra'īs)* der Gemeinde Antiochia.

103 Diese unreine Speise war der Schrecken des muslimischen Tischgenossen, der sich trotz der Versicherung beim Essen noch «vorsieht».

104 Damit beginnt das vorgeschriebene islamische Gebet.

105 Der betende Muslim muß sein Gesicht zur Qibla, das heißt in Richtung auf Mekka wenden. Bei den Christen des Mittelalters war dagegen der Brauch verbreitet, mit dem Gesicht nach Osten zu beten.

106 Koranische Wendung, deren Verwendung hier besonders plastisch ist, wo eine Behauptung wiedergegeben wird, die für den Muslim Blasphemie ist.

107 Es handelt sich um das fränkisch-damaszenische Bündnis von 1140 (vgl. S. 85ff.), an dessen Verhandlungen unser Autor nach dieser Stelle teilgenommen hätte.

108 Balduin II. war, als er wieder einmal gefangen war, Gast der Emire von Šaizar, wie uns Usāma selbst an anderer Stelle mitteilt.

109 Der schon bekannte Regent von Damaskus.

110 Es ist charakteristisch für die muslimische Familie des Mittelalters, daß Usāma auch beim Erfinden einer Entschuldigung die Großmutter und nicht die Mutter des Jungen selbst anführt.

111 Vgl. S. 123 und Anm. 107.

112 Sowohl Johannes der Täufer als auch Zacharias werden als Propheten betrachtet und als solche von den Muslimen verehrt.

113 Nach der Übung des christlichen Gebetes, von der wir bereits gehört haben.

114 Text und Sinn dieser letzten Sätze sind dunkel; bei den genannten stockartigen Kreuzen handelt es sich wahrscheinlich um aufgenähte Kreuze auf den Kutten dieser Mönche aus dem Kapitel von St. Johannes.

115 Dort befand sich in Damaskus der Konvent (Ḫānqāh) der Sufis oder Mystiker, einer muslimischen Bruderschaft.

116 Den *Ḥadīṯen*, die hier im folgenden mehrmals erwähnt werden. Sie wurden in festgelegter Form mit einer Kette von Gewährsmännern überliefert, die für ihre Echtheit bürgen sollten. Die *Ḥadīṯ-Wissenschaft* entwickelte sich zu einem wichtigen Zweig der religiösen Wissenschaften des Islams.

117 Die *rakʿa* (Plur. *rakaʿāt*) ist das Aufrechtstehen, Rumpfbeugen und zweimalige Sichniederwerfen mit den zugehörigen Formeln, das die Maßeinheit des vorgeschriebenen Gebetes darstellt.

118 Geprägt auf seinen offiziellen Namen al-Malik an-Nāṣir (König, Vorkämpfer der Religion).

119 Haupt der Kanzlei und enger Ratgeber Saladins; wir begegnen ihm noch mehrmals.

120 Ḥāfiẓ (daher der Beiname des berühmten persischen Dichters) wird im Islam einmal der genannt, der den Koran auswendig kann, zum anderen, wie hier, wer in den Überlieferungen vom Propheten Bescheid weiß.

121 Philosoph und Mystiker aus Aleppo, der 1191 der Intoleranz der Orthodoxie zum Opfer fiel, die von Saladin sanktioniert war: das zeigt einen Aspekt seiner wirklichen Persönlichkeit, der weit von dem Bild entfernt ist, das sich später die Aufklärung von ihm machte.

122 Erster Kalif, Nachfolger Mohammeds (632–634).

123 In Obermesopotamien (heute SO-Türkei).

124 Muḥammad ibn Qara Arslan, Artuqidenemir von Ḥiṣn Kaifā.

125 Die ersten Stunden des Nachmittags.

126 Balian II. d'Ibelin, einer der fränkischen Bevollmächtigten beim Friedensschluß von 1192. Die hier kurz erwähnten Personen und Ereignisse werden noch im folgenden behandelt.

127 Hier scheinen die polemischen und apologetischen Motive durch, die wir bei der Erörterung des umstrittenen Friedens von 1192 wiederfinden.

128 Wörtlich: der *nawāqīs*, Holzbalken mit Schlegel, die die Christen des Orients anstelle von Glocken verwenden.

129 Koran XXIX, 62.
130 Es kann auch heißen: ... so oft, daß sein Sohn ... es von ihm lernte.
131 Hospitaliterfestung bei Tiberias.
132 Das Opferfest, das die Wallfahrtstage im Ḏu 'l-Ḥiǧǧa abschließt.
133 Koran XI, 44.
134 Galt als Mann geringen Verstandes, dessen Prozeßzeugnis deswegen in einigen Rechtsschulen als ungültig angesehen wurde; vgl. auch S. 358.
135 Koran XVI, 111.
136 Zwischen Akkon und Haifa.
137 Koran III, 128.
138 Koran LVIII, 4.
139 Koran IX, 121.
140 Richard Löwenherz.
141 *Mašājiḫ*, die Häupter der mystischen Bruderschaften oder andere fromme Alte im Ruch der Tugend und Heiligkeit.
142 Auch in den Berichten der anderen Historiker über Ḥaṭṭīn finden wir die dramatische Episode wieder, die hier mitgeteilt wird.
143 Renaud de Châtillon.
144 Das heißt, wie er gleich anschließend erklärt, er sicherte ihm den Genuß des väterlichen Einkommens zu, wenn es sich um Beamte oder Soldaten handelte.
145 Raimund III.
146 Gräfin Echive.
147 Balduin IV. (1174–1183).
148 Balduin V., der 1186 nach wenigen Monaten nomineller Regierung starb.
149 Sibylle, Schwester Balduins IV., Mutter Balduins V., in zweiter Ehe verheiratet mit Guy von Lusignan.
150 Al-Karak von Moab in Transjordanien; die Burg beherrschte die Landverbindungen zwischen Ägypten und Syrien und zwischen Syrien und dem Ḥiǧāz.
151 Roger des Moulins.
152 Koran VI, 19.
153 Nach dem Koran, der doketische Lehrmeinungen wiedergibt, wurde in Wahrheit nicht Jesus Christus, sondern ein Abbild seiner selbst gekreuzigt.
154 Guy von Lusignan.
155 Der Großmeister Gérard de Ridefort.
156 Der «Weg Gottes» ist der heilige Krieg.

157 Gemeint sind immer die Christen als die Verehrer der drei göttlichen Hypostasen oder Personen.

158 Hier erscheint der Graf in einer Haltung, die der entgegengesetzt ist, die ihn Ibn al-Aṯīr am Vorabend der Schlacht einnehmen läßt.

159 In dieser eleganten Metapher soll ausgedrückt werden, was Ibn al-Aṯīr in einfachen Worten sagt: Sie stiegen vom Pferd, und «sie setzten sich auf die Erde».

160 In Wirklichkeit sein Bruder Amalrich.

161 Das heißt: die Christen wurden wie die Juden gedemütigt.

162 Gewiß mußte der gute ʿImād ad-Dīn diese makabre Tirade als eine der gelungensten Proben seines schönen Stiles betrachten.

163 Die Episode, die unser Augenzeuge in gewohnt blumigem, prunkendem Stil erzählt, ist ein Fleck auf Saladins gerühmter Großherzigkeit. Die Erklärung für das Blutbad liegt in dem Haß, den sich die beiden Orden mit ihrer Kriegsführung im muslimischen Lager zugezogen hatten: sie war sicher nicht humaner und «christlicher» als die ihrer Feinde.

164 Heraklius.

165 Balian d'Ibelin.

166 Nachdem ein Stollen geschlagen war, füllte man ihn mit brennbarem Material und legte Feuer daran, um die Mauer darüber zum Einsturz zu bringen.

167 Diese Angabe macht es schwierig, die Dame mit Maria Komnena zu identifizieren, der Witwe Amalrichs I., die später Balian d'Ibelin geheiratet hatte.

168 Sibylle, Gemahlin Guys von Lusignan.

169 Stephanie, Mutter Honfrois von Thoron.

170 Wir haben schon erwähnt, daß al-Aqṣā und der Felsendom (die sogenannte Omarmoschee) nahe beieinander liegen, aber verschiedene Gebäude sind. Hier besteht kein Zweifel, daß die große Zeremonie in al-Aqṣā stattfand, während Saladin danach sein Gebet *auch* im Felsendom verrichtete; das beweist die Darstellung ʿImād ad-Dīns, die wir weiter unten wiedergeben.

171 Wie wir schon sahen, läßt Ibn al-Aṯīr keine Gelegenheit aus, seiner Verbundenheit mit der von Saladin verdrängten Dynastie Zengīs Ausdruck zu geben.

172 Der zweite Kalif (634–644), unter dem die Muslime im Jahre 637 Jerusalem zum erstenmal einnahmen.

173 Arabisch *al-Qiyāma*, aber die muslimischen Schriftsteller der Zeit machten es sich zur Pflicht, den Namen verächtlich in *al-Qumāma*

zu ändern, was «Abfall-, Misthaufen» bedeutet. In dieser Form erscheint er hier bei ʿImād ad-Dīn und anderswo: es ist die Grabeskirche.

174 Es handelt sich um eine Anspielung auf Koran xx, 69, wo die ägyptischen Zauberer ihre Seile vor Moses auswerfen und sie als Schlangen erscheinen lassen.

175 Auch hier finden sich Echos des Korans: der «Tisch» ist der der Eucharistie, der nach Mohammed wunderbar vom Himmel herabschwebte (Koran v), und das sprechende Jesuskind ist seinerseits beeinflußt vom apokryphen *Evangelium infantiae* (Koran xix, 31–34).

176 In diesem kuriosen Durcheinander christlicher Dogmen und Riten fließen das Halbwissen und die vorgefaßte Feindseligkeit des muslimischen Autors zusammen; aber abgesehen von den stilistischen Schnörkeln ist die Darstellung, die uns fast als Karikatur erscheint, typisch für die Auffassung des Christentums bei den mittelalterlichen Muslimen. Man kann auch nicht behaupten, daß die Dinge im umgekehrten Fall anders lagen.

177 «Der König, der dem Glauben Sieg schenkt», ist, wie wir schon gesagt haben, der offizielle Name Saladins.

178 Die Banu 'l-Aṣfar (was im Arabischen «die Söhne des Gelben» bedeutet; daher das Wortspiel mit den gelben Fahnen, aber die richtige Ableitung ist vom biblischen Ṣōfēr, Enkel Esaus) sind für die Araber die alten Römer, weiter gefaßt die Lateiner, Bewohner des Abendlandes. Außerdem werden sie «Blauäugige» genannt, sei es als ethnisches Merkmal, sei es wegen des damit verbundenen Glaubens an Unheil.

179 Mondjahre der Hedschra, von 492 (1099) bis 583 (1187).

180 Das Himmelspferd, auf dem Mohammed vom Felsen aus seine Auffahrt in den Himmel (Miʿrāğ) und seine wunderbare Reise ins Jenseits gemacht haben soll. In dieser Lobrede auf Jerusalem sind, sogar durch die Rhetorik ʿImād ad-Dīns hindurch, sehr beredt die Gründe angesprochen, die diesen Ort der Frömmigkeit und dem Kampfeseifer des Islams so teuer und heilig machten und bis heute machen. Vgl. (S. 281) den Brief Saladins an Richard, wo dieselben Motive nüchterner entwickelt sind.

181 Bāb ar-raḥma, heute Goldenes Tor, ein Tor des heiligen Tempelbezirkes.

182 Die *qibla* ist die Gebetsrichtung, die Mohammed zuerst nach Jerusalem orientierte, bevor er sie endgültig gegen Mekka festlegte. Nach

Mekka ist Jerusalem das zweite Haus Gottes und nach Mekka und Medina die dritte heilige Stadt.

183 Koran XVII, 1, eben der Vers über die Nachtreise des Propheten von Mekka nach Jerusalem und von dort in den Himmel.

184 Koran III, 32.

185 Beiname des oben erwähnten Kalifen ʿUmar.

186 Wieder Koran XVII, 1.

187 Das heißt des Ajjūbidenhauses.

188 Das scheint zu heißen: ... erregte Schrecken und verzehrte denen die Gallenblase, die ihre tödliche Wirksamkeit begriffen. Doch diese wie alle anderen Metaphern dienen Wortspielen und Assonanzen, die in der Übersetzung fast alle verlorengehen.

189 Königin Sibylle.

190 Stephanie, Tochter Philipps von Milly, Witwe Renauds von Châtillon und Mutter Honfrois von Thoron.

191 Das heißt, wie wir gesagt haben, Ziel und Richtung.

192 Hier beginnt das Selbstlob des Federvirtuosen und, als Sekretärs, getreuen Übermittlers des Willens seines Herrn.

193 Wortspiel mit den beiden Bedeutungen von *burǧ: Turm, Burg* und *Tierkreiszeichen.*

194 Auch hier unübersetzbare Wortspiele und Assonanzen: dem Sinne nach heißt es, daß die glückhafte Nachricht sogar Persien und das islamische Zentralasien erfreute.

195 Die «Köcher» stehen hier nur der Alliteration wegen, wenn nicht an Opferstöcke oder Ähnliches gedacht sein soll.

196 Gemeint ist die Grabeskirche, vgl. oben Anm. 173.

197 Koran IX, 29, nach der neueren Interpretation F. Rosenthals.

198 Der *miḥrāb* (Nische, die die Gebetsrichtung angibt) der Moschee al-Aqṣā, auf die sich die ganze Beschreibung bezieht. Vgl. den vorhergehenden Bericht Ibn al-Aṯīrs.

199 Der *aḏān* ist der islamische Gebetsruf und der Holzschlegel, wie wir gesagt haben, Ersatz der Glocken bei den Orientchristen.

200 Eigentlich «die Zeltpflöcke», unter anderem der Titel eines Grades in der Hierarchie der islamischen Mystiker und Heiligen. Ebenso haben wir mit «große Heilige» hier und an anderen Stellen *abdāl* übersetzt, was wörtlich «Ersatzleute» hieße.

201 Das heißt «manche Prediger boten mir ihre Dienste an»: sie baten um die einflußreiche Vermittlung des Sekretärs des Sultans. Die ganze Episode des eifrigen Wettstreits um die ersehnte Ernennung

ist höchst lebendig und anmutig, trotz den literarischen Schnörkeln, in die unser Stilist sie gekleidet hat.

202 Der streng orthodoxe Saladin hielt seine theoretische Abhängigkeit vom ʿAbbāsidenkalifat aufrecht und setzte dem häretischen Kalifat der Fāṭimiden in Ägypten ein Ende.

203 ʿArafāt bei Mekka ist eine Station der muslimischen Wallfahrt, wo die Pilger sich in Zelten aufhalten und die Nacht mit Wachen und Beten verbringen.

204 «Mutter des Buches» wird die erste Sure oder *Fātiḥa* genannt; sie beginnt eben mit der Eulogie «Im Namen des barmherzigen gütigen Gottes».

205 Der «Konsens» der Gelehrten und das «Prinzip der Analogie» bei der Festlegung einer juristischen Norm sind zwei Grundpfeiler des islamischen Rechts.

206 Der heilbringende Einfluß, der von heiligen Personen und Sachen ausgeht.

207 Es handelt sich um Tierdarstellungen in der romanischen Kunst (Kapitelle, Flachreliefs?). Bei den Schweinen muß offenbleiben, ob die Tiere gemeint sind oder ob es der übliche Name ist, mit dem die Muslime die Christen bedachten.

208 Sieben oder mehr Lesarten mit leichten Abweichungen, in denen das heilige Buch überliefert ist.

209 Die Bauinschrift – noch heute *in situ* – verewigt den Namen des großen Sultans.

210 Bruder Saladins (Saphadin), später Sultan von Ägypten und Syrien bis 1218.

211 Neffe Saladins, Fürst von Hama (1178–1191).

212 Sohn Saladins und sein Nachfolger in Syrien (1186–1196).

213 Zweiter Sohn Saladins und sein Nachfolger in Ägypten (1193–1198).

214 *Qanābil* heißt heute Bomben; hier dürfte eine Waffe oder ein Wurfgeschoß gemeint sein, das wir nicht genauer identifizieren können.

215 Jazanitische Lanzen und solche aus Rudaina sind Speere, die die alten Araber priesen, wie die «mašrafitischen» Schwerter aus dem Hinterland Syriens.

216 Die *madrasa* (Medrese) ist die Hochschule für die islamischen Religions- und Rechtswissenschaften. Zuerst sorgte man für die šāfiʿitische Schule, denn sie war in Ägypten und Syrien vorherrschend, doch der Sultan dachte auch an die übrigen drei (Ḥanafiten, Mālikiten, Ḥanbaliten), wenn sich auf diese die Bezeichnung «Gemeinschaften» wenige Zeilen weiter unten bezieht.

217 Dies ist eine – und nicht die einzige – Stelle, an der sich eine nur schlecht verhohlene Feindseligkeit gegen Saladin von seiten des mesopotamischen Historikers verrät: er tritt immer für seine geliebte Zengidendynastie ein, die Saladin verdrängt hatte. Wir können nicht sagen, inwieweit die hier erhobenen Vorwürfe gegen seine Kriegsführung berechtigt sind; interessant ist die Haltung, die sich hier ausdrückt und die im übrigen Ibn al-Aṯīr nicht hindert, die Größe des Vorkämpfers des Islams, ein wenig widerwillig zwar, anzuerkennen.

218 Sie waren in einem vorhergegangenen Treffen von Saladin zurückgeschlagen worden.

219 In Transjordanien im Jahre 629, als eine von Mohammed ausgesandte Expedition, die den *limes* erkunden sollte, von den Byzantinern zersprengt wurde.

220 Gérard de Ridefort, der bei Ḥaṭṭīn gefangengenommen, aber verschont worden war.

221 Koran XIII, 12. Wieder wird Ibn al-Aṯīrs kritische Haltung gegenüber Saladins Kriegsführung deutlich.

222 Kurdenstämme.

223 Sie trugen also den Namen des Generals Asad ad-Dīn Šīrkūh, Saladins Onkel.

224 Dieses Datum liegt mehr als einen Monat früher als das bei Ibn al-Aṯīr und seiner Quelle ʿImād ad-Dīn angegebene (Mitte Šawwāl).

225 Unreine Schweine, von denen ein Muslim nie äße.

226 Am 9. Rabīʿ I 587 (6. April 1191) am Tell al-ʿAjādijja.

227 Tatsächlich sind in der hochherzigen Antwort der Saladin der Geschichte und der der Legende identisch.

228 Ein Beispiel barock formulierter frommer Pornographie, das besonders die Liebhaber literarischer Teratologie interessieren dürfte.

229 Dies ist der einzige Hinweis auf den wahren Charakter dieser Käuflichen, die im übrigen als fanatische Hierodulen des christlichen Glaubens dargestellt werden. Doch auch diesen Satz vom Lohn, der mit dem Auge (oder «mit dem Gelde») der Sünde erbeten wird, braucht man nicht nur im wörtlichen Sinne der Käuflichkeit zu verstehen.

230 Vgl. auch S. 239. Es gab also mehr als eine Clorinde im christlichen Lager; aus einer Stelle bei Usāma wissen wir jedoch, daß auch muslimische Frauen die Waffen zu führen verstanden, wenn es darauf ankam.

231 Wir haben schon bemerkt, daß die Christologie der Muslime doketischen Theorien folgt.

232 Es handelt sich um das Fest der Flamme am Karsamstag, das noch bis ins vorige Jahrhundert in der Grabeskirche begangen wurde.

233 Der Seldschukensultan von Iconium.

234 Friedrich, der kurz darauf vor Akkon starb.

235 Koran XXXIII, 10–11, Verse, die sich auf die Belagerung Medinas durch die verbündeten Heiden im Jahre fünf der Hedschra (627) beziehen.

236 Philipp II. August.

237 Philipp von Flandern.

238 Richard Löwenherz.

239 Im Text heißt es irrtümlich «Gottfried».

240 Auch die westlichen Quellen berichten von diesen großen Freudenfeuern.

241 Koran III, 165.

242 Es scheint ein Erdstoß gewesen zu sein.

243 Die gewohnten himmlischen Scharen, die die islamische Frömmigkeit so häufig in Schlachten eingreifen läßt.

244 Koran III, 144.

245 Text und Sinn ungewiß: mit anderen Lesarten kann es auch heißen: «Daß (Jesus hier) gestorben sei, ist für uns eine schwere Lüge», oder «Daß es zerstört würde, wäre für uns eine große verdienstliche Tat».

246 Johanna von Sizilien, Witwe Wilhelms II.

247 Er hätte vielmehr schreiben müssen: Schwester der Frau des Königs (Guy, nicht Gottfried, wie Bahā' ad-Dīn irrtümlich immer schreibt). Isabella von Anjou war eine Schwester der Königin Sibylle und in erster Ehe mit Honfroi von Thoron vermählt, dann von ihm geschieden und von Konrad von Montferrat geheiratet.

248 Subjekt ist anscheinend der Abgesandte des Königs von England, aber es könnte auch Saladin selbst sein.

249 Im Text steht «am 11.», was aber mit den vorhergehenden Daten nicht übereinstimmt.

250 Denn – so steht es an anderer Stelle bei Bahā' ad-Dīn – für eine Jungfrau bedurfte es nicht der Erlaubnis des Papstes, während die Schwester Richards Witwe war. In Wirklichkeit scheiterten alle diese Heiratsprojekte, da die christliche Seite dagegen war, einem Irrgläubigen eine christliche Fürstin zur Frau zu geben.

251 Der Dolch der Assassinen beendete kurz darauf alle diese Intrigen

Konrads, der den endgültigen Friedensschluß nicht mehr erlebte (vgl. S. 294ff.).

252 Der Bevollmächtigte der Muslime.

253 Heinrich von Champagne, der künftige König, und Balian II. von Ibelin.

254 Zu den Klauseln des Vertrages gehört auch, daß die Muslime Askalon schleifen sollten.

255 Diese Vorahnung seines Todes erscheint häufig in den Worten des Sultans. Vgl. auch den folgenden Abschnitt.

256 Das heißt die beiden Gegner.

257 Wortspiel, das sich auf die beiden verschiedenen Gruppen der Prophetengenossen bezieht: die «Helfer» aus Medina und die «Auswanderer» aus Mekka.

258 Man beachte die orientalische Art, mit scheinbarer Zustimmung zu beginnen, wenn man einen entgegengesetzten Standpunkt einnehmen will.

259 Koran VIII, 63.

260 Das heißt: der Assassinen, die von den orthodoxen Muslimen als außerhalb des Islams stehend angesehen wurden.

261 Heinrich von Champagne.

262 Das heißt, als er die Herrschaft in Tyrus antrat und die Witwe Konrads heiratete.

263 Der «Alte vom Berge», das heißt der Großmeister der Assassinen; vgl. dazu den folgenden Abschnitt.

264 Eine weitere Bezeichnung für die Ismāʿīliten oder Fidāʾijjūn *(sich selbst Aufopfernde)* oder Assassinen. Ihre wörtliche Bedeutung ist «Anhänger esoterischer Lehren».

265 Der *qabāʾ* ist eine Art langer, vorn offener Mantel, der *šarbūš* ein hohes, dreieckiges Birett – beide gehörten zur orientalischen Kleidung der Zeit.

266 Eine der ismāʿīlitischen Bergfesten nahe Bānijās in Nordsyrien. Der als «Unser Herr» Bezeichnete ist der Alte vom Berge, Rašīd ad-Dīn Sinān, dessen Taten in dieser Quelle gerühmt werden.

267 Man beachte die heterodoxe Formel, die der sonst von den Muslimen gebrauchten «Heil über ihn!» genau entgegengesetzt ist.

268 Wörtlich «Mission, Werbung» *(daʿwa)*; unter diesem Begriff ist hier die ismāʿīlitische Sekte zu verstehen. «Werbung» könnte man wenig später sehr gut sagen, wo vom Sitz der Sekte in den verschiedenen Städten die Rede ist.

269 Der Tod des Herrschers wurde oft zum Anlaß für Unruhen und Plünderungen.

270 Wie die folgenden Einzelheiten deutlich zeigen, wurden diese Staaten, die auf ein ungeordnetes Militärlehenssystem gegründet waren, in dem Moment brüchig, in dem eine energische Herrscherpersönlichkeit abtrat, wie es Saladin und später al-ʿĀdil und al-Kāmil waren. Alle Vorsichtsmaßnahmen, die der Erstgeborene al-Afḍal hier trifft, um sich die Nachfolge in Syrien zu sichern und die Oberhoheit über alle ajjūbidischen Besitzungen, stoßen schon zu Anfang auf den Partikularismus der Emire, die vor allem danach streben, sich Vorteile und Privilegien zu sichern. Die Zukunft enttäuschte die Hoffnungen dieses sowohl als der anderen Söhne Saladins und ließ den Primat unter den Ajjūbiden an den Bruder des Gründers, al-Malik al-ʿĀdil, fallen.

271 Emir von Aleppo zur Zeit des ersten Kreuzzuges.

272 Häufig in muslimischen Eiden: der Schwörende erklärt im Falle der Übertretung seine Frauen für verstoßen.

273 Tatsächlich erstreckte sich die direkte Herrschaft al-Afḍals als Erbe Saladins nur auf Syrien, während Ägypten an seinen Bruder al-ʿAzīz fiel.

274 Kleines Heiligtum nahe der Großen Moschee in Damaskus.

275 Koran LIX, 22.

276 Koran IX, 130.

277 Hier erscheint wieder das Motiv der äußersten Strenge und Rechtschaffenheit Saladins. Wozu Stroh und Lehm, die hier erwähnt werden, innerhalb der Bestattungsriten dienten, ist mir nicht klar.

278 Muslimische Frömmigkeit und Kasuistik ist ständig mit der «erlaubten», das heißt rechtlich tadelsfreien Herkunft des Unterhaltes und aller Dinge beschäftigt, die der Gläubige im Leben und im Tode benutzt.

279 Mit König Johann von Brienne, Andreas II. von Ungarn, Hugo von Lusignan, dem König von Zypern, und anderen.

280 Festung der Muslime nahe Akkon.

281 Al-ʿĀdil hatte die verschiedenen Länder seines Bruders Saladin unter seiner Oberhoheit vereinigen können.

282 Sultan von Damaskus.

283 Man fürchtete nämlich, ihnen die Heilige Stadt zurückgeben zu müssen, wie es ihnen in der Tat angeboten worden war, und wollte deshalb wenigstens ihre militärische Bedeutung zunichtemachen.

284 Koran XXXVIII, 2.

285 Mit der Absicht, sich aus dem überschwemmten Delta zurückzuziehen, wie er später erzählt.

286 An diesen Angeboten ist die Bedeutung Damiettes zu ermessen und die richtige Überlegung der Kreuzfahrer, es anzugreifen. Das Karak, das von den Auslieferungsangeboten ausgenommen ist (praktisch allen Eroberungen Saladins!), ist al-Karak in Moab, das für die Verbindung zwischen Syrien und Ägypten lebenswichtig war.

287 Wörtlich: der Tod die Zähne gegen sie gefletscht hatte.

288 Herzog Ludwig von Bayern (indem das *Kundrīš* des Textes als *Ludwīš* gelesen wird).

289 Oder in anderer Lesart, «wir sie gefangennähmen».

290 Diese Worte könnten noch zur vorhergehenden Rede des Sultans gehören; dann hieße es nicht «waren», sondern «sind».

291 Der später von 1240 bis 1249 in Ägypten regierte.

292 Kurz zuvor während dieses Feldzuges war «im Angesicht des hochfahrenden Sultans» der heilige Franz (von Assisi) erschienen und hatte eine Predigt gehalten. Eine kleine Spur dieser Episode glaubt man neuerdings auch in einer orientalischen Quelle gefunden zu haben, die von einem muslimischen Ratgeber al-Malik al-Kāmils «zur Angelegenheit des Mönches» spricht.

293 Die Reihenfolge der Blätter im Pariser Manuskript ist hier und an anderen Stellen nicht richtig.

294 Herr von Damaskus und Bruder al-Kāmils; wir haben schon gelesen, daß er seinem Bruder gegen die Franken vor Damiette zu Hilfe kam. Danach hatten sich die Beziehungen verschlechtert, und die Spannungen mit ihm, der sich an den Sultan von Ḫuwārizm, Ǧalāl ad-Dīn, und den Emir von Arbela anlehnte, hatten al-Kāmil dazu gebracht, sich Friedrich anzunähern.

295 Möglicherweise liegt hier eine Verwechslung vor zwischen «Lombardei» und «Langobardei», das heißt, nach dem zeitgenössischen arabischen Gebrauch der Ortsbezeichnungen, dem Gebiet nordwestlich der Capitanata und der Murge, im Unterschied zum «Apulien» der Küste.

296 Friedrich berief sich auf die Angebote, die Küste zu übergeben, die al-Kāmil den Kreuzfahrern im Jahre 1220 vor Damiette gemacht hatte (s. S. 320f.). Der päpstliche Legat Pelagius wird unfreiwillig für den Kaiser «mein Statthalter, das heißt der letzte meiner Diener. Ihr dürft mir nicht weniger geben, als was ihr ihm zu geben bereit wart.» (*Taʾrīḫ Manṣūrī* 32, Maqrīzī 228/29.)

297 Von zehn Jahren, fünf Monaten und vierzig Tagen, ausgehend vom 28. Rabīʿ I 626/24. Februar 1229 (Maqrīzī 230).

298 Wir haben von dem Konflikt zwischen al-Kāmil und al-Muʿaẓẓam gelesen, der Gelegenheit gegeben hatte, Friedrich zu rufen. An-Nāṣir, der seinem Vater in Damaskus nachfolgte, versucht jetzt den Eindruck der Übergabe Jerusalems zu nutzen, um seine eigene wankende Herrschaft zu festigen.

299 Sibṭ Ibn al-Ǧauzī spricht selbst davon in dem Abschnitt seiner Chronik, den wir hier im folgenden übersetzen.

300 Dichter der Zeit Hārūn ar-Rašīds (8.–9. Jahrhundert); der zweite der hier zitierten Verse ist einem Klagegedicht von ihm auf die ʿAliden entnommen und abgewandelt auf das nicht mehr muslimische Jerusalem bezogen.

301 Ende Ǧumādā II (Mai 1229), präzisiert Maqrīzī.

302 Von al-Kāmil und al-Ašraf, die sich gegen ihren Neffen an-Nāṣir verbündet hatten.

303 Es ist unklar, um was für Blätter es sich handelt, die der Priester nach dieser Version von den Franken erhält (an Almosen in Form von Geldscheinen kann man ja nicht denken). In der anderen Version bei Ibn Wāṣil, die wir schon gesehen haben, heißt es, daß der Priester das Evangelium in der Hand hielt: Amari glaubt, im Text sei etwas ausgefallen.

304 Das arabische Wort *ǧabbārīn* heißt «Riesen» und zugleich «Anmaßende, Tyrannen». Amari liest dafür mit leichter Änderung des Schriftzuges *ḫanāzīr*, «Schweine»: in beiden Fällen sind es Komplimente des materialistischen Kaisers für die Kreuzfahrer. Die Lesart *ḫanāzīr*, die bewußt an das vorhergehende *ʿaṣāfīr* anklingt, ließe nicht an eine Übersetzung denken, sondern an ein Wortspiel Friedrichs *auf arabisch*; seine Kenntnis der Sprache ist uns in den orientalischen Quellen sonst nicht bezeugt.

305 Koran XXIII, 93.

306 Indem man *ad-dūna* in der Handschrift als *ad-Dawijja* liest (zu den Intrigen der Christen gegen Friedrich vgl. Amari, *Storia dei Musulmani di Sicilia*, 2. Aufl., III, S. 660 und Anm. 3).

307 Von 1238 bis 1240.

308 Von 1240 bis 1249.

309 Vom Namen dieses Zeremonienmeisters *(mihmāndār*, eigentlich ein Beamter, der Botschaftern und anderen geehrten Gästen beigegeben wird) am Hofe Manfreds gibt der arabische Text nur die letzten

Buchstaben deutlich wieder: Sir Berto ist eine reine Konjektur aus der Konsonantengruppe *s.r.?.r.d.*

310 Der Kreuzzug des heiligen Ludwig nach Ägypten, s. S. 343 ff.

311 Wer auf eine Karte al-Idrīsīs schaut, wird nicht erstaunt sein, daß nach den geographischen Kenntnissen der Orientalen der Zeit Spanien an Italien grenzt.

312 Eine wertvolle, bisher unbekannte Notiz über das kulturelle Leben der Muslimkolonie Lucera. Der Gründer dieses wissenschaftlichen Institutes *(Dār ʿilm)* in Lucera scheint wohl Manfred gewesen zu sein, obwohl sich die Wendung «er hatte begonnen» strenggenommen auch auf den Vater beziehen kann.

313 Karl von Anjou, Bruder König Ludwigs IX.

314 Im Arabischen heißt es eigentlich «Mönch, Bruder».

315 Die Beschreibung bezieht sich auf die Mitglieder der Kalifendynastie der ʿAbbāsiden, Abkömmlinge al-ʿAbbās', eines Onkels des Propheten.

316 Eigentlich «vom Misthaufen».

317 Interessant an diesen und anderen Stellen ist das Bewußtsein einer gewissen Analogie von Kalif und Papst, das in dieser Zeit verbreitet war – trotz den tiefgreifenden religiösen und juristischen Unterschieden zwischen beiden Institutionen.

318 Im Text steht hier «sein Bruder», offensichtlich ein Fehler für «der Bruder des Königs von Frankreich», Karl von Anjou, wie es Abu 'l-Fidā' hat, der hier Ibn Wāṣil folgt.

319 Ḥarrān in Mesopotamien gehörte auch zu den ajjūbidischen Besitzungen.

320 Den wir als Bevollmächtigten al-Kāmils und Begleiter des Kaisers im Heiligen Land gesehen haben.

321 Ironie des Protokolls.

322 Im ganzen ersten Teil wechseln Vers und Reimprosa, die in den gezwungenen Bildern der arabischen Redekunst den Schmerz über Scheiden und Fernsein vom Freund ausdrücken. Der Text ist oft höchst unsicher.

323 Amari druckt die folgenden Zeilen als Prosa, während der verstümmelte Text Verse erkennen läßt, besonders in der ersten Zeile.

324 Al-Mutanabbī, der große Dichter eines bilderreichen Stiles im 10. Jahrhundert.

325 Gemeint ist das päpstliche Heer der «Clavisignati» (Schlüsselsoldaten) unter dem Befehl Johanns von Brienne, der in Abwesenheit Friedrichs das Reich überfallen und verwüstet hatte.

326 Es scheint sich um Caiazzo zu handeln und um einen Waffengang des Septembers 1229.

327 Derselbe, den wir zwanzig Jahre vorher die Verhandlungen mit Friedrich führen sahen; jetzt war er von dem kranken Ajjūbiden al-Malik aṣ-Ṣāliḥ mit dem Befehl über die Verteidigung Ägyptens betraut worden.

328 Als «Halbinsel» bezeichnet er die lange Landzunge zwischen dem Nil und dem Manzalasee, an deren äußerstem Ende Damiette liegt.

329 Dessen Tod man geheimzuhalten versuchte, bis sein Sohn al-Malik al-Muʿaẓẓam gekommen und inthronisiert worden wäre. Die königliche Sigle *(ʿalāma)* ist der eigenhändige Namenszug des Herrschers unter Dokumenten des Staates.

330 Koran IX, 41.

331 Bekannter Dichter und Sekretär der Ajjūbiden.

332 Dieser al-Muʿaẓẓam, den wir bereits kennen, Bruder al-Kāmils und Vater an-Nāṣir Dāwūds (letzterer zuerst Herr von Damaskus, dann von al-Karak), ist nicht zu verwechseln mit al-Muʿaẓẓam Tūrānšāh, dem Sohn aṣ-Ṣāliḥs, der nun dem Vater folgte und der der letzte Ajjūbide in Ägypten sein sollte. Die Titulatur der Ajjūbidenfürsten ist oft gleichlautend und führt zu häufigen Verwechslungen.

333 Eine Schwadron Templer nach der mehr ins Detail gehenden Erzählung Maqrīzīs.

334 Er war der tatsächliche Regent Ägyptens zwischen dem Tode aṣ-Ṣāliḥs und der Thronbesteigung seines Sohnes al-Muʿaẓẓam, der aus Mesopotamien anreiste.

335 Die Baḥriten, aus deren Reihen die erste Mamlūkendynastie hervorgehen sollte, wurden so genannt, weil ihre Quartiere in Kairo am Nil *(baḥr)* lagen. Die Ǧāmdāriten (eigentlich «Kämmerer») waren eine andere Mamlūkenabteilung.

336 Statthalter von Kairo, später Wesir; bei ihm hielt sich unser Autor Ibn Wāṣil auf.

337 Ein noch heute erhaltenes Stadttor Kairos.

338 Toter Nilarm, der schon bei den Operationen des fünften Kreuzzuges erwähnt wurde.

339 Tag feierlicher Riten während der Wallfahrt der Muslime nach Mekka.

340 Höchstes Lob eines Feindes für die Kriegstüchtigkeit des Ordens.

341 Jesus Christus ist für die Muslime ein Prophet, ein wundertätiger Diener Gottes; der Kult, zu dessen Gegenstand ihn die Christen gemacht haben, muß deswegen auch ihm selbst als Sakrileg erscheinen.

342 Dadurch, daß er andere Elemente bevorzugte, die er aus Mesopotamien mitgebracht hatte, wie den obenerwähnten Eunuchen Sabīḥ.

343 Diese großsprecherische Einführung Baibars' wird verständlich aus der Tatsache, daß Ibn Wāṣil unter ihm schrieb und sich seiner Gunst erfreute; außerdem entspricht sie der reinen geschichtlichen Wahrheit. Sicher gelingt es ihr aber nicht, den Eindruck der düsteren Szene abzuschwächen, die folgt (in anderen Quellen erscheint sie mit noch grausigeren Einzelheiten). Mit ihr begann die Karriere des künftigen Sultans von Ägypten.

344 Die häretische Sekte, die auf politische Morde spezialisiert war, wie wir schon sahen.

345 Sie war eine türkische Sklavin, die al-Malik aṣ-Ṣāliḥ einen Sohn geboren hatte, Ḫalīl, der als Kind gestorben war. Daß diese Frau mit dem Sultanstitel auf den Thron gehoben wurde, ein Akt ohne Präzedenzfall in der islamischen Geschichte, war ein kurzlebiger Kompromiß des Überganges von einem letzten Skrupel, die legitime Herrschaft der Ajjūbiden zu erhalten, zum Militärregime der Mamlūken, das sich jetzt in Wirklichkeit in Ägypten installierte: der Generalissimus Aibeg vermählte sich wenig später mit Šağar ad-Durr und begründete die Mamlūkendynastie.

346 Nach dem unmittelbar vorhergehenden Text müßte die Herrschergewalt gemeint sein; nach dem folgenden handelt es sich aber um das Amt des Heeresbefehlshabers, das sich im übrigen bald mit ersterer verbinden sollte.

347 Es handelt sich um die Freitagspredigt von der Kanzel der Moschee, in der der Name des regierenden Herrschers genannt wurde.

348 Frau aẓ-Ẓāhirs, des Sultans von Aleppo. Er starb 1216 und ihr Sohn al-ʿAzīz 1236; von diesem Jahr an hatte die Großmutter die Regentschaft für ihren Enkel inne.

349 Vgl. S. 144.

350 Während des fünften Kreuzzuges.

351 Das heißt nach den christlichen Eulogien.

352 Diese Erwähnung Andalusiens ließ Reinaud annehmen, daß das Dokument nicht hierher gehöre; Maqrīzī habe es aus einem ganz anderen Zusammenhang, der Geschichte der Reconquista, genommen und hier eingefügt. Man kann aber auch annehmen, König Ludwig habe, um seinen Gegner einzuschüchtern, ganz natürlich an die jüngsten Siege des heiligen Ferdinand über die Muslime in Spanien erinnert: die Einnahme Sevillas (November 1284) ging der Landung der Kreuzfahrer in Ägypten nur um wenige Monate voran.

353 Koran XXVI, 228.

354 Koran XVI, 1.

355 Koran XXXVIII, 88.

356 Koran II, 250.

357 Bis hier sind es alles Sätze aus dem Koran (XXXV, 31; III, 121; XXX, 3; XCIII, 11; VI, 18).

358 Koran XII, 87.

359 Die römische Provinz Africa, also Tunesien.

360 Regierte in Tunis von 1249 bis 1277.

361 Nach den Daten im Kontext nicht gut möglich.

362 Am 25. August.

363 Anspielend auf die vorhergehende Gefangenschaft und Haft in Ägypten. Munkar und Nakīr sind für die Muslime die beiden Engel, die die Toten als erste in strenges Verhör nehmen.

364 Die Burg «Mont-Pélerin», die Raimund von Saint-Gilles 1103 errichtet hatte.

365 Tatsächlich wurde die Stadt 1109 im Sturm genommen, wie wir an der entsprechenden Stelle (S. 64) gelesen haben.

366 Hier spricht der Neffe Ibn ʿAbd aẓ-Ẓāhirs, der das Werk des Onkels herausgab.

367 Mit Bohemund IV. (1177–1233) hatten sich das Fürstentum Antiochia und die Grafschaft Tripolis unter der Dynastie von Antiochia vereinigt.

368 1271, drei Jahre nach der Einnahme Antiochias.

369 Muḥji ’d-Dīn ibn ʿAbd aẓ-Ẓāhir, Autor und Erzähler.

370 So im Kompendium nach Ibn ʿAbd aẓ-Ẓāhir. In anderen Quellen ist die Titulatur klangvoller («der hohe und erhabene Graf, der stolze Löwe, Ruhm der Christenheit, Haupt der Kreuzfahrergemeinschaft, dessen Anrede mit der Einnahme Antiochias von ‹Fürst› zu ‹Graf› geworden ist» usw.); trotz ihrem spöttischen und polemischen Klang erschienen diese Epitheta vielleicht als übertrieben und wurden deswegen vom Herausgeber weggelassen. In unserer Übersetzung ist der häufig verstümmelte Text Ibn ʿAbd aẓ-Ẓāhirs auf der Grundlage von an-Nuwairī (in Quatremère, *Sultans Mamlouks*, I, II, S. 190/91) emendiert.

371 Dem Sinne nach ist zu ergänzen: bei der drohenden Rückkehr des muslimischen Heeres gegen Tripolis.

372 In den folgenden Sätzen häufen sich die unübersetzbaren Wortspiele, die wir schon bei ʿImād ad-Dīn bewundern konnten.

373 Die Kathedrale St. Peter (vgl. S. 46), das Zentrum des religiösen und städtischen Lebens der Christen in Antiochia.

374 Hafen Antiochias an der Mündung des Orontes.

375 Der Orontes wird von den Arabern *al-ʿĀṣī* genannt, «der Aufrührer», weil er von Süden nach Norden fließt.

376 Hugo II., der 1267 mit vierzehn Jahren starb.

377 Isabella, jüngere Schwester Heinrichs I.

378 Hugo III. hatte Isabella d'Ibelin zur Frau.

379 Hugo von Brienne, Sohn Marias, der älteren Schwester Heinrichs I.

380 In Kilikien bzw. Kleinarmenien.

381 Karl von Anjou begann schon seine Rechte auf die nominelle Krone von Jerusalem (das heißt auf das Reich Akkon) geltend zu machen, die von Maria von Antiochia erworben waren und öffentlich 1277 beansprucht wurden.

382 Noch spricht der Herausgeber.

383 In Widerspruch zu dem, was aus dem Bericht Ibn al-Furāts hervorzugehen scheint, wurde demnach ein Friede mit Hugo III. 1268 geschlossen. Allerdings zitiert auch er Ibn ʿAbd aẓ-Ẓāhir. Daß er bis in die Zeit Qalāwūns gedauert habe, dürfte sich vielmehr auf den Waffenstillstand von Caesarea beziehen (Mai 1272), der zwischen Baibars und Akkon geschlossen und später durch einen Vertrag zwischen Qalāwūn und Akkon erneuert wurde; dazu vgl. unten.

384 Arabisch «Kurdenburg», französisch «Krak des Chevaliers», die große Burg der Hospitaliter nordöstlich von Tripolis.

385 Der verlorene schiitische Historiker des 12. Jahrhunderts, aus dessen Werk Ibn al-Furāt verschiedentlich zitiert.

386 Damaszenischer Historiker des 12. Jahrhunderts.

387 Vgl. S. 64 und Anm. 35.

388 Ein verlorenes Werk Usāma ibn Munqiḏ', des berühmten Verfassers der *Selbstbiographie*. Aus allen diesen zitierten Stellen ergibt sich deutlich die kompilierende Arbeitsweise Ibn al-Furāts.

389 Der Onkel des Historikers Abu 'l-Fidā'.

390 Der junge erstgeborene Sohn Baibars', der ihm dann für zwei Jahre auf dem Thron Ägyptens folgte (1277–1279).

391 Hugues von Revel.

392 Im Arabischen stehen hier die gewohnten Wortspiele, ebenso weiter unten, wo auf den Namen des Erbprinzen angespielt wird.

393 Al-ʿUllaiqa war eine der syrischen Festungen der Ismāʿīliten. Ihre furchterregende Macht war durch die Schläge gebrochen, die die Mongolen ihnen versetzt hatten; jetzt lavierten sie zwischen den

Kreuzfahrern und Baibars und zahlten zeitweilig beiden Tribut; aber das Laster des Meuchelmords hatten sie noch nicht aufgegeben.

394 Chronist des 14. Jahrhunderts. Auch al-ʿAinī ist ein bloßer Kompilator älterer Quellen.

395 Mamlūkischer Emir, nicht zu verwechseln mit dem Sultan, dessen jüngerer Zeitgenosse er war (starb 1335), außerdem Autor einer für seine Zeit wichtigen Chronik.

396 Das fränkische Montfort nordöstlich von Akkon, das ebenfalls den Hospitalitern gehörte.

397 Korrigierende Variante des alten Begriffes vom Neid der Götter.

398 Der «Rabe» war eine Art leichtes Segelschiff – hier und in den voraufgehenden Sätzen die gewohnten Wortspiele und *double entendus.*

399 Der Text des Dokumentes ist hier ungeschickterweise zur Präambel gezogen.

400 Die seleukidische Ära, mit Beginn 311 v. Chr.

401 Der designierte Erbe Qalāwūns, der jedoch vor ihm starb – 1288 –; die Thronfolge fiel deshalb an seinen jüngeren Bruder al-Ašraf.

402 Den Text des hier erwähnten Vertrages Baibars' besitzen wir nicht.

403 Der Vertrag von 1272 mit Baibars.

404 Odo Poilechien, Regent Karls von Anjou.

405 Das folgende lange, eintönige Verzeichnis, das im Großen von Süden nach Norden die Besitzungen des Mamlūkensultans von Ägypten aufzählt, hat die Beredsamkeit der Fakten, wenn man es mit der vorhergehenden kurzen Beschreibung der Territorien des anderen Vertragspartners vergleicht. Daraus ergibt sich, daß das «Königreich Jerusalem» auf einen schmalen Küstenstreifen von etwas nördlich Akkons bis zum Karmel reduziert war. Darüber hinaus waren Tyrus und Sidon, Beirut, Tripolis und einige letzte Burgen der Templer und Hospitaliter in Syrien alles, was von den Gründungen der Kreuzfahrer geblieben war. Das Verzeichnis der Länder Qalāwūns, angefangen mit der Heiligen Stadt, gleicht einer Aufzählung aller der Gebiete, die die Kreuzfahrer im Laufe eines Jahrhunderts verloren oder vergeblich angegriffen hatten.

406 Al-Biqāʿ ist Coelesyria: das Beiwort al-ʿAzīzī (im Singular, weil das Bewußtsein des ursprünglichen Plurals des Namens [«Ortschaften»] verlorengegangen war) geht auf al-Malik al-ʿAzīz zurück, einen Sohn Saladins.

407 Die relativ neuen Eroberungen Baibars'. Unklar ist jedoch, was mit der «Gegend der glücklichen Eroberung» gemeint ist, die kurz vorher erwähnt wird.

408 Nach islamischem Recht werden christliche Kirchen auf islamischem Gebiet geduldet; sie dürfen jedoch weder restauriert noch neu errichtet werden. Natürlich erpreßten *in praxi* die örtlichen Autoritäten «Geschenke» vom Klerus, als Gegenleistung für die Erlaubnis zu solchen Ausbesserungsarbeiten.

409 Alte, nicht nur muslimische Untugend, um sich von eidlichen Verpflichtungen zu lösen.

410 Im Text steht, offensichtlich irrtümlich, «das Kreuz»; die Korrektur stammt von Quatremère.

411 Das lateinische *Coliat* nahe ʿArqa, das kurz zuvor von den Hospitalitern überfallen worden war.

412 Qalʿat ar-Rūm am oberen Euphrat.

413 Die Emire, «die mit einer Kapelle ausgezeichnet waren», sind diejenigen, die über ein eigenes Musikkorps (ṭablḫāne) verfügten, das zu ihren Ehren aufspielte. Die baḥritischen Mamlūken sind, wie wir gesehen haben, die am Nil (baḥr) untergebrachten, die ṣāliḥitischen und die manṣūritischen wurden im Namen des Ajjūbiden al-Malik aṣ-Ṣāliḥ und al-Malik al-Manṣūrs, also Qalāwūns selbst, aufgestellt.

414 Wenn ich recht verstehe, auf den Komplex der großen Wirtschafts- und Verwaltungseinheit, die so geformt wurde, denn es ist doch schwer anzunehmen, daß das ganze finanzielle Gewicht des Wiederaufbaus auf das wiederaufzubauende Gebiet selbst fallen sollte.

415 Dem hier der Titel wiedergegeben wird, der ihm anderswo bestritten worden war, als dem vormaligen Herrn Antiochias.

416 Koran LIX, 2.

417 Arabisch *ḥaǧǧārīn*, «Steinmetz», zugleich «Steinschleuderer», die die Steinschleudern bedienen und etwa zwischen Artilleristen und Ingenieuren stehen.

418 Nach dem muslimischen Mondkalender (502–688), das heißt hundertundachtzig Sonnenjahre (1109–1289).

419 Die «Zitadelle» auf dem Berg al-Muqaṭṭam, Residenz der Sultane in Kairo.

420 Die Handschrift hat «erster», was aus dem Kontext oder Abu 'l-Fidā' zu korrigieren ist.

421 Die Handschrift hat «die Franken», richtig emendiert von Quatremère.

422 Der Fall dieser Stadt ereignete sich in Wirklichkeit zwei Jahre später, nachdem Akkon gefallen war, vgl. unten.

423 Vetter bzw. Vater des Autors, der später selbst Herr von Hama wird.

424 Eine der ersten Stufen in der Feudalhierarchie.

425 Abu 'l-Fidā' spricht nicht von der Zusage freien Abzuges, die der Sultan den Verteidigern gemacht hatte und dann verletzte, indem er sie umbringen ließ. Vgl. aber den folgenden Bericht Abu 'l-Maḥāsins.

426 Der auch, wie sein berühmter Vorgänger, den Titel Salāḥ ad-Dīn trug.

427 Im Text steht hier und weiter unten «erster» (vgl. dazu S. 413 und Anm. 429). Auch an den folgenden Daten ist zu sehen, daß sich Monats- und Wochentage nicht decken.

428 Im Jahre 587/1191, nach der berühmten Belagerung (vgl. S. 277).

429 Im Text steht hier und weiter unten «siebenundzwanzig», ebenso wiederholt er für diese Eroberung Akkons das Datum des Ǧumādā I; die bemerkte Übereinstimmung mit der ersten Einnahme unter Saladin (17. Ǧumādā II) läßt jedoch «Ǧumādā II» nach Abu 'l-Fidā' als glaubhafter erscheinen, es sei denn, auch er habe die Übereinstimmung gepreßt. Je nachdem, ob man den oder jenen Monat des muslimischen Kalenders zugrunde legt, spielte sich die Tragödie von Akkon im Mai oder im Juni 1291 ab.

430 «Der Vorkoster», «der Schenk», Titel eines Hofamtes.

431 Also Beirut, Sidon, 'Aṯlīṯ, Tortosa, die alle im Sommer desselben Jahres kampflos ausgeliefert oder geräumt wurden, wie wir bereits bei Abu 'l-Fidā' gelesen haben. Die kleine Insel Ruwād vor Tortosa blieb bis 1303 in der Hand der Templer.

REGISTER

Das Register enthält neben Personen- und Ortsnamen eine Anzahl sachlicher Stichwörter. Die Anordnung der Wörter folgt dem deutschen Alphabet, wobei der arabische Artikel (*al-* usw.) nicht berücksichtigt ist. Die Wörter *abū* («Vater des ...») und *ibn* («Sohn des ...») sind stets berücksichtigt.